キャリバンと魔女

Caliban
and
The Witch
Silvia Federici

資本主義に抗する女性の身体

シルヴィア・フェデリーチ◆著
小田原琳・後藤あゆみ◆訳

以文社

CALIBAN AND THE WITCH: WOMEN,
THE BODY AND PRIMITIVE ACCUMULATION
by Silvia Federici

First edition, 2004, Third printing, 2009 by Autonomedia

キャリバンと魔女　目　次

第4章　ヨーロッパの魔女狩り　255

第5章　植民地化とキリスト教化――新世界のキャリバンと魔女　339

装幀：日下充典
装画：Giotto di Bondone/Bridgeman Images

凡例

一、本書において、（　）または引用文中〔　〕は著者による挿入、［　］内は訳者による補足を表す。

一、（　）に英文がある場合は、原則として訳者による原著表記の挿入である。

一、引用文中の（…）は、著者による省略を表す。

一、原注は＊1、＊2と表記し巻末にまとめた。訳注は†1、†2と表記し、脚注にした。

一、引用されている著作のうち邦訳がある場合には、当該する訳文を採用、又は適宜、参照し改訳した。本文中では邦訳については必要な場合を除いて触れていないが、巻末の「参考文献」欄に邦訳のあるものについては併せて明記した。

キャリバンと魔女——資本主義に抗する女性の身体

魔法でにわか雨を呼ぶ魔女の木版画。ウルリヒ・モリトール、『女魔術師と予言者について』（1489 年）より。

はしがき

『キャリバンと魔女』は、イタリアのフェミニスト、レオポルディーナ・フォルトゥナーティとともに一九七〇年代半ばからはじめた、封建制から資本主義への「移行」における女性についての研究プロジェクトの主題を扱っている。最初の成果は、イタリアで一九八四年に出版した『偉大なるキャリバン――資本主義の第一段階における反抗する身体』(*Il Grande Calibano. Storia del corpo sociale ribelle nella prima fase del capitale*, Milano: Franco Angeli) である。

この研究に対する私の関心はもともと、アメリカでのフェミニズム運動の成長にともなう、女性の「抑圧」の根源と女性解放の闘いのために運動が採用すべき政治的戦略についての論争に刺激を受けて生まれた。当時、性差別の実態の分析を主導していた理論的・政治的観点は、女性運動の二つの主要な潮流、すなわちラディカル・フェミニストと社会主義フェミニストから提起されていた。しかしながら、私にはそのどちらも女性の社会的・経済的搾取の根源を十分に説明できているとは思えなかった。私がラディカル・フェミニストに対し異議を唱えたのは、性差別と家父長制支配について、生産関係と階級とは無関係に機能するらしい超歴史的な文化構造にもとづいて説明するその傾向のためであった。対照的に社会主義フェミニストは、女性の歴史は固有の搾取システムの歴史から切り離すことができないことを認識しており、資本主義社会の労働者としての女性にその分析の重点を置いていた。しかし、当時、私が理解したかぎりでは、再生産の領域を価値創造と搾取の源泉として捉えられず、それゆえに、女性と男性の間にある力の差の原因を、資本主義的発展からの女性の排除に求めているところにこの説明の限界があった。この立場では、資本主義的諸関係の支配する世界で性差別主義が存続している理由を、ラディカル・フェミニズムと同様に文化的図式から説明せざるをえなくなるからである。

封建制から資本主義への移行における女性の歴史を明らかにするというアイディアが具体化したのは、こうした状況のなかであった。この研究を着想するきっかけとなった論点は、「家事労働に賃金を」運動のなかで、マリアローザ・ダッラ＝コスタとセルマ・ジェイムズ、そして他の活動家たちによって一九七〇年代に書かれた一連の文書のなかで初めて明確に表現された。それはたいへん大きな論争を引き起こしたが、最終的には女性について、再生産について、そして資本主義についての言説に新しい表現をもたらした。なかでももっとも影響力をもったのがマリアローザ・ダッラ＝コスタの『女性と社会の変革』(Dalla Costa 1972) とセルマ・ジェイムズの『性、人種、階級』(James 1975) であった。

女性の「抑圧」と男性への従属は封建的諸関係の残滓だと説明する正統派マルクス主義に対し、女性は、資本主義がもっとも必要とする商品、すなわち労働力の生産者かつ再生産者であるかぎりにおいて、資本主義的蓄積過程で中心的な機能を果たしてきたと、ダッラ＝コスタとジェイムズは反論した。ダッラ＝コスタが述べるように、家庭での女性の不払い労働は、賃金労働者の搾取、つまり「賃金奴隷制」が成り立つための支柱であり、その生産力の秘密であった (Dalla

Costa 1972: 31)。したがって、資本主義社会における女性と男性の力の差の原因を、資本主義的蓄積における家事労働の役割の小ささ――女性の生を支配してきた厳格な掟の数々によって与えられた誤った印象であるが――や、永遠不変の文化的図式の存続などに求めることはできない。むしろ、労働者の生産と再生産を社会的・経済的活動および資本蓄積の源泉として認識せず、それに関する労働の不払い状態から利益を得ながら、天然資源や個人の奉仕のように神秘化する社会的な生産システムの結果として説明されるべきである。

ダッラ＝コスタとジェイムズは、資本主義社会における女性の搾取の起源を性別分業と女性の不払い労働に求めることによって、家父長制と階級の二分法を乗り越える可能性を示し、家父長制に固有の歴史的意味を与えた。また、フェミニストの視点から資本主義と階級闘争の歴史を再解釈する道をも二人は切り開いた。

こうした気運のなかで、レオポルディーナ・フォルトゥナーティと私は、婉曲に「資本主義への移行」としてしか表されないものを研究しはじめ、学校では教わらなかったが私たちの教育にとって決定的に重要であることが明らかな、ある歴史を探しはじめた。この歴史によって、家事労働の起源を、その主要な構成要素――再生産からの生産の分離、不払い労働を意のままにするための、資本主義による賃金の特殊な活用、資本主義の誕生による女性の社会的地位の格下げ――において理論的に理解できるようになっただけではなかった。女性らしさと男性らしさという近代的概念を歴史のなかに位置づけもした。それはジェンダーを、二項対立を通して捉えようとする「西洋文明」のほとんど存在論的な傾向についてのポストモダン的想定への挑戦であった。性のヒエラルキーはつねに、したがわせようとする人びとを絶えず新たにつくりなおされる原理にもとづいて分断することによってのみ、みずからを維持することのできる支配のプロジェクトのために用いられていることに、私たちは気づいた。

この研究から生まれた『偉大なるキャリバン――資本主義の第一段階における反抗する身体』は、マルクスの本源的蓄積の分析をフェミニストの視点から再考する試みであった。しかしこの過程で、一般に受け入れられたマルクス主義のカテゴリーが不適当であることが判明した。役に立たなかったもののなかには、マルクス主義による賃金労働および「自由な」労働者の誕生と資本主義の同一視があった。この認識が、再生産の領域を隠蔽し自然化することに寄与している。『偉大なるキャリバン』はフーコーの身体論についても批判的である。そのなかで論じたとおり、身体がさらされてきた権力の技術と規律についてのフーコーの分析は再生産の過程を無視し、女性と男性それぞれの歴史をなしくずしにひとつの全体とみなした。また、女性の「規律化」には関心がなかったために、近代において身体にしかけられたもっとも恐ろしい攻撃のひとつ、すなわち魔女狩りについてもまったく触れなかった。

『偉大なるキャリバン』の主要なテーマは、封建制から資本主義への移行における女性の歴史を理解するためには、資本主義が社会的再生産の過程と、とりわけ労働力の再生産の過程にもたらした変化を分析しなければならないということであった。したがって同書では、家事労働や家庭生活、育児、セクシュアリティ、男性‐女性関係の再編成、および一六、一七世紀のヨーロッパにおける生産と再生産の関係について検証した。この分析は『キャリバンと魔女』のなかでも繰り返しているが、本書の射程は『偉大なるキャリバン』とは異なっている。これは以前とは異なる社会状況と、女性の歴史についての私たちの知識が増したことによる。

『偉大なるキャリバン』の出版からほどなくして、私はアメリカ合州国を去ってナイジェリアで教鞭をとるようになり、そこでほぼ三年間過ごした。ナイジェリアへ発つ前に、しばらくの間は必要がないと考え、それまで書いたものを書庫にしまいこんだ。だが、滞在中のナイジェリアの状況がこの研究を忘れさせてくれなかった。一九八四年から一九八六年にかけては、ほとんどのアフリカ諸国と同様、ナイジェリアにとっての転換点であった。この時期、ナイジェリア政府は債務危機に対応してＩＭＦと世界銀行と懸命に交渉したが、最終的には世界銀行が地球規模で経済再生のために用いている万能の処方箋、すなわち構造調整プログラムを採用することになった。

このプログラムが公言している目的は、ナイジェリアに国際市場のなかで競争力をもたせることだった。だがまもなく、これが新たな本源的蓄積と、共有財産および共同体的な関係の最後の痕跡を破壊することをもくろむ社会的再生産の合理化を含み、それによってより強化された形態の労働搾取を強制するのが見えてきた。私の目の前で、『偉大なるキャリバン』の執筆のために研究してきたことに酷似する過程が展開されていた。そのなかには共有地に対する攻撃や、労働力の再生産への国家の断固たる介入もあった。出生率を統制し、そしてこの場合、グローバル経済に参入するにはあまりにもわがままで規律に欠けるとみなされた人びとの人口規模を縮小することが目的であった。「無規律との闘い」とふさわしくも名づけられたこれらの政策とともに、女性の虚栄心と過剰な要求を非難する女性嫌悪《ミソジニー》キャンペーンが盛り上がり、多くの点で一七世紀の「女性問題」によく似た論争が過熱するのを目の当たりにした。こうした議論は、労働力の再生産に関するあらゆる面――家族（一夫多妻制vs一夫一婦制、核家族vs拡大家族）、育児、女性の労働、男性のアイデンティティと女性のアイデンティティやその関係――に触れていた。

こうした状況のなかで、資本主義への移行についての私の研究は新たな意味をもつようになった。ナイジェリアで私は、構造調整プログラムに対する闘いが、一六世紀のヨーロッパとアメリカにおける資本主義の起源にまでさかのぼることのできる土地の私有化と共有地のみならず社会的諸関係に対してもしかけられた「囲い込み」に対する長い闘争の一部であることを悟った。また、この地球上で資本主義的労働規律が得た勝利がどれほど限定的なものであるか、そしていかに多くの人びとが資本主義的生産の要求に根本的に対立するものとして自分たちの生活を見ているかについても認識した。開発者、多国籍企業の代理人、外国の投資家にとっては、これはナイジェリアのような場所にはつきものの問題であったし、今もなおそうである。だが私にとって、これは大きな力の源泉だった。なぜなら、資本主義的な用語でのみ思い描かれた生活様式の押しつけに屈することのない勢力が、いまも世界中に存在することの証であったからである。また、ナイジェリア初のフェミニスト組織「ナイジェリアの女性たち」（Women in Nigeria）との出会いからも力を得た。このおかげで、ナイジェリアの女性が資源を守り、世界銀行の後押しで彼女らに課される新たな家父長制モデルを拒否するために取り組んできた闘争を、よりよく理解することができたのだ。

一九八六年末頃には債務危機は学術機関にまでおよんでおり、もはや生活することができなくなって、私はナイジェリアを離れた――少なくとも肉体は。しかし、ナイジェリアの人びとにしかけられた攻撃についての思いは決して脳裏から離れなかった。だから、アメリカに戻ってからも、「資本主義への移行」を再度研究したいという望みをずっともっていた。私は一六世紀ヨーロッパというプリズムを通してナイジェリアの出来事を読んでいた。アメリカ合衆国で、私を共有地《コモンズ》と女性の資本主義的規律化をめぐってヨーロッパ内外で起きた闘争に立ち返らせたのは、ナイジェリアのプロレタリアートだった。アメリカに戻り、大学生向けの学際プログラムで教えはじめたが、そこでもまた違ったタイプの「囲い込み」に直面した。それは、知識の囲い込みである。つまり、私たちの共通の過去についての歴史感覚が、新しい世代の間でますます失われているのである。『キャリバンと魔女』のなかで、中世の反封建闘争と、資本主義の出現に抗するヨーロッパのプロレタリアートの闘争を再論する理由はここにある。そうすることの目的は、専門家ではない一般の読者に私の分析が依拠する証拠を提供するだけでなく、若い世代に今日その痕跡が消滅する危機にさらされている長い抵抗の歴史の記憶をよみがえらせることである。資本主義に代わりうるものを探しているのであれば、この歴史的記憶を守ることはきわめて重要だ。

オルタナティヴの可能性は、同じ道を歩んできた先人たちの声を聴きとる私たちの能力にかかっているからである。

序　章

Introduction

マルクス以来、資本主義の起源の研究は、資本主義社会のオルタナティヴの創造こそ人類の第一の課題であると確信する活動家や研究者がかならずたどらねばならない道程である。はたして、新しい革命的運動はみな「資本主義への移行」に立ち返り、新しい社会的主体の見通しをもたらし、搾取と抵抗の新たな地平を発見してきた。[*1] 本書はこうした伝統のなかにあるが、とりわけふたつの問題がこの仕事に動機を与えている。

第一に、男性労働者階級の歴史から切り離された「女性史」というくくりを避けつつ、資本主義の発展をフェミニストの視点から再考したいという強い望みがあった。シェイクスピアの『嵐《テンペスト》』から着想を得た『キャリバンと魔女』というタイトルが、この試みを反映している。ここでのキャリバンは、私の解釈では、植民地主義に抗する反逆者――その闘争はいまなお現代のカリブ海文学に反響している――を表象しているだけでなく、世界のプロレタリアートの象徴であり、さらに厳密にいえば、資本主義の論理に対する抵抗の領域・手段としてのプロレタリアートの身体の象徴である。もっとも重要なことは、『嵐《テンペスト》』では後景に退けられていた魔女の姿が、本書では資本主義が破壊しなければならなかった女性の主体――異端者、治癒者、反抗的な妻、一人で生きることを貫こうとした女性、主人の食物に毒を入れ奴隷に蜂起をそそのかした呪術使《オービア》†1いの女性──の世界の体現者として、舞台の中央におかれていることである。

本書の背景にある第二の動機は、資本主義的諸関係が新たに地球規模で拡大するにつれ、ふつうは資本主義の誕生に結びつけられている一連の現象が世界規模で回帰しているということである。そうした現象のなかには、何百万人もの農業生産者からその土地を奪う新たな「囲い込み」のはじまり、労働者の大規模な窮乏化、そして狂気の歴史についての研究でミシェル・フーコーが描いた「大監禁」を思い起こさせる大規模な投獄政策を通じての労働者の犯罪化がある。また今日われわれが目撃している世界規模での新たなディアスポラ的移動とそれにともなう移民労働者の迫害は、一六、一七世紀に「浮浪者」を地元で搾取できるようヨーロッパで導入された「血の立法」を連想させる。本書にとってもっとも重要なのは、いくつかの国（たとえば南アフリカ、ブラジル）での魔女狩りの回帰を含む、女性に対する暴力が激化していることである。

なぜ、五〇〇年にわたる資本の支配を経た三千年紀のはじまりに、これほど厖大な労働者たちがいまだに貧民、魔女、アウトローと定義されているのだろうか？　土地の収奪と大規模な貧困化は、女性への攻撃がつづいていることとどのようなかかわりがあるのだろうか？　そして、フェミニスト的視点から見通して資本主義の発展、過去と現在を分析するならば、どのようなこ

---

†1　オービアはガーナ南部トゥイ語で、精霊の世界や呪術の知識などを表す。

とがわかるだろうか?

本書において、封建制から資本主義への「移行」を女性、身体、そして本源的蓄積という観点から再検討するにあたって念頭にあったのは、これらの問いであった。女性、身体、本源的蓄積という三つの概念はそれぞれ、この研究が参照している概念的枠組み――フェミニズム、マルクス主義、フーコーの議論に対応している。したがって、序章ではこれらの互いに異なる観点と私の分析の関係についていくらか述べることからはじめようと思う。

「本源的蓄積」とは、資本主義的諸関係の発展がその前提とする歴史的過程の特徴を述べるために、マルクスが『資本論』第一巻のなかで使用する用語である。資本主義の出現が経済的・社会的諸関係に与えた変化を概念化することのできる共通の分母を与えてくれるという意味で有益な用語であるが、その重要性はなにより、マルクスが、資本主義社会が存在するための構造的条件を明らかにする基礎的過程として「本源的蓄積」を扱っている点にある。おかげで私たちは過去を現在まで生き残る、残存するものとして捉えることができる。これは本書でこの用語を用いるにあたって欠かせない理解である。

とはいえ、私の分析はふたつの点においてマルクスのものとは異なる。マルクスは、賃金労働者であるプロレタリアート男性および商品生産の発展という観点から本源的蓄積を考察したが、私は本源的蓄積が女性の社会的地位と労働力の生産にもちこんだ変化という観点から分析する。[*2] したがって、本書での本源的蓄積についての説明には、マルクスの説明には欠けているものの、資本主義的蓄積にとって極めて重要な一連の歴史的現象が含まれている。すなわち、(i)女性の労働と女性の再生産機能を労働力の再生産に隷属させる、新たな性別分業の発展、(ii)賃労働からの女性の排除と女性の男性への従属を基盤とする、新たな家父長制体制の構築、(iii)プロレタリアートの身体の機械化とその変容——女性の場合それは、新しい労働者を生産する機械への変容を意味した——である。もっとも重要なことは、私は本源的蓄積の分析の中心に一六世紀と一七世紀の魔女狩りを置いたことである。魔女の迫害は、ヨーロッパでも新世界でも、資本主義の発展にとって植民地化とヨーロッパの農民からの土地収奪と同様に重要であったことを本書では論じるだろう。

さらに、本源的蓄積の遺産とその役割についての私の評価も、マルクスのそれとは異なる。マルクスは資本主義の発展の凶悪な性格を鋭く感知していた——その歴史は「人類の年代記に、血と炎の歴史として書き込まれている」と断言している——けれども、それを人間の解放にとって必須の段階とみなしていたことは間違いない。マルクスは、資本主義の発展は小規模所有を解体し、(他のどの経済システムもおよばない程度に)労働の生産能力を高め、それゆえに欠乏と困窮から人類を解放するための物質的条件をもたらすと考えていた。また、資本主義が拡大する初期段階に主導的機能を果たす暴力は、労働力の搾取とその規律化が経済法則の働きを通じて達成されたならば、資本主義的諸関係の成熟とともに後退するだろうと推測していた(Marx 1867 Vol.1)。この点でマルクスはまったく誤っていた。本源的蓄積のもっとも暴力的な局面は、現在のそれも含めて資本主義のグローバル化のあらゆる段階に再来した。そこには、農業者の土地からの絶えざる追放、世界規模の戦争と略奪、そして女性の価値の切り下げが、いつの時代も資本主義という存在にとって必要条件であることが示されている。

付け加えるならば、マルクスが資本主義の歴史を女性の視点から見れば、資本主義が人間の解放の道を切り開くとは決して考えなかったはずだ。それというのも、男性がある程度形式上の自由を獲得したときでさえ、女性は常に社会的に劣った存在として扱われ、奴隷制にも似たやり方で搾取されてきたことを歴史が示しているからである。よって、本書の文脈において「女性」とは、可視化されるべき隠された歴史を表すだけでなく、ある特定の搾取の形態を意味し、ゆえに資本主義的諸関係の歴史を再考するための独自の視点という意義をもっているのである。

この課題は新しいものではない。フェミニスト運動がはじまったときから、常に意識してきたわけではないにせよ、女性たちは「資本主義の移行」を再検討してきた。さしあたり、女性史を構成する主な枠組みは年代記的なものであった。フェミニスト歴史家たちが移行の時代を叙述するためにもっともしばしば用いたのは、「近世ヨーロッパ」という枠組みである。書き手にもよるが、一三世紀かもしくは一七世紀を意味した。

だが一九八〇年代になると、より批判的なアプローチをとる研究が次々と登場した。ジョアン・ケリーによるルネッサンスと「女性問題」についてのエッセイ、キャロリン・マーチャントの『自然の死』（一九八〇年）、レオポルディーナ・フォルトゥナーティの『再生産の謎』（一九八一年)、メリー・ウィーズナーの『ルネッサンス期ドイツの働く女性』(一九八六年)、マリア・ミースの『家父長制と世界規模での蓄積』〔邦題『国際分業と女性――進行する主婦化』〕(一九八六年)などである。この他、最近二〇年間に蓄積されてきた中・近世ヨーロッパの農村経済・都市経済における女性の存在を再構築した数々のモノグラフや、魔女狩りや植民地化以前のアメリカ大陸とカリブ海諸島における女性の生をめぐって生産された膨大な研究やドキュメンタリーの仕事も含める必要があろう。後者のなかでは、とくに植民地時代のペルーにおける魔女狩りを初めて論じたアイリーン・シルヴァーブラットの『月と太陽と魔女』(一九九〇年)と、バーバラ・ブッシュの『カリブ社会における奴隷女性――一六五〇―一八三八年』(一九九〇年)とともにカリブ海域のプランテーションで奴隷とされた女性たちの歴史についての主要なテキストのひとつであるヒラリー・ベックルの『生来の反逆者――バルバドスの社会史』(一九九五年)を記しておきたい。

こうした学術的成果によって確認されたのは、女性の歴史を再構築することや、フェミニストの視点から歴史を見ることは、一般に受け入れられている歴史的カテゴリーを根本的なやり方で見直し、支配と搾取の隠されてきた構造を明るみに出すことを意味するということである。ケリーの「女性にルネッサンスはあったのか?」(一九八四年)というエッセイは、ルネッサンスを文化的達成の顕著な例として称賛する伝統的な時代区分を根元から掘り崩した。キャロリン・マーチャントの『自然の死』(一九八〇年)は、科学革命は社会を進歩させたという信仰に異を唱え、科学的合理主義の到来は有機的なパラダイムから機械論的パラダイムへの転換をもたらし、それが女性と自然の搾取を正当化したと論じている。

とくに重要なのは、今日では古典的名著となったマリア・ミースの『家父長制と世界規模での蓄積』（一九八六年）である。同書は資本蓄積を非 - ヨーロッパ中心主義的な視点で再検討し、ヨーロッパの女性とヨーロッパに植民地化された女性の運命を接続することによって、資本主義とグローバル化過程で女性がおかれた環境について、新しい理解をもたらした。『キャリバンと魔女』は、『偉大なるキャリバン』（はしがきで論じた研究）に包含される諸研究とともに、これらの仕事の上に築かれている。とはいえ本書の歴史的射程はさらに広く資本主義の発展を、一方では社会的闘争と封建時代末期の再生産の危機に、他方でマルクスが定義するところの「プロレタリアートの形成」なるものに連結させている。そうしながら、女性史とフェミニズム理論の議論の中心にあった数々の歴史的・方法論的な問題を本書は扱っている。

本書が取り組むもっとも重要な歴史的問いとは、近代の端緒における何十万もの「魔女」の処刑をどのように説明できるのか、そして資本主義の出現が女性に対する戦争と同時期であったのはなぜかをどう解釈するのか、ということだ。フェミニスト研究者たちはこの問題を解明するための枠組みを発展させてきた。魔女狩りは女性によるみずからの再生産機能の管理を破壊することを目論み、より抑圧的な家父長制的体制を発展させるための地ならしをしたということについては、概ね意見が一致している。また、魔女狩りは資本主義の出現にともなって生じた社会的変容に根をもつとも主張されている。しかし、魔女迫害が勃発した固有の歴史的状況や、資本主義の出現が女性に対するジェノサイド的攻撃を要した理由はまだ徹底的に研究はされていない。これが『キャリバンと魔女』で私が取り組んだ課題である。私は一六、一七世紀における人口・経済危機と、重商主義時代の土地・労働政策という文脈で魔女狩りを分析することからはじめた。ここでの私の仕事は先述の関連性、とりわけ魔女狩りと、女性を再生産労働に閉じ込める新たな性別分業の同時代的発展との間の関係を明らかにするために必要な研究のざっとした見取り図にすぎない。とはいっても、魔女迫害が（奴隷貿易や囲い込みと同様）「新世界」でもヨーロッパでも近代プロレタリアートの形成と資本蓄積の中心にあったことを示すには十分である。

他にも、『キャリバンと魔女』が「女性の歴史」とフェミニズム理論について述べていることがある。第一に、本書は「資本主義への移行」はフェミニズム理論にとって試金石であることを確認している。この時期に見出される生産と再生産の役割および男性‐女性間の関係の再定義がどちらも最大級の暴力と国家干渉によって実現されたことは、資本主義社会における性的役割が構築されたものであるという特徴に関して、そこに疑問の余地を残さないからである。私が提示した分析は、「ジェンダー」と「階級」の二分法を乗り越えることも可能である。資本主義社会で性的アイデンティティがある特定の労働役割を媒介するものであることが真実なら、ジェンダーは純粋な文化的現実ではなく、はっきりと階級関係を示すものとして扱われなければならない。この観点から考えると、ポストモダンのフェミニストたちの間に起こった、分析カテゴリーとして「女性」を廃棄するべきか、フェミニズムをたんに対抗的な用語として定義するべきかといった議論はまったくの見当違いであった。すでに指摘したことを言いかえるならばこうなる。すなわち、資本主義社会において、「女らしさ」なるものが、労働力の生産という本質を生物学的宿命の装いの下に隠した労働役割として構築されてきたのだとすれば、「女性の歴史」とは「階級の歴史」であり、問われるべきはその特殊な概念を生みだした性別分業は果たして克服されたか否かということだ。もしこの問いに対する答えが否ならば（現在の再生産労働の編成を考えれば、そのはずだ）、「女性」は正当な分析カテゴリーであり、「再生産」と結びついた諸活動は女性にとって極めて重要な闘争の場でありつづけている――魔女の歴史を自分たちの運動にその基盤において接合させた一九七〇年代のフェミニズム運動にとってそうであったように。

『キャリバンと魔女』が扱うさらなる問いは、フェミニスト理論とフーコーとが資本主義の発展の歴史を理解するためにそれぞれ応用した身体についての分析が提示する対照的な視点から生まれた。女性運動の当初から、フェミニストの活動と理論は「身体」という概念を、男性による支配の根源と女性の社会的アイデンティティの構築を理解するための手がかりと考えてきた。人間の能力を序列化し、女性を一段劣った身体的存在という概念に結びつける見方が歴史的に家父長制権力と男性による女性の労働の搾取の強化の道具となってきたことを、フェミニストたちはイデオロギーの違いを越えて認識してきた。ゆえにセクシュアリティ、生殖、育児の分析はフェミニズム理論と女性史の中心にありつづけてきたのである。とりわけ、フェミニストたちは、男性中心の搾取システムが女性の身体を規律化し、領有しようとして用いた戦略と暴力を、権力技術と権力関係が配置されるうえで女性の身体は主要な標的、特権的な場所であることを明らかにすることによって暴露し、糾弾してきた。実際、一九七〇年代初頭以降、生産されてきた女性の再生産機能の統制や強姦によって女性がこうむる影響、虐待、社会的に容認されるための条件として女性に課される美の強要などをめぐる多くのフェミニズム的研究は、現代の身体をめぐる言説への画期的な貢献であり、身体という言説空間の発見をミシェル・フーコーに帰するような、学術界における一般的な認識が誤りであることの証左である。

「身体の政治学」の分析をはじめとして、フェミニストは当時の哲学と政治学の言説に革命を起こしただけでなく、身体の再評価にも向かっていった。これは、女性的であるとは身体的であることだという観念についてまわる否定性に対抗するために、そして人間であることの意味についてのより全体的《ホーリスティック》な像をつくりだすために欠くことのできない一歩であった。[3] この再評価はさまざまなかたちをとった。非-二元論的な知の形態の探求から、（性的「差異」を肯定的価値とみなすフェミニストとともに）新しいタイプの言語を発展させる試みや、「人間の知性の身体的ルーツ［の再考］」の試みまであった。[4] ロッシ・ブライドッチが指摘しているように、ここで取り戻される身体は、生物学的な所与として理解されているのでは決してない。にもかかわらず、「身体を取り戻す」や「身体を語る」[5] といったスローガンは、ポスト構造主義者やフーコー派の理論家に批判されてきた――彼らはいかなる直感的な解放をも幻想として退ける。ひるがえってフェミニストたちは、セクシュアリティをめぐるフーコーの言説は性の差異化に無関心でありつつ、同時にフェミニズム運動が発展させてきた洞察を横領してきたことを非難した。この非難はきわめて妥当である。そのうえ、フーコーは権力技術が身体にまとわせてきた「生産的」な特徴に気をとられて、その分析は実質的に権力関係についてのいかなる批判の可能性も排除してしまっている。身体についてのフーコーの理論のほとんど弁解がましくすら見える性質は、身体を純粋に言説上の実践によって構成されるものとしていることでますます強められている。彼は権力の源泉を突きとめることよりも、どのように権力が配置されているかを描くことのほうに関心をもっている。それゆえ、身体を生産する〈権力〉は、外部と切り離されて独立した形而上学的な存在、あらゆるところに存在し、社会的・経済的諸関係から切り離されているように見え、そしてそのようなあり方において神のごとき〈原動力〉として神秘的に現れるのである。

資本主義への移行と本源的蓄積についての分析は、私たちが身体をめぐるこれらの議論を超えて進む助けになるだろうか？　そうなると私は信じている。フェミニスト的アプローチについていえば、女性性が構成される上で、身体が中心的要素となりその典型的な活動領域となっていく社会的・歴史的条件を事実に即して描写することを第一歩とすべきである。これに沿っていえば、『キャリバンと魔女』は、資本主義社会における身体と女性の関係は、工場と男性賃金労働者の関係と同じであることを示している。つまり、女性の身体は国家と男性によって領有され、再生産と労働の蓄積の手段として機能するよう強いられてきたのであって、それは搾取と抵抗の主要な場だということである。したがって、身体がそのあらゆる側面——母性、出産、セクシュアリティ——においてフェミニズム理論と女性の歴史のなかで得てきた重要性は、見当はずれではなかった。また、『キャリバンと魔女』は、フェミニストが身体を私的領域に結びつけることを拒否したことの正当性を認め、その意味で「身体の政治学」を語っている。さらに、いかに身体が女性にとってアイデンティティの源泉であると同時に監獄になりうるか、そして、フェミニストにとってなぜ身体がきわめて重要であると同時に、そこに価値を置くことがきわめて問題含みであるのはなぜなのか、説明している。

フーコーの理論については、本源的蓄積の歴史が多くの反証を提示しており、歴史的事実を大幅に省略することによってようやく成立しうるということが明らかにされている。もっとも目立っているのは、身体の規律化についてのフーコーの分析には、魔女狩りと悪魔学の言説が抜け落ちているということである。間違いなく、このふたつが含まれていれば異なる結論が導き出されていたことだろう。なぜならどちらも、女性に向けて爆発した力の抑圧的な性質と、ミクロな権力の力学を描き出そうとしてフーコーが被害者とその迫害者の間にあると想像したような共謀や役割転換などありそうにないことを示しているからである。

魔女狩りの研究は、フーコーの「生権力」の発展に関する理論にも異議を唱え、彼がこの統治形態の出現のまわりに巡らせた神秘の帳《とばり》をはぎとる。フーコーは殺す権利のうえに築かれた権力の型から、人口増加のような、生命‐力の管理と増進を通じて行使される権力の型への転換があった——おそらくは一八世紀ヨーロッパで——と記録しているが、その動機づけについては何の手がかりも提示していない。しかし、資本主義の出現という状況にこの転換を位置づければ、謎は消え去る。生命という力の促進は、ほかでもない、労働という力の蓄積と再生産に関する新たな関心の帰結であることが判明するからである。さらに、国家による人口増加の促進は、大規模な生の破壊と手をたずさえて進んだことも見えてくる。多くの歴史的情況において――奴隷貿易の歴史を見よ――一方は他方の必要条件なのだから。事実、生が利益の生産の下位に置かれるシステムでは労働力の蓄積は最大級の暴力なしには達成不可能なので、マリア・ミースの言葉を借りれば、暴力それ自体がもっとも生産的な力になるのである。

要するに、フーコーがもしも『性の歴史』（一九七八年）のなかで告白という司牧権力に焦点を当てるよりも魔女狩りについて研究していたならば、その歴史が普遍的・抽象的・無性的な主体の視点からは書きえないことを学んだであろう。ひいては、拷問と死は「生」のために、あるいは、より正確には、労働力の生産のために用だてられたことに気づいただろう。資本主義社会の目標は、労働する能力と「死の労働」へと生を変容させることなのだから。

この観点から見れば、本源的蓄積は資本主義的発展のあらゆる段階に現れる普遍的過程である。その本来の歴史的範型が、資本主義が大きな危機に直面するたびにさまざまな仕方で繰り返し現れ、戦略を蓄積していったことは偶然ではない。それはつねに、労働のコストを引き下げ、女性と植民地化された人びとの搾取を隠蔽することに役立ってきた。

これが一九世紀に起こったことである。社会主義の誕生、パリ・コミューン、一八七三年の

「大不況」と呼ばれる蓄積危機への応答が「アフリカの争奪」であり、ヨーロッパにおける時を同じくしての――賃金が支払われる職場からの女性の排除につづく――女性の男性への経済的依存を中心とする核家族の形成であった。これはまた、今日起こっていることでもある。労働市場のグローバルな拡大は、一九六〇年代、七〇年代に労働の性別・国際分業を弱体化させた反植民地闘争やその他の抵抗する主体――学生、フェミニスト、ブルーカラーの労働者――による闘争の時計の針を戻そうとたくらんでいる。

したがって、「移行」の時代に大規模な暴力と奴隷化が進められたとしても、驚くにはあたらない。違いといえば今日ではコンキスタドールは世界銀行とIMFの役員であるということだが、彼らはいまも、何世紀にもわたって世界を支配してきた力に掠奪され貧困に陥れられてきた人びとに、貨幣の価値を説いている。またしても、爆発した暴力の大部分が女性に対して向けられているのは、コンピュータの時代においてもなお、女性の身体の征服が労働と富の蓄積にとっての前提条件であるからである。これまで以上に女性を単なる子宮へと還元するような、新たな生殖技術の制度的投資を見ればそれは明らかだ。

グローバリゼーションの拡大にともなって生じた「貧困の女性化」も、それが資本主義の発展が女性の生にもたらした最初の影響であることを思い起こすと、新たな意味をもつ。『キャリバンと魔女』から学びうる政治的教訓とは、まさに社会経済システムとしての資本主義は必然的にレイシズムとセクシズムに加担するということである。なぜならば、資本主義はその社会関係のなかに築かれた矛盾――自由の約束vs拡大する抑圧の現実、繁栄の約束vs窮乏の蔓延という現実――を正当化し、神秘化せざるをえないからだ。それは、搾取する対象、すなわち女性、植民地住民、アフリカ人奴隷の子孫、そしてグローバリゼーションによって居場所を奪われた移民という「自然」を汚すことを通じて行われるのである。

資本主義の核には、契約による賃金労働と奴隷状態の間の共生関係だけでなく、それとともに、労働力の蓄積と破壊という弁証法的対立も存在する。そのために、身体、労働、生命によってもっとも大きな犠牲を強いられたのは、女性であった。

ゆえに、いかなる形態の解放を資本主義に結びつけることも、このシステムが長続きしている原因をその人類の必要を満たす能力にあると考えることも不可能である。資本主義がみずからを再生産することが可能であったとすれば、それはただ、世界プロレタリアートの身体に埋め込まれた不平等の罠のせいであり、搾取をグローバル化するその能力のせいである。この過程は、過去五〇〇年間そうであったように、いまも私たちの目前で繰り広げられている。

違うのは、今日、この過程への抵抗もまた、地球規模に達しているということだ。

第1章
世界中で待ち望まれた衝撃
——中世ヨーロッパの社会運動と政治危機

All the World Needs a Jolt

Social Movements and Political Crisis in Medieval Europe

ホウレンソウが入った籠を運ぶ女性。中世の女性はしばしば菜園を手入れし、薬草を育てた。薬草の効能は、彼女たちが代々受け継いでいった知識のひとつである。イタリア、1355年頃。

全世界が大きな衝撃に見舞われるだろう。罪深い者どもはその座から追いはらわれ、踏みつけられてきた人びとが立ち上がるのだ。

——トマス・ミュンツァー「まやかしの信仰のあからさまな暴露——みじめであわれなキリスト教界にそのあやまりを認識させるために、この不実の世に対して、ルカ福音書のあかしによって、のべられる」一五二四年

何世紀も闘争が続いてきたが、現在も搾取が存在するということは疑いようがない。ただその形態が変わっただけだ。あちこちで搾りとられている剰余労働の労働力総量は、過去のものとくらべて減ってはいない。だが、私見では、搾取の状態の変化は見過ごしてよいものではない。(…)重要なのは、解放をもとめてきた奮闘の歴史である。

——ピエール・ドックス『中世の奴隷と解放』一九八二年

はじめに

「資本主義への移行」における女性と再生産の歴史は、封建制の時代に権力者に対してヨーロッパ中世のプロレタリアート——小農、職人そして日雇い労働者——がありとあらゆる形態で行った闘争からはじめるべきだろう。中世プロレタリアートが掲げた意義深い要求の数々、その社会的・政治的動機、敵対的な諸実践によってこの闘争を想起して初めて、封建制の危機における女

性の役割と、資本主義が発展するためには女性の力の破壊——三世紀にわたる魔女迫害によって遂行されたように——が必要とされた理由をわれわれは理解できるのだ。この闘争の視点に立てば、資本主義とは古い体制を揺籃とする経済的諸力を生み出した進化的発展の産物ではなかったということも、理解できる。資本主義は、封建的領主、大商人、司教、そして教皇による、自分たちの力をついには揺るがし、実際に「世界中に大きな衝撃」をもたらした一世紀にわたる社会的対立に対する応答であり、反封建闘争から出てきた可能性——それが実現すれば、世界中どこでも資本主義的諸関係が進展するときの特徴である生命と自然環境の甚大な破壊をまぬがれたかもしれない——を打ち砕く反革命運動であった。このことは大いに強調されるべきである。それというのも、資本主義は封建制から「進化」したものであり、より高次な社会生活形態を表すとする考え方はいまだに払拭されてないからだ。

とはいえ、賦役労働、賃金水準、地代、一〇分の一税といった古典的な階級闘争の枠組みに対してのみ関心をもち、闘争によってもたらされた社会的生活についての新たなヴィジョンとジェンダー関係の変容に目を向けないのであれば、女性の歴史がいかに資本主義の発展と交差しているのか把握することはできない。こうしたヴィジョンや変容は取るに足らないものなどではなかった。反封建闘争の真っ只中に、既存の体制に逆らい別の新たな共同体的生活のモデルを生み出すことに寄与したヨーロッパの草の根的な女性運動の歴史の最初の形跡を見ることができるのだ。支配的な性規範に疑問を投げかけ、女性と男性の間により平等な関係性を築こうとする最初の組織的な行動も、封建権力に対する闘争によってもたらされたものだった。借金返済に縛られた奴隷労働および商業的諸関係が拒否されるとともに、こうした社会規範の限界を超えた意識の形成により、封建制に対してだけでなく、それに取って代わった資本主義体制に対しても強力なオルタナティヴが生み出された。そのオルタナティヴは、もうひとつの世界は可能であることを示し、なぜそれがまだ実現されていないのか現代の私たちに問いを突きつける。本章では、封建制支配に対抗するなかで女性と男性の間の関係性と労働力の再生産がどのように再定義されたのか検証しながら、この問いへの答えを探していく。

　中世の社会的闘争についても思い起こす必要がある。それによって解放の歴史のなかに新しい章が書きこまれたからだ。その最盛期には、富の共有と、ヒエラルキーと権威主義的支配の否定にもとづいた平等な社会秩序が求められた。それらは後にユートピアとして残ることとなった。封建制の崩壊からもたらされたのは、異端者の説話や千年王国運動のなかでその到来が予言された天の王国ではなく、病気、戦争、飢饉、そして死――アルブレヒト・デューラーの有名な黙示録の四騎士に描かれたように――すなわち、まさしく新たな資本主義の時代のはじまりを告げる前兆であった。それでもなお、中世のプロレタリアートが「世界をひっくり返そう」とした闘いは考慮されるべきである。敗北したとはいえ、封建制を危機に追い込んだのだし、そうした人びとは「社会秩序を根本からつくり直す」以外に成功しえなかったような「正真正銘の革命家」だったからだ（Hilton 1973: 223-24）。また、中世の反封建闘争の観点から「移行」を見ることは、イングランドの囲い込み《エンクロージャー》とアメリカ大陸の征服の背景にある社会的な原動力を再考することにおいて、そしてなによりも、なぜ一六世紀と一七世紀の「魔女」の根絶と再生産にまつわるあらゆる側面の国家による管理の拡大が本源的蓄積の土台となったのか、その原因を明らかにするうえでも役に立つのである。

階級関係としての農奴制

中世の反封建闘争によって資本主義的諸関係の発展はいくらか明らかにされたが、その闘争自体の政治的意義は、封建社会におけるもっとも支配的な階級関係であり一四世紀まで反封建闘争の焦点であった農奴制の歴史という幅広い文脈において考えないかぎり、見えないままであろう。

ヨーロッパでは五世紀から七世紀の間に、奴隷制――これを土台にローマ帝国の経済は成り立っていた――の崩壊への対応として農奴制が発展した。それは、ふたつの関連しあう現象によってもたらされたものであった。四世紀までにローマ帝国の領土と新興ゲルマン諸国家では、反乱を阻止し、奴隷が「奥地」――帝国周縁部に形成されていた逃亡奴隷の共同体《マルーン・コミュニティ》――へ逃亡するのを防ぐために、領主は奴隷に対して一区画の土地をもつ権利と家族を有する権利を与える必要があった。[*1] それと同時に、奴隷労働の拡大と後にはゲルマン人の侵略によって零落し、独立を犠牲にしてでも領主に保護を求めることにした自由農民を領主は支配下におきはじめた。こうして、奴隷制が完全に廃止されない一方で、全農民層を従属状態におきながら、かつての奴隷の

種まきのために土づくりをする農民。土地を使用する権利は農奴の力の基盤であった。イングランドの細密画、一三四〇年頃。

状態と自由な農業労働者のそれとを均質化する新たな階級関係が発展したため（Dockes 1982: 151）、九世紀から一一世紀の三世紀もの間、「農民」（*rusticus, villanus*）は「農奴」（*servus*）と同義語であった（Pirenne 1956: 63）。

労働関係として、そして法的地位として、農奴という身分は途方もなく大きな負担であった。農奴は領主につながれていた。農奴の人格と所有物はその主人の財産であり、生活のあらゆる面は荘園の法律によって支配されていた。それでも、農奴制は明らかに労働者にとってより好ましい階級関係を再築したのだ。農奴制によって組労働《ギャング・レイバー》[†1]、エルガストゥルム[*2]での生活はなくなり、奴隷制が依拠していた残虐な刑罰（鉄の首輪［処刑用の道具］、火刑、磔刑）は軽減された。封建制下の所領では農奴は領主の法に従属したが、その法に違反した場合は「慣習的」合意にもとづいて裁かれ、やがては農奴たちが中心となる陪審制度にもとづいて裁かれるようにさえなった。

主人と奴隷の関係上にもたらされた変化という観点から

すれば、農奴制のもっとも重要な側面とは、農奴が再生産の手段に直接アクセスする権利を与えられたということである。領主の土地でなすべき労働と引き換えに、農奴は一区画の土地[†2]を受け取った［前頁図］。その土地は自分たち自身のために使うことができ、「相続財産のように相続税を払うだけで」自分の子どもに譲ることができた（Boissonnade 1927: 134）。ピエール・ドックスが『中世の奴隷制と解放』（Dockes 1982）のなかで指摘するとおり、この取り決めにより農奴の自律性は高まり生活状況は改善した。いまや農奴は、無制限の支配下で家畜のように扱われるのではなく、より多くの時間を自分たち自身の再生産に使うことができ、課せられる義務の範囲を交渉することができたからだ。なによりも、その土地を効果的に使い所有することにより、農民はつねに自給することができ、領主との対立がもっとも激しいときであっても飢える恐れがないために、容易に屈服せずに済んだ。たしかに領主は反抗的な農奴を土地から追い出すことができたが、きわめて閉じられた経済のなかで新たな労働者を雇い入れることの困難と、農民の闘いの集団的性質を考えると、めったにそうしたことが行われることはなかった。封建制荘園において労働の搾取がつねに直接的な力の行使に依拠していたのは、――マルクスが記したように――こうした理由であった。[*3]

土地の使用権を得たことから農民が得た自立の経験は、政治的・イデオロギー的な可能性をもたらした。やがて、農奴は自分たちが使っている土地を自分自身のものだと考えはじめ、貴族階級が押しつける自分たちの自由に対する制限を耐えがたいものだと思いはじめた。「土地を耕作者に」――メキシコとロシアの革命から現代の土地の私有化に対する闘争まで、二〇世紀の間ずっと繰り返された要求――というスローガンをもし中世の農奴が聞いたならば、まさしく自分たちのための鬨《とき》の声だと考えたであろう。しかし、「百姓」の強さは、土地を使用できるという事実にあった。

土地の使用とともに、牧草地、森林、湖、野生の放牧地といった「共有地《コモンズ》」も使用されるようになった。それは農民経済にとって欠かせない資源をもたらし（燃料にする薪、建築資材、養魚池、動物の放牧地）、共同体の結束力と協同性を育んだ（Birrell 1987: 23）。イタリア北部では、これらの資源を管理することによって共同体による自主経営の土台がもたらされた（Hilton 1973: 76）。中世の農村の人びとの政治経済学と闘争にとって「共有地《コモンズ》」は非常に重要であり、いまだにその記憶はわれわれの想像をかきたて、自己の力を拡大する欲望よりも、物が共有され連帯が社会的諸関係の本質をなす世界のヴィジョンを生き生きと伝えてくる。[*4] 中世の農奴共同体はそうしたヴィジョンを実現するにはいたらず、またコミュナリズムの一事

---

†1　一九世紀アメリカ南部のプランテーションにおける黒人奴隷の労働形態のひとつ。組制度《ギャング・システム》での労働で、何人かを一組にして厳しい監督の下で、奴隷頭が決める労働ペースで同一の農作業を一日中過酷な労働が行われた。一方、割当制度《タスク・システム》では一日、あるいは一週間といった期限内でこなすべき労働量が決まっており、労働ペースに取り決めはなかったという。

†2　犂一丁と牛八頭で一年間耕作しうる広さ、すなわち農民の一家族を養うに足るとされた面積。地方によって異なり、四〇～一二〇エーカーほど。

例として理想化されるべきでない。実際のところ、共同体が生存手段を管理し共同体のすべての構成員がその手段を平等に使用する権利を有していないかぎり、「コミュナリズム」も「ローカリズム」も平等な関係を保証するものとはなりえないということを農奴共同体は気づかせてくれる。封建制荘園における農奴の現実はそのようなものではなかった。集団的な労働形態の普及、領主との集団的「契約」、農民経済の地域的特性にもかかわらず、中世の村落は平等な人びとによる共同体ではなかった。西ヨーロッパ中からもたらされた厖大な資料によって実証されたように、自由な農民と奴隷状態の農民、豊かな農民と貧しい農民、土地の保有権を確保している農民と土地がなく領主の所領で賃金を得るため働く労働者、そして女性と男性といった分断により農民階級内には多くの社会的格差があった。[*5]

女性が土地を相続し自分の名義でそれを管理した多くの事例があるにせよ、一般には土地は男性に与えられ、男系を通じて伝えられていった。[*6] また、女性は裕福な男性農民が任命される役職から排除され、なんにせよ二級の地位であった（Bennett 1988: 18-29; Shahar 1983）。おそらくこうした理由で、農奴の違法行為が記録されたものを除けば、荘園の記録のなかに女性の名前を見つけることがほとんどできないのだろう。それでも、後に資本主義社会において「自由な」女性がそうなるほどには、女性農奴は男性親族に依存することもなく、身体的、社会的、そして精神的に差別化されることもほとんどなかった。

農奴共同体内における女性の男性への依存が限られたものであったのは、彼女らの夫や父の権威よりも、農奴の人格と財産の所有権を主張し、労働から結婚、性慣習まで農奴の生活のあらゆる側面を支配しようとした領主の権威のほうが勝っていたためであった。

女性の労働と社会的諸関係を意のままにするのは領主であった。たとえば、寡婦が再婚するかどうかやだれがその配偶者になるかを決めたり、初夜に農奴の妻と寝る権利（初夜権）を要求したりする地域さえあった。土地は通常は家族単位で与えられたということや、女性はその土地で働くのみならず自分の働きによる生産物を売ることもでき、生活のために夫に依存する必要がなかったことから、男性農奴の女性親族に対する権威ははるかに限定されていた。イングランドでは妻との共同の土地所有がよく知られていたため、「農奴の男女が結婚すると、男性が領主のもとへ土地を返しにやってきて、それから男性とその妻の両方の名義でふたたび土地を受け取ることが一般的であった」[*7]（Hanawalt 1986b: 155）。さらに、農奴の農場における労働は自給自足《サブシステンス》にもとづいて組織されていたため、そこでの性別分業はさほど顕著ではなく、資本主義的農場にくらべれば差別的ではなかった。封建制下の村では、物の生産と労働力の再生産の間に何ら社会的区別がなかった。家族の生計に役立たない労働などなかったのだ。子どもの養育、料理、洗濯、糸紡ぎ、ハーブ園の管理に加え、女性は農場でも働いた。家庭内での女性の働きは低く評価されることはなく、後に貨幣経済において家事労働がまっとうな労働とみなされなくなったときそうなるように、男性とは異なる社会的諸関係に組み入れられることもなかった。

また、中世社会では集団的な諸関係が家族のそれよりも強く、女性農奴が行っていた仕事のほとんど（洗濯、糸紡ぎ、収穫、共有地での家畜の番）が他の女性たちと協力して行われていたことを考えれば、性別分業は孤立とは程遠いものであり、むしろ女性にとっての力の源泉であり、自分たちを保護するものであったということが理解できる。教会が女性の男性への従属を説教し教会法は夫が妻を打つ権利を是認していたという事実にもかかわらず、このような女性同士の共同労働は女性が男性に刃向うことを可能にする強力な社会性と連帯の基盤だった。

とはいえ、封建制荘園における女性の地位を変化のないものとして考えることはできない。[*8] 女性の力とその男性との関係はいつでも、共同体の領主に対する闘争と、そうした闘争が主人－奴隷関係にもたらした変化によって決定されたからである。

共有地《コモンズ》をめぐる闘争

一四世紀の終わりまでに領主に対する農民の反乱は蔓延し大衆化しており、しばしば武力をともなうようになっていた。しかし、この時期に農民が示した組織力の強さは多かれ少なかれ、中世の間ずっと公然と行われてきた長い闘争の成果であった。

社会秩序内でそれぞれの身分がそれぞれの決められた立場に甘んじていた静的な社会という封建社会についての教科書的な描かれ方に対して、封建制荘園の研究から立ち現れるのはむしろ絶え間ない階級闘争のイメージである。

イングランドの荘園裁判所の記録が示すように、中世の農村は日常的な闘いの舞台であった（Hilton 1966: 154; Hilton 1985: 158-59）。村民が農場管理人《ベーリフ》を殺すか領主の館を襲うかしたときには闘いがとてつもない緊張に達することもあった。だが大方は、領主の暴虐を制限し、農奴の「重荷」を是正し、土地の使用と引き換えに課せられた多大な貢納を減らすために農奴たちが起こしたひっきりなしの訴訟から闘争は成り立っていた（Bennett 1989; Coulton 1955: 35-91; Hanawalt 1986a: 32-35）。

農奴の主な目的は、自分たちの剰余労働と生産物を保有することと、経済的・法的権利の範囲を広げることであった。農奴という法的地位からは多くの義務が発生したため、闘争ではこのふたつの目的が互いに緊密に関連していた。このため一三世紀のイングランドでは、世俗の所領でも教会の所領でも、男性農民は自分が農奴ではなく自由民だと主張することで罰金を科せられることがよくあり、激しい訴訟が国王裁判所《ロイヤル・コート》にまで上訴されることもあった（Hanawalt 1986a: 31）。また、領主のオーブンでパンを焼くのを拒んだり、自分たちの製粉所で穀物やオリーブを挽いたりしても――自分たちの設備を使うことで領主が押しつけた税負担を逃れることができた――農民は罰金を取られた（Bennett1989: 130-31; Dockes 1982: 176-79）。しかしながら、農奴の闘争にとってもっとも重要な領域とは、週のうちある一定の日数、領主の土地でしなければならない労働であった。この「賦役」は、もっとも直接的に農奴の生活に影響を与えるものであり、一三世紀を通して解放に向けた農奴の闘争における中心的課題であった。*9

「強制労役」とも呼ばれた賦役に対する農奴の態度は、借地人が科せられた刑罰についての荘園裁判所の記録からわかる（Hilton 1985: 130-31）。一三世紀までには、労働からの「大規模な離脱行動」があったことをこれらの証拠は物語る（*ibid.*, 130-31）。借地人は収穫期に招集されても領主の土地へ働きに出ず、自分の子どもも出さなかった。[*10] 畑に行くのを遅らせて作物をだめにしたり、だらだらと働き、長い休憩をとり、そしてたいていは反抗的な態度をとったりした。そのようなわけで、領主はつねに綿密な監視と警戒を必要としており、それは以下の勧告によって示されている。

農夫がきちんと働いているか、一日の終わりにはどのくらい仕事をしたか見るために、農場管理人と収穫監督者は、常に農夫とともにいるように。（…）また、日常的に下僕どもは労働を怠るため、彼らの欺きに対して警戒し、いっそう頻繁に監視することが必要である。それに加えて農場管理人は、農夫がちゃんと働いているかすべて監視し、きちんとこなしていない場合は叱責しなければならない（Bennett 1967: 113）。

これと似た状況は、ウィリアム・ラングランドの寓意的な詩「農夫ピアズ」（一三六二—七〇年頃）のなかで描かれている。ある場面では午前中忙しくしていた労働者たちが午後は座って歌っており、また別の場面では収穫期に働こうとしない人びとが「することといえば、飲んで寝ること」を欲して集っている（Coulton 1955: 87）。

戦時に兵役に就く義務も強く抵抗を受けた。H・S・ベネットが報告するように、イングランドの農村ではつねに兵力の補充が必要とされていた。また交戦中に自分の部下をなんとか保持しつづけることができた中世の司令官などめったにいなかった。それというのも、入隊した者は給料が手に入るや否や、逃亡する最初の機会が訪れるとたちまち姿を消したからだ。典型的なのは、一三〇〇年のスコットランドでの軍事行動時の給与支払い名簿である。それには、六月に一万六〇〇〇人の補充兵が入隊を命じられたのだが、七月半ばまでには七六〇〇人しか集まらず、これが「最高人数であった（…）八月には三〇〇〇人そこそこしか残っていなかった」とある。その結果として、王は軍隊を維持するために赦免された犯罪者と無法者にますます依存せざるをえなかった（Bennett 1967: 123-25）。

対立のまた別の要因は、農奴が共有財産であると考えていた森、湖、丘を含む非耕作地の使用であった。一二世紀半ばのイングランドの年代記のなかで農奴はこう宣言している――「われわれは森へ入れるのだ……そして必要なものを取ってくる。養魚池から魚を、森林からは獲物を。森、湖水、草地のなかでわれわれはわれわれの意のままに行動する」（Hilton 1973: 71）。

それでもやはり、もっとも激しい闘争は貴族階級の法的権力から発せられる諸税と義務に対するものであった。それらには、死亡税《モンマルト》（農奴が死んだときに領主が取り立てる税）、結婚税（農奴が他の荘園の人間と結婚したときに増やされる結婚に対する税）、借地相続税（土地保有への登記を得る権利のために、死去した農奴の相続人が払う相続税であり、通常死去した農夫の有した家畜のなかで最良のもので支払われた）が含まれ、なかでも最悪なのが特別賦課税《タリッジ》であり、これには領主が意のままに搾り取れる自由裁量で決められた金額が含まれていた。そして最後になったが、一〇分の一税、これは農民の収入の一〇分の一が聖職者によって搾り取られるものであるが、通常は聖職者の名義で領主が徴収した。

　賦役労働とともにこれらの「自然と自由に反する」諸税は、封建制下の賦課金のなかでももっとも恨まれたものだった。それというのも、これら諸税は土地の割り当てや他の便益によっても埋め合わせられないほど、封建権力の恣意性をあらわにしたからだ。それゆえに、これら諸税に対して激しい抵抗があった。典型的なのは、ダンスタブルの修道僧らに対する農奴たちの行動であった。「タリッジのことで疲れ果てるよりも地獄に落ちたほうがましだ」と一二九九年に宣言した農奴たちは「多くの紛糾の後」、この税からの自由を獲得した（Bennett 1967: 139）。同じく一二八〇年、ヨークシャーのヘドンの村の農奴たちは、タリッジが廃止されなければレヴェンサードとハルという「日増しに栄え、タリッジもない良い港」の町の近くに移住するほうがましだ、という意思を示した（*ibid.*, 141）。これはただの脅しではなかった。町や都会への逃亡[*11]は農奴の闘争では恒常的な構成要素であり、それゆえにイングランドの荘園のなかには一度ならず再三、「男らは逃亡者となり、近くの町に住んでいると言われている。戻るようにと命令が出されても町は男らをかくまいつづけている……」状況が繰り返されていたところもあった（*ibid.*,

295-96）。

こうしたむき出しの対立形態に、多種多様な隠れた抵抗形態を加える必要がある。隷従させられた農民はいつでもどこでもこの抵抗で有名だった。「ぐずぐずすること、猫かぶり、服従するそぶり、無知なふり、脱走、ちょろまかすこと、密輸、密猟（…）」（Scott 1989: 5）。それなしでは階級闘争についての十分な説明ができない、しぶとく長年にわたってつづけられたこうした「日常の抵抗形態」は、中世の村落に豊富に存在した。

これは、荘園の記録に明記された農奴の義務の細かさによって説明できるかもしれない。

たとえば、［荘園の記録は］男一人につき一エーカーの領主の土地を耕し、種蒔きし、馬鍬で土をならさなければならないとだけ記述しているのではない。男は自分の耕地で有している雄牛の頭数と同数の雄牛で領主の土地を耕し、自分の馬と布袋でその土ならしをしなければならないと述べてある。（…）賦役は（も）こと細かに記録された。（…）エルトンの小屋住み《コットマン》たちを思い出すべきだ。彼らは、領主の牧草地で干し草を積み上げ、さらに領主の納屋の前庭でその干し草を積み上げるという義務は認めていたが、慣習上、第一の場所から第二の場所へ運ぶために荷馬車にその干し草を積む義務はないと言い通した（Homans 1960: 272）。

ドイツには毎年卵と家禽を寄付することが賦課金に含まれていた地域もあり、農奴が自分たちの鶏のうちもっとも品質の悪いものを領主へ渡すのを防ぐために、適合試験が立案された。めんどりは柵や門の前に置かれる。もしめんどりがおびえて飛ぶかよじ登る力があれば、農場管理人はそのめんどりを適合するものと承認する。さらにガチョウの子は平衡感覚を失わずぶざまに座りこまずに草を引き抜くことができるほど十分に生長していれば、適合と認められねばならなかった（Coulton 1955: 74-75）。

このような細かい規則は、中世の力ずくの「社会契約」の困難さと、闘争的な借地人や村民にとっての闘いの場が多様であったことを証明している。農奴の義務と権利は「慣習」によって規制されたが、「慣習」の解釈もまた盛んな争いの的であった。領主と農民の対立においては「伝統の創造」は日常茶飯事のことであった。それというのも、一三世紀中頃に領主が文書で書き記すようになるまでは、両者ともにこうした慣習を定義し直そうとしたり、無視しようとしたりしたからだ。

解放と社会的分断

政治的には農奴の闘争がもたらした最初の成果は義務を是正し、「村落共同体の運営におけるいくばくかの自治」を付与する「特権」および「特許状」――地方自治の真の形態をもたらすこともあった――が、多くの村々（とくにイタリア北部とフランス）へ与えられたことであった。こうした特許状は荘園裁判所が割り当てることになっていた罰金を規定し、司法過程における規則を確立した。そのため、恣意的な逮捕やその他の虐待が起こりうる可能性がなくなるか減少した（Hilton 1973: 75）。また、農奴の兵役義務が軽減され、タリッジは廃止もしくは修正されることにもなり、地方市場で物を売るための「売店設置権をもつ」ための「自由」もたいてい与えられ、ごくまれなことだが土地を譲渡する権利が与えられることもあった。一一七七年から一三五〇年の間にロレーヌだけで二八〇の特許状が譲与された（*ibid.*, 83）。

しかしながら、主人 - 奴隷の対立におけるもっとも重要な決着とは、賦役労働の「金納化」――貨幣による支払い（貨幣地代、貨幣納税）への転換であった。それにより封建的関係はより契約的な原理に置き換えられた。このきわめて重大な進展とともに農奴制は事実上終焉したのだが、多くの労働者の「勝利」が結局元来の要求を部分的に満たすものでしかなかったように、金納化もまた社会的分断の手段として機能し、封建農村を分裂させ、闘争の目標を取り込んでしまった。

広い土地を所有し、「家柄を買う」ことができるほど十分な金を稼ぎ、労働者を雇うことのできる裕福な農民にとっては、金納化は経済的・人格的な自立のための第一歩として見えたにちがいないだろう。領主が自分の領地に住む人びとの労働に直接依存しなくなると、人びとに対する支配を弱めたからである。だが、大多数のより貧しい農民――かろうじて生存を維持することのできる数エーカーしか土地を所有していなかった――は、もっていたわずかな土地さえも失った。税を金で払うことを余儀なくされ、まだ先の収穫を担保にして金を借りたこれらの農民は慢性的な負債に陥り、最終的に多くの人びとが自分の土地を失うはめになった。その結果として、金納化が西ヨーロッパ中に広まる一三世紀には、農村地域における社会的分断は深まり、農民の一部はプロレタリア化の過程を経験した。ブロニスラフ・ゲレメクは以下のように述べる。

一三世紀の史料には、生活の足しに牧畜などを営まざるをえなくなった貧農の話（…）が現れてくる。様々なタイプの農村労働者、土地無し農やそれに等しい農民、何らかの労働をしなければ生活できない者が急増してきたのである。南フランスの農村構造で現れる「肉体労働者《ブラジェール》」は、自分の「腕《ブラ》」による労働、もしくは富農や土地所有者の下で日雇い労働をしてかろうじて糊口をしのいでいた。一四世紀初頭以来、土地台帳には、徐々に貧農、困窮者、乞食とさえ呼ばれるようになった農民大衆のことが記録されるようになる[*12]（Geremek 1994:56）。

地代の金納化は、さらなるふたつの悪い結果をもたらした。第一に、賦役労働が貨幣による支払に転換するやいなや、農民は自分たち自身のためにする労働と、領主のためにする労働との違いをもはや区別することができなくなったため、どれほど搾取されているか、その度合いを生産者自身が判断することがより困難になった。また、金納化により、いまや自由の身になった借地人が他の労働者を雇い搾取することが可能となったため、「さらなる発展のなかで、自立した農民の財産が増大」させられ、「以前の自営の土地所有者」は資本家的借地農業者となった（Marx 1909: Vol. Ⅲ ,924 ff）。

したがって、経済生活の近代化は、すべての人びとに恩恵をもたらしはしなかった――土地への束縛に代わる、社会生活のなかに客観主義、合理性、さらには人格的自由の基準をも導入する新たな「コモン」の創造だとそれを歓迎する市場経済の支持者の主張には反して――（Simmel 1900）。貨幣関係の広まりとともに、価値観がはっきりと変化した。聖職者でさえ、「金の繁殖不可能性」を説くアリストテレスの教義を再考するようになった（Kaye 1998）。貧者に対する慈善という贖罪の徳性についての考えを見直しはじめたのも偶然ではない。しかし、貨幣関係の拡大による影響は破壊的であり、分断をもたらすものだった。金と市場は、収入の差を階級の差へと変えることにより、そして定期的な寄付によってなんとか生きのびる大量の貧しい人びとを生み出すことにより、農民層を引き裂きはじめたのだ（Geremek 1994: 56-62）。一二世紀にはじまるユダヤ人がこうむった組織的攻撃と、同時期にその法的・社会的地位が漸次引き下げられていったことも、増大する貨幣の影響によるものと考えるべきである。事実、王、ローマ教皇、高位の聖職者への金貸しがユダヤ人業者から商売がたきのキリスト教徒の業者にとって替えられたことと、ユダヤ人に対して聖職者が採用した差別的な規則（たとえば、区別するための衣服を着ること）およびイングランドとフランスからのユダヤ人の追放の間には明らかな相関関係がある。教会によって地位を貶められ、キリスト教徒からさらに切り離され、金貸し業（ユダヤ人が就くことが可能な数少ない職業のうちのひとつであった）を村落規模に制限され、ユダヤ人は借金を背負う農民にとって金持ちに対する怒りをぶちまける格好の標的となった（Barber 1992:76）。

女性もまた、どんな階級に属していようが、生活の商品化が進展するにつれて大きな打撃を受けた。それというのも、女性の財産と収入の権利はそれによりさらに制限されたからである。イタリアの商業化した諸都市では、夫の財産の三分の一を相続する権利を女性は失い、農村地域では、女性たち、特に独身の女性や寡婦は土地を所有することがいっそうかなわなくなった。その結果として、一三世紀までにこうした女性たちは率先して農村から離脱し、都市における農村移民の大多数を占めるようになり（Hilton 1985: 212）、一五世紀までには都市人口の大きな割合を女性が占めるようになった。都市では女性たちのほとんどが、メイド、行商人、小売商人（しばしば許可証をもたないため罰金を取られた）、紡ぎ女、下層のギルドの組合員、そして娼婦といった低い賃金の職に就き、貧困状態のなかで生活した。[*13] しかしながら、都市の中心で、中世のもっとも闘争的な人びとのなかで生きることで、女性は新たな社会的自律性を得た。都市の法律は女性たちには自由を与えず、都市生活にかかわる特権であるいわゆる「都市の自由」を獲得できた女性はほとんどいなかった。だが、いまや女性は一人で生きるか、あるいは家長として自分の子どもと暮らすことができ、他の女性と住居をともにして新たな共同体を形成することもでき

市の城壁をつくる女性の石工。フランス、15 世紀。

ただめ、都市では男性の監督への従属は弱まった。女性は通常、都市社会の最貧困層であったが、後には男性の仕事としてみなされるようになる多くの職業にやがて就くことができるようになった［前頁図］。中世の町中で、鍛冶屋、肉屋、パン屋、燭台職人、帽子職人、エール醸造者、羊毛の梳き手、小売業者として女性は働いた（Shahar 1983: 189-200 ; King 1991: 64-67）。「フランクフルトでは、一三〇〇年から一五〇〇年の間女性が就いていた仕事はほぼ二〇〇あった」（Williams and Echols 2000: 53）。イングランドでは、八五のギルドのうち七二のギルドが女性をその組合員として含んでいた。製糸業を含むギルドのなかには女性が支配していたものもあれば、女性の雇用者数が男性と同じくらいのギルドもあった。[*14] 一四世紀までに、女性は医師、外科医はもちろん学校教師にもなるようになり、大学で教育を受けた男性と競合しはじめ、高い評判を得ることもあった。また一四世紀には、一六人の女性医師――そのなかには外科や目の治療に秀でたユダヤ人女性たちがいた――が、他の市当局のように公衆衛生制度を住民に提供していたフランクフルト市により雇われた。「賢い女性」すなわち助産師だけでなく女性医師が産科において優勢を占めており、どちらも行政に雇われるか自分たちの患者から支払いを受けるかしていた。一三世紀に帝王切開が導入されてからは、その手術を行うことができるのは女性の産科医だけであった（Opitz 1996:370-71）。

女性が自律性を得るにつれ、社会生活におけるその存在がより頻繁に記録されはじめた――女性の規律のなさを叱責する司祭の説教のなかに（Casagrande 1978）、女性が自分に危害を加える者を告発しに行った裁判所の記録のなかに（S.Cohn 1981）、娼婦を規制する市の法令のなかに（Henriques 1966）、軍隊についていく数千人の非戦闘員のなかに（Hacker 1981）、そしてなによりも新しい民衆運動、とりわけ異端者の民衆運動のなかに──。

これから異端運動のなかで女性が果たした役割をみていく。ここでは、女性の新たな独立に対する応答として、風刺的韻文《ファブリオ》［中世フランスの風刺的韻文］の風刺──「ズボンへの闘い」と歴史家が定義してきたものの最初の痕跡がある──にもっともよく表れている、女性嫌悪《ミソジニー》の反動のはじまりをみることができるというに留めておこう。

千年王国運動と異端運動

千年王国運動（一二、一三世紀）の主唱者だったのは、地代金納化をきっかけに増大した土地なしプロレタリアートであった。窮乏する農民のほかにも、娼婦や、聖職を剥奪された聖職者、都市と農村の日雇労働者といった、封建社会で苦境にあるあらゆる人びとをこの運動のなかに見いだすことができる（N.Cohn 1970）。歴史の舞台にわずかな期間出現した千年王国主義の痕跡は乏しいが、それは短命の反乱の物語を、そして貧困と聖職者の扇動的な説教──十字軍の開始にともなう──によってひどい目にあわされた農民の物語をわれわれに伝える。しかしながら、その反乱の重要性は、すでに荘園という領域を超え、完全なる変化への願望に鼓舞された新しいタイプの闘争が開始したということにある。当然のことながら、千年王国主義の台頭には、「なんにせよ待たねばならない遠い未来のヴィジョンとしてではなく、いま生きる者たちが積極的に参加できる差し迫った出来事として」、最後の審判が差し迫っていることを告げる予言と黙示録的な展望の広まりがともなった（Hilton 1973:223）。

千年王国主義の典型的な事例は、一二二四―一二二五年にフランドルで偽ボードゥアンの出現が引き金となった運動であった。隠遁者であったその男性は、自分は一二〇四年にコンスタンティノープルで殺された有名なフランドル伯ボードゥアン九世であると主張した。この主張は証明されなかったが、新たな世界を約束する彼の言葉は内乱を引き起こし、そのなかでフランドルの織物工がもっとも熱烈な支持者となった（Nicholas 1992: 155）。これらの貧しい人びと（織工、縮絨工）は、偽ボードゥアンを囲んで結束を固め、彼が自分たちに金銀そして完全なる社会改革をもたらしてくれるだろうと確信した（Volpe 1971: 298-99）。この運動に似たものは、「牧童連」――一二五一年頃金持ちの家を焼き略奪し、自分たちの状況の改善を訴えながらフランス北部中をめぐった農民と都市労働者たち[*15]――の運動と、ウンブリア（イタリア）からはじまり、一二六〇年、すなわちフィオレのヨアキムの予言によれば世界が終ると推定される年代に諸国に広まった鞭打苦行の運動であった（Russell 1972a: 137）［次頁図］。

しかしながら、封建的諸関係への具体的なオルタナティヴと、進展する貨幣経済への抵抗を探求した中世のプロレタリアートの思いをもっともよく表現したのは、千年王国運動ではなく、大

ペスト流行期の鞭打苦行者の行進。

衆的な異端信仰だった。

異端信仰と千年王国主義はひとつの実体として扱われがちであるが、正確な区別はできないものの、ふたつの運動の間には重大な違いがある。

千年王国運動は組織的な体系や計画を欠いた自然発生的なものだった。たいていある特定の出来事やカリスマ的人物が運動を駆り立てたが、武力に直面するやいなやすぐさま崩壊した。それとは対照的に、異端運動は新たな社会を創造しようとする意識的な試みだった。主な異端の宗派は、宗教的伝統の再解釈も含む社会政策を有し、集団の継続、理念の普及、そして自己防衛という観点からよく組織化されていた。はたして、異端宗派は激しい迫害にもかかわらず長いこと持続し、反封建闘争のなかできわめて重要な役割を果たしたのである。

今日、明らかに中世においてもっとも重要な抵抗運動であり、三世紀以上もの間、イタリア、フランス、フランドル、ドイツの「下層階級」のなかで繁栄した多くの異端の宗教宗派（カタリ派、ワルドー派、リヨンの貧者、心霊派、使徒兄弟団）については、ほとんど知られていない（Werner 1974; Lambert 1992）。その主な原因は、異端運動の教義のあらゆる痕跡を消すことに骨身を惜しまなかった、運動迫害側の教会の残虐さにある。十字軍は、「異教徒」の手から聖地を解放するために招集されたように、異端運動に対しても招集された――アルビジョア派に対する攻撃のように。*16 何千人もの異端者が火あぶりの刑に処せられ、ローマ法王は異端者の存在を根絶するために、歴史上記録された国家による弾圧のなかでももっとも非道な制度をつくりだした。

すなわち、宗教裁判である[*17]（Vauchez 1990:162-70）。

それでも、限られた入手可能な記録をもとにして（なかでも）チャールズ・H・リーが異端迫害について描いた画期的な歴史などから、異端者の活動と信条、そして反封建闘争における異端者の抵抗の役割について印象的なイメージが浮かび上がってくる（Lea 1888）。

商人と十字軍兵士によってヨーロッパにもたらされた東方の宗教に影響を受けたとはいえ、社会生活の根本的な民主化を目指す抵抗運動にくらべれば、大衆的な異端信仰は正統派の教義からそれほど逸脱していなかった[*18]。中世のプロレタリアートにとって異端信仰は「解放の神学」に等しかった。それは、より崇高な真理を人びとに訴えかけることで教会と世俗の権威に異議を唱えながら、魂の再生と社会正義を求める人びとの願いに枠組みを与えた。異端信仰は、社会的ヒエラルキー、私有財産、そして富の蓄積を非難し、実に普遍的な言葉を使って解放という課題を提起しながら、社会についての新しい革命的な考え方を人びとの間に広めた。それは、中世でははじめて、日常生活のあらゆる面（労働、財産、生殖、女性の地位）を見直すものであった。

また、異端運動は国際的規模の新しい共同体組織をもたらし、それにより宗派のメンバーはより自律した生活を送り、交流、学びの場、隠れ家からなる幅広い支援のネットワークから恩恵を受け、必要なときに助けと励ましを得ることができた。実際のところ、異端運動は最初の「プロレタリアの国際組織」であったといっても少しもおおげさではない――異端の諸宗派（とりわけカタリ派とワルドー派）の勢力範囲では、商業的な定期市と巡礼、迫害によって生み出された難民の絶えざる国境通過としてのつながりを確固たるものとしていた。

大衆的な異端信仰の根底には、貪欲、堕落、恥ずべき行為のために、神はもはや聖職者の口を借りて語ることはないという考えがあった。それゆえにふたつの主要な宗派、カタリ派とワルドー派は自分たちを「真の教会」であると称したのである。しかしながら、異端者の異議申し立ては何よりもまず政治的ものであった。というのも教会に対して異議を唱えるということは、すなわち、封建権力のイデオロギー的支柱であり、ヨーロッパ最大の土地所有者であり、そして農民が日々搾取されていることに対してもっとも大きな責めを負う制度のひとつに真っ向から立ち向かうことだったからだ。一一世紀までに教会は、厳格で無慈悲な支配のために、そして際限のない強奪を通じてその金庫を満たすために、うさんくさい叙任権を利用する独裁権力となっていた。赦免、免罪符、教会職を売り、一〇分の一税の神聖な義務を説くためだけに教会へ信者を呼びつけ、ありとあらゆる秘蹟を売買の対象するといったこれらの行為は教皇から農村の聖職者まで誰もがしていたので、そのはなはだしさのため、キリスト教徒であれば聖職者の堕落についてはみな知るところとなった。何らかの支払いを受けなければ聖職者は葬式、洗礼、罪の赦免の授与を行わなくなるというところまで事態は堕落していた。聖体拝領でさえ取引の場となり、「不当な要求に逆らえば、反抗的な人物は破門され元々の金額に加えて悔悛のためのお金を支払わなければならなかった」（Lea 1961: 11）。

こうした状況のなかで、異端は人びとの聖職者に対する侮蔑の感情に道筋をつけただけでなく、人びとには確信が与えられ、聖職者による搾取に対する抵抗が引き起こされた。新約聖書を糸口に、キリストは財産を所有しなかった、もし教会が神聖な力を再び取り戻したいのであれば教会はすべての所有物を捨て去らなければならないと、異端者は説いた。秘蹟は罪深い司祭によって行われた場合は無効である、重要なのはただ内面の信仰のみであるから礼拝の外観上の形態――建物、偶像、象徴――は捨てさるべきであるとも説いた。また、一〇分の一税を支払わないよう人びとに熱心に勧め、煉獄の存在を否定した。煉獄などという作り話は、聖職者が有料のミサと免罪符の販売を通して金儲けをするための源泉であると説いたのだ［五九頁図］。

それに対して教会は、社会的・政治的不服従のあらゆる形態を攻撃するために、異端の告発を利用した。一三三七年にイープル（フランドル）の織物職人がその雇主に対して武器を手に立ち上がったときには、労働者は反徒として絞首刑にされるだけでなく、宗教裁判により異端者として火あぶりに処された（N.Cohn 1970:105）。商人に製品をすみやかに届けなかったことや仕事をきちんとしなかったということで、破門されそうになった女性織工の記録もある（Volpe 1971:31）。一二三四年には、一〇分の一税の支払いを拒否した自分の所領の農民借地人をひどい目にあわせるために、ブレーメンの司教は「やつらはまるで異端者のようだ」といって十字軍を招集した（Lambert 1992: 98）。だが、異端者は世俗の権力者――皇帝から都市の貴族まで――によっても迫害された。世俗の権力者は、「真の宗教」を訴える異端の訴求力が破壊的な潜在性を有し、自分たちの権力の根拠を問うていることに気づいていた。

異端信仰は、聖職者の堕落に対する非難であると同時に、社会的ヒエラルキーと経済的搾取に対する批判でもあったのだ。ジョアッキーノ・ヴォルペの指摘のとおり、あらゆる形態の権威の否定と商業に対する強い反感は、異端の諸宗派に共通する要素であった。使徒的清貧の理想と、原初の教会の特色であった簡素な共同生活へ回帰する願望を、多くの異端者が共有していた。[*19] 「リヨンの貧者」と自由心霊派兄弟団のように寄付された施し物によって生活していた異端者もいれば、手仕事によって自活する異端者もいた。[*20] 初期のボヘミアのタボル派のように「共産制《コミュニズム》」を試みる異端者もいた——彼らにとって平等の確立と共同所有は、宗教改革と同じくらい重要なものだったのだ。[*21] ワルドー派についても、「彼らは嘘、詐欺、神名濫用［主の名をみだりに唱えること］を避けるためにいかなる商取引をも拒み、はだしで歩き、毛織物の衣服をまとい、何も所有せず、使徒のようにすべてを共有すると、ある異宗教裁判官が記している（Lambert 1992: 64）。しかしながら、異端の社会的意義は、一三八一年のイングランドの農民反乱の指導者であったジョン・ボールの次の言葉にもっともよく表されている。ボールはこのように非難した——「神の姿に似せてわれわれはつくられた。だが、獣同然に扱われている」、「（…）ジェントルマンも農奴もなくならなければ、イングランドでは事態は決してよくならないだろう」[*22]（Dobson 1983: 371）。

異端宗派のなかでもっとも影響力があったカタリ派も、（十字軍を含む）戦争に対する忌避感情、死刑に対する非難（そのせいで、教会が明確に死刑を支持する公式表明を出すこととなっ

免罪符を売った修道僧を吊るす農民。ニクラウス・マニュエル・ドイチュ、1525年。

た）[*23]、他の諸宗教に対する寛容さという点で、ヨーロッパの社会運動史においてひときわ傑出している。アルビジョア十字軍による殲滅まではカタリ派の拠点であったフランス南部は、「ヨーロッパで反ユダヤ主義が高まっているとき、ユダヤ人にとっての安全な避難所であった。ここでカタリ派とユダヤ教の思想が融合し、カバラ、すなわちユダヤ教の神秘思想の伝統が生み出された」（Spencer 1995b: 171）。また、カタリ派は結婚と出産を拒否し、厳格な菜食主義であったが、それは動物を殺すことを拒んだからであり、卵、肉のような有性生殖から生じた食べものはみな避けたからであった。

この出生についての否定的態度は、パウロ派――霊魂が物質界に囚われる行動だとして生殖を拒否した聖像破壊主義者たち――（Erbstosser 1984: 13-14）と、とりわけ一〇世紀にバルカン半島の農民のなかからその改宗者を出したボゴミール派のような、カタリ派に影響をおよぼした二元論を教義とする東方の宗派に由来するものだと考えられてきた。ボゴミール派――「己の肉体の苦痛によって、物事の不正に気づいた農民の間で生まれた」（Spencer 1995b: 15）ひとつの民衆運動――は、現世とは悪魔が創造したものである（それというのも、神の世界は善が第一だからだ）と説き、この「艱難の土地」――地上での生活をパンフレットのなかでこう呼んだ――にこれ以上新たな奴隷をもたらさないために、子どもをつくることを拒否した（Wakefield and Evans 1991: 457）。

ボゴミール派の影響はカタリ派に定着しており[*24]、カタリ派の結婚と生殖に対する拒否も、おそらく「死の願望」や生の軽視というよりは、「ただ生き延びるためだけに貶められた」（Vaneigem 1998: 72）生活を拒否することに発していたと見られる。このことは、産児増加に反対するカタリ派の傾向が、生と肉体をさげすむ哲学者によくあるような女性とセクシュアリティを貶める観念と結びついているわけではなかったことから分かるとおりである。異端宗派のなかで女性は重要な立場にいた。セクシュアリティに対するカタリ派の態度がどうかといえば、「完璧な人」は性交を絶ったが、他の信徒は性交禁欲の実践を期待されておらず、なかには肉体の過大評価であると論じて教会が貞節に意義を与えることを軽蔑する者もいた。性行為に神秘的な価値をおき、秘蹟のように扱う異端者さえおり、セックスを慎むよりもそれを実践することが純潔に到達するもっともよい方法であると説いた。したがって皮肉なことに、異端者は過度の禁欲主義者としても放蕩者としても迫害されたのである。

明らかに、カタリ派の性に関する信条は、東方の異端宗教との接触を通じて発展した主題を精密に練り上げたものだった。だが、カタリ派が大衆の支持を得たことや他の異端者に影響力をおよぼしたことは、中世の結婚と再生産の状況に根差したより広い経験的な現実をも物語っている。

中世社会では、入手可能な土地が限られていたことと、ギルドが組合加入について設けた保護主義的制限により、農民にとっても職人にとっても子どもを多くもつことは不可能か、あるいは望ましくなく、実際に農民と職人それぞれの共同体内では生まれる子どもの数を管理する試みがあったことは知られている。そのためのもっとも一般的な方法は、結婚の延期であった。正統派のキリスト教徒の間でさえ「土地なき者は結婚できず」という規則があり、（たとえできたとしても）晩年になってからであった（Homans 1960: 37-39）。それゆえに、多くの若者が性的禁欲を実践するか、教会による婚外性交の禁止に逆らわなければならなかったのだが、異端者の生殖の拒否とこうした人びとの間にはある共鳴するものがあると考えられよう。言いかえれば、実際に性と再生産にかかわる異端者の規範には中世における産児制限の実践の痕跡があると考えられるということだ。これにより、一四世紀末に深刻な人口危機と労働力不足に直面し、人口増加が大きな社会的関心を集めた時期に、なぜ異端と再生産にかかわる犯罪、特に「男色《ソドミー》」、間引き、堕胎が結びつけられるようになったかが説明される。これは再生産についての異端の教義が人口動態に決定的な影響を与えたということを示しているのではなく、むしろ、少なくとも二世紀の間、イタリア、フランス、ドイツで、（「男色《ソドミー》」、すなわちアナルセックスを含む）避妊の形態なら何でも異端と結びつけられるような政治状況が生じたことを意味している。性について異端の教義が正統派におよぼした脅威は、結婚とセクシュアリティの管理を通して皇帝からもっとも貧しい農民まで一人残らず監視と規律の支配下に置こうとした教会側の企てという文脈においても検討されなければならない。

セクシュアリティの政治化

『蛇と女神』（一九八九年）――アイルランドのケルト人へのキリスト教の浸透についての研究――のなかでメアリー・コンドレンが指摘したとおり、ヨーロッパでは、性行動を規制しようとする教会の試みには長い歴史があった。ごく初期の頃（キリスト教が国家宗教となった四世紀以降）から、性的欲望を通じて女性が男性へ行使しうる力について聖職者は認識しており、聖性を女性と性の忌避に結びつけることでその力を取り除こうと必死で取り組んできた。あらゆる礼拝の場と秘蹟の執行から女性を締め出し、女性用の服装を規制することで人を鼓舞する女性の神秘的な力を奪い、セクシュアリティを恥の対象とした――これらはすべて、ある家父長制的特権階級が、女性の力とその性愛の魅力を破壊しようとした手段であった。この過程において、「セクシュアリティには新たな意義が与えられた。（…）それは告解の対象となった。そこでは個人のもっとも私的な身体的作用についての細部までが議論の種」となり、「性についての様々な側面は、セクシュアリティの科学を形成するために、思想、言葉、志向、無意識の衝動、実際の行為としての性へとバラバラに引き裂かれた」（Condren 1989: 86-87）。教会が性にかかわる規範を再編成するための特権的な場は、七世紀から告解者のための実践的な手引きとして発行された、告解規定書である。フーコーは『性の歴史』第一巻のなかで、一七世紀にこれらの手引書が言説

姦通への刑罰。恋人たちは互いに縛られて道を先導されている。
1296年、フランス、トゥールーズの写本より。

としての性とセクシュアリティにかんするより多様な概念を生み出すことに果たした役割を強調する。だが、中世でもすでに告解規定書は新たな性の言説を生み出す手段となっていた。性交時に許された姿勢（実際に許されたのはひとつの姿勢だけ）、セックスできる日、誰とするのは許され、誰とは許されないのか——こうした事柄を細かく規定する教理教育を教会が強いようとしたことは、これらの手引書によって示されている。

一一二三年と一一三九年のラテラノ公会議が聖職者の結婚と内縁関係という慣行に対して新たに撲滅運動を開始し、[*25] 結婚とはそこでの誓いを絶対に無効にすることのできない「秘蹟」のひとつであると宣言すると、性の監視はいっそう強まった。この時期、告解規定書によって課される性行為についての制限も繰り返し説かれた。[*26] それから五〇年後、一一七九年の第三回ラテラノ公会議とともに、教会は「男色《ソドミー》」に対する攻撃を強め、同性愛者と非生殖的なセックスを標的とした（Boswell 1980: 277-86）［上図］。

そして、はじめてホモセクシュアリティを（「その抑制のなさは自然に反している」と）非難した（Spencer 1995a: 114）。

この抑圧的な規定により、セクシュアリティは完全に政治化された。後にカトリック教会が性にかかわる問題に取り組むときにみせる病的な強迫観念は、まだみられない。しかし、一二世紀にはすでに、教会はその信徒の寝室をのぞき見するだけではなく、セクシュアリティを国家の問題として扱うようになっていた。それゆえに、異端者による非正統的な性の選択もまた、反権威主義の立場にたち、聖職者の支配から離脱しようとしているとみなされたにちがいない。こうした聖職者に敵対する反乱のわかりやすい事例は、性行為を支配しようとする教会の取り組みに対して、神はわれわれのなかにおり、それゆえにわれわれは罪を犯すことができないと説いたアマルリック派と自由心霊派兄弟団のような、一三世紀に勃興した汎神論の諸宗派であった。

女性と異端信仰

異端運動のもっとも重要な側面のひとつは、女性に高い地位が与えられたことだった。ジョアッキーノ・ヴォルペも述べたように、教会では女性は無価値なものだったが、異端では平等と考えられた。そこでは女性は男性と同等の権利を有し、社会生活と移動（放浪、説教）を享受した——中世では女性にとってこうしたことが可能なところは他にどこにもなかった（Volpe

1971: 20; Koch 1983: 247)。異端の宗派のなかでもとくにカタリ派とワルドー派では、女性は秘蹟、説教、そして洗礼を執り行う権利をもち、聖職に就くことさえできた。［ワルドー派の創始者］ワルドは、司教が女性が説教することを認めるのを拒んだために正統派と袂を分かったと言われており、カタリ派のほうは「思想の貴婦人」という女性像――ダンテのベアトリーチェの構想に影響を与えた――を崇拝していたと言われている（Taylor 1954: 100)。異端者は婚姻関係でない女性と男性が住居をともにすることを許していたが、それは男女の同居が必然的に乱れた性行動をまねくという懸念がなかったからだった。初期の教会の愛餐《アガペー》的共同体のように、異端の女性と男性は兄弟と姉妹のように自由に共同生活を送ることが多かった。典型的な事例はベギン派修道女である。これら都市中産階級出身の女性平信徒たちは自分たちの労働で生活を立てながら、男性支配の外側で、修道院の規則に服従することもなく、（特にドイツとフランドルで）ともに暮らした*27（McDonnell 1954; Neel 1989)。

当然のことながら、中世の生活において異端の歴史をのぞいてこれほど女性の存在が顕著な場はない（Volpe 1971: 20)。ゴットフリート・コッホによれば、すでに一〇世紀に女性はボゴミール派のなかで大きな割合を占めており、一一世紀にフランスとイタリアの異端運動を活気づけたのも女性であった。この時期の女性異端者は農奴のなかでももっとも低い階層出身であり、この女性たちこそ、まさしく女性運動と呼ぶべきものをつくり出し、さまざまな異端集団内でそれを発展させた（Koch 1983: 246-47)。女性の異端者は宗教裁判の記録のなかにも存在し、火刑にさ

火刑を宣告された異端の女性。どの国でも女性は異端運動のなかで大きな存在であった。

れた女性もいれば残りの人生を「幽閉された」女性もいたことが分かる［前頁図］。

この、異端宗派における女性の存在の大きさは、異端の「性革命《セクシャル・レヴォリューション》」に原因があると言えるだろうか？　それとも、「自由な愛《フリー・ラブ》」の要求は、女性から性交の同意を容易に得るために男性が企図した策略と考えるべきなのだろうか？　こうした問いに簡単に答えることはできない。とはいえ、告解規定書のなかに女性による堕胎と避妊薬の使用についての厖大な記述があるように、女性が自分の再生産機能を管理しようとしていたことは分かる。意義深いことに――この先、魔女狩りの最中にこうした実践が犯罪化されるということを考えると――、避妊薬は「不妊の薬」や魔術《マレフィキア》と呼ばれ（Noonan 1965: 155-61）、女性こそがその薬や魔術を使うものであると考えられていた。

中世初期には、教会は、女性は経済的理由によって出産の制限を望んでいるのだろうと理解し、これらの実践をまだある程度大目に見ていた。それゆえに、ヴォルムス司教ブルカルドゥスによって書かれた『教令集』（一〇一〇年頃）のなかでは、形式的な質疑の後に、こう問うている。

> 姦淫を犯したとき、また自分の子を殺したいと望むときに、魔術《マレフィキア》とハーブを使って胎児を死なせるために常習的に女性たちがしていることを、お前はしたことがあるか？　もしくは、そのようにして妊娠しないように企んだことはあるか？（*ibid.*, 160）

罪の意識がある者は一〇年間、罪の償いをしなければならないと規定されていた。だが、「養うことが難しいという理由でこの行為を行ったかわいそうな女性であるのか、それとも姦淫の罪を隠すために行った女性であるか、両者には大きな違いがある」(*ibid.*)とも考えられていた。

しかしながら、一三四七年から一三五二年の間にヨーロッパの人口の三分の一を奪った破壊的な疫病「黒死病《ペスト》」によって人口が激減し、その結果、女性の再生産管理能力が経済的・社会的安定に脅威をおよぼすようにみられるやいなや、事態は激化した(Ziegler 1969: 230)。

この人口破壊が中世後期の「労働力危機《レイバー・クライシス》」に果たした役割については後に見ていく。ここでは、ペスト流行以降、異端の性的側面が、迫害のなかでの後の魔女の集会《サバト》表象を予期させるように、グロテスクに歪められてゆくようになったということに注意しなければならない。一四世紀半ばには、宗教裁判官の報告はもはや男色と性的放縦の罪で異端者を告発することでは満足しなくなっていた。いまや異端者は、悪名高い「尾の下へのキス」を含む動物崇拝、乱痴気騒ぎの儀式、夜の飛行、子どもの生贄などで告発されたのだった(Russell 1972a)。悪魔教《ルシフェランズ》という悪魔崇拝者の宗派の存在についても宗教裁判官は報告した。異端の迫害から魔女狩りへの移行が明らかであるこの過程に相応して、異端者といえば女性のイメージがますます濃くなり、それゆえに、一五世紀初めまでに異端迫害の主な対象は魔女となった。

だが、これで異端運動は終わらなかった。その最終的な終焉は、アナバプティスト派がドイツのミュンスターに神の国を創ろうとした一五三三年のことであった。この試みは大虐殺によって鎮圧され、全ヨーロッパのプロレタリアの闘争を襲った容赦ない報復がそれにつづいた（Po-chia Hsia 1988a: 51-69）。

それ以前には、激しい迫害も異端信仰の悪魔化も、異端信仰の流布を食い止めることができなかった。アントニオ・ディ・ステーファノが書くように、破門、財産の没収、拷問、火あぶりによる処刑、異端者に対する十字軍の際限のない攻撃――こうした手段のいずれも、「異端の邪悪」の「途方もない生命力と人気」を揺るがすことはできなかったのだ（Di Stefano 1950: 769）。「どの地域社会にも異端の支持者、擁護者、信仰者がいる」と、一三世紀のはじめにジャック・ド・ヴィトリは記した。一二一五年のアルビジョア十字軍によるカタリ派拠点の壊滅後でも、異端は（イスラームとともに）教会が直面せざるをえない主要な敵でありつづけた。新たに異端となる人びとは、あらゆる階層――農民、下級聖職者（貧民に同化し、福音書の言葉を異端の闘争にもたらした）、都市の中産階級《ミドルクラス》、さらに下級貴族も――から現れた。だが、大衆的な異端信仰は元来、下層階級の現象であった。農民、靴直し職人、織物工といった農村と都市のプロレタリアートこそ異端が繁栄する環境であり、こうした人びとに「異端は平等を説き、予示的・黙示録的な予言とともに抵抗精神を醸成した」（*ibid.*, 776）。

トレント地方（イタリア北部）では、三〇年前に使徒兄弟団の指導者フラ・ドルチーノがこの地を通ったときにこれを歓迎した人びとを裁く宗教裁判が一三三〇年代になってもつづいていたのだが、その公判から異端者の大衆性についていくばくか知ることができる（Orioli 1993:

217-37）。ドルチーノがやってきたとき、彼とその信奉者に宿を与えるために多くのドアが開かれた。さらに一三〇四年に、フラ・ドルチーノが清貧と愛による聖なる治世の到来を告げ、ヴェルチェッリ（ピエモンテ）の山中に共同体を建設すると、すでにヴェルチェッリ司教に対して反抗していたその地域の農民は彼を支援した（Mornese and Buratti 2000）。三年間ドルチーノ勢力は司教がしかけた十字軍と妨害に抵抗した――男装の女性も男性と並んで戦った。最終的に敗北したが、その理由は飢えと、教会が動員した武力がはるかにうわまわっていたためであった（Lea 1961:615-20; Hilton 1973: 108）。ヴェルチェッリの司教によって呼び集められた軍隊がついにドルチーノたちを圧倒したとき、「炎、川、あるいは剣によって数千人もの異端信仰者が残酷極まりない死を遂げた」。ドルチーノの伴侶マルゲリータは、命ごいを拒んだためドルチーノの面前でゆっくりと火あぶりに処せられた。ドルチーノ自身は山道をゆっくり引かれ、その身体は徐々にばらばらとなった。その地域の人びとに対してわかりやすい見せしめとするためであった（Lea 1961: 620）。

都市の闘争

女性と男性だけでなく農民と都市労働者もまた、異端運動のなかに共通の目標を見出した。他の点ではそれぞれ別の利害と願望をもっていたと考えられる人びとの間に、こうした利害の共通性があることは、いくつかの理由によって説明されうる。第一に、中世には、都市と地方の間に緊密な関係が存在した。多くの都市民はよりよい生活を求めて都市へ移動もしくは逃亡したかつての農奴であり、技能を磨きながら耕作もしており、とくに収穫期にはそうであった。このような都市民の考え方と願望はなお、農村生活と土地とのつながりの継続によって深く形づくられていた。また、一三世紀までに（とくにイタリア北部と中央部では）所領持ちの貴族階級と都市の大商人が同化しひとつの権力機構として機能するようになったため、農民と都市労働者は同じ政治支配層に従属させられていることから互いに引き寄せられることとなった。この状況により、労働者の間に共通の関心と連帯が醸成された。したがって、農民は反乱を起こすときはいつでも、自分たちの側に職人と日雇い労働者、そして増加する都市貧民の群衆がついているということを知っていた。これはフランドルの海沿いで起きた農民反乱のときの事例だが、一三二三年にはじまった反乱は、フランス王とフランドルの貴族が一三二七年にカッセルで反徒を鎮圧した後、一三二八年六月に終焉した。デイヴィッド・ニコラスが書くように、「五年もの間、反徒が闘いつづけることができたのは、都市の関与という観点からしか考えられない」（Nicholas 1992: 213-14）。一三二四年末までに、イープルとブリュージュの職人たちが反乱側の農民に加わっていた、とニコラスは付け加える。

ブリュージュは、いまや織工と縮絨工の一団の支配下にあり、農民から反乱の指示を得ていた。

（…）プロパガンダの戦いがはじまった。新しい時代が到来し、貴族階級と平等であることを修道僧と伝道者が大衆に説いたのだ（*ibid*., 213-14）。

農民と都市労働者の同盟はテュシャンの反乱にも見られた。これは中央フランスの山地で活動していた「山賊」、テュシャンの運動であったが、いかにも農村の人びとのものらしい組織に職人が参加した（Hilton 1973: 128）。農民と職人に手を組ませたのは、社会的格差をなくし平等化するという強い願望であった。ノーマン・コーンが記す通り、このことはさまざまな種類の記録のなかで明らかにされている。

貧民のことわざのなかに、「貧乏人はいつも働き、悩み、苦しみ、嘆き、決して腹の底から笑うことはない、金持ちは笑って歌っているのに（…）」とある。奇跡劇のなかには次のようにある――「人はだれでも他の人と同じくらいの財産を持っていなくてはならないのに、われわれには自分のものだと呼べるものはなにひとつない。偉い領主様はあらゆる財産をお持ちだが、貧乏人はただ苦労と不運ばかり（…）」またもっとも広く読まれた風刺はこのようなものだ――「判事様も学寮長様も教区吏員様も市長様も――みなさんほとんど泥棒稼業で暮らしておられる。（…）みなさん貧乏人のおかげでたらふく食べられ、貧乏人から奪いとろうとねらっておられる（…）強い者が弱い者からかすめとっておられる……」」。あるいはまたこんなものもある――「善良な働き者が小麦のパンを作っているが、それをみずから口にすることはできない。彼らの口に入るのはせいぜい穀物のふるいかすだ。上等のワインから得られるものはその澱だけ。上等の布からはそのくずだけ。おいしいものや上等のものはすべて貴族と聖職者のところへ行ってしまう（…）」（N.Cohn 1970：99-100）。

「大きな鳥」と「小さな鳥」、「太った人びと」と「やせた人びと」――一四世紀のフィレンツェの政治的慣用句は金持ちと貧民をこう表した――の間の不平等に対する民衆の憤りがいかに深いか、これらの不満の声は表している。「われわれがみな同じ身分にならないかぎり、イングランドで事態は決してよくならないだろう」と、一三八一年のイングランド農民反乱を組織しようと奮闘している最中にジョン・ボールは公言した（*ibid.*, 199）。

以上のように、こうしたより平等主義的な社会への渇望は、清貧の賞賛と財を共有する思想《コミュニズム》に主に表された。しかし、平等主義的な展望の主張は、労働に対する新たな態度にも反映されており、それは異端宗派のなかにもっともよく表されていた。一方には、現世の煩労から解き放たれることを願い、物乞いと同志間の支援により生活していたフランスのワルドー派（リヨンの貧者）、そしていくつかの修道会（フランシスコ会、心霊派）が用いた「労働の拒否」の戦略をみてとれる。他方には、イングランドのロラード派の主張のなかに意識的に定式化された、労働、とくに手仕事に価値を置く新しい考え方がある。ロラード派はその支持者に、「貴族はすばらしい家をもっているのに、われわれときたら労働と苦難だけ。しかし、すべてはわれわれの労働から生み出されている」ことを気づかせた（*ibid.*, Christie-Murray 1976:114-15）。

明らかに、「労働の価値」を訴えること――軍人階級が支配する社会では目新しいことだった――は、第一に封建権力の恣意性を思い起こさせる役割を果たした。しかし、この新しい気づきは、封建制の崩壊に重要な役割を果たした新たな社会勢力が出現したことをもあらわしている。

親方の下で働き、地方市場のために生産する熟練職人《ジャーニーマン》と徒弟《アプレンティス》がいくらかいたにせよ、大部分は輸出製品産業で富裕な商人に雇用される日雇いの賃金労働者で成り立っていた都市プロレタリアートの構成を、この労働の価値化は反映している。一四世紀になる頃までにフィレンツェ、シエナ、フランドルでは、こうした日雇い労働者（織工、縮絨工、染色工）が織物産業に四〇〇〇人におよぶほど集まった。これらの人びとにとっての都市での生活とは、すなわち織物商人の支配下での新たなタイプの農奴制であり、商人は彼ら労働者の活動を厳しく規制しもっとも専制的な階級支配をしいた。都市の賃金労働者はいかなる団体もつくれず、どこで、どんな理由であろうとも集うことさえ禁止された。また、武器をもつことができず、仕事の道具さえ持ち運ぶことができなかった。死刑を覚悟しなければストライキもできなかった（Pirenne 1956: 132）。都市賃金労働者はフィレンツェではいかなる市民的権利もなく、熟練職人《ジャーニーマン》とは違って、いかなる同業組合やギルドにも属さず、商人によりもっともひどい虐待にさらされた。商人は町の行政の支配に加え、何のおとがめもなく私的な法廷を運営し、労働者をスパイ・逮捕・拷問し、少しでも騒ぎの兆候があれば絞首刑にした（Rodolico 1971）。

もっとも過激な形態の社会的抗議と異端の思想をきわめてよく受容したのは、これらの労働者たちである（*ibid.*, 56-59）。一四世紀全体を通して、とくにフランドルでは、司教や貴族、商人、さらには大きな同業組合に対して、織物工は絶えず反乱を起こしていた。ブリュージュでは一三四八年に主要な同業者組合が権力を握ったときにでも、織物工は組合に対して抵抗しつづけた。ヘントでは、一三三五年に地元のブルジョアジーによる反乱が織物工の反乱に取って代わられ、すべての権威の禁止――ただし手仕事によって生きる人びとを除いて――にもとづく「労働者のデモクラシー」が打ち立てられようとした（Boissonnade 1927: 310-11）。諸勢力の感動的な同盟（諸侯、貴族、聖職者、ブルジョアジー）に敗北したものの、一三七八年に再び反乱を企て、史上最初の「プロレタリア独裁」（若干誇張はあるが）を樹立することに成功した。ピーター・ボアソナードによると、ヘントの織物工の目標は、「熟練職人を親方に対して、賃金労働者を事業主に対して、農民を領主と聖職者に対して立ち向かわせることであった。彼らはブルジョア階級全体――六歳までの子どもをのぞいて――を根絶しようとしており、貴族階級に対しても同様の姿勢であったと言われていた」（*ibid.*, 311）。織物工たちが敗北に追い込まれたのは一三二八年のルースベックでの野外戦だけであり、そこで二万六〇〇〇人が命を落とした（*ibid.*）。

ブリュージュとヘントの出来事は極端な例ではなかった。ドイツとイタリアでも同様に、職人

ジャックリー。1323 年にフランドル、1358 年にフランス、1381 年にイングランド、1370 年と 1380 年にフィレンツェ、ヘントそしてパリで農民が立ち上がった。

と労働者は可能であればどんな状況でも反抗し、ブルジョアジーは常に恐怖におびえて暮らしていた。フィレンツェでは、チョンピ、すなわち織物産業の日雇い労働者の主導するところにより、労働者が一三七九年に権力を奪取した。[*28] 彼らも労働者の政府を建てたが、一三八二年に完全に敗北させられるまで、ほんの数カ月しかつづかなかった（Rodolico 1971）。ネーデルラント［現在のベルギー・オランダ・ルクセンブルクの占める地域］では、リエージュの労働者が成功していた。貴族と金持ち（いわゆる「お偉方」）は、一世紀以上抗ったがとうとう一三八四年に降伏した。それ以来、「同業組合が町を完全に支配し」、市行政の調停者となった（Pirenne 1937:201）。その職人《クラフツマン》たちは一三二三年から一三二八年までつづいたフランドル沿岸の農民反乱も応援したが、ピレンヌはそれを「真の社会変革の試み」と表す（*ibid.*, 196）。階級的忠誠もあらわな当時のフランドル人によれば、ここでは「蜂起が頻発するおかげで、人は人生に嫌気がさした」らしい。そこで、一三二〇年から一三三二年にかけて、イープルの「善良な人びと《グッド・ピープル》」は、自分たちが住む町の稜堡内部が破壊されることのないよう王に懇願した。それらは「一般大衆《コモン・ピープル》」から自分たちを守っていたからだ（*ibid.*, 202-03）。

ペストと労働の危機《レイバー・クライシス》

中世の闘争における重大な転機は、平均してヨーロッパの人口の三〇パーセントから四〇パーセントを奪ったペストであった（Ziegler 1969: 230）。一三一五年から二二年の大飢饉により人びとの病気への抵抗力は弱まっており、その結果としてのこの空前の人口破壊は、ヨーロッパの社会生活と政治生活を根底から変え、実質的に新しい時代を開いた。病気の蔓延による水平化効果により、社会的ヒエラルキーはひっくり返った。死が身近になったこともまた、社会的規範を蝕んだ。いつ死ぬかもわからない現実に直面し、人びとはもはや労働する気も起こらず、社会的・性的規則を守ろうとも思わず、ただ最良のときを過ごし、この先のことなど考えずにできうるかぎり大いに楽しもうとした［次頁図］。

だが、ペストが引き起こしたもっとも重要な結果とは、階級闘争がもたらした労働の危機《レイバー・クライシス》がより深刻さを増したことであった。労働人口の大量喪失によって労働力が極度に不足し、労働コストが決定的に高まり、封建支配の足かせを壊そうという人びとの決断を強固にしたからだ。

クリストファー・ダイアーが指摘するように、ペストの流行がもたらした労働力不足により、権力関係は下層階級に有利な方向に変化した。土地が不足していたときは、農民は追放の恐怖により支配された。だが人口が激減し土地があり余るようになると領主の脅迫はまったく深刻な影響をもたなくなった。それというのもいまや農民は自由に移動し耕作するための新しい土地を見つけることができたからだ（Dyer 1968: 26）。こうして、作物は朽ち、家畜は野外をうろつきまわる一方で、農民と職人は突如として自分たちの思いのままに行動できるようになった。この新たな進歩は、他の土地や都市への大量流出を盾にした地代不払い運動《レント・ストライキ》の増加にあらわれた。荘

ペストによってヨーロッパの人口の３分の１が失われた。ヨーロッパ史における社会的・政治的な転換点であった。

園の記録が簡潔に記録したように、農民は「支払うことを拒否した」。また、農民は「もう慣習には従わない」と宣言し、領主の居宅の修理や溝の掃除、逃亡農奴の追跡を指示する領主の命令を無視した（*ibid*., 24）。

一四世紀の終わりまでに、地代と賦役労働の拒否は集団的な現象となっていた。村全体が連帯し組織的に罰金・税・一〇分の一税の支払いをやめ、金納化された賦役労働や封建権力の最大の道具であった荘園裁判所の強制命令をもはや承認しなかった。こうした状況では、どれほどの地代の不納と賦役労働の拒否があったかなどということはそれほど重要ではなかった――封建制が土台とする階級関係がくつがえされてしまったという事実にくらべれば。一六世紀初頭のある作家が、貴族の側から見てこの状況を次のように要約したのはこうしたことからである。

農民はとても裕福だ（…）そして、服従ということが何を意味するのか知らない。というのも、彼らは決して法など考慮しない。そして、この世に貴族がいないことを願っている（…）そして、われわれ貴族がどのくらいの地代を得るべきかを農民自身で決めたいと考えている（*ibid.*,33）。

労働コストの増大と封建地代の破綻に対応して、賦役労働の復活か、もしくは場合によっては奴隷制の復活によって、労働の搾取を強化しようとする種々の取り組みがなされた。フィレンツェでは一三六六年に奴隷の輸入が許可された。[*29] だがこうした方法は階級間の対立をいっそう激化させただけだった。イングランドで一三八一年に農民戦争が起きたのは、最高賃金に上限を定める労働者条例によって貴族が労働コストを抑えようとしたことがきっかけだった。この蜂起は各地に飛び火し、「王と話をするために」ケントからロンドンへ何千人もの農民が行進したところで幕を閉じた（Hioton 1973; Dobson 1983）。フランスでも一三七九年から一三八二年の間に「革命の旋風」が巻き起こった（Boissonnade 1927: 314）。ベジエで爆発したプロレタリアの蜂起では、四〇人の織工と靴職人が絞首刑となった。モンペリエでは、反乱の最中に労働者が「クリスマスには、われわれはキリスト教徒の肉を一ポンド六ペンスで売っているだろう」と宣言した。[†3] カルカソンヌ、オルレアン、アミアン、トゥールネー、ルーアン、そしてついにパリでも反乱が勃発し、一四一三年に「労働者のデモクラシー」が実現し政権を取った。[*30] イタリアでは、もっとも重要な反乱はチョンピが起こしたものだった。一三二八年七月にはじまったそれはすぐに貴族とブルジョアジーの連合勢力によって粉砕されたにせよ、フィレンツェの織物工が一時的にその行政への一定の参与をブルジョアジーに強い、賃金労働者が背負うあらゆる借金の支払い猶予を宣言し、そして本質的にはプロレタリア（「神の人びと」）独裁なるものを宣言した（Rodolico 1971）。

「今こそそのときだ」——ジョン・ボールの手紙のなかで繰り返される一文——は、一四世紀が幕を閉じようとしている時期のヨーロッパのプロレタリアートの精神をよく描いている。そのころフィレンツェでは、運命の変化を象徴するタロットの「運命の輪」が酒場や工場の壁に描かれるようになった。

この過程のなかで、農民と職人の闘争における政治的地平と組織的規模は広がった。集会を組織し兵を集め、地域が丸ごと蜂起した。ときに農民は徒党を組んで、領主の城を襲撃して農民の隷属身分を証明する文書を破棄した。一五世紀までに農民と貴族間の対立は、一四六二年から一四八六年までつづいたスペインにおけるレメンサの反乱のように本物の戦争へと変わった。[*31] ドイツでは、笛吹ハンスが主導した陰謀とともに、一四七六年に一連の「農民戦争」がはじまった。これは一四九三年から一五一七年にかけて「農民組合《ブントシュー》」の指導による四つの流血の大反乱へと拡大し、ついに四カ国にまたがり一五二二年から一五二五年までつづく本格的な戦争となった

(Engels 1977; Blickle 1981)。

どの場合でも、反乱者は封建支配に制限をかけるという要求で満足することもなければ、よりましな生活状態のためにただ交渉することもなかった。「古い決めごとは廃止されるべきだ」と、一三八一年の農民蜂起のなかでイングランドの農民が宣言しているように、反乱者の目的は領主の権力に終止符を打つことであった。実際イングランドでは、反乱自体は政治的・軍事的敗北を喫し指導者たちは残酷に処刑されたが、一五世紀の初頭までに少なくとも農奴制と農奴の身分はほぼ完全に消失した（Titow 1969:58）。

その後につづいたのは「ヨーロッパのプロレタリアートの黄金時代」（Marx 1909, Vol. I; Braudel 1967:128ff）であったが、それは一五世紀の標準的な描かれ方――死の舞踏と「死を忘れるなかれ《メメント・モリ》」の呪縛の下におかれた世界として図像学的に不滅となった――とはかけはなれていた。

ソロルド・ロジャーズは、中世イングランドにおける賃金と生活状況についてのその有名な研究のなかで、この時期のユートピア的なイメージを描いた。「（イングランドでは）これほど賃金

---

†3　「一ポンド六ペンスでキリスト教徒の肉を売る」"sell Christian flesh at six pence a pond" という言葉は、下層階級の上流階級に向けた敵対の意味を含むヨーロッパの民衆反乱でおなじみの言葉らしい (Henry Kamen, Early Modern European Society, 2005, Routledge)。シェイクスピア『ヴェニスの商人』の源流であるといわれている『イル・ペコローネ』などからもそれがうかがえる。

が高く食料が安かった時期はない」とロジャーズは記している（Rogers 1894: 326ff）。労働者は日曜日と主な休日には働かなくても一年三六五日分の賃金を支払われるということもあった。また、雇い主から食料を提供され、家から仕事場までの往復交通費を一マイルごとに支払われた。それに加えて、労働者は金での支払いを要求し、週に五日だけ働くことを望んだ。

後で見るように、この豊かさの程度について疑り深くなってしまうには理由がある。とはいえ、西ヨーロッパの農民の幅広い層にとって、そして都市労働者にとって、一五世紀はこれまでになく力を手にした時代であった。労働者は労働力不足によって有利に立っただけでなく、雇用者たちが自分たちの労働を得ようと争う光景を目の当たりにして自己評価を高められ、数世紀間にわたる屈辱と従属を消し去った。雇主側から見れば、労働者の要求する高賃金という「スキャンダル」は、労働者が新たに示した尊大な態度——労働の拒否、もしくは自分たちの要求が満たされてからしか労働をつづけないこと（いまや賃金が高いためすぐにそのようなことができた）、長期にわたる雇用ではなく限られた仕事のためにのみ雇われようとする断固たる意志、賃金とは別に手当を要求すること、それに当時の社会批評家によれば領主と見分けがつかないような華美な服装——とぴったりと一致していた。「いまや奴隷が主人であり、主人が奴隷である」と、ジョン・ガウアーは『瞑想者の鏡』（一三七八年）のなかで嘆いた。「農民は自由民を真似し、服装でその外見を似せようしている」（Hatcher 1994: 17）。

また、ペスト以降、土地を持たない人びとの状態も改善した（Hatcher 1994）。これはイングランドだけの現象ではなかった。一三四八年にノルマンディーの修道会士たちは、今世紀初めの奉公人六人分の稼ぎ以上のものを与えなければ、自分たちの土地を耕すものなど誰もいないと嘆いた。イタリア、フランス、ドイツでは賃金が二、三倍になった（Boissonnade 1927: 316-20）。ライン川とドナウ川流域では、一日の農業賃金は一匹の豚あるいは羊の価格と等しく、こうした賃金率は女性にも同じく適用された。ペストの後に女性と男性の稼ぎの差は劇的に縮まっていたのだ。

このことがヨーロッパのプロレタリアートにもたらした意味とは、一九世紀になるまでは前例のない生活水準への到達だけでなく、農奴制の崩壊であった。一四世紀の終わりまでに、実質的に土地への束縛はなくなった（Marx 1909, Vol.I: 788）。あらゆるところで多額の報酬でのみ仕事を引き受ける自由な耕作者——土地保有権者や借地権者——が農奴に代わって出現した。

性・政治《セクシュアル・ポリティクス》、国家の出現、そして反革命

しかしながら、一五世紀の終わりまでに、すでに反革命の動きが社会生活・政治生活のあらゆる段階で進行していた。まず、もっとも若くそしてもっとも反抗的な男性労働者を取り込もうと、卑劣な性・政治《セクシュアル・ポリティクス》が用いられた。権力者たちは彼らに（女性を）性的に自由にする権利を与え、階級的反感をプロレタリア女性に対する反感へと転換しようとたくらんだ。フランスでは、地方

行政当局が実質的に「強姦を非犯罪化」し、その結果、下層階級の女性が被害をこうむったことを、ジャック・ロシオが『中世娼婦の社会史』(一九八八年)のなかで明らかにしている。一四世紀のヴェネツィアでは、未婚のプロレタリア女性を強姦しても、軽いお仕置き以上に罰を受けることはほとんどなく、集団による強姦であったときでもそうであることが多かった(Ruggiero 1985: 91-108)。ほとんどのフランスの都市でも事態は同様であった。プロレタリア女性を輪姦することは日常茶飯事であり、加害者は隠れたり自分たちでないふりをしたりすることなどまったくなく、夜中に騒々しくおおっぴらに二人から一五人の集団で被害者の家に押し入るか被害者を路上に引きずりだして犯行を行った[次頁図]。この「遊び《スポーツ》」に参加したのは、若い雇われ職人《ジャーニーマン》や家事使用人、裕福な家庭出身だが無一文となった息子であり、一方でその標的とされた女性はメイドや洗濯婦として働く貧しい少女であり、そのなかには主人によって「囲われている」と噂をたてられた女性もいた(Rossiaud 1988: 22)。平均的にみて町の若い男性の半数がある時点でこうした暴力に参加していたが、ロシオはこれを、階級的な抗議の形態、すなわちプロレタリア男性――経済状況によって長年結婚を延期させられてきた――が「自分たちのもの」を取り戻し、金持ちに復讐するためのひとつの手段として描いている。だが、それはすべての労働者にとって破壊的な結果を招いた。それというのも、反封建闘争を通して獲得された階級的連帯が、こうした国家に後押しされた貧しい女性への強姦により蝕まれたからだ。はたして当局はこうした政策がもたらした社会不安(乱闘、冒険をもとめて夜中に路上をうろつき公共の平穏を乱

売春宿。一五世紀のドイツの版画より。売春宿は社会的抗議、異端の対抗策であり、ホモセクシュアリティの治療策であると考えられた。

す若いギャングの出現）を社会的緊張の緩和のための小さな代償だと考えた。彼らは都市蜂起への懸念と、貧民が優勢になれば自分たちの妻と娘は奪われ彼らの共有物となるだろうという心配で頭がいっぱいだったのだ（*ibid.*, 13）。

主人からも奴隷からも同じく傲慢にもてあそばれたプロレタリア女性にとっては、その代価ははかりしれなかった。一度強姦されれば、再び元の社会的地位を得ることは容易ではなかった。評判が貶められれば、町を離れるか娼婦になるかしなければならなかっただろう（*ibid.*; Ruggiero 1985: 99）。だが、被害をこうむったのはこうした強姦された女性たちだけではなかった。強姦の合法化は、階級に関係なくすべての女性を貶める猛烈なミソジニーの風潮をつくりだした。それは、女性に行使される暴力に対する人びとの感覚を鈍らせ、同時期にはじまる魔女狩りの下準備となった。最初の魔女裁判が開かれ、女性だけから成る異端と悪魔崇拝者の宗派の存在を宗教裁判がはじめて記録したのは、一四世紀の終わりのことであった。

諸侯と地方行政当局によって労働者の抗議運動を分散させるために実行された、分断をもたらす性‐政治《セクシュアル・ポリティクス》のもうひとつの側面とは、売春の制度化であった。それは行政が経営する売春宿の開店を通じて実行され、まもなくヨーロッパ中にそうした売春宿が急増した。当時の高賃金体制によって可能となった国営の売春は、やがて不穏なプロレタリアートの若者に対する有効な治療法とみなされるようになり、「大きなお屋敷《グラン・メゾン》」——フランスでは国営売春宿はこう呼ばれた——のなかで若者は、かつては年配の男性だけのものだった特権を享受することができた

(Rossiaud 1988)。また、地方行政経営の売春宿はホモセクシュアリティのための治療策であると考えられた (Otis 1985)。ヨーロッパの町のなかにはホモセクシュアリティが広くおおやけに認められていたところもあったが（たとえばパドヴァとフィレンツェ）、ペストをきっかけに人口減少の原因として恐れられはじめた。[*32]

こうして一三五〇年から一四五〇年の間に、公的に運営され税を財源とする売春宿がイタリアとフランスのあらゆる町・村に開かれ、その数は一九世紀のそれをはるかに上回った。一四五三年にはアミアンだけで五三の売春宿があった。加えて、売春に対するあらゆる規制と罰則が撤廃された。いまや、町のあらゆる場所で、ミサが行われている教会の前でさえも娼婦は客を勧誘することができた。売春は公共サービスとして公的に認められていたため、娼婦はもはや特定のドレスコードに縛られることもなければ、識別するための印を身に着ける必要もなかった (*ibid*., 9-10)。

教会までもが売春を合法的な活動とみなすようになっていった。国営の売春宿は家庭生活を守るための手段としてだけでなく、異端宗派の性の饗宴《オージー》への対抗手段として、そして男色《ソドミー》の矯正策として考えられたのだ。

国家が中世のプロレタリアを規律化し分裂させるのに「性の切り札《セックス・カード》」がどれほど役立ったのか、過去をさかのぼって知ることは難しい。確かなことは、この性の「ニューディール」は、社会的対立の激化に対応した国家——闘争の波及に対処でき階級関係を保護できる唯一の行為者——の中央集権化をまねいた広汎な過程の一環であったということだ。

本書で後に見るように、この過程のなかで国家は階級的諸関係の究極の管理者となり、労働力再生産の監督者となった――そしてその役割は現在にいたるまで機能しつづけている。この資格において、多くの国で国家官僚によって（最高賃金を設定することで）労働コストに制限を設ける法律が可決され、放浪生活が禁止され（いまや厳しく罰せられた）（Geremek 1985: 61ff）、労働者に再生産が奨励された。

最終的には、階級闘争の激化によりブルジョアジーと貴族の間に同盟が生まれた。そして、この同盟がなければプロレタリアートの反乱は敗れることはなかっただろう。実のところ、プロレタリアートの政治的視野の狭さと「その諸要求のあいまいな性質」のせいでこうした闘争が成功する可能性はなかったというような、しばしば歴史家によってなされる主張は受け入れ難い。実際は、農民と職人の目的はかなりはっきりしたものだった。「人はみな、同じくらいのものを所有すべきである」（Pirenne 1937: 202）ことが、彼らの要求であった。そして、この目的を達成するために、さまざまな地域で協力し合って「失うものなど何もない」すべての人たちと手を取り合い、軍事的技術がないにもかかわらずよく訓練された貴族の軍隊と対峙することを恐れなかった。

彼らが敗北したとすれば、それは、プロレタリアートの蜂起に対する脅威から、伝統的な身分の境界にもかかわらず封建制下で権力をもつあらゆる諸勢力――貴族、教会そしてブルジョアジー――が団結してプロレタリアートを攻撃したからであった。つねに貴族と対立し、平等と民主主義という大義を掲げつづけるといううこれまで伝えられてきたブルジョアジーのイメージは、実際は歪曲されたものである。中世後期までに、トスカーナからイングランドそしてネーデルラントまでどこに目を向けても、下層階級の抑圧においてブルジョアジーはすでに貴族と同盟を結んでいたことがわかる。*33 それというのも、農民と民主的な織工、靴直し職人と都市のなかに、ブルジョアジーは貴族よりもはるかに手ごわい敵を見出したからだ――そのためなら自分たちの愛してやまない政治的自治さえ犠牲にしてもかまわないと思うほどに――。したがって、自治都市の城壁の内側で完全なる主権を得るために闘争したその二世紀後に、自発的に諸侯の支配下に入ることで貴族の権力を再び確立したのは都市のブルジョアジーだったのだ。それは絶対主義国家への第一歩であった。

第2章
労働の蓄積と女性の価値の切り下げ
――「資本主義への移行」における「差異」の構築

The Accumulation of Labor and the Degradation of Women
Constructing “Difference” in the “Transition to Capitalism”

アルブレヒト・デューラー『堕落 The Fall Of Man』（1510 年）より。エデンの園からアダムとイヴが追放されるこの強烈な場面は、デューラーがこの作品を描いているときに西ヨーロッパ中ではじまりつつあった共有地からの農民の排除を思い起こさせる。

私は尋ねたい。ある人間が他の人間の支配者になろうとしたとき、あらゆる戦い、流血、不幸が起こらなかっただろうか？（…）すべての人間が土地をひとつの共有財産だと考えるようになったとき、この不幸は取りのぞかれないとでもいうのだろうか。

——ジェラルド・ウィンスタンリー『新しい正義の法』（『自由な法』）一六四九年

彼にとって、彼女は分裂した商品であり、その感情と選択の自由が考慮されることはほぼなかった。彼女の頭と心臓はその背骨と手から切り離され、子宮とヴァギナから分断された。彼女の背骨と筋肉は農場労働を強いられた。（…）彼女の手は白人男性の看護と養育を求められた。（…）白人男性の性的快楽のために使われた彼女のヴァギナは子宮の入口であり、子宮は白人男性による資本投下の場所であった——資本投下は性交であり、その結果として蓄積された剰余として子どもがもたらされた。

——バーバラ・オモレード「暗闇の心臓」一九八三年

はじめに

資本主義の発展は、封建権力の危機に対する唯一可能な応答ではなかった。ヨーロッパのいたるところで起こった封建制に対する幅広いコミュナリズム的な社会運動と反乱は、社会的平等と協同にもとづいた新しい平等主義的な社会の建設への希望をもたらした。だが一五二五年までには、そうした運動のもっとも強力な表出、すなわちドイツの「農民戦争」——あるいはペーター・ブリックレが呼ぶところの「平民《コモン・マン》による革命」——は壊滅させられた。[*1] 報復により一〇万もの反逆者たちが虐殺された。一五三五年にはミュンスターでアナバプティスト派が地上に神の王国「新エルサレム」をつくろうとした試みも大量殺戮のなかで幕を閉じたが、その終わりはまず運動指導者たちが一夫多妻制を導入し家父長主義的な方向へ転換したことによって仲間の女性たちの間に反感を招いたことからはじまったのではないだろうか。[*2] これらの敗北に魔女狩りと植民地拡大の影響が重なって、ヨーロッパの革命的プロセスは終焉を迎えた。とはいえ、その軍事力は封建制の危機を食い止めるには十分ではなかった。

中世末期には、一世紀以上もつづいた資本蓄積の危機にさらされて、封建経済は破綻していた。ごく基礎的な概算では、一三五〇年から一五〇〇年にかけて労働者とその主人の間の力関係に大きな転換が起きたことが示唆され、その破綻の規模が推測される。実質賃金は一〇〇パーセント増加し、物価は三三パーセント減少、地代と労働時間の長さもともに減少し、地域的な自給自足へ向かう傾向があったようにみえる。[*3] また、この時代の慢性的な蓄積不能の傾向は、当時の商人と地主の悲壮感や、ヨーロッパ諸国が市場を保護し、競争相手を押さえ込んだ、人びとを課せられた条件の下で働かせるためにとった諸手段のなかにも、その痕跡をみることができる。封建荘園の記録に記されている通り、「労働は朝食ほどの値打ちもなかった」(Dobb 1963 : 54)。封建経済はみずからを再生産することができなかったし、資本主義社会が封建経済から「進化した」わけでもなかった。それというのも、自給自足と新たな高賃金体制は「人びとの豊かさ」

をもたらしはしたけれども、「資本主義的な豊かさの可能性は排除された」からである（Marx 1909, Vol.I: 789）。

ヨーロッパの支配階級が地球規模での攻撃を開始したのは、この危機への応答においてのことであった。その攻撃は、新たな富の資源を占有し、その経済的基盤を拡張し、新たな労働者をその支配下に置こうとする容赦ない試みによって資本主義世界システムの基礎を築き、たった三世紀でこの惑星の歴史を変えてしまうことになる。

知ってのとおり、「征服や奴隷化や強盗、殺人、要するに暴力」がこの過程の中心であった（*ibid.*, 785）。したがって、「資本主義への移行」は、さまざまな意味でフィクションである。イギリスの歴史家たちは一九四〇年代から五〇年代に、ヨーロッパの封建制が崩壊しつつある一方、資本主義社会の諸要素が実体を現しはじめていたものの、まだ新たな社会・経済システムが出現していない時期――おおよそ一四五〇年から一六五〇年――を定義するために、この「資本主義への移行」という言葉を用いた。[*4] よって、長い変化の過程や、資本主義的蓄積と、まだそこまで資本主義的ではなかった政治形態が共存していた社会について考えるときには、この概念は役に立つ。だが、このように名づけられた時代とは、史上もっとも血にまみれ、断絶の大きかった時代――黙示録的な変容を経験し、鉄の時代（Kamen）［ギリシャ神話で、神々も見放した堕落した人間の苦痛の時代を指す］、略奪の時代（Hoskins）、鞭の時代（Stone）と苛酷な言葉でしか歴史家が表せなかった時代――であったのに対し、「移行」という言葉はまるでゆるやかに連続する歴史的発展を示唆するのである。だからこの言葉によっては、資本主義の出現の道を開いた変化と、資本主義を形成した暴力は思い起こされない。それゆえに、本書ではこの言葉はもっぱら特定の時代を指す意味で使用する。一方で、「本源的蓄積」についてのマルクスの解釈は再考する必要があるという批判[*5]に同意しつつも、「封建反動」を特徴づけた社会的過程と資本主義的諸関係の発展を、このマルクス主義の概念を用いて表す。

マルクスは『資本論』第一巻の終盤で「本源的蓄積」の概念を導入して、ヨーロッパの支配階級が蓄積危機に対応して着手した社会的・経済的再編成を描き出し、（アダム・スミスとの論争のなかで）[*6] (i) 資本主義は、それに先立つ資本と労働の集中なしには発展できないこと、(ii)金持ちの節制ではなく、労働者を生産手段から切り離すことが資本家の富の源泉である、ということを論証しようとした。本源的蓄積は有用な概念ではある。それというのも、「封建反動」と資本主義経済の発展を関連づけ、資本主義システムの発展にとっての〈歴史的〉かつ〈論理的〉条件を確定するからである。ここで「本源的」（「原初的」）という用語は特定の出来事を指し示すだけでなく、資本主義的諸関係の存在にとっての前提条件をも示唆している。[*7]

とはいえ、マルクスはほぼ賃金労働をする産業プロレタリアートの観点からしか本源的蓄積を分析しなかった。マルクスの見解では、彼らはマルクスが生きた時代の革命的過程の主役であり、未来の共産主義社会の基礎であった。したがって、マルクスの説明によると、基本的に本源的蓄積はヨーロッパの農民からの土地の収奪と、「自由な」独立した労働者の形成から成り立っている。

> アメリカ大陸での金銀の発見、［アメリカでの］先住民の掃滅と奴隷化と鉱山への埋葬、東インドの征服と略奪の開始、アフリカの黒い肌の人間を狩るための商業的保護猟地への転化（…）が本源的蓄積の主要な契機なのである（Marx 1909, Vol.I: 823）。

と、このように認識していたにもかかわらず、である。

「今日アメリカ合衆国で出生証書をもたずに生まれる莫大な資本は、昨日イングランドで資本化された子どもの血なのだ」（*ibid.*, 829-30）ということも、マルクスは認識していた。それに対し、労働力の再生産と女性の社会的地位に資本主義がもたらした甚大な変容については何も言及がなく、また本源的蓄積についてのマルクスの分析にも、一六、一七世紀における「大魔女狩り《グレート・ウィッチ・ハント》」への言及がない。この国家によって支援されたテロ活動が、かつては共有されていた土地からの農民の追放を促進し、ヨーロッパの農民を敗北に導くための中心的役割を果たしたにもかかわらずだ。

本章では以下のことを論じながら、とりわけヨーロッパに関連してこの「マルクスが言及しなかった過程の」進展について考察する。

1 ヨーロッパの労働者からの生存手段の収奪と、「新世界」の鉱山とプランテーションのためのアメリカ先住民とアフリカ人の奴隷化だけが、世界のプロレタリアートが形成され「蓄積される」唯一の手段ではなかった。

2 この過程は、身体の労働機械への転換および女性の労働力再生産への従属化を必要とした。なかでも、ヨーロッパとアメリカでの「魔女」の根絶を通して遂行された女性の力の破壊を必要とした。

3 よって、本源的蓄積は搾取可能な労働者と資本の単なる蓄積・集中ではない。それは、〈労働者階級内の差異と分断の蓄積〉でもあり、それによって「人種」と年齢のみならずジェンダーのうえに築かれたヒエラルキーが階級支配と近代プロレタリアート形成の本質的構成要素となった。

4 それゆえに、多くの（とりわけ）マルクス主義者がそうしてきたように資本主義的蓄積を、女性であれ男性であれ、労働者の解放と同一視することはできないし、資本主義の誕生を歴史的進化の契機であるとみなすこともできない。それどころか、資本主義はプロレタリアートの身体のなかに、搾取の強化と隠蔽に貢献する深い分断を築くという、より残酷でより狡猾な奴隷化の形態をつくりだしてきた。資本主義的蓄積がこの地球上のあらゆる場所で生命を破壊しつづけているのは、こうした強いられた分断――とくに女性と男性の間の分断――に大いによるところがある。

ヨーロッパにおける資本主義的蓄積と労働の蓄積

資本は、頭から爪先まで毛穴から血と汚物をしたたらせながら生まれてくるのである、とマルクスは書いたが、事実、資本主義的発展のはじまりを見ると、巨大な強制収容所のなかにいるかのような印象を受ける。「新世界」では、先住民がミタ制とクァテキル制[†1]へ隷属させられ、膨大な数の人びとがワンカベリカ［ペルー中南部］とポトシ［ボリビア南部］の鉱山で銀と水銀を地上へ運び出すために消費された。[*8] 東ヨーロッパでは、これまで農奴にされたことがなかった農民を土地にしばりつける「再版農奴制」が見られた。[*9] 西ヨーロッパでは、囲い込み、魔女狩り、そして未来の刑務所制度のモデルとなる新たに建設された救貧院と矯正院での放浪者と物乞いへの焼印、鞭打ち、監禁が行われた。それらの先には奴隷貿易が出現する兆しがみえたが、海上では

---

†1　ミタ制はスペイン統治下のペルーにおける先住民労働力割当制度。先住民の成人男子全員のうち、一度に総数の七分の一ずつが一、二カ月交代で労働にかり出された。クァテキル制は、一五四九年にメキシコで採用された植民地当局統制下の有償強制労働制度。スペイン語でレパルティミエントとも呼ばれた。先住民の各村では毎週月曜日に定められた人数の労働者を送り出し、翌週の月曜日に交代する一週間交代の労働が強制された。いずれも『ラテン・アメリカを知る事典』大貫良夫・落合一泰・国本伊代・福嶋正徳・松下洋監修、平凡社、一九八七年参照。

すでにヨーロッパからアメリカへ年季奉公人と囚人が船で輸送されていた。

このシナリオから推論されるのは、資本主義の発展には、ヨーロッパの支配階級によって領有される富と、その支配下におかれる労働者の急増を必要としたがゆえに、本源的蓄積の過程においては物理的暴力こそが主たる手段であり経済力であったということである。[*10] 言いかえれば、本源的蓄積の本質は、歴史の歩みに見合わない規模で実現した労働力――盗まれた財の形をとった「死の労働」と搾取可能な人間という形をとった「生の労働」――の莫大な蓄積にあったということである。

重要なことは、資本家階級は、出現した当初の三世紀の間は奴隷制や他の強制的な労働形態を支配的な労働関係として押しつける傾向があったが、労働者の抵抗と労働力が枯渇する危険性のみがそうした傾向を制限するものだったということである。

このことは一六世紀まで強制労働に経済の基盤を置いていたアメリカ大陸の植民地だけでなく、ヨーロッパにおいても同様にいえることであった。資本主義的蓄積における奴隷労働とプランテーション制度の重要性については後ほど考察する。ここでは、一五世紀のヨーロッパでは奴隷制が完全に廃止されておらず、むしろ復活したということを強調しておきたい。[*11]

イタリアの奴隷制についてのもっとも幅広い研究として信頼されるイタリアの歴史家サルヴァトーレ・ボーノが報告する通り、一六、一七世紀の地中海地域には厖大な奴隷がおり、その数はムスリム世界に対する敵対心を増幅させたレパントの戦い（一五七一年）の後に増大した。全体としてナポリには一万人以上、ナポリ王国には二万五〇〇〇人の奴隷が住んでおり（人口の一パーセント）、他のイタリアの町やフランス南部においても似たような数字であったとボーノは推定する。イタリアでは、公的な奴隷制度は、誘拐された何千もの外国人――現在の非正規滞在移民労働者の祖先――が公共事業のために市行政によって雇われたり、農業労働のために民間に請け出されたりして発展した。奴隷の多くは船の漕ぎ手となる運命であり、彼らはヴァチカン艦隊などの重要な人的資源であった（Bono 1999: 6-8）。

奴隷制とは「主人がそれを求めてつねに奮闘する［搾取］形態」である（Dockes 1982: 2）。ヨーロッパも例外ではなかった。奴隷制をアフリカとのみ関連させる考え方を一掃するためにも、このことは強調する必要がある。[*12] だが、ヨーロッパでは奴隷制が存立するための物質的条件がなかったために――もしイングランドで奴隷制が非合法化される前、一八世紀までにその条件が獲得されたとすれば、雇用者側の奴隷制に対する欲求はかなり強かったにちがいないが――奴隷制は限定的な現象にとどまった。人口不足が地主にとって有利にはたらいた東ヨーロッパをのぞいては、農奴制を蘇らせようとする企図も失敗した。[*13] 西ヨーロッパでは「ドイツ農民戦争」を頂点とする農民の抵抗により農奴制の復活は阻まれた［一〇五頁右図］。三つの国（ドイツ、オーストリア、スイス）をまたにかけた幅広い組織的な奮闘が繰り広げられ、あらゆる領域の労働者（農民、鉱夫、そしてドイツとオーストリアでもっとも優れた芸術家を含む職人）[*14] が参加したことの「平民《コモン・マン》による革命」は、ヨーロッパ史における一大転機であった。一九一七年のロシアのボルシェヴィキ革命のように、この農民戦争はアナバプティスト派によるミュンスターの奪取と合わさって権力者側を心底まで震え上がらせ、国家間を超えた共謀が進行中だという彼らの懸念を裏づけたのだった。[*15] 農民戦争の敗北はペルー征服と同時期であった。アルブレヒト・デューラーの作品「敗北した農民のための記念碑」［日本では「ドイツ農民戦争記念碑プラン」として知られる。次頁左図］（Thea 1998: 65, 134-35）はこれを追悼するものであったが、その敗北の後には残虐な復讐が待ち受けていた。「チューリンゲンからアルザスにいたるまで、野原や森、そして解体され焼かれた城の溝のなかに何千もの死体が横たわっていた」。「殺され、拷問され、くし刺しにされ、殉教者として迫害された人びとの死体だった」（*ibid*., 153, 146）。だが、時計を巻き戻すことはできなかった。「戦争」の中心地であったドイツの諸地域、その他の領土で、慣習上の権利と一種の地方政府さえも認められた。[*16]

とはいえ、これは例外であった。再農奴化に対する労働者の抵抗を鎮圧することができなかった地域では、農民から土地を奪い、賃金労働を強制することがこれに対する応答であった。独立してみずから雇われ先を探す労働者や、雇主のもとから去ろうとする労働者は投獄された。常習犯の場合は死をともなうことさえあった。一八世紀にいたるまでヨーロッパでは「自由な」賃金労働市場は発達せず、その一八世紀でさえ、契約にもとづく賃金労働はただ激しい闘争の対価として、主に男性であり成人である限られた一部の労働者のみが獲得したものだった。それにもかかわらず、奴隷制と農奴制の復興が不可能だったという事実はつまり、ヨーロッパ中世後期を特

「自由」と書かれた旗をかかげる農民。

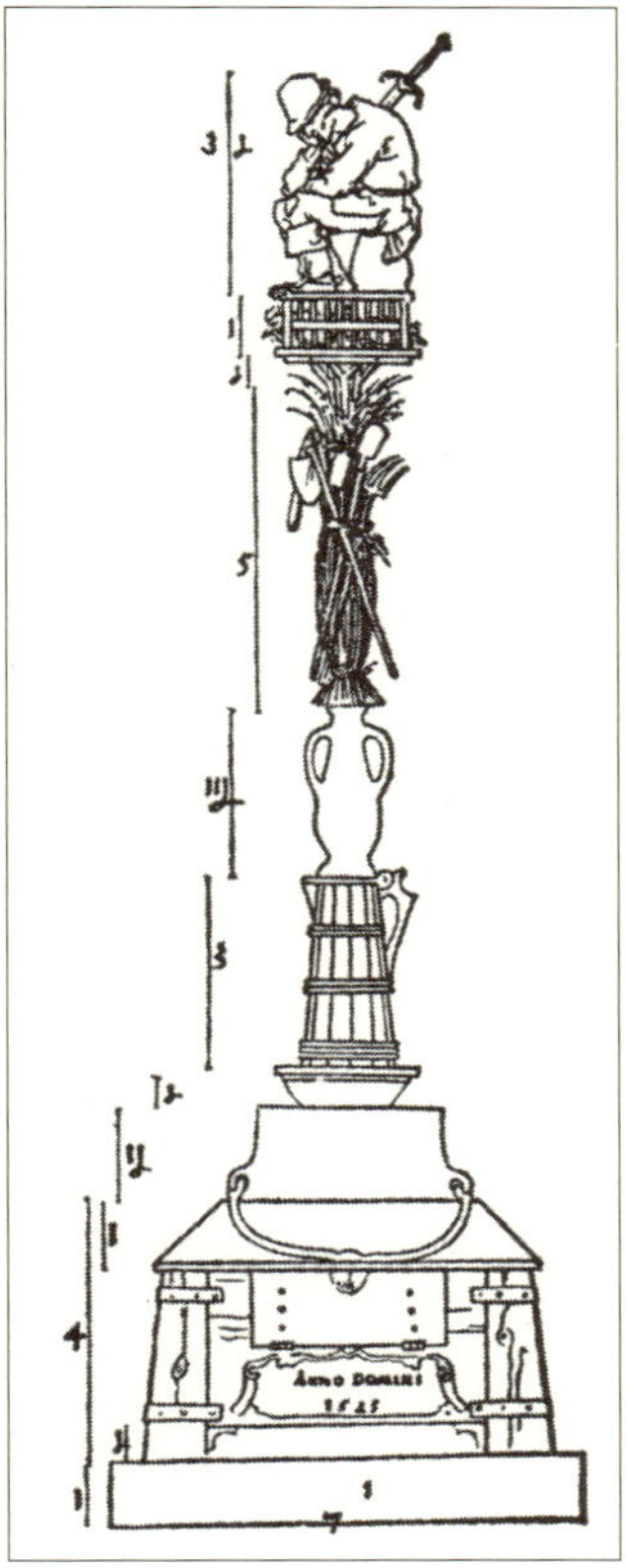

アルブレヒト・デューラー「敗北した農民のための記念碑［ドイツ農民戦争記念碑プラン］」（1526年［部分］）より。農民が自分の日常生活を構成する物の積み重ねの上に座しているこの絵は、非常に多義的である。農民が裏切られたことを示唆しているとも考えられるし、農民が自らを裏切り者であると捉えているとも思わされる。したがって、農民反乱者の風刺であるとも、農民の道徳心の強さに対する敬意であるとも解釈されてきた。確かなことは、デューラーは1525年の出来事に大いに心をかき乱され、改心してルター派になった者として、反乱に対するルターの非難を支持したにちがいないということである。

徴づける労働危機が一七世紀になってもなおつづき、労働力を最大限搾取しようとする欲動によって労働力の再生産が危機に陥ったせいでさらに悪化したことを意味した。今もなお資本主義的発展を特徴づけるこの矛盾は、[*17]アメリカ大陸の植民地でもっとも劇的に噴出したが、そこでは労働、病気、懲罰により、新世界の征服からまもない数十年の間にアメリカ先住民の三分の二が死んだ。[*18]また、この矛盾は奴隷貿易と奴隷労働の搾取の根幹でもあった。何百万ものアフリカ人が、中間航路とプランテーションでさらされた耐えがたい生存状況によって命を奪われた。ヨーロッパではナチ体制をのぞいて、労働力の搾取がこのような大量殺戮にいたることはなかった。とはいえ、一六、一七世紀には、土地の私有化と社会的諸関係の商品化（領主と商人の経済危機に対する応答）により、貧困の拡大、死亡率の上昇、そして新生資本主義経済を脅かすほどの激しい抵抗が蔓延した。このような歴史的状況にこそ、封建制から資本主義への移行における女性と再生産の歴史は位置づけられねばならないと私は考える。なぜなら、資本主義の誕生が女性の社会的地位にもたらした変化――ヨーロッパであろうとアメリカであろうと、とくにプロレタリア階級にとって――とは、まずもって、新たな労働資源の探求と労働力の編成・分断の新たな形態によって規定されたからである。

この裏づけとして、土地の私有化と価格革命という、ヨーロッパにおける資本主義の出現を形づくった主要な発展の跡をたどる。そのどちらもプロレタリア化の自立した過程を生み出すには不十分であったことを論ずるためである。そして、ヨーロッパのプロレタリアートを規律化・再生産・拡大するために資本家階級が導入した諸政策――それは女性に対する攻撃とともにはじまり、「賃金の家父長制」と私が定義する新たな家父長主義的支配体制のをつくりだした――を大枠で検討する。最後に、植民地では、先住民女性、アフリカ人女性、ヨーロッパ人女性の間に、そして女性と男性の間に、どの程度まで対立もしくは連帯が成り立ったのかを探りながら、そこでの人種的・性的ヒエラルキーの構築について検討する。

ヨーロッパにおける土地の私有化、欠乏の生産、再生産と生産の分離

資本主義の出現当初より、労働者階級の貧困化は戦争と土地の私有化からはじまった。これは国際的現象だった。一六世紀半ばには、ヨーロッパの商人はカナリア諸島［アフリカ大陸北西沿岸沖］の土地の大半を奪いそれらを砂糖プランテーションへ変えてしまった。土地の私有化と囲い込みのもっとも大規模な過程はアメリカ大陸で起こった。そこでは一七世紀の終わりまでに、先住民が共有する土地の三分の一がエンコミエンダ制の下でスペイン人に領有された。アフリカでは、土地の喪失は奴隷狩りがもたらした結果のひとつであった。それにより多くの社会から若者のなかでももっとも優れた者たちが奪われた。

ヨーロッパでは、土地の私有化は植民地拡大と時を同じくして一五世紀後期からはじまった。それは借地人の追い出し、地代の引き上げ、国による課税の強化などさまざまな形をとり、負債、

ジャック・カロ『戦争の惨禍』（1633年、エッチング）より。軍当局によって吊るされたのは盗人になったかつての兵士であった。解雇された兵士が17世紀ヨーロッパの路上に群がった放浪者と乞食の大部分をなした。

土地の売却へといたった。これらすべての形態を〈土地収奪〉と私は定義する。なぜなら、たとえ暴力が行使されない場合でも、土地の喪失は個人や共同体の意思に反して起こり、自立的生活の能力を蝕んだからである。土地収奪の形態のなかでもとくにふたつについて言及が必要だ。すなわち戦争――この時期その性質は変化し、領土的・経済的編成を変容させる手段として行使されるようになった――、そして宗教改革である。

「一四九四年以前、ヨーロッパの戦争行為は主に、短期かつ不定期に起こる軍事行動を特徴とするより小規模な交戦からなっていた」(Cunningham and Grell 2000: 95)。軍隊の大部分をなす農民に種蒔きをする時間を与えるために夏に戦われることが多く、たいした行動もなく長期間互いの軍隊が向き合っていた

こともよくあった。だが、一六世紀までにはより頻繁に戦争が起こるようになり、新たなタイプの戦争行為が現れた。ある程度は技術革新のためであったが、主にヨーロッパの諸国家が自国の経済危機を解決するために領土征服にとりかかりはじめたことと、富裕な投資家がそれに出資したことによる。軍事行動はより長期化するようになった。軍隊の規模は一〇倍にも拡大し、恒久化、職業化した。[*19] 現地の人間に対し何の愛着ももたない傭兵が雇われ、戦争行為の目的は敵の抹殺となり、それゆえに、アルブレヒト・デューラーの『黙示録の四騎士』[*20]（一四九八年）で描かれているように、戦争はその跡に荒廃した村、死体で覆われた野原、飢饉、伝染病を残した。この現象によって人びとが受けたトラウマ的衝撃は数知れない芸術表現に反映され、ヨー

ロッパの農村風景を変えてしまった［前頁図］。

プロテスタント改革の過程で教会の土地が没収されると、多くの土地保有契約もまた無効となってしまったうえ、上流階級による大規模な土地の争奪とともにはじまった。フランスではプロテスタント運動のさなか、当初下層階級と上流階級は教会の土地を共に求めて結束していた。しかし、一五六三年に土地の競売がはじまると、「恨みと期待から生じた激しい感情で」教会財産の没収を望み、彼らも分け前を受け取るという約束によって動員された職人と日雇い労働者はその期待を裏切られた（Le Roy Ladurie 1974: 173-76）。一〇分の一税から解放されるためにプロテスタントとなった農民も欺かれた。農民が「福音書は土地の解放と自由な身分の付与を約束している」と宣言し諸権利を主張すると、反乱の扇動者として手ひどく攻撃された[*21]（*ibid*., 192）。イングランドでも同様に、宗教改革の名のもとに大部分の土地の所有者が代わった。「ノルマン人の征服以来、イングランド史上もっとも多くの土地の譲渡」、もしくはより簡潔に「巨大な略奪」と、W・G・ホスキンは描いている。[*22] しかしながら、イングランドでは、土地の私有化はもっぱら「囲い込み」――この現象は、労働者からその「共有財」を収奪することと結びついていたため、今日、反資本主義の活動家は社会保障受給権に対するあらゆる攻撃を指し示すものとしてこの語を使っている[*23]――を通じて遂行された。

一六世紀において「囲い込み」とは、イングランドの領主と裕福な農業者が共有の土地財産を根絶し、自分たちの保有地を拡大するために用いた一連の戦略を指す専門用語であった。[*24] たいてい、村に散在する囲いのない小区画の耕地を村民たちで所有する取り決めであった開放耕地制の廃止を意味した。また、共有地《コモンズ》を柵で囲い込んだり、土地はないが慣習上の権利を有していたことで何とか生活していた貧しい小作人の掘っ立て小屋を破壊したりすることも含んでいた。[*25] 鹿の保護地をつくるために大きな土地が囲い込まれたり、放牧地にするために村全体が破壊されたりすることもあった。

囲い込みは一八世紀に入ってもつづいていたが（Neeson 1993）、宗教改革以前でさえ二〇〇〇以上の村落共同体がこのようにして破壊された（Fryde 1996: 185）。一五一八年および一五四八年に国王が調査を求めたとき、農村の衰退は甚大であった。だが、王立委員会による指示にもかかわらず、この趨勢を止めるために何かがなされたということはほとんどなかった。そのかわりにはじまったのは幾多の蜂起で最高潮に達した激しい闘争であった。それとともに、土地の私有化の利点と欠点についての長期にわたる議論が起きたが、その議論は地球という最後のコモンズに対する世界銀行の攻撃によってふたたび活性化し、今日までつづいている。

「近代化論者」があらゆる政治的観点から提起したその議論とは、手短に言えば、囲い込みは農業の効率性を高め、それによって引き起こされる混乱は農業の生産性の著しい増加により相殺されるというものであった。土地は消耗するので、貧民の手にゆだねられていればいずれ生産が止まってしまうだろうが、金持ちがそれを奪取すれば土地を休ませることができると（ギャレット・ハーディンの「コモンズの悲劇」に先んじて）[*26] 主張された。この議論では、農業の革新と連動し、囲い込みによって土地の生産力が高まり、食糧供給の拡大につながると主張された。この視点からは、共同体による土地保有に対するいかなる称賛も「過去への郷愁」として却下された。農業共同体主義は時代遅れで非効率的であり、それを擁護する者は伝統への執着という罪を犯していると考えられた。[*27]

しかし、これらの主張は妥当ではない。土地の私有化と農業の商品化によって、より多くの食糧が市場と輸出に供されたが、庶民のための食糧供給は増えなかったのである。労働者にとっては、土地の私有化と農業の商品化は二世紀もの間つづく飢餓の幕開けであった。アフリカ、アジア、そして南アメリカのもっとも肥沃な地域でさえ、共同体的土地保有の崩壊と、世界銀行が強いた構造調整プログラムの「輸出か、さもなければ餓死か」政策により栄養失調が蔓延している今日と同様の様相である。イングランドでは新たな農業技術の導入でもってしても、この損失を補うことはできなかった。それどころか、農業資本主義の発展は農村の人びとを貧困化させることと「対になって」いた（Lis and Soly 1979: 102）。農業資本主義の出現からわずか一世紀でヨーロッパの六〇の町が何らかのかたちで社会的扶助を設けるかそうした方向性を出したこと、そして浮浪者が国際的な問題となったという事実が土地の私有化がもたらした困窮状態のひとつの証言となっている（*ibid.*, 87）。人口増加はその一因となったかもしれないが、その大きさは誇張されており、時代を限定して捉えるべきである。一六世紀後半までに、ヨーロッパではほぼどこにおいても人口は停滞か減少傾向を見せていたが、労働者は当時その変化からいかなる利益も得なかった。

また、農業における開放耕地制の効果についても誤解がある。新自由主義に立つ歴史家はそれを無駄の多いものとみなすが、ヤン・デ・フリースのような土地の私有化の擁護者でさえ、農地の共同使用が多くの利点をもつことを認めている。家族で使用できる地条が多岐にわたるおかげで農民は凶作による被害から保護された。また、(個々の地条はそれぞれ異なる時期に手入れをすればよかったので)作業スケジュールを管理でき、あらゆる決定——植え付けと収穫の時期、沼地へ水を排出する時期、共有地《コモンズ》に放す家畜の数——は農民の集会でなされたゆえに、自治・自立にもとづいた民主的な生活様式を促進した。[*28]

同様の見解は「共有地《コモンズ》」についても言える。一六世紀の文学のなかで怠惰と無規律の根源としてさげすまされた共有地《コモンズ》は、多くの小農や小作人の再生産にとってかかせないものであった。牛を養うための牧草地や、材木を確保し野生の木いちごとハーブを摘むための森、採石場、養魚池、そして皆で集まるための空き地の使用権があって、小農と小作人は何とか生活することができた。共有地《コモンズ》は共同体による意思決定と労働を促進し、さらに、農民の連帯と社会性を育む物質的基盤であった。農村社会の祭り、娯楽、会合はすべて共有地《コモンズ》で開かれた。[*29] とりわけ土地への権利が十分でなく、社会的な力が弱い女性にとっては、共有地《コモンズ》の社会的機能は重要であり、生活手段・自律性・社会性を男性以上にそれに依拠していた。アリス・クラークが資本主義以前のヨーロッパの女性にとっての市場の重要性を表した言葉を言いかえれば、人が集まり、情報を交換し、相談する場所であり、そして農村社会内で起きる出来事に対して男性から自立した女性自身の視座を育む場所であった共有地《コモンズ》もまた、女性の社会生活の中心であったということである（次頁図　Clark 1968:51）。

R・D・トーニーが封建農村の「原始共産制」と呼んだこの協同関係のネットワークは、開放耕地制が廃止され、共有地が柵で囲われると崩壊した（Tawney 1967）。土地が私有化され、個人の労働契約が集団的な労働協約に取って代わると、農業労働における協力が失われただけではすまなかった。の農村の人びとの間の経済格差が深まり、あばら屋と牛一頭以外何もなく、「曲がったひざと帽子を手に」仕事を請いに行くほか選択肢がない貧しいスクウォッターが増えた（Seccombe, 1992）。社会的結束は瓦解した。[*30] 家族は分解し、若者たちは増えつつあった放浪者や渡りの労働者――まもなくこの時期の社会問題となる――に仲間入りするために村を離れ、年配の者たちは自力で何とか生きていくために残った。とりわけ不利な条件におかれたのは年配の女性であった。もはや自分の子どもから援助を受けられない女性たちは、貧困へ陥るか、借金やちょっとした盗みをして生き延びるか、支払いを遅らせるなどした。結果は、経済的不平等の深化ばかりでなく、憎悪と反感のもつれにもよる農民間の対立であった。魔女狩りの記録のなかでこうした感情的もつれは十分に立証されている。それによると、援助の要請や、家畜の侵入、未払いの地代にまつわる不和が多くの魔女告発の背景にあった。[*31]

囲い込みにより、職人の経済的状況も徐々に悪化した。一六、一七世紀には、都市のギルドの

ダニエル・ホッファーによる版画（16 世紀）より。村の祝祭。祭り、娯楽、農民の集会はすべて共有地で開かれた。

力を切り崩し、職人の自立性を破壊するために、商人資本家によって農村地域で入手可能であった安い労働力が利用された――これは、現代において、もっとも低コストで商品が生産できる「自由輸出区域」をつくるため、世界銀行に土地を奪われた農民の弱みに多国籍企業がつけこむのと同じやり口である――。女性と児童の労働に依って立ち、都市商人からの「下請け式」システムの基盤のうえに農村家内工業として再編成された繊維産業がこのケースにあたる。これは今日の「インフォーマル経済」の雛形となった。[*32] だが、繊維産業の労働者だけがその労働を買い叩かれたのではなかった。土地の権利を失うやいなや労働者はみな、中世にはかつて存在しなかった依存状態に陥った。労働者が土地をもたない状態は雇用者側に有利に働き、労働者の賃金を切り下げ、その労働時間を長くする力を雇用者に与えたからだ。これは、プロテスタントの地域では宗教改革の装いで起こった。聖人の祝日を削除することで年間の労働日を二倍に増やしたのだ。

当然のことながら、土地の収奪にともなって賃金に対する労働者の考え方に変化が現れた。中世には(賦役労働の強制とは対照的に)賃金は自由のための手段と考えられていたが、土地の権利が失われるとまもなく、賃金は奴隷化の手段とみなされるようになった[*33](Hill 1975: 181ff)。

敵のもとであろうと兄弟のもとであろうと、賃金のために働いているのであればその生活に何ら変わりはないとディガーズ[†2]の指導者ジェラルド・ウィンスタンリーが主張したほど、労働者は賃労働を忌み嫌った。囲い込み(土地の私有化のあらゆる形態を含む広い意味で使っている)の結果増加した「浮浪者」や「主人のない」人びとが、賃金のために労働するよりも旅に出て奴隷化や死の危険――「血の」立法により規定されたように――にさらされるほうを選んだのは、こういうわけである。[*34] また、その規模にかかわらず、土地を収奪からまもるために農民が激しく闘争したこともこのことによって説明されうる。

イングランドでは反囲い込み闘争は一五世紀末にはじまり、土地を囲い込む生垣をなぎ倒すことが「社会的抗議におけるごくありふれた形態」となり、階級間対立の象徴となって一六、一七世紀を通してつづいた（Manning 1988: 311）。反囲い込み暴動は大規模な蜂起へと発展することが多かった。もっとも悪名高いのは、一五四九年のノーフォークにおける、その指導者ロバート・ケットの名にちなんだケットの反乱であった。これは、夜間にこっそりなされた活動などではなかった。最盛期には反乱者の数は一万六〇〇〇人にものぼり、大砲を有し、一万二〇〇〇人の政府軍を圧倒した。さらに当時イングランドで二番目に大きな都市であったノリッジまで攻め落とした。[*35] また、反乱者たちは、それが実現すれば農業の資本主義化の進展を食い止め、国内のあらゆる封建権力のなごりを一掃したであろう綱領を起草していた。ケット、農民、皮なめし職人によって護民官に提出されたそれは二九の要求からなっていた。第一の要求は「ただ今より、何人も囲い込みをすべからず」というものである。他の条項は、地代を六五年前の利率まで縮小すること、「すべての自由保有権者と謄本保有権者があらゆる共有地《コモンズ》から利益を得られるべし」、

---

†2　土地私有制度の廃止を唱えたイングランドのピューリタンのなかでも最も急進的なグループ。「穴を掘る人（開墾する）」という意味で、自らを真性水平派と呼んだ。

そして「すべての農民奴隷を解放すべし。主がその血を流すことで皆を自由にしたからだ」というものであった（Fletcher 1973: 142-44）。これらの要求は実践された。ノーフォーク全体で囲い込みの柵が引き抜かれ、政府軍は、さらなる攻撃を加えないかぎり反乱を止めることができなかった。その後の大虐殺のなかで三五〇〇人が殺され、何百人もの人びとが負傷した。ケットとその兄弟ウィリアムはノリッジの城壁の外側に吊るされた。

だが、反囲い込み闘争はジェームズ一世の時代においてもつづき、女性の存在が目立ってきた。[*36] ジェームズ一世統治下に起きた反囲い込み蜂起のうち、およそ一〇パーセントに女性の反乱者が含まれていた。抗議者がみな女性であった事例もある。たとえば、一六〇七年、ソープ・ムーア（ヨークシャー）で、「キャプテン・ドロシー」が率いる三七人の女性たちが、その主張によるところ自分たちの村の共有地《コモンズ》であるという場所で働いていた鉱夫たちを襲撃した。一六〇八年にワディンガム（リンカンシャー）では、四〇人の女性が囲い込みの「柵と生垣をなぎ倒した」。一六〇九年、ダンチャーチ（ウォリックシャー）の荘園で「既婚女性、寡婦、独身女性、未婚の娘たち、使用人を含む一五人の女性が生垣を掘り起こし、溝を埋めようと、夜中に集まった」（*ibid.*, 97）。さらに一六二四年五月のヨークでは、女性たちは囲い込みを壊し、そのために投獄された――「女性たちはその偉業をやり遂げた後で煙草を吸いエールを飲んでいた」という（Fraser 1984: 225-26）。その後、一六四二年にはバックデンの囲い込まれた沼地に群衆が押し入ったが、そのうちのほとんどが少年たちに支援された女性たちで構成されていた（*ibid.*）。これらは、自

ハンス・ゼーバルト・ベーハム「女性と悪党たち」(1530年頃) より。この絵は、従軍し戦場までついていった女性たちを表している。妻、娼婦を含むこれらの女性は、兵士の再生産の世話をした。口輪の器具をつけた女性がいることに留意せよ。

分の生活を危機にさらされたとき、熊手と大鎌を手に取り、土地の囲い込みや沼地の干拓に抵抗した女性たちの行動のほんのわずかな事例にすぎない（前頁図）。

女性がこうもパワフルになれたのは、女性は法の適用を受けず法的に夫の庇護下にあるという当時の信条によると考えられてきた。男性さえ、女性の格好をして柵を引き抜いたといわれている。だが、この説明にそれほど頼りすぎてはならない。というのも、まもなく政府はこの法的特権を剥奪し、反囲い込み暴動に参加する女性を逮捕・投獄しはじめたのだ。[*37] また、土地収奪に対する抵抗において、女性は危険ではなかったと考えてもいけない。状況は逆であった。

地代金納化と同様、土地の喪失と村落共同体の崩壊に直面したときにもっとも被害をこうむったのは女性であった。その理由はある程度、放浪生活は女性にとって難しいということ、とりわけ女性嫌悪《ミソジニー》が増しつつある時期には男性による暴力にさらされるため、女性が浮浪者や出稼ぎ労働者になることがはるかに難しいということで説明できる。また、妊娠と子どもの世話のために移動が難しいということもあったが、この事実は奴隷状態からの逃避（移住や、放浪生活の他の形態による）を闘争の典型的な形態と考える研究者から見落とされている。女性は給料をもらえる兵士になることもできなかった。調理人、洗濯婦、娼婦、そして妻として軍隊に加わる女性はいたが、[*38] 軍隊がより厳しく統制され、女性従軍者たちが戦場から追い出されたことにより、この選択肢も失われた（Kriedte 1983: 55)。

女性は囲い込みからもより深刻な影響をこうむった。土地が私有化され、貨幣関係が経済生活を支配しはじめるやいなや、男性よりもさらに生計を立てることが困難になった。再生産労働が徹底的にその価値を減じられつつあるまさにその時期に、女性はこの労働に次第に閉じ込められていったからである。以下でみていくように、資本主義的発展のあらゆる局面において、サブシステンスから貨幣経済への転換に伴って生じるこの現象には、いくつかの要因がありうるだろう。とはいえ、経済生活の商業化がその物質的条件をもたらしたことは明らかだ。

資本主義以前のヨーロッパで主流であったサブシステンス経済が崩壊するとともに、生産と再生産の統合――使用するための生産にもとづく社会の特徴であった――は瓦解した。これらの活動は、それぞれ異なる社会的諸関係をもたらし、性的に差異化された。新たな貨幣体制では、市場のための生産のみが価値を創造する活動と定義されたのに対し、労働者の再生産は経済的観点からは無価値なものとして考えられるようになり、労働とさえみなされなくなった。再生産労働は雇い主のためや家の外で行われる場合は、最低の歩合であったとしても賃金を支払われつづけた。しかし、家庭内で行われる場合、労働力の再生産は女性にとっての生まれついての天職として神秘化され、「女の労働」とレッテルを貼られて、その経済的重要性と資本蓄積における役割は隠蔽された。さらに、女性は賃金を支払われる多くの職から締め出され、賃金のために働いても平均的な男性の賃金に比べればわずかな額しか得られなかった。

一九世紀にフルタイムの主婦が創造されて頂点に達したこれらの歴史的変化が、社会における女性の地位、そして男性との関係におけるその地位を定義しなおした。そこから生じた性別分業により、女性は再生産労働に固定されただけでなく、国家と雇用者が女性の労働を統制するための手段として男性の賃金を左右できるようになり、女性の男性に対する依存を強めることとなった。このようにして、労働力の再生産から商品生産を分離することによって、不払い労働を蓄積するための手段としての賃金と市場の特殊に資本主義的な使用もまた発展しえたのである。

何よりも重要なことは、再生産からの生産の分離により、プロレタリア女性というひとつの階級が生み出されたということである――それは、男性と同じく所有せざる者であるが、同類の男性とは違ってますます貨幣化する社会のなかで賃金を得る方法をほとんどもたず、そのため慢性的な貧困状態と経済的依存を強いられた、不可視の労働者であった。

これからみていくように、再生産労働の価値切り下げと女性化は男性労働者にとっても不幸な出来事であった。というのも、再生産労働の価値の低下は、必然的にその生産物、すなわち労働力の価値をも減じることとなったからである。だが、「封建制から資本主義への移行」において、資本蓄積の基盤をなし、以来そうありつづけた社会的価値の切り下げという固有の過程を女性が経験したことは間違いない。

こうした展開を考慮するならば、中世の農奴がその境遇から自由になるために闘ってきた闘争が、労働者の土地からの分離と貨幣経済の出現によって実現したとはいえない。土地の私有化によって解放されたのは、労働者――男性であれ女性であれ――ではなかった。「自由になった」のは、資本であった。なぜなら、いまや土地は自足的な生活維持の手段としてよりも、むしろ蓄積と搾取の手段として「自由に」機能するからであった。解放されたのは、いまや再生産のコストのほとんどを労働者に負わせることができる地主であった。直接雇用したときのみいくらかの生活手段を与えれば済んだ。一方、商業や農業の危機の際のように、仕事がないか、あるいは仕事が十分に利益にならないときには、解雇して飢えるままにさせておくことができた。

生存手段からの労働者の分離、そして貨幣関係への新たな依存は、いまや金銭的な操作を通して実質賃金を削減でき、男性の労働に対して女性の労働の価値をさらに低くすることが可能だということをも意味した。よって、土地が私有化されはじめるとまもなく、二世紀の間変動がなかった食料価格が上がりはじめたのは偶然ではない。[*39]

価格革命とヨーロッパの労働者階級の窮乏

壊滅的な社会的結果ゆえに価格革命（Ramsey 1971）と呼ばれてきたこの「インフレ」現象は、当時の人びとや後の経済学者（たとえば、アダム・スミス）により、アメリカ大陸から「膨大な量が続々と（スペインを通して）ヨーロッパへ注ぎ込まれた」（Hamilton 1965: vii）金銀に原因があるとされた。しかし、ヨーロッパ市場に金銀が流通しはじめる以前から物価はすでに上昇しつつあったことはこれまでも指摘されてきた。[*40] さらに、金と銀それ自体は資本ではない。それは宝飾品類や黄金のドームの装飾、ドレスの刺繍といった他の用途のために使われていた。これら貴金属が、小麦さえも貴重な商品に変える価格統制の装置として機能したとすれば、それは増加する人口のうち一定の割合――イギリスでは三分の一――が土地の権利を持たず、かつては自分自身で生産していた食料をいまや他から購入しなければならない、資本主義の進展しつつある世界にそれらが置かれたからであり、そして支配階級が労働コストを削減するために貨幣の魔術を使用することを学んだからである。言い換えれば、価格上昇の原因は、農業生産物の輸出入を促進させた国内市場と国際市場の発展であり、そして後で価格が高騰したときに売り出すために商人が商品を買いだめしたからであった。一五六五年九月のアントワープでは、「貧民が文字通り路上で飢えているそのかたわらで」、ある倉庫はそこに詰め込まれた穀物の重みで崩壊した(Fischer 1996: 88)。

こうした状況下で、アメリカ大陸からのお宝の到着が大規模な富の再分配と新たなプロレタリア化の過程の引き金を引いた[*41]。価格の高騰により、小農はその生活を破壊された。収穫物で一家を養うことができなくなると、穀物やパンを買うために自分の土地を手放さざるをえなくなったのである。また、価格の高騰は、資本主義的企業家を生みだした。金銭を得ることが多くの人びとにとって生死を分ける問題となった時代に、農業に投資し、金貸しをすることで富を蓄積した人びとである[*42]。

また、価格革命は実質賃金の歴史的暴落を引き起こした。その暴落ぶりは、今日、世界銀行とＩＭＦによって「構造調整された」ことでアフリカ、アジア、南アメリカ全体で起こったものに匹敵する。一六〇〇年までにスペインでは購買力が、一五一一年に比べて三〇パーセント落ち（Hamilton 1965:280）、他の諸国でも同様に下落は激しかった。食糧価格が八倍に高騰した一方で、賃金は三倍しか上昇しなかった（Hackett Fischer 1996:74）。これは市場の見えざる手の仕業によるのではなく、商人に商品の価格を決定させ移動させる最大限の自由を与える一方、労働者の組織化を妨害するという国策によるものであった。はたして、数十年の間に実質賃金の購買力は三分の一になった。一四世紀から一八世紀の間の穀物のキログラム数のかたちで表された、イングランドのある大工の日給［日給で何キログラムの穀物を買えるか］に起きた変化の示す通りである［表１］（Slicher Van Bath 1963: 327）。

表１　イングランドのある大工の日給

年	穀　物（Kg）
1351-1400	121.8
1401-1450	155.1
1451-1500	143.5
1500-1550	122.4
1551-1600	83.0
1601-1650	48.3
1651-1700	74.1
1701-1750	94.6
1751-1800	79.6

中世後期に達した水準にまでヨーロッパの賃金が戻るには何世紀もかかった。イングランドでは一五五〇年までには、一六世紀初頭に男性職人が一五週間で得られた収入を稼ぐのに四〇週間働かなければならなくなるほど状況は悪化していた。フランスでは、一四七〇年から一五七〇年の間に賃金が六〇パーセント下がった*43［一二六—一二七頁のグラフを見よ］（Fischer 1996: 78）。賃金の暴落はとりわけ女性にとって悲惨な結果をもたらすものであった。一四

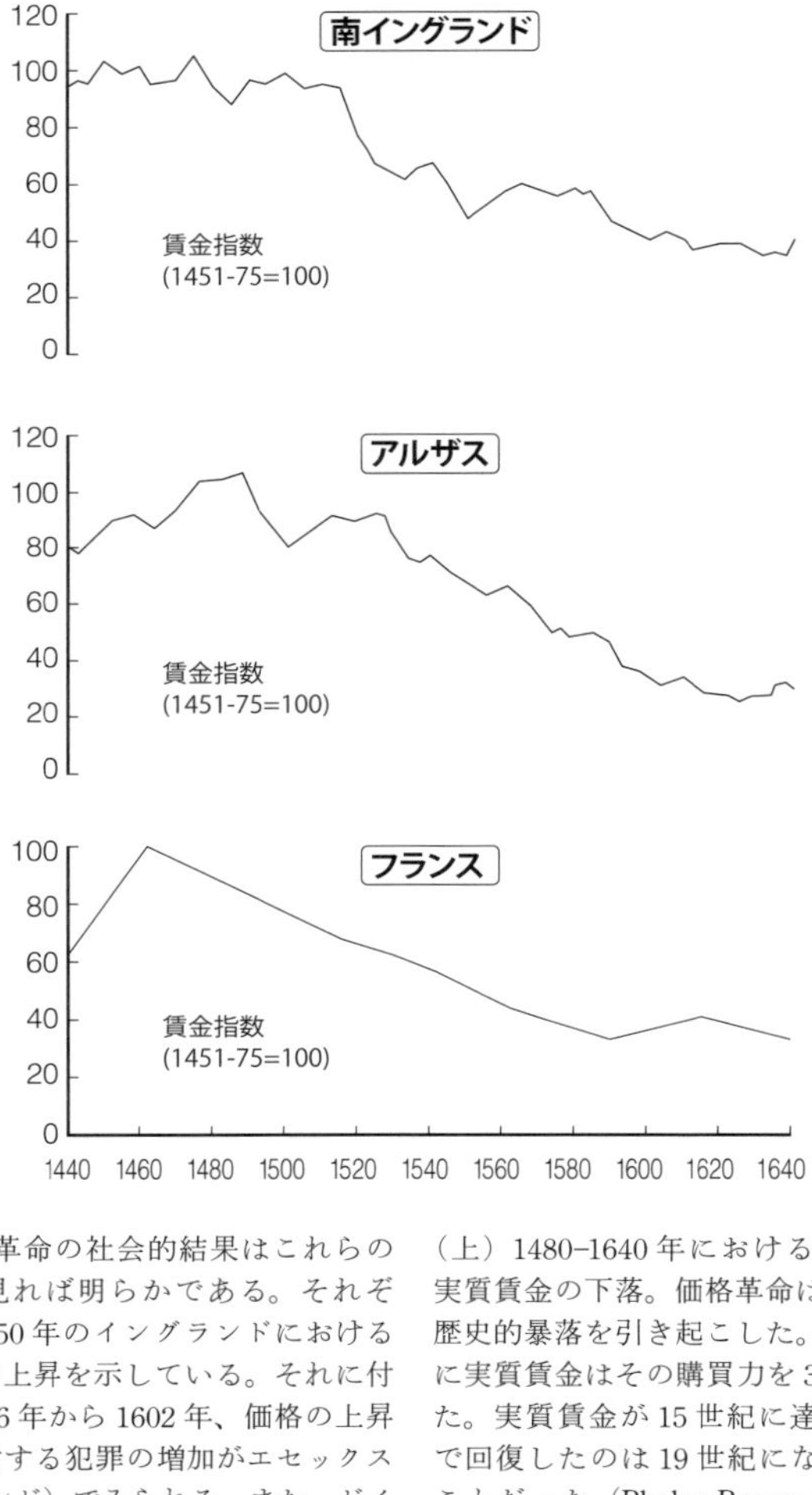

（左）価格革命の社会的結果はこれらのグラフを見れば明らかである。それぞれ 1490–1650 年のイングランドにおける穀物価格の上昇を示している。それに付随して 1566 年から 1602 年、価格の上昇と財産に対する犯罪の増加がエセックス（イングランド）でみられる。また、ドイツ、オーストリア、イタリア、スペインでは 1500 年から 1750 年の間、数百万人の人口減少が見られた（Fischer 1996）。

（上）1480–1640 年における価格革命と実質賃金の下落。価格革命は実質賃金の歴史的暴落を引き起こした。数十年の間に実質賃金はその購買力を 3 分の 2 失った。実質賃金が 15 世紀に達した水準まで回復したのは 19 世紀になってからのことだった（Phelps-Brown and Hopkins 1971）。

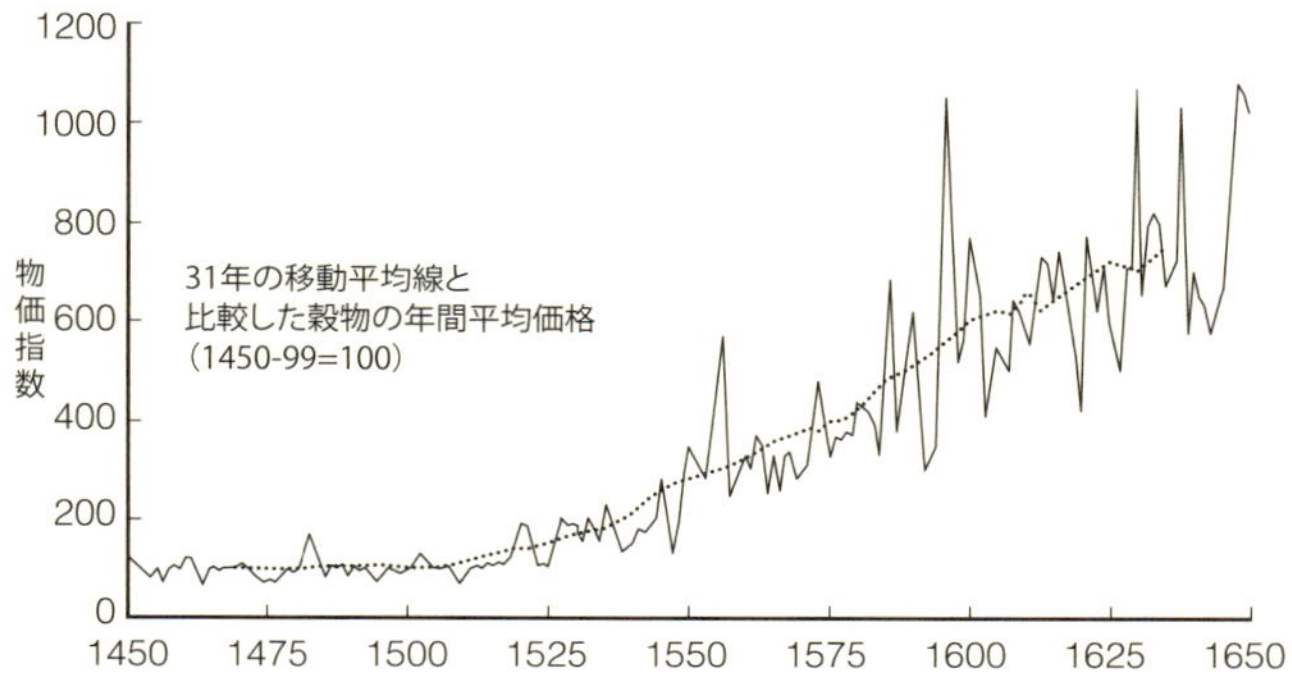
31年の移動平均線と
比較した穀物の年間平均価格
(1450-99=100)
物価指数
1200
1000
800
600
400
200
0
1450
1475
1500
1525
1550
1575
1600
1625
1650

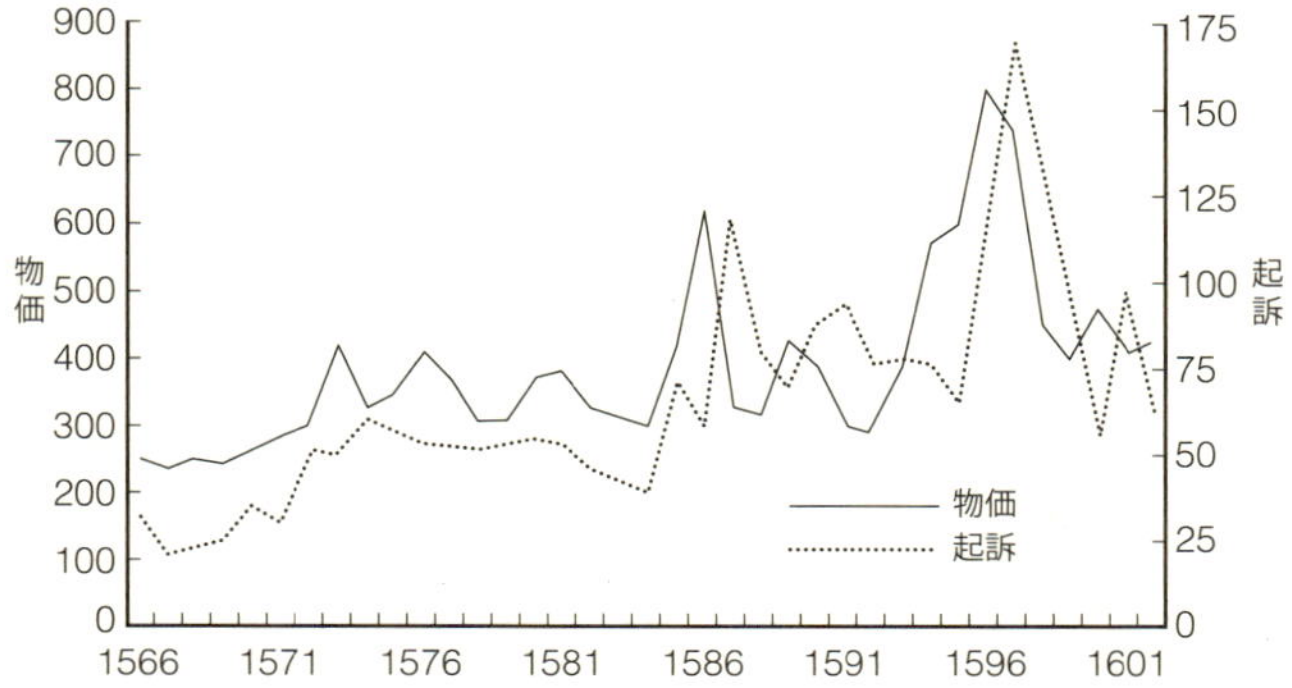
物価
起訴
900
800
700
600
500
400
300
200
100
0
175
150
125
100
75
50
25
0
1566
1571
1576
1581
1586
1591
1596
1601
物価
起訴

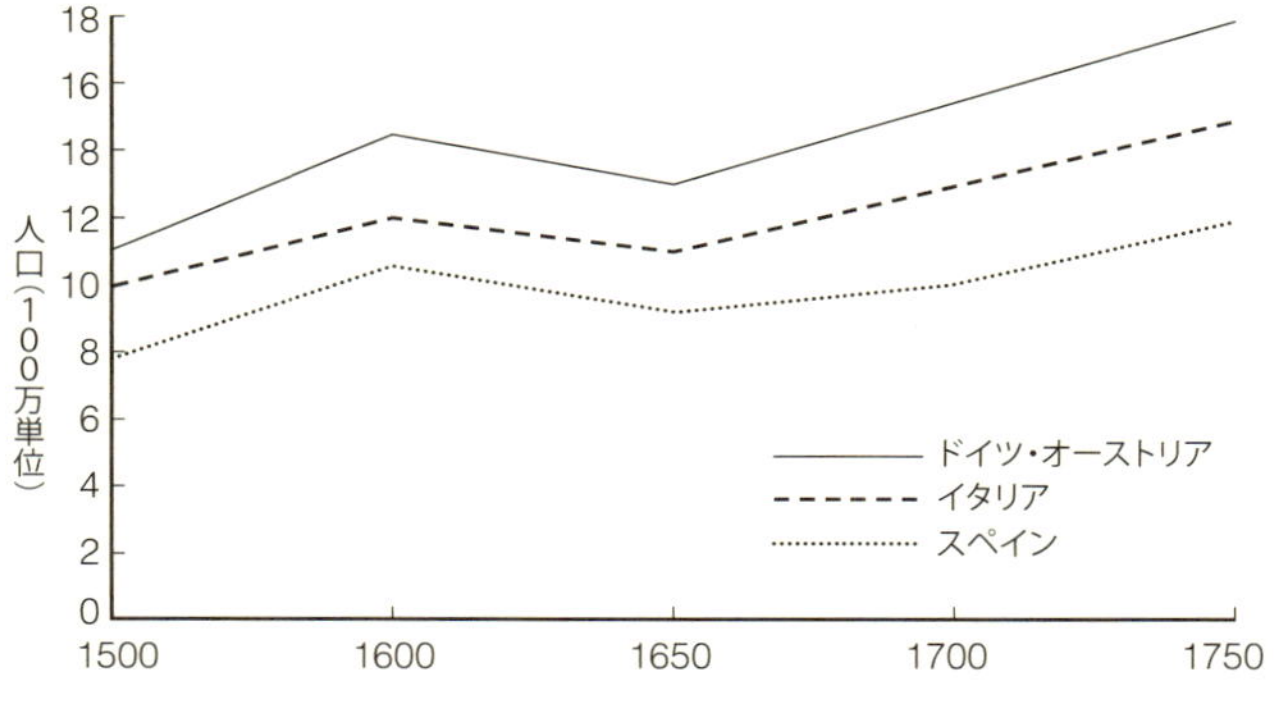
人口(100万単位)
18
16
18
12
10
8
6
4
2
0
1500
1600
1650
1700
1750
ドイツ・オーストリア
イタリア
スペイン

世紀には、女性は同じ仕事で男性の給料の半分の額を得ていたが、一六世紀の半ばまでには減額された男性賃金のさらにその三分の一しか支払われなかった。もはや農業でも製造業でもそこでの賃労働によっては自活できないという事実は、明らかにこの時代の売買春の驚くべき拡大を招いた原因であった。[*44] その後につづいたのは、ヨーロッパの労働者階級の絶対的貧困化であった。この現象は非常に広まり一般化したため、一五五〇年にはヨーロッパの労働者は単に「貧民」と呼ばれるようになっていたほどである。

労働者の食生活の変化が、この劇的な貧困化の証拠である。わずかなラードの残りくずをのぞけば、肉は食卓から消え、ビール、ワイン、塩、オリーブオイルも同じく消えた(Braudel 1973: 127ff; Le Roy Ladurie 1974)。一六世紀から一八世紀にかけて、労働者の日常食は基本的にパンであり、それが家計の主な支出であった。中世後期の特徴であった肉の豊富さと比べると、(規定の食事量の標準をどのように考えても)これは歴史的な後退であった。中世後期当時、「肉の年間消費量は一人当たり一〇〇キロにまで達しており、今日の基準でみても驚くべき量である。一九世紀までにこの数字は二〇キロ未満まで減少した」とペーター・クリートは書いている(Kriedte 1983: 52)。ブローデルも一五五〇年に以下のように評したシュヴァーベン地方のハインリヒ・ミュラーを証人として引き合いに出しながら、「肉食のヨーロッパ」の終焉を指摘している。

（…）過去、農民の家の食事は今とは違った。毎日肉と食料が豊富にあった。村の市と祝祭（祝宴、宴会）のときには食べ物の重みにテーブルが沈んだ。今日、すべてがまったく変わってしまった。何年も、悲惨な時期、高い値段がつづいた！　そして、もっとも困っていない農民の食事でさえ、かつての日雇い労働者や従者よりもさらに悪化しているのだ（Braudel 1973: 130）。

食卓から肉が消えただけでなく、食糧不足が一般化し、凶作のときにはさらに悪化した。穀物の在庫が乏しいため、穀物価格が天井知らずに高騰すると都市居住者は飢えを強いられた（Braudel 1966, Vol.I: 328）。これが一五四〇年代から一五五〇年代にかけて、および一五八〇年代から一五九〇年代の飢饉の際に起こったことであった。ヨーロッパのプロレタリアートの歴史のなかでも最悪に数えられるこの時期、社会的混乱が広がり、魔女裁判記録も増加している。だが、飢饉ではなく通常の時期でも栄養失調は蔓延していたため、食物は地位のしるしとして高い象徴的価値を得た。食物に対する貧民の欲求は極度に強くなり、ラブレーが『ガルガンチュアとパンタグリュエル』で描いたような、パンタグリュエルの飲めや歌えの乱痴気騒ぎの夢の乱痴気騒ぎの夢を生み出した。そしてその欲求は、（イタリア北東部の農民に広まった）自分たちの家畜を食べるために家畜を生み出した。魔女が夜な夜な田舎を歩き回るという悪夢めいた妄想となって貧民にとりついた。

実際のところ、人類を新たな技術と文化の高みにいたらせ、プロメテウスのごとく世界を動かす存在になろうとしていたヨーロッパとは、その住人が決して十分にものを食べたことのない場所であった。食物を手に入れるために貧民は悪魔に魂を売ると信じられたほど、食べ物は強烈な欲望の対象となった。凶作時にはヨーロッパは、農村の人びとはドングリ、野生の植物の根、木の樹皮を常食とし、群衆は嘆きうめきながら田舎をさまよい、「畑で豆をむさぼり食うほどに飢えた」場所ともなった（Le Roy Ladurie 1974）［次頁図］。彼らが町に押し寄せて、穀物の配給を得るか、金持ちの家や穀倉を襲撃しようとすると、対して金持ちは急いで武器を調達し、市の城壁を閉じて飢えた人びとを締め出した（Heller 1986: 56-63）。

資本主義への移行がヨーロッパの労働者にとっては長い飢えの時代のはじまりであったことは——それは植民地化がもたらした景気拡大により幕を閉じることになるともっともらしく言われているが——、一四、一五世紀のプロレタリアートの闘争が「自由」と労働時間の縮小という要求を中心にしていたのに対し、一六、一七世紀においてはパン屋・穀物倉庫の襲撃、地場作物の輸出に対する暴動という形態をとるなど、主に飢えが原動力となった闘争であったことによっても示されている。*45 こうした襲撃に参加した人びとを、当局は「ごくつぶし」「貧民」「卑しいやつら」と呼んだが、その参加者のほとんどはもうこの時分にはその日暮らしのかつかつの生活をするようになっていた熟練工であった。

食糧暴動を引き起こし、それを率いたのはたいてい女性であった。イヴ＝マリー・ベルセが調査した一七世紀フランスの三一の食糧暴動のうち、六件の暴動はもっぱら女性が起こしたもの

ルーカス・ファン・レイデン「放浪者の家族」1520年、版画。

だったという。他の暴動においても、女性の存在は非常に目立っていたため、ベルセはそれらを「女の暴動」と呼ぶ。[*46] シーラ・ローバトムは一八世紀のイングランドを指して、家族の世話人という役割のため、女性はこの種の抗議活動において突出していたのだとこの現象について結論する。だが、男性よりも金銭・雇用の機会を得ることが少なかったせいで安い食物に頼りがちであったため、女性は価格の高騰によりもっともダメージを受ける存在でもあった。従属的な地位にもかかわらず、食物の価格が高騰したときや穀物の備蓄が町から持ち去られようとしているという噂が広まるやいなや女性がすぐさま路上に飛び出したのは、こうした理由による。一六五二年、コルドバで起きた蜂起がこれである。それは「早朝にはじまった（…）餓死した息子の亡骸を抱いたひとりの女性が貧民街の通りを嘆きながら通ったときのことである」(Kamen 1972: 364)。一六四五年にモンペリエでも同じことが起きた。「飢えから子どもを守るために」女性たちが路上に出たのだ（*ibid*., 356）。フランスでは、穀物が横領されているという確信にいたったり、金持ちがもっとも良質のパンを買占め、残りは少量であるか高価なものであるとわかったりすると、女性たちがパン屋に押し寄せた。貧しい女性たちの群衆はパン屋の屋台に集まり、パンを要求し、パン屋が備蓄を隠していたと糾弾した。穀物市場が開かれる広場や輸出用の穀物を積んだ荷馬車が通る道筋、「船頭が布袋を荷積みしているのが見える川岸」でも暴動は勃発した。「反乱者は熊手やこん棒をもって荷馬車を待ち伏せし、（…）男性は荷袋を持ち去り、女性は自分のスカートに入るだけの穀物を集めた」(Bercé 1990: 171-73)。

食物を求める闘争は、近隣の畑や家々での盗み、金持ちの家の襲撃といった他の手段によっても行われた。トロイでは一五二三年に、貧民が金持ちの家を襲撃しようと試みて火をつけたという噂が流れた（Heller 1986: 55-56）。ネーデルラントのマリーヌでは、怒りに燃える農民によって投機家の家に血痕で印がつけられた（Fishcer 1996: 88）。当然のことながら、一六、一七世紀の懲戒手続には「食物にかかわる犯罪」が大きくのしかかっていた。典型的なのは、魔女裁判に「悪魔の宴会」という主題が戻ってきたことであった。いまや焼いたマトン、白パン、ワインを味わうことは、それが「一般庶民」の場合には悪魔の行為だと考えられたことを意味する。だが、貧民が生存のための闘いに用いることのできる主たる武器は、自分自身の飢えた身体であった。凶作時には、放浪者と乞食の群れがその飢えと病気で半死半生の体でより裕福な人びとを取り囲み、腕をつかみ、傷をさらして、汚染と反乱の懸念に絶えずおびえる生活を金持ちに強いたのだった。「通りを歩き、広場で立ち止まると必ず、施しを乞う群衆に囲まれる。それらの人びとの顔には飢えがくっきりと表れ、目は石なしの指輪のようであり、からだは惨めなことに骨と皮だけになっていることに気づくだろう——と、あるヴェネツィア男性は記した」（*ibid.*, 88）。一世紀後のフィレンツェでも同様の光景が広がっていた。「礼拝の間、裸で傷だらけの哀れな人びとにしつこくせがまれるため、ミサを聞くこともできなかった」と、一六五〇年四月、G・バルドゥッチは嘆いた[*47]（Braudel 1966, Vol. II : 734-35）。

労働力の再生産への国家の介入――貧民救済と労働者階級の犯罪化

資本主義的諸関係の拡大に対する闘いの最前線は、食物をめぐる闘争だけではなかった。大衆はいたるところで、これまでの自分たちの生活様式が破壊されることに抵抗した。土地の私有化、慣習上の権利の廃止、新しい税の強制、賃金への依存、そしてつねにそばに軍隊がいること――兵士が住み着くのを防ぐために町の門を閉じようと人びとが殺到したほど忌み嫌われていた――に対して闘った。

フランスでは一五三〇年代から一六七〇年代の間に一〇〇〇件の「エモシオン（蜂起）」が起こったが、その多くは地方全体を巻き込み、軍隊の介入を要した（Goubert 1986: 205）。イギリス、イタリア、スペインでも同様の光景が広がっていた。[*48] それはマルクスが「農村の愚かさ」という注釈で片づけてしまった資本主義以前の村の世界が、他のどの産業プロレタリアートが遂行した闘争よりも高水準の闘争を生み出しえたことを示している。

中世において、移動、放浪、「財産に対する犯罪」の増加は、貧困化と土地からの追い立てに対する抵抗のひとつであった。いたるところに――当局の愚痴を信じるなら――放浪者が徘徊しており、町から町へ移り、国境を超え、干し草の山に眠り、町の門の前に群がっていた――厖大な人びとが自分の町を離れ、一〇年以上も当局の監視を逃れていた。一五四五年、ヴェネツィア

路上で鞭を打たれる浮浪者。

だけでも六〇〇〇人の放浪者が報告された。「スペインの路上は放浪者でごった返し、どの町にも彼らは滞在していた」[*49] (Braudel 1976, Vol II : 740)。こうしたことにおいてはいつも先駆者であるイングランドは、放浪が常習である場合は奴隷化や死刑を命じる、より厳しい放浪者禁止法を制定し、各国もそれにつづいた［上図］。だが、抑圧の効果はなく、一六、一七世紀のヨーロッパの路上は大移動／大混乱と大衝突の場所でありつづけた。迫害から逃げている異端者、除隊した兵士、職を求める熟練職人、その他の同様に職を求める「身分の卑しい人びと」、外国の職人、追い立てにあった農民、娼婦、行商人、コソ泥、プロの乞食が、ヨーロッパの路上を通りすぎた。なによりも、成長しつつあるプロレタリアートの噂話、物語、経験がそれらの道々を通りぬけていった。この頃、犯罪率も急上昇したが、その割合の高さはこれらの人びとが強奪された共有財を取り戻す試みが進行していたためではないかと考えられる。[*50]

今日、資本主義への移行におけるこれらの諸側面は、(少なくともヨーロッパにとって)過去のものか、あるいはより成熟した資本主義の形態によって克服されていく資本主義的発展の「歴史的な前提条件」――マルクスが『経済学批判要綱』で述べたように――のように見えるかもしれない。しかし、こうした現象と現在われわれが直面しているグローバリゼーションの新たな局面の社会的帰結の相似性は、そうではないことを伝えている。貧困化、反乱、そして「犯罪」の急増は、資本主義的蓄積の構造的要素なのである。というのも、資本主義はそれがもつ規則を押しつけるために、労働力をその再生産の手段から分離する必要があるからである。

産業化が進むヨーロッパの諸地域でプロレタリアートの窮乏と反乱のもっとも極端な形態が一九世紀までに消え失せたことは、この主張に対する反証とはならない。プロレタリアートの窮乏と反乱は終わったのではなかった。ただ、最初は奴隷制の制度化を通して、後には植民地支配の拡大を通して、労働者の超過搾取がヨーロッパのプロレタリア階級以外に輸出され適用されていくにしたがって、弱まっただけであった。

この「移行」期は、ヨーロッパでは引きつづき激しい社会的対立の時代であり、一連の資本主義に関する国家介入の段階へといたる。その影響から判断すれば、(a)より規律化された労働力の創出、(b)社会的抗議の分散、(c)労働者に対する労働の強制と拘束、という三つ主要な目的をそれはもっていた。これらを順に検討してみよう。

社会的な規律を追求して、スポーツ、ゲーム、ダンス、エール祭り、祝祭、そしてその他の集団的な儀式を含む、あらゆる集団的な社会的・性的活動の形態——これらは労働者にとって情緒的なつながりと連帯を生み出す源泉であった——に対して攻撃が加えられはじめた。この攻撃はおびただしい数の法案によって正当化され、イングランドでは酒場を規制するためだけに一六〇一年から一六〇六年の間に二五の法案が可決された（Underdown 1985a:47-48）。ピーター・バークは、これを主題とした自著（一九七八年）のなかで、国家によるこの攻撃を「民衆文化」撲滅運動であると述べている。だが、余暇のより生産的な使用を強制しようという試みだけでなく、労働力の再生産もまた脱社会化・脱集団化の危機にさらされた。イングランドでは大内乱（一六四二—四九年）の後まもなくピューリタンが権力を握り、無秩序への恐怖に急かされてプロレタリアートの集いや歓楽をすべて禁止することに精を出すようになると、この過程は頂点に達した。しかし、同じ頃、宗教行列《プロセッション》がそれまで教会の内外で行われていたダンスと歌に取って代わりつつあった非プロテスタントの地域でも、「道徳改革」は同様に強まっていた。プロテスタントの地域では個人と神が直接的な関係を結ぶ制度により、カトリックの地域では告解の導入により、個人の神との関係までもが私有化された。地域社会の中心であった教会自身、熱心な信者向け以外いかなる社会活動をも主催することをやめた。結果として、土地の私有化と共有地《コモンズ》を生垣で囲うことによって遂行された物理的な囲い込みの過程は、労働者の再生産の場が開放耕地から家庭内へ、共同体から家族へ、公共空間（共有地《コモンズ》、教会）から私的空間へ転換する、社会的な囲い込みによって増幅されたのである。[*51]

つづいて、一五三〇年から一五六〇年の間に、少なくとも六〇のヨーロッパの町で、地方行政当局の主導と中央政府の介入の両方によって公的扶助制度が導入された。[*52] その正確な意図についてはいまだ議論が戦かわされている。多くの研究は、公的扶助の導入は社会秩序をゆるがす人道的危機に対応するためのものであったと考えているが、フランスのマルクス主義研究者ヤン・ムーリエ・ブータンの主張するところによれば、その主要な目的はプロレタリアートの「大定着化」、すなわち労働からの逃走を防ぐ試みであったという。[*53]

いずれにしても、公的扶助の導入は、国家における労働者と資本の関係と、そこで国家がもつ機能の定義の転機であった。もっぱら飢えと恐怖という手段によって管理する資本主義システムは維持不可能であると、初めて認識されたのである。それはまた、階級関係の保証人として、そして労働力の再生産と規律を監督する最高責任者として国家を再構築する第一段階でもあった。

この役割の原型は、一四世紀に反封建闘争の全面展開に直面した国家が、地域的に団結し武装し、もはや荘園内の政治経済に対する要求にとどまらなくなってきた労働者階級に対峙できる唯一の仲介者として出現したときに見いだしうる。一三五一年にイギリスで最高賃金を定める労働者条例が制定され、地方領主がもはや請け負えなくなった労働の規制と抑圧を国家が公式に担うようになった。しかし、国家が労働力の「所有権」を主張しはじめ、資本主義的「労働分業」が支配階級内で制度化したのは、まさに公的扶助の導入によってであり、それによって雇用主は、避けがたい危機に対処するためには国家がアメかムチを使って介入するはずだという確信を得て、労働者の再生産におけるいかなる責任をも放棄することができるようになった。この改革によって、社会的再生産の管理にも急激な変化が起こった。それは人口動態記録（人口調査、死亡率・出生率・結婚率の記録）の導入と、社会的諸関係への会計学の適用をもたらした。典型的なのは、リヨン（フランス）の救貧事務所の行政官の仕事である。一六世紀の終わりまでに、行政官らは貧民の数を計算し、子どもおよび成人一人当たりに必要とされる食料の量を見積もり、そして死者の名で扶助を要求する者が出ないように死亡者の記録をつけるようになっていた（Zemon Davis 1968: 244-46）。

この新しい「社会科学」とともに、今日の福祉をめぐる議論に先駆けて、公的扶助についての国際的な議論が発展した。「援助するに値する貧民」と表現された労働できない人びとだけが支援されるべきか、あるいは仕事を得られない「健常な」労働者も同じく支援されるべきか。また、仕事を見つける意欲を削がないようにするためにはどのくらいの額を与えればいいか、もしくはどのくらい少額であるべきか。こうした問いは社会規律という観点からすればきわめて重要であった。公的支援の主要目的は労働者を仕事に就かせることだったからだ。だが、これらの問題についての見解が合意に達することはまれであった。

フアン・ルイス・ビベス[*54]のような人道主義的改革者や豊かな中産階級市民の代弁者が、慈善物資のより自由主義的で集権的な分配の仕方についての経済面・規律面における利点（ただしパンの流通を上回ってはならない）を評価する一方、一部の聖職者は個人による寄付の禁止に強硬に反対した。しかし、組織と意見の違いを超えて、公的支援はかなりのケチさ加減で運営されたため、妥協に劣らず衝突も生じた。（かつてはハンセン病患者とユダヤ人がその対象であった）「不名誉の印」を身に着けなければならないとか、（フランスでは）毎年恒例の聖歌を歌いキャンドルをもって歩く貧民行列への参加といった屈辱的な儀礼が強制されることに、被扶助者たちは憤慨した。また施しがすみやかに行われないときや、自分たちの必要量に見合わない場合にも激しく抗議した。それへの対処として、フランスでは食料が配給されるときや、食料を受け取る代わりに労働が求められるときには、絞首台が立つ町もあった（*ibid.*, 249）。イギリスでは一六世紀以降、公的支援の受給には、被扶助者——子どもも高齢者も——が「救貧院」へ収監されることが条件とされるようになり、被扶助者はそこでさまざまな作業計画の実験体にさせられた。[*55] 結果として、囲い込みと価格革命によりはじまった労働者への攻撃は、一世紀の間に〈労働者階級の犯罪者化〉をもたらした。つまり、新たに建設された救貧院や矯正施設へ収監されるか、法の外で生きる術を探し公然と国家に対立して生きようとする——つねにムチと絞首刑まであと一歩のところだが——厖大なプロレタリアートの形成である。

面倒で厄介な労働力が形成されたと考えれば、これは明らかに失敗であった。一六、一七世紀の政界がもっていた社会的規律という課題に対する絶えざる懸念は、当時の政治家と企業家がこの事実にはっきりと気づいていたことを示している。さらに、恒常的な反乱状態によって引き起こされた社会危機は、主にスペイン領アメリカで起きた劇的な人口減少と植民地経済の縮小によって引き起こされた新たな景気後退により、一六世紀後半にはますます悪化した。

人口減少、経済危機、女性の規律化

アメリカ大陸にコロンブスが上陸してから一世紀もたたないうちに、(アメリカ大陸の森林を「無限の木」と評価した探検家たちの言葉を反復するならば)労働力の無限の供給という植民者の夢は打ちくだかれた。

ヨーロッパ人はアメリカ大陸に死をもたらしてきた。植民地侵略の結果として起こった人口急減の推定は地域によって異なる。だが、研究者はほぼ一致して、その影響を「アメリカン・ホロコースト」とたとえている。デイヴィッド・スタナード(Stannard 1992)によると、征服から一世紀の間に南アメリカ全体で人口が七五〇〇万人減少したが、それは居住人口の九五パーセントを意味した(*ibid.*, 268-305)。アンドレ・グンダー・フランクも「わずか一世紀の間に、先住民の人口は九〇パーセント減少し、メキシコ、ペルー、その他の地域では九五パーセントも減少した」と推定している(Gunder Frank 1978: 43)。メキシコでは、「一五一九年の一一〇〇万から、一五六五年の六五〇万、一六〇〇年の二五〇万人へ」人口は急減した(Wallerstein 1974: 89n)。一五八〇年までに、「アンティル諸島とヌエバ・エスパーニャの低地地方、ペルー、カリブ海沿岸のほとんどの人びとが、(…)スペイン人の残虐さも手伝い(…)病気によって全滅するか追い払われるかした」(Crosby: 1972:38)。そしてまもなくブラジルでさらに多くの人びとが消滅する運命にあった。この「ホロコースト」をインディアンの「獣のごとき」ふるまいに対する神による罰であると、聖職者は正当化した(Williams 1986:138)が、その経済的な結果は無視できなかった。さらに、一五八〇年代までに西ヨーロッパでも人口は減少しはじめ、一七世紀に入ってもそれはつづき、それは人口の三分の一を失ったドイツにおいて頂点に達した。*56

ペスト(一三四五―四八年)をのぞけばこれはかつてない人口危機であり、統計データはそれ自体すさまじいが、それでもわずかに真相を伝えるのみである。死は「貧民」を襲った。ペストや天然痘が町を襲うときに死ぬのはほとんどが職人、日雇い労働者そして放浪者であり、金持ちではなかった(Kamen 1972: 32-33)。遺体が路上に敷きつめられるほど人びとは死に、当局はこれは陰謀であると非難し犯人を見つけだすよう住民たちをそそのかした。しかし、人口減少は出生率の低さと貧民が再生産を怠っていることのせいにもされた。この非難がどこまで正当化されうるかはわからない。というのも、一七世紀以前には人口動態の記録はむらがあり不規則であったからだ。それでも一六世紀末まではあらゆる社会階級で結婚年齢が高くなったことと、同時期に捨て子が増加しはじめたこと――これは新しい現象であった――はわかっている。また、自分が養うことができる人数以上に食べる口を増やすわけにはいかないので若者は結婚せず子どもをつくらないと聖職者たちが説教壇で苦情を訴えたという。

人口危機と経済危機のピークは一六二〇年代から一六三〇年代にかけてであった。ヨーロッパでは植民地と同様に、市場が縮小し、貿易の停止、失業の拡大が見られ、発展途上にある資本主義が崩壊するかもしれない可能性は当面ありえた。それというのも、植民地とヨーロッパの経済的統合が進んで、相互の危機が相乗効果によって急激に加速するにいたったからである。いわゆる「全般的危機」と歴史家が呼んできたものだ（Kamen 1972: 307ff; Fischer 1996: 91）。

このような状況下で労働、人口、富の蓄積、これらの間の諸関係についての問いが政治的議論と戦略の前面に現われ、初期の人口政策と「生権力」体制が生み出された。[*57]「人口稠密（populousness）」と「人口（population）」をしばしば混同したような概念の粗雑な適用や、国家が人口成長を妨げるあらゆる行為を罰するために用いた手段の残虐さにごまかされてはならない。再生産と人口成長が、知的な言説の主要な対象としてだけでなく国家の問題となったのは、（フーコーが論じたように）一八世紀のヨーロッパにおける飢饉の終焉ではなく、一六世紀と一七世紀の人口危機のためであったというのが私の主張である。[*58] さらに、「魔女」の迫害の激化と、国家が生殖を管理し、再生産に関して女性が及ぼす力を破壊するために新たな規律化の手段をこの時期に導入したのも、この危機に端を発しているとを私は考えている。この主張の論拠は状況的なものであり、女性の再生産機能をより厳しく管理するためのヨーロッパの権力構造の決定力の強化に寄与した他の要因についても認識される必要がある。そのなかには、（ブルジョアジーの間に）父権と女性の管理に関しての新たな不安を生みだした富の私有化と経済的諸関係を含めなければならない。同様に、一六、一七世紀の「大魔女狩り《グレート・ウィッチ・ハント》」での重要なテーマであった、魔女が子どもを悪魔の生贄にするという告発には、人口減少についての強迫観念だけでなく、資産家階級がその従属者に対して抱く恐れ――とりわけ召使、物乞い、治療者として雇用者の家に入ることができ害を及ぼす機会を多くもっていた下層階級の女性に対して――があることにも気づく。いずれにせよ、人口が減少しつつあり、経済生活における労働の重要性を力説するイデオロギーが形成されつつあったまさにそのとき、再生産に関する罪を犯した女性を罰するための厳しい懲罰がヨーロッパの法典に導入されたのは、単なる偶然ではありえない。

人口危機の進展と、領土拡張論者の人口理論、人口成長の促進政策の同時進行には十分な裏づけがある。一六世紀半ばまでには、市民の数が国家の豊かさを決定するという考え方がある種の社会的原則となっていた。「私の考えでは、臣民や市民を多く持ちすぎることを恐れてはならない。国家の力は人にあるのだから」と、フランスの政治思想家であり悪魔学の研究者であったジャン・ボダンは記した（Bodin 1577: Book VI）。イタリアの経済学者ジョヴァンニ・ボテーロ（一五三三―一六一七）は、人口と生活手段の間のバランスの必要性を認識し、より洗練されたアプローチをとったが、それでも「都市の偉大さは、その物質的な大きさや城壁の周囲ではなく、もっぱら住民の数によって決まる」と主張した。「王の強さと富は、その市民の数と豊かさにある」というヘンリー四世の言葉は、当時の人口統計学の思想を集約している。

プロテスタント宗教改革の綱領においても、人口成長への関心はみられる。伝統的なキリスト教の純潔称揚を却下した改革者たちは、結婚、性行動に価値を置き、その再生産能力によって女性も評価した。ルターは、「どんな弱点をもとうとも、それらすべてを打ち消してしまうひとつの美点をも女性はもっている。女性は子宮をもち、出産することができる」と評価し、女性は「人類の増加をもたらすために必要とされる」と認めた（King 1991: 115）。

人口規模の大きさを国家の繁栄と力の秘訣と考える重商主義が現れ、人口成長への支持は頂点に達した。国富は労働者の人数と、労働者が得られる金の量に比例すると規定したため、重商主義はしばしば、主流派の経済学者からは粗雑な思想体系であると退けられてきた。たいていの経済学者は資本主義は強制ではなく自由を発展させるという幻想を維持したかったため、労働力を渇望する重商主義者が人びとを働かせるために用いた残酷な手段は不評を招いた。「貧困の活用」を主張し、「怠惰」は社会的疫病であると絶えず力説しながら、救貧院を発案し、浮浪者を捕らえ、アメリカの植民地に罪人を「輸送」し、奴隷貿易に投資したのは重商主義者階級であった。重商主義者の理論と実践のなかに、本源的蓄積の必要条件のもっとも直接的な表現や、明白に労働力の再生産という問題に向けられた最初の資本主義的政策があることは、これまで認識されてこなかった。ここまで見てきたように、年齢や状態にかかわらず、一人ひとりから最大限の労働を搾りとるためにあらゆる手段を用いる全体主義的体制を課すところに、この政策の「内包的」側面がある。しかしそれは、人口規模を拡大し、それによって軍隊および労働力の規模をも拡大しようとする「外延的」側面も有していた。

「一七世紀後半、重商主義がもっとも盛んだった時期、人口を増やしたいというほとんど狂信的な欲望はあらゆる国々に蔓延した」と、エリ・ヘクシャーは記している（Hecksher 1965: 158）。それにともない、人間を単なる原材料、すなわち国家のために働く者と、国家のために養育する者のように考える、人間についての新たな概念が定着していった（Spengler 1965: 8）。だが、重商主義理論の全盛期以前にも、フランスとイギリスでは国家によって出生率上昇を促進する一連の対策が講じられ、それは公的救済と組み合わせられて資本主義的再生産政策の萌芽を形づくった。結婚を奨励し、独身者には罰を与える法律が可決されたが、これは後期ローマ帝国が同じ目的のために採用した法律がモデルとされた。財産の移転と労働力の再生産を提供する主要な制度として、家族に新たな重要性が与えられた。同時に、人口動態の記録と、性行動・生殖・家庭生活の監視という国家介入もはじまっていた。*59

しかし、望ましい人口比率を復元するために国家がとった主な戦略とは、女性に対してまさしく真の戦争をけしかけることであり、それは明らかに、それまで女性が自分の身体と再生産に及ぼしていた自己管理能力を破壊することを意図していた。本書で後に触れるように、この戦争は主に魔女狩りを通して遂行された。子どもを悪魔の生贄にしていると女性を告発する一方で、産児制限や出産を目的としない性行為であれば何でも文字通りに悪魔化したのである。だが、それは再生産の罪を構成するものの再定義にもかかわっていた。こうして、ポルトガルの船がアフリカから最初の人間の積荷を載せて戻ろうとしていた一六世紀半ば以降、ヨーロッパのすべての政府は、避妊、堕胎、嬰児殺に対してもっとも苛酷な刑罰を導入しはじめた。

なかでも嬰児殺は、中世においては、少なくとも貧しい女性の場合であればいくらか寛大な扱われ方をされていたが、いまや死刑に値する犯罪となり、男性の主な犯罪よりも厳しく罰せられた。

一六世紀のニュルンベルクでは、母親による嬰児殺しへの刑罰は水死であった。一五八〇年、この年は、嬰児殺しの有罪判決を受けた三人の女性の切断された頭部が処刑台に打ちつけられ、公衆の目にさらされた。刑罰は断頭に変えられたのだ[*60]（King 1991: 10）。

妊娠した女性が妊娠状態を途絶しないようにするための新しい監視形態も採用された。フランスでは、一五五六年の勅令によって女性は自分の妊娠をすべて報告することが求められ、隠れて出産してから洗礼を受ける前に嬰児が死んでしまった場合、悪事が証明されようがされまいが死刑を宣告された。同様の法律がイングランドとスコットランドで一六二四年と一六九〇年に通過した。未婚の母親を監視し、そうした母親へのあらゆる援助を阻むためのスパイ網もつくられた。世間の監視の目から逃れてしまう懸念から、未婚の妊娠女性を泊めることさえ違法となった。またそうした女性に力を貸した人は世間の非難にさらされた（Wiesner 1993:51-52; Ozment 1983: 43）。

結果として、厖大な数の女性が起訴されるようになり、一六、一七世紀のヨーロッパでは、やはり子どもの殺害や他の再生産にかかわる規範の違反に焦点を置いた魔術の告訴をのぞけば、嬰児殺の罪により処刑される女性がもっとも多かった。嬰児殺と魔術の場合、女性の法的責任を制限してきた法令が解除されたことは意味深長である。すなわち、魔女である罪と子ども殺人の罪で起訴されてはじめて、女性は法的に成人として自分自身の名で法廷内を歩けたのである。また、この時代の産婆に対する嫌疑も、産婆が医療に不適任だと考えられたからというより、嬰児殺への懸念に発するものであった。そして、それは男性医師が分娩室に入ることにつながった。

産婆の周縁化とともに、生殖に関して女性が行使してきた管理能力が奪われていく過程がはじまった。女性は分娩に際して受動的な役割を果たすだけになる一方、男性医師が真の「生命の与え手」とみなされはじめた（ルネッサンスの魔術師たちの、錬金術の夢と同様に）。また、この転換により、緊急時には母親よりも胎児の命を優先させるという、新たな医療行為が普及した。これは、女性が管理していた慣習的な出産の過程とは対照的であった。実際これによって、これから母親になる女性のベッドの周囲に集っていた女性の共同体がまず分娩室から追い出され、産婆は医師の監視下に置かれるか、女性警官として採用された。

フランスとドイツでは、助産の仕事をつづけたければ産婆は国家のスパイにならなければいけなかった。産婆はあらゆる出産を報告し、非嫡出子の父親を発見し、ひそかに産んだと疑われる母親を調べるよう求められた。教会の階段で捨て子が見つかったときには、授乳の徴候のある地域住民の女性を調べなければならなかった（Wiesner 1933: 52）。同種の協力は近親者や隣人たちにも求められた。プロテスタント諸国や諸都市では、地域住民は近隣の女性を偵察し、性に関することなら何でも——夫が留守の間に他の男性を受け入れたり、男性と一緒に家のなかに入り戸を閉めたり——報告することになっていた（Ozment 1983: 42-44）。ドイツでは出産奨励主義が、女性が分娩時に十分に努力しなかった場合や、子にあまり興味を示さない場合は罰せられるという十字軍めいた局面にまで達していた（Rublack 1996: 2）。

以後二世紀にわたってつづいたこうした諸政策の結果は、女性の出産への隷属であった（ヨーロッパでは一八世紀末になっても嬰児殺を理由に女性が処刑されていた）。中世には女性はさまざまな避妊方法を用いることができ、出産過程を文句なく自分で管理できたが、以降、女性の子宮は公的領域となり、男性および国家によって支配され、出産は資本主義的蓄積にとって役立つものとして位置づけられた。

この意味では、本源的蓄積の時代に生きた西洋の女性の運命は、とくに一八〇七年の奴隷貿易禁止以降、主人によって新しい労働者の養育者となることを強いられたアメリカ植民地のプランテーションの女性奴隷のそれと似ていた。両者の比較はきわめて限定的なものであることは言うまでもない。ヨーロッパ人女性はおおっぴらに性暴力を受けることはなかった——たとえプロレタリア女性は、強姦されても加害者は何ら罰せられることなく、むしろ自分自身が罰を受けることがあったとしても——。自分の子どもを奪われ競売にかけられるのを目の当たりにする苦しみにさいなまされることもなかった。ヨーロッパ人女性も出産を強制されたが、そこから発する経済的利益は、もっと巧妙に隠蔽されていた。この意味で、資本主義的蓄積の真実と論理をもっともはっきり示すのは、奴隷化された女性の状況である。しかし、種々の差異にもかかわらず、ヨーロッパ人女性と奴隷女性のどちらの場合も、その身体は労働者の再生産と労働力の拡大のための道具に変えられ、女性自身による管理とは異なるリズムにしたがって機能する、天然の繁殖機械として扱われたのだ。

マルクスの分析には本源的蓄積のこの局面が欠けている。『共産主義宣言』〔邦訳『共産党宣言』〕のなかのブルジョア家庭における女性の扱われ方――家の財産の移転を請け負う相続人の生産者――についての記述をのぞいて、マルクスは生殖が搾取の領域となりうること、そして同様にそれが抵抗の領域にもなりうることを決して認識しなかった。女性が再生産を拒否し、そうした拒否が階級闘争の一部となりえることなど想像したことがなかったのだ。『経済学批判要綱』（Marx 1857-58＝1973: 100）のなかでマルクスは、資本主義的発展は人口にかかわりなく進展すると論じている。なぜなら、労働の生産性のおかげで、資本が恒常的に搾取する労働は、「不変資本」（すなわち機械や他の生産のための資産に投資される資本）に対して絶えず減少し、結果として「過剰人口」がもたらされることは決定的であるから、というわけだ。だが、「資本主義的生産様式に特有の人口法則」（Marx 1867＝1909: 689ff）とマルクスが定義するこの原動力は、出産が純粋に生物学的な過程であるか、経済的変化に対し自動的に対応する活動である場合、そして資本と国家が「女性が子づくりにたいしてストライキを起こす」ことを心配しなくて

アルブレヒト・デューラー「聖母の誕生」1502-03年［部分］より。子供の誕生は女性の生涯にとって主要な出来事のひとつであり、女性の協同が勝利を収める出来事であった。

医療の男性化が、病気の男性のベッドから女性治療者を押しのける天使を描くこのイギリスのデザイン画に表されている。横断幕の文章は女性治癒者の無能さを非難している。

もよい場合に限り、一般化できる。実際、マルクスはそう想定していた。資本主義の発展には人口増加がともなっていたことをマルクスは認め、その原因について議論することもあった。しかし、アダム・スミスと同様、この増加を経済的発展による「自然効果」とみなし、『資本論』第一巻では「過剰人口」の決定と人口の「自然増加」の比較をくりかえし行っている。なぜ生殖は、さまざまな利害と力関係に取り囲まれ歴史的に決定されてきた社会的な活動というよりは、むしろ「自然の事実」であるはずだと考えられるのか、これが、マルクスが問わなかったことである。マルクスは、子どもをつくること——ジェンダー的に中立で、区別のない過程としてマルクスは捉えた——について、男性と女性が異なる関心をもっていたかもしれないと想像することもなかった。

現実には、出産と人口変動は自動的あるいは「自然的」であることからはほど遠く、資本主義発展のあらゆる局面において、労働力を拡大あるいは縮小するために国家は規制と抑圧という手段に訴えなければならなかった。とりわけ労働者の筋肉と骨が主たる生産手段であった資本主義の開始段階にはそうであった。だが、その後も——現在にいたるまで——国家は、再生産の管理と、どの子どもがいつ、どこで、何人生まれるべきか決定する権利を女性の手から奪い取ることに骨身を惜しまなかった。その結果として、女性はたいてい自分の意思に反して出産することを強いられ、自分の身体、労働、さらに自分の子どもからも、他のどの労働者が経験したよりも深く疎外されるようになった（Martin 1987: 19-21）。実際、望まない妊娠の場合のように、身体が自分に逆らうことを経験した女性の苦悶と絶望を表すことは誰にもできないだろう。これは、婚外妊娠が罰せられるときや、子をもつことにより女性が社会的排除や死をも招く状況に陥りやすくなるときに、とりわけ真実である。

女性労働の価値の切り下げ

女性による出産の管理が犯罪とされるようになったことは、女性に対する影響という点からも、労働の資本主義的な構成に及ぼす結果という点からも、その重大さをいくら強調しても足りない現象である。資料が裏づけるように、中世を通して女性は多くの避妊手段を有していた。それは主に飲み薬と「ペッサリー」（膣坐薬）の生成に使われるハーブであり、月経を早めたり、流産を引き起こしたり、不妊状態をつくったりすることに使われた。『イヴのハーブ――西洋の避妊の歴史』（Riddle 1999）で、アメリカの歴史家ジョン・リドルは、もっともよく使用された原料や期待された効能、起こると考えられた効果についての豊富な目録を与えてくれた。[*61] 避妊の犯罪化は、こうした避妊についての代々受け継がれてきた知識を女性たちから奪った――そうした知識は出産に関するある種の自治を女性たちに与えていた。場合によっては、この知識は目につかないところへ追いやられただけで失われてはいなかったこともあったが、産児調節が再び社会の表舞台に現れたときには、もはや避妊の方法は女性が使えるようなものではなく、もっぱら男性が使用するために生み出された。この転換がもたらした人口統計上の結果については、それに関するリドルの研究を紹介するにとどめ、差し当たり追求しない。ここで強調したいことは、女性による自己の身体の管理を否定することで、それ以前の社会には存在しなかった未知の方法で女性を再生産労働に閉じ込めたことに加え、国家は女性から身体と精神の統合のためのもっとも基礎的条件を奪い、母性を強制労働の地位にまで格下げしたということである。それでもなお、女性をその意思に反して出産させたり、(一九七〇年代のフェミニストの歌にあったように)「国家のために子どもをつくる」[*62]よう強いたりするのは、新たな性別分業における女性の役割の一部を定義しているにすぎなかった。その補完的な局面は女性を非‐労働者と規定することにあった。フェミニスト歴史家の多くの研究によれば、この過程は、一七世紀の終わりまでにはほぼ完了していた。

この時期までに、女性はエール醸造や助産といったそれまで女性の特権であった仕事まで奪われつつあり、そこでの就労には新たな制限が設けられた。とくにプロレタリア女性は、家事使用人(女性の労働力の三分の一を占めた)、農場労働、糸紡ぎ、編み物、刺繍、行商、乳母といった、もっとも低い地位にある仕事以外に職を得ることが難しかった。女性は外で働いてはならず、夫の助けになるときだけ「生産」にたずさわるべきだという考えが(法、納税記録、ギルドのしきたりのなかで)広まりつつあったということは、(とりわけ)メリー・ウィーズナーの研究が伝えるところである。女性が家のなかでする仕事はどれも「非‐労働」であり、市場のためになされた場合であっても価値がないものとする議論もあった（Wiesner 1993: 83ff）。したがって、女性が縫物をすれば、それが家族のためでない場合であっても「家事労働」か「家政」とみなされる一方で、男性が同じことをすれば、それは「生産的」であると考えられた。女性（とくに寡婦）が家で行う生産については、それが本物の仕事とはいえないために、そして公的救済を受けるところまで落ちぶれないよう女性がそれを必要としていたために、市行政がギルドに対して大目にみるよう命じるほど女性労働の地位は貶められていた。女性はこの嘘を受忍し、仕事を求めるときに、生活のために必要だと弁解し謝罪するほどであったとウィーズナーは付け加える（*ibid.*, 84-85）。まもなく、女性の労働は家のなかでされたものであれば何でも「家事」と定義され、家の外でなされた場合であっても男性より支払いは劣り、その賃金では女性は生活できなかった。いまや結婚こそが女性の真の仕事であるように考えられ、女性が独立して生活することができないのは当然のことだと考えられるようになったため、女性が一人で村に住もうとすると、たとえ賃金を稼いでいたとしても追い出されてしまった。

土地からの追い立てと相まって、こうした賃金労働に就けない状況によって、娼婦の大衆化がもたらされた。ル・ロワ・ラデュリが伝えるようにフランスでは、娼婦の増加がいたるところで見られた［次頁図］。

アヴィニョンからナルボンヌ、バルセロナまで、「遊び女」が都市の城門、売春街の通り、橋

娼婦と兵士。従軍者として娼婦はしばしば兵士や他のプロレタリアにとって妻の役割を担い、性的サービスを提供するほかに男性のために洗濯・料理をした。

客を招く娼婦。土地の私有化と農業の商品化（商業化）が多くの農民女性を土地から追い出した結果、娼婦は膨大に増加した。

の上に陣取っていた（…）一五九四年までには「恥ずべき取引」はかつてないほど繁栄した(Le Roy Ladurie 1974:112-13)。

イギリス、スペインでも状況は似たようなもので、都市では毎日、貧しい女性、そして熟練工の妻までもが地方から到着し、この仕事で家の収入をかき集めた。マドリードでは一六三一年に、いまや多くの浮浪女性が街の通りや路地、酒場をうろつき、男性と罪を犯すために誘惑していると訴える布告が当局によって出された。だが、多くの女性にとって売春が生活のための主要な形態となるやいなや、それに対する制度的な対応も変化した。中世後期には、売春は必要悪として公的に容認されており、娼婦はその高賃金体制から恩恵を受けていたが、一六世紀にはそうした状況は逆転した。プロテスタント革命と魔女狩りの進行を特徴とする激しい女性嫌悪《ミソジニー》の風潮のなかで、何よりもまず売春が新たな規制の対象とされ、そして犯罪化されたのだ。一五三〇年から一五六〇年の間、いたるところで町の売春宿は閉ざされ、娼婦、なかでも街娼は苛酷な罰――追放、鞭打ち、その他の残虐なせっかん――を与えられた。とりわけ残酷なのは「水責め椅子」もしくは投水刑《アカブサーデ》――「ちょっとした残酷劇」とニッキー・ロバーツは表した――である（次頁図）。犠牲者はその椅子に縛りつけられ、ときにはかごに入れられて、ほぼ溺死状態になるまで何度も川や池のなかに沈められた(Roberts 1992: 115-16)。一方、一六世紀フランスでは、娼婦の強姦は犯罪ではなくなった。[*63] 同様にマドリードでも、女性放浪者と娼婦は路上や町中のポーチの下に

投水刑《アカブサーデ》の拷問にさらされる娼婦。「彼女は川に何度も沈められ、その後投獄されたまま生涯を終えた」。

とどまったり寝たりすることを禁じられ、捕えられた際は一〇〇回の鞭打ちとされ、頭髪とまゆげを剃り落されることに加えて、六年間はその町に入ることを禁じられた。

女性労働者に対するこの激しい攻撃をどのように説明できようか。また、社会的に認知された労働と貨幣関係から女性労働者を締め出すことは、母性の強要と当時の魔女狩りの大衆化とどのようにつながっているのだろうか。

その答えは、女性の資本主義的規律化から四世紀を経た現代の観点からこれらの現象を見れば、おのずから明らかであるとも言えよう。女性の賃労働、家事労働、そして（有償の）性労働はいまだにもっぱら個別に研究されることが多いが、いまや私たちは、女性が賃金労働者としてこうむってきた差別は、家庭内で担わされてきた不払い労働者という役割に直接起因するということを理解できるよりよい位置にいる。したがって、売春の禁止、そして組織化された職場からの女性の締め出しを、主婦の誕生、そして労働力再生産の中心地点としての家族の再構成に関連づけることができる。とはいえ、理論的・政治的な観点からすれば、こうした女性の地位低下がどのような状況のもとで可能となったのか、そしてどのような社会的勢力がそれを推進し、もしくはそれに加勢したのかということが根本的な問題である。

ここでの答えとしては、女性の労働の価値切り下げに影響を及ぼした重要な要因は、職人たちが女性を職場から排除する組織的活動であったといえる。これは、商人資本家が経費の安い女性を雇おうとするのに対抗して、職人たちが自分たちを守るために開始したとみられる。職人たち

「半ズボンをめぐる戦い」のように、性的ヒエラルキーに盾突き、夫を殴る傲慢な妻のイメージは、16、17世紀の社会文学で好まれた対象であった。

のこの活動については豊富な証拠が残っている。[64] イタリアやフランス、ドイツでも、熟練職人《ジャーニーマン》は権力者に対して女性が自分たちと競争することができないようにしてくれと嘆願し、集団内に女性がいることを禁じ、それが守られなかった際にはストライキを行い、さらには女性と一緒に働く男性と働くことをも拒否した。また、熟練工も女性を家内労働に閉じ込めることに関心があったようである。というのも、その経済的困窮を考えれば、「妻による賢明な世帯経営」が、破産をくい止め、独立した工房を維持するために欠かせない条件となってきたからである。シグリッド・ブラウナーはドイツの熟練工がこの社会規則に同意したことの重要性について述べている（Brauner 1995: 96-97）。女性はこの猛攻撃に抵抗しようとしたが、男性たちによる脅迫的な策略に直面し、それはかなわなかった。家から出て公共の場や市場で働こうとする女性は、性的に積極的で気性が激しいとか、「売女」、「魔女」のように表わされた[65]（Howell 1986: 182-83）。実際、一五世紀末までにヨーロッパの諸都市で高まっていた女性嫌悪《ミソジニー》の傾向——大衆文学のなかで、夫を殴ったり背にまたがったりする姿で描かれた「半ズボンをめぐる戦い」（前頁図）や反抗的な妻のキャラクターといったものに対する男性の脅迫観念に反映している——は、仕事場や市場から女性を排除しようとする（自滅的な）企てからもはじまっているという証拠がある。

他方で、この企ては当局の協力がなければ成功しなかったことも明らかだ。だが、権力者たちは明らかにそうすることにメリットがあると知っていた。それというのも、反抗的な熟練職人《ジャーニーマン》をなだめられるのに加え、女性のかわりに熟練工を雇い入れることで、女性を再生産労働に固定し、家内工業で低賃金労働者として利用するために必要な基盤がもたらされたからである。

女性——新たなコモンズ、失われた土地の代用品

新たな性別分業、もしくはキャロル・ペイトマンが言うところのより好ましい「性の契約」(Pateman 1998) が築かれたのは、継続的な土地の私有化に加え、この同業組合と都市当局の同盟によるものであった。それは母、妻、娘、未亡人といった言葉で女性を定義しながら、女性の身体、その労働、そしてその子どもの身体と労働を自由にすることができる権限を男性に与えた。[*66]

この新たな社会的‐性的契約に従って、プロレタリア女性は男性労働者にとって、囲い込みによって失われた土地の代用品となった——それは、最も基本的な再生産手段であり、だれもが意のままに利用できるものであった。「本源的蓄積」の残響は、一六世紀に自分を卑しめるときに「共有の女性《コモン・ウォメン》」(Karras 1989) という言葉を使ったことにも聴きとることができる。しかし、労働の新たな編成においては、(ブルジョアジー男性に私有化された女性をのぞく) あらゆる女性が共有財産となった。それというのも、ひとたび女性の活動が非‐労働であると定義されるや、女性の労働は空気や水と同じくらい誰もが使用可能な天然資源に見えるようになったからである。[*67]

これは、女性にとって歴史的に重大な敗北であった。同業組合からの排除と再生産労働の価値切り下げにより、貧困は女性化し、男性による女性労働の「第一次領有」を強化するために、女

性を二重の依存、すなわち雇用者と男性への依存状態に陥らせることによって、新たな家父長制体制が築かれた。女性と男性の間の不平等な力関係——差別的な性別分業がそうであったように——が資本主義の誕生以前から存在していたという事実は、この見解の信頼性を損なうものではない。資本主義以前のヨーロッパでは、女性の男性への従属は、共有地《コモンズ》や他の共有資源を利用する権利を女性がもっていたことにより軽減されていたからだ。だが新しい資本主義体制では、女性の労働は市場関係の領域の外側におかれ、天然資源とみなされたために、女性自身がコモンズとなってしまった。

賃金の家父長制

この文脈で重要なのは、この時期、公共の領域から切り離され労働力の再生産のための中心的な場として近代的な意味を有するようになりつつあった家庭内における変化である。市場の対として、社会的領域の私有化の手段、とくに資本主義的規律と家父長制支配を増殖させる手段である家族は、女性の労働を領有し隠蔽するためのもっとも重要な制度として本源的蓄積の時期に現れた。

このことは、とりわけ労働者階級の家族に目を向けると明らかである。労働者階級はいまだ研究途上にある対象である。従来の議論は資産家の家族を特権的に扱ってきたが、それは資産家の家族が当時の親子関係・夫婦関係の支配的形態であり、模範であったともっともらしく言われてきたからだ。また、労働の場としてよりも政治的制度としての家族に対しての関心の方が高かった。それにより、新しいブルジョア家族のなかでは、夫が国家の代理人となり、「被支配階級」――一六、一七世紀の政治理論家（たとえばジャン・ボダン）はブルジョア男性の妻と子どもをもそこに含めた――を統制し監督する責任を負うようになったということが強調されてきたのである（Schochet 1975）。家族は小国家、もしくは小教会と認識され、権力は、独身労働者は主人の屋根と支配下で生活せよと要求した。また、ブルジョア家族のなかでは女性は力をほとんど奪われ、概して家業から締め出され、家庭の監督にその活動の場を限定されたということも指摘されている。

だが、このイメージに欠けているのは、上流階級では夫に妻と子どもに対して行使できる権力を与えたのは資産であったが、労働者階級の男性に女性に対する同様の力をさずけたのは賃金からの女性の排除という手段であったという認識である。

この傾向の典型的事例は、家内工業制度における家内労働者の家族であった。結婚や家族形成を避けるどころか、男性家内労働者はそれらに頼っていた。それというのも、妻は夫の身体的・生理的欲求の世話をし、幼いときから機織りや何らかの補助的な仕事に雇われる子どもをもたらすかたわら、商人のためにする仕事をともにすることで夫を「助ける」ことができたからだ。したがって、どうやら人口減少の時期でさえ、家内労働者の人数は増加していた様子である。一七世紀当時のあるオーストリア人は、自分の村に住む家内労働者について、屋根の垂木に住むスズメのように家に詰め込まれていると表している。この種の取り合わせで目立つのは、妻も夫のかたわらで働き、市場のために生産しているにもかかわらず、その賃金を受け取るのは夫であるということである。このことは、既婚の女性労働者についてもいえることであった。イングランドでは、それが看護や授乳といった仕事であっても「結婚した男性は、法的にその妻の収入を得る権利を有した」。よって、ある行政区がこの種の仕事のために女性を雇っても、男性の名義で支払いが登録され、記録においては「労働者としての（女性の）実態は隠されることが多かった」。「支払いが夫に対してされるか、あるいは妻に対してされるかどうかは、事務官の気まぐれによるものだった」（Mendelson and Crawford 1998: 27）。

この政策により女性は自分自身のお金をもつことができなくなり、男性への女性の従属と男性労働者による女性の労働の領有の具体的条件がつくられた。本節の「賃金の家父長制」とは、このような意味である。また、「賃金奴隷」という概念についても再考してみる必要がある。新たな賃金労働体制の下で男性労働者は形式的にのみ解放されたということが真実ならば、資本主義への移行においてもっとも奴隷状態に近づいた労働者集団とは労働者階級の女性であった。[*68]

それと同時に――賃労働者の惨憺たる生活状況を考えれば――女性が家族を再生産するために行う家事労働にはどうしても限界があった。結婚していようがいなかろうが、プロレタリア女性は複数の仕事に就くことでいくらかの金を稼ぐ必要があったのだ。さらに、家事労働はいくらかの再生産のための資本を必要とした——家具、台所用品、衣類、そして食料のためのお金である。しかし、賃金労働者の生活は貧しく、「昼も夜もあくせく働く」（一五二四年、ニュルンベルク出身の職人が訴えたように）日々であり、かろうじて飢えを防ぎ妻と子どもを養うだけで精一杯であった（Brauner 1995: 96）。屋根のある家はほとんどなく、別の家族や動物も住まうあばら屋で暮らし、まったく不衛生で（多少暮らし向きのよい家でさえ、そんなありさまだった）、衣服はぼろぼろで、日常食はよくてもパン、チーズ、いくらかの野菜であった。それゆえに、この時期の労働者階級には、フルタイムの主婦の典型的モデルをみつけることはできない。はじめにイングランドで、後にはアメリカ合衆国で、フルタイム主婦の不払い労働を軸とした「近代家族」が労働者階級で一般化するようになるのは、ようやく一九世紀に入って——産業労働に対する労働者たちの最初の一連の激しい闘争に応じて——のことであった。

（女性と児童を工場で雇うことを禁じた工場法の成立につづき）「近代家族の一般化」の進展は、資本家階級による、労働力の量的拡大のための投資を上回る、労働力の再生産に対する長期投資を反映していた。それは、蜂起の脅威のもとでなされた取引だった。取引されたのは、労働者側にとっては「働いていない」妻を養うことが可能なより高い賃金であり、資本家側にとってはより高い搾取率であった。マルクスはこれを、「絶対的余剰」から「相対的余剰」への移行、つまり、労働時間を最大限に拡大し賃金を最小限に削減することにもとづいた搾取のタイプから、労働による生産性の増強と生産速度の加速化によって埋め合わされるより高い賃金とより短い労働時間にもとづいた体制への移行であると述べた。これは資本家にとってはかねてからの賃金抑制の努力を踏みにじられる社会革命であった。この変化も賃金からの女性の排除――産業革命の早い段階で女性の雇用は途絶えた――にもとづく、労働者と雇用者の間の新たな協定の結果であった。また、それは二世紀にわたる奴隷労働の産物であり、まもなく植民地拡大の新段階に進むことになる、新しい資本主義的な豊かさのしるしであった。

一六、一七世紀においては、人口規模と「低収入労働者《ワーキング・プアー》」の数に対する偏狂的な関心にもかかわらず、対照的に労働力の再生産に対する実質的な投資は極端に少なかった。結果として、プロレタリア女性が行う再生産労働の大半はその家族のためではなく、雇用者の家族や市場のためであった。イングランド、スペイン、フランス、イタリアでは、平均して女性人口の三分の一がメイドとして働いていた。こうして、プロレタリア階級では結婚の延期、家族の崩壊がよくみられるようになった（一六世紀イングランドの村落では毎年五〇パーセントの労働移動率があった）。貧しい者はやがてその子どもが公的救済の重荷になることが懸念されるときには結婚を禁じられることさえあったが、この懸念が現実となった場合は、子どもはその家族から引き離され、働かせるために教区へ預けられた。ヨーロッパの農村人口の三分の一かそれ以上が独身のままであったと推定されており、町になるとその割合はさらに高くなる。とくに女性がそうであり、ドイツでは四〇パーセントが「未婚女性」もしくは寡婦であった（Ozment 1983: 41-42）。

それにもかかわらず――プロレタリア女性が行う家事労働は最小限まで切り縮められ、彼女たちはつねに市場のために働いていたとはいえ――移行期の労働者階級の共同体内に、資本主義的な労働編成の特徴となる性別分業がすでに生まれていたことがわかる。その中心には、女性がする仕事と男性がする仕事がより多様化し、何よりもそれらが異なる社会的諸関係の媒介物となったことによる、男性労働と女性労働の間の差別化の強化があった。

窮乏化し無力化しても、それでも男性賃金労働者は妻の労働と賃金から恩恵を受けることができ、あるいは娼婦のサービスを買うことができた。プロレタリア化の最初の段階で、男性労働者のために性的な奉仕に加え、料理、洗濯をし、妻の役割を担ったのは娼婦であった。そのうえ、娼婦の犯罪化――女性を罰することはあっても顧客の男性に手をかけることはほとんどなかった――は、男性により力を与えた。いまやどんな男性でも、女性に対し、お前は娼婦だと宣言したり、男の性欲に屈した女であると公表したりするだけで、その女性を破滅させることができた。女性のほうは自分の名誉（女性に残された唯一の財産）を奪わないでくれと男性に懇願しなければならなくなった（Cavallo and Cerutti 1980: 346ff）。自分たちの命はいまや（封建領主のように）生殺与奪を握る権力をつかさどる男性の手中にあると考えたからであった。[*69]

女性の調教、女らしさと男らしさの再定義
――ヨーロッパにおける未開人としての女

よって、女性の反抗や、女性を「飼い慣らす」方法が「移行期」における文学と社会政策の主

要なテーマだったということは、こうした女性の労働とその社会的地位の価値切り下げを考えると驚くに値しない[*70]（Underdown 1985a: 116-36）。社会的価値の切り下げという激しい過程にさらされることがなければ、女性は労働者として完全に地位を貶められることもなかっただろうし、男性からの独立性を奪われることもなかっただろう。実際、一六、一七世紀を通して、女性は社会生活のあらゆる領域から後退していった。

この点できわめて重要な変化があった領域は法律である。この時期、女性の権利は法的に徐々に蝕まれていったことがみてとれる。[*71]女性が失った重要な権利とは、「独立女性」として独りで経済活動を営む法的権利であった。フランスでは、女性は法的に「低能者」であると断言され、契約する権利や法廷で自分を弁明する権利を失った。イタリアでは、女性が自分に対してなされた虐待を訴えるために法廷に現われる機会が減少した。ドイツでは、中産階級の女性は寡婦になると、その女性の行動を監督するための後見人を任命されることが慣習となった。また、ドイツの女性は一人で、あるいは他の女性とともに生活をすることが禁じられ、貧しい者の場合は自分の家族とさえも許されなかった。女性は適切に管理されえないと考えられたからである。つまり、経済的・社会的価値の切り下げとともに、女性は法的に幼児化される過程にさらされたのである。

女性が社会的な力を失ったことは、空間の新たな性的差異化によっても表れた。地中海諸国では、女性は多くの賃金労働からだけでなく、路上からも追い払われた。そこでは同伴者のいない女性は嘲られるか、性的暴力にさらされる危険があった（Davis 1998）。イングランド（イタリアからの訪問者のなかには「女性の天国」と見る者もいた）でも、公共の場に女性が現れることは世間のひんしゅくを買うようになった。イングランドの女性は家の前に腰かけていることや窓際にいることをとがめられ、同性の友人と時間を過ごすことさえ自粛するよう指図された（この時期、「ゴシップ」――女ともだち――という言葉は、さげすみの意味合いをもちはじめた）。結婚後はそれほど頻繁に自分の家族に会いに行かないことが推奨されさえした。

新たな性別分業がどのように男性‐女性間の関係をつくり直したかについては、学術的研究から大衆文学まで幅広く展開された、女性が生まれながらにもつ美徳と悪徳についての議論からうかがえる。その最たるものが、資本主義への移行期において、ジェンダー関係をイデオロギー的に再定義するものである。「女性問題」［一五世紀にフランスではじまった、社会における女性の役割に関する議論］といった初期のものからわかるように、この議論に示されているのはこのテーマについての新しい好奇心であり、古い規範は崩壊しつつあること、そして性にまつわる政治の基本的な要素が再編成されつつあることが一般に気づかれつつあったことである。この議論のなかにはふたつの傾向を見ることができる。一方では、女性と男性の間の差異を極大化し、より女らしく、より男らしいプロトタイプをつくりだす新しい文化的規範が形成された（Fortunati 1984）。他方では、女性は本質的に男性より劣っており――過剰に感情的で好色であり、自分をコントロールすることができない――、男性の支配下におかねばならないという認識が確立したことである。魔術の糾弾と同じく、この問題については宗教的・学術的な境界は存在せず意見が一致していた。説教壇から、もしくは書き物のなかから、人道主義者、プロテスタント改革者、カトリックの改革反対者はみな、つねに、そしてしつこいほど女性を非難することについては協力した。

女性は道理をわきまえず、虚栄心が強く、野蛮で浪費的であると非難された。とくに責められたのは女性の舌であり、反抗の道具であるとみなされた（次頁図）。だが、「ガミガミ女」「魔女」「売女」とともに主たる女性の悪役として、劇作家や大衆文学作家、道徳家の格好の標的となったのは、反抗的な妻であった。この意味では、シェイクスピアの『じゃじゃ馬馴らし』（Shakespeare 1593-94）はこの時代のマニフェストであった。家父長的権力に対する女性の不服従を罰することが求められており、数えきれないほどの女嫌いの演劇やパンフレットのなかで称賛された。エリザベス朝期とジェームズ一世朝期のイングランドの文学はこうしたテーマでずいぶんと読者を楽しませたものだ。このジャンルで典型的なのはジョン・フォードの『あわれ彼女は娼婦』（一六三三年）であり、そこに登場する四人の女性のうち三人の教訓的な暗殺、処刑、そして殺人で幕を閉じる。古典的な作品では、女性をしつけるという関心からジョン・スウェットナムの『みだらで怠惰、そして気まぐれな女の罪状認否』（一六一五年）や、男性より優位に立つための法律をつくろうといそしむ女性の姿を描き、もっぱら中産階級の女性を風刺した『女の議会』（一六四六年、一七五頁図）がある。*72 その間に家の内外での女性の行動を管理するために新しい法律と新しい形態の拷問が導入され、文学上での女性の侮辱は、女性からいかなる自律

「くつわ」――鋭い突端で女性を罰するために用いられた鉄製の奇妙な仕掛け――を付けられ地域内を練り歩かされる口やかましい女性。意味深いことに、似たような装具がヨーロッパ人の奴隷商人によって、アフリカでその捕虜を制圧し船へ運ぶために使われていた。

と社会的力をもはぎ取ろうとする政治的企図の表現であったことを確実に裏づけている。理性の時代のヨーロッパでは、口うるさいと非難される女性は犬のように口輪をはめられ通りを歩かされ、娼婦は鞭打たれるかかごに入れられて水死させられそうになり、他方では不倫の判決を受けた女性に対する死刑が確立された（Underdown 1985a: 117ff）。

女性は、「野蛮な先住民《インディアン》」——新大陸征服以降、文学のなかで発展させられてきたテーマである——に向けられた敵意とよそよそしさと同等の感情でもって扱われたといっても過言ではない。この類似は偶然ではない。どちらの場合も、文学的・文化的な侮辱は収奪という事業計画のために役立った。以下でみるように、アメリカ先住民の悪魔化は、彼らの奴隷化と資源の略奪を正当化することに貢献したのだ。ヨーロッパでは、女性に対する攻撃によって、男性による女性の労働の領有と、女性による再生産の自己管理の犯罪化が正当化された。抵抗の代償はつねに絶滅だった。テロ作戦による支援がなければ、ヨーロッパの女性と植民地の人びとに対して展開された戦術はどれも成功しなかっただろう。ヨーロッパの女性の場合、その新たな社会的役割の構築と、その社会的アイデンティティの価値切り下げのために大きな役割を担ったのが魔女狩りであった。

女性を悪魔的存在として定義づけ、大勢の女性を残虐で屈辱的な手段で苦しめたことは、女性の集合的心理と自分自身の可能性についての意識にぬぐいされない跡を残した。魔女狩りはどう考えても、社会的、経済的、文化的、政治的に、女性の生にとって転換点であった。母系制社会

THE

220

Parliament of VVomen.

With the merrie Lawes by them newly Enacted. To live in more Ease, Pompe, Pride, and wantonnesse: but especially that they might have superiority and domineere over their husbands: with a new way found out by them to cure any old or new Cuckolds, and how both parties may recover their credit and honesty againe

London, Printed for W. Wilson and are to be sold by him in Will yard in Little Saint Bartholmewes. 1645.

Aug: 14 London 1646

『女の議会』の口絵（1646 年）より。イングランド内戦の時期に英文学に普及していた女性敵視の風刺。

の破綻の原因としてエンゲルスが『家族、私有財産、国家の起源』(Engels 1884)のなかで示唆する歴史的敗北に相当するものだった。それというのも、資本主義以前のヨーロッパにおいて女性の力の根幹であり、また封建制に対する闘争における抵抗の条件でもあった女性の活動、共同体にもとづいた諸関係、知の体系からなる世界全体を、魔女狩りは破壊したからだ。

この敗北から新しい女らしさの規範が生まれた。すなわち、受動的で従順、つましく、口数少なく、つねに忙しく働き、慎み深いという理想的な女性であり妻であった。女性が国家テロにさらされつづけて二世紀以上経た一七世紀末から、この変化ははじまった。ひとたび女性が敗北すると、「移行」の時期の間に構築された女らしさのイメージは不要なものとして捨て去られ、新たな従順な女らしさのイメージがそれに取って代わった。魔女狩りの時期には、女性は野蛮で知能は弱く、貪欲なほど好色で、反抗的、不服従、自制ができないものとして描かれたのに対し、一八世紀までにはその基準は反転された。いまや女性は受動的で性的な関心がなく、男性に対して道徳的な影響を行使できるより従順で道徳的な存在として描かれるようになった。オランダの哲学者ピエール・ベールが『歴史批評辞典』(Bayle 1697)のなかで考えたように、女性の非理性的な性質ですら評価された。そのなかでベールは、出産と子育ての不利益にもかかわらず、女性は子どもをつくりつづけるのだから、女性の「母性本能」の力は真に神による計らいであるとみなされるべきだと論じ、称賛した。

植民地化、グローバリゼーション、女性

人口危機への対応は、ヨーロッパでは女性を再生産へ隷従させることであった一方、植民地化により先住民の人口の九五パーセントが失われた植民地アメリカでは、ヨーロッパの支配階級に厖大な労働力をもたらした奴隷貿易であった。植民地アメリカでは早くも一六世紀には、およそ一〇〇万人のアフリカ人奴隷と先住民労働者によってスペインのために剰余価値が生み出されており、その搾取率はヨーロッパの労働者よりもはるかに高く、資本主義へ向かって発展するヨーロッパ経済の諸部門に貢献していた[*73]（Blaut 1992a: 45-46）。一六〇〇年までに、ブラジルだけでイングランドが同じ年に輸出した毛織物すべての二倍の価値に値する砂糖を輸出した（*ibid.*, 42）。ブラジルの砂糖プランテーションにおける蓄積率は非常に高く、隔年で生産量が二倍になった。金と銀も資本家たちの危機を解決するうえで重要な役割を担った。銀はブラジルから輸入され、ヨーロッパの商業と産業を活性化させた（De Vries 1976: 20）。一六四〇年までに一万七〇〇〇トン以上が輸入され、それにより資本家階級は労働者、商品、そして土地を手に入れるために格別に優位な立場を得ることができた（Blaut 1992a: 38-40）。だが、真の富とは、奴隷貿易によって蓄積された労働であった。それは、ヨーロッパでは強いることのできなかったある生産様式を可能とした。

エリック・ウィリアムズが論じたように――リヴァプールやブリストルにはアフリカ人の血によって固められていない煉瓦はほとんどないとウィリアムズは述べた――プランテーション制度は産業革命を活気づけたという説は、現在は確立されている。だが、ヨーロッパによる「アメリカの併合」、そして二世紀もの間プランテーションからヨーロッパへ流入しつづけた「血と汗」なしでは、資本主義ははじまることすらできなかったはずだ。このことは強調されねばならない。なぜなら、それにより、いかに奴隷制が資本主義の歴史にとって不可欠であったか、そして、なぜ資本主義システムが大きな経済危機によって脅かされるときにはいつでも、周期的に、だが体系的に「本源的蓄積」の過程、すなわち現在もなおわれわれが直面しているような大規模な植民地化と奴隷化の過程に資本家階級が乗り出していったのかを理解できるからである（Bales 1999）。プランテーション制度は資本主義的発展のために非常に重要であったが、その理由は、それによって蓄積される莫大な量の剰余労働のためだけでなく、以来資本家階級の諸関係の範型となった労働管理、輸出志向型生産、そして経済統合と労働の国際分業といったモデルをつくったからである。

労働者の限りない集中と、母国から引き離され地域社会の支援に頼れない捕虜状態の労働力により、プランテーションは工場だけでなく後の労働コストを削減するための移民とグローバリゼーションの活用をも予示した。とりわけ、奴隷による労働をヨーロッパ人の労働力の再生産に組み込み、（「消費財」の生産を通して）奴隷労働者と賃金労働者を地理的・社会的に分断しつづける国際分業の形成において、プランテーションは重要な一段階であった。

砂糖、茶、煙草、ラム酒、綿――パンとともに、ヨーロッパで労働力を生産するうえでもっとも重要な商品――の植民地における生産は、奴隷制が制度化され、ヨーロッパで賃金が（ひかえめながら）上昇しはじめる一六五〇年代以降になるまで、大規模に伸びることはなかった(Rowling 1987: 51, 76, 85)。しかし、植民地におけるそれらの大規模生産がはじまったのは、国際的に労働の再生産を大幅に再構築したふたつのメカニズムが導入されたからであることはここで言っておかねばならない。ひとつは、ヨーロッパにおいて労働力を生産するために必要な商品の原価を切り下げ、「進んだ」資本主義諸国のためにアジア、アフリカ、ラテンアメリカの労働者を「安物」「消費財」の供給者として使用している現在を予示するようなやり方で奴隷労働者と賃労働者を結びつける、世界規模の組み立てライン工程がつくられたことである。

もうひとつは、宗主国における賃金が、奴隷労働者によって生産される商品が市場に出回り、奴隷労働による製品の価値が換金されるための媒介手段となったことである。このようにして、女性の家事労働と同様、宗主国の労働力の生産と再生産への奴隷労働の統合は一層確固たるものとなり、賃金は蓄積の手段としてさらに定義し直された。つまり、賃金を支払われる労働者の労働だけでなく、不払い労働であるがゆえに不可視化される多数の労働者の労働をも動員することとして再定義されたのである。

ヨーロッパの労働者は、自分たちが買う製品が奴隷労働によってつくられていたことを知っていたのだろうか。もし知っていたら、そのことに反対しただろうか。これは問うてみたい質問ではあるが、答えは聞けない。確かなことは、茶、砂糖、ラム酒、煙草、綿の歴史は、原材料として、もしくは奴隷貿易における交換手段として、これらの商品が工場制度の誕生に寄与したという事実から推測されるよりも、はるかに重要だということだ。それというのも、これらの「輸出品」とともに移動したのは奴隷の血だけでなく、搾取のための新たな技術と労働者階級の新たな分断の種であったからだ。それによって、賃労働は奴隷制にかわりうるものをもたらすというよりも、(女性の不払い労働のように) 就業時間における不払い労働の部分を拡張するための手段として、その存在を奴隷制に依存させられることになった。

アメリカ大陸の奴隷労働者とヨーロッパの賃労働者の生活は緊密に結合されており、奴隷が自分のために使える小さな土地 (「食糧供給地」) を与えられていたカリブ海諸島では、割り当てられる土地の広さと耕作のために与えられる時間は、世界市場における砂糖の価格に比例して変化した (Morrissey 1989: 51-59) ――つまり、再生産をめぐる労働者の賃金と労働者の闘争の力学によって決定されたことはありうる。

とはいえ、奴隷労働がヨーロッパの賃金プロレタリアートの生産過程に統合されたことにより、ヨーロッパの労働者と宗主国の資本家の間に安価な輸入品を欲する価値の共同体が創造されたと結論づけるのは誤りである。

実際には征服と同様、奴隷貿易はヨーロッパの労働者にとって前代未聞の災難であった。これまでみてきたように、奴隷制は(魔女狩りのように)後にヨーロッパに輸出されることとなる、労働管理の方法のための主要な実験場であったのだ。また、奴隷制はヨーロッパの労働者の賃金と法的地位にも影響をもたらした。奴隷制の終焉によって初めてヨーロッパにおける賃金は決定的に上昇し、ヨーロッパの労働者が組合をつくる権利を得たということは偶然の一致ではないからである。

ヨーロッパの労働者がアメリカ大陸の征服によって利益を得たと考えることも、少なくとも、その最初の段階においては難しい。下層貴族と商人が植民地拡大に活路を求めるようになったのは反封建闘争の激しさのためであったことや、コンキスタドールはヨーロッパの労働者階級によってもっとも忌み嫌われた階層から出たことを想起しよう。征服によって、都市と農村の反乱を打ち負かした傭兵に支払うための金銀がヨーロッパの支配階級にもたらされたということ、そしてアラワク、アステカ、インカの人びとが征服されつつあった同時期に、ヨーロッパの労働者は自分たちの家を追い出され、動物のように焼印を押され、魔女として火あぶりにさらされていたということを覚えておくことも重要である。

よって、個々のプロレタリアートがそうであった場合があることは間違いないが、ヨーロッパのプロレタリアートがつねにアメリカ大陸の掠奪の共犯者であったと考えるべきではない。貴族は「下層階級」からの協力をほとんど期待していなかったため、当初スペイン人はほんのわずかな人数しか乗船を許さなかった。一六世紀全体で、わずか八〇〇〇人のスペイン人しか合法的にアメリカ大陸へ移動しておらず、そのうち聖職者が一七パーセントを占めた（Hamilton 1965: 299; Williams 1986: 38-40）。その後も、現地の人びとと協力関係を築くことを恐れられたため、入植するために人びとが独力で渡航することは禁じられていた。

そのため一七、一八世紀において、ほとんどのプロレタリアートにとって新世界へ渡る手段は、年季奉公と、イングランドの権力者が受刑者や政治的・宗教的反体制派、そして囲い込みによって生み出された厖大な数の浮浪者と物乞いを国内から追い出すために適用した「流刑」であった。ピーター・ラインボーとマーカス・レディカーが『多頭のヒドラ』（二〇〇〇年）で指摘した通り、ヨーロッパで一般化していたひどい生活状態、労苦や暴政、主人、強欲からは自由であり、「我のもの」も「汝のもの」も存在せず、あらゆるものが共有されるという、おとぎの国のように魅力的な新世界のイメージが広まっていたことを考えれば、移民が無制限に増えることを植民者が恐れるのは確固たる根拠があった（Linebaugh and Rediker 2000; Brandon 1986:6-7）。新世界は非常に魅力的だったため、それによってもたらされた新しい社会についての展望は、それまではヨーロッパの政治理論で知られていなかった、主人がいない《マスターレス》状態を意味する「自由《リバティ》」という新たな概念を誕生せしめ、啓蒙の政治思想に明らかに影響を与えたのだ（Brandon 1986:23-28）。当然のことながら、ラインボーとレディカーが強調したように、ヨーロッパ人のなかにはこの理想郷のなかに「迷い込もう」とした人びともいた——そこでは、もはや失われていた共有地の経験を取り戻すことができた。アメリカ植民地への入植者に課せられたさまざまな制限や、捕らえられれば反逆者として扱われ死刑にされるという重い代償にもかかわらず、数年間も先住民と暮らす人びともいた。これが、先住民と生活するために逃亡したものの、捕らえられ、植民地の評議員によって「焼くか、車で潰すか、（…）吊るすか、射殺せよ」と宣告されたヴァージニアの若いイングランド人入植者たちの運命であった（Koning 1993:61）。「恐怖によって［原住民と入植者の間に］境界がつくられた」とラインボーとレディカーは評する（Linebaugh And Rediker 2000: 34）。だが、一六九九年になってもなお、先住民に魅了された人びとをその生活様式から引き離すために説得することはイングランド人にとって非常に困難であった。

［当時の人が伝えるところ］いくら説得し、懇願し、泣きついても、彼らの多くを先住民の友人と別れさせることはできなかった。一方で先住民の子どもはイングランド人のなかで服を着せられ教えを受け、入念に育てられているが、こうした子どもたちがイングランド人のところにとどまったという例はひとつもなく、みな自分の民族のところへ帰ってしまう（Koning 1993:60）。

年季奉公にサインして自分自身を売り渡すか刑罰により新世界にたどり着いたヨーロッパ人プロレタリアートはどうかと言うと、当初彼らの運命は並んで働くこともよくあったアフリカ人奴隷のそれとそれほど違いはなかった。ヨーロッパのプロレタリアートが主人に対して抱く憎悪も同様に強く、それゆえに農場主は彼らを危険な連中とみなし、一七世紀後半にはその使用を制限しはじめ、アフリカ人と分断する法律を導入した。だが、一八世紀末までには決定的な人種的境界線がひかれた（Boutang 1998）。それまでは、白人、黒人そして先住民の間の同盟の可能性と、それに対する本国とプランテーションのヨーロッパ人支配階級の恐れはつねに存在していた。シェイクスピアは『嵐《テンペスト》』（Shakespeare 1612）のなかで、島に先住する抵抗者であり、魔女の息子であるキャリバンと外洋航行中のヨーロッパ人プロレタリアートであるトリンキュロとステファノの三人がたくらんだ共謀を描き、抑圧された人びとの間の運命的な同盟の可能性を示唆し、それを支配者間のいがみ合いを調停するプロスペローの魔法に対して鮮やかな対照をなすものとして描いた。

『嵐《テンペスト》』では、二人のヨーロッパ人プロレタリアートはコソ泥と酔っ払い以外の何者でもないことが明らかになり、キャリバンが植民地支配者に許しを請うことによって共謀は屈辱的な終わりをみた。そして、プロスペローとそのかつての敵であるセバスチャンとアントニオ（彼らはもう和解した）の面前に敗北した反乱者たちが連れてこられると、三人は嘲りを受け、所有という思想をつきつけられ、そして分断にさらされた。

セバスチャン　この者たちはいったい何だ、アントニオ卿？　金で買えるのか？

アントニオ　買えそうだね。明らかに魚だから、売り物だろうさ。

プロスペロー　諸君、この者たちの身なりを見るだけでどんな根性の人物かおわかりでしょう。この不恰好なごろつきは、その母親が魔女でして、月を操り潮の満ち干を思うままにし、その能力を難なく使いこなすそれは強い魔女なのです。この三人は私に盗みを働こうとしました。そしてこの半悪魔は――ろくでもない私生児ですが――私の命を奪おうと奴らと謀ったのです。こやつら二人はあなた方のものであるとご存知のはず。この邪悪なほうは私のものです。

（シェイクスピア、第五幕、場面一、二六五―二七六行目）[†3]

だが、舞台裏では反乱の脅威は存在しつづけていた。「バミューダ諸島とバルバドス島両方で、白人奉公人がアフリカ人奴隷と陰謀をたくらんでいたことがわかった。一六五〇年代にイギリス諸島から数千人にのぼる囚人が運ばれてきた頃のことである」（Rowling 1987: 57）。ヴァージニアでは、黒人と白人奉公人の同盟は一六七五―七六年のベーコンの反乱が頂点であった。アフリカ人奴隷とイギリス人年季奉公人が主人に対して陰謀を企て結託したときのことである。

一六四〇年代以来南部アメリカ植民地とカリブ海域に奴隷プロレタリアートが蓄積されるにともなって、同盟を阻止する人種的ヒエラルキーが創造されたのは、このためである。武装する権

†3　本書で引用される『嵐《テンペスト》』の訳については、『あらし』大場建治訳、研究社、二〇一〇年にもとづく。

利、宣誓供述する権利、そして裁判で負傷に対する補償を求める権利のような、以前はアフリカ人に与えられていた市民権をはぎ取る法律が制定された。転換点は、奴隷制が世襲となり、奴隷主が自分の所有する奴隷を殴打し殺す権利を得たときのことであった。なお、「黒人」と「白人」の間の結婚も禁止された。独立戦争後には、イギリス支配の名残とみなされ白人の年季強制労働は廃止された。その結果として、一八世紀後期までには、植民地アメリカは「奴隷がいる社会」から「奴隷制社会」へと移行し（Moulier Boutang 1998: 189）、アフリカ人と白人の間に連帯が育まれる可能性は激減した。植民地における「白人」とは、「一六五〇年までは「キリスト教徒」と呼びならわされ、それ以降は「イングランド人」もしくは「自由民」と呼ばれるようになった人びとを指すのに便利な」（*ibid.*, 194）社会的・経済的特権のしるしとなっただけでなく、道徳的態度、社会的ヘゲモニーを自然化するための一手段にもなった。それとは対照的に、「黒人」もしくは「アフリカ人」は奴隷と同義語となり、自由黒人——一七世紀初頭のアメリカにはまだかなりいた——はそれ以降、自分たちが自由な身分であることを証明する必要に迫られた。

〈植民地における人種・階級〉から〈植民地における性・人種・階級〉へ

もし登場人物が女性であったとしたら、キャリバンの共謀は異なる結果となっていただろうか。扇動者がキャリバンではなく、シェイクスピアが背景に隠したその母親、強力なアルジェリアの魔女シコラクスだったとしたら、そしてトリンキュロとステファノではなく征服と同時期にヨーロッパで火刑に処された魔女の姉妹たちであったとしたら？

これは修辞的な問いであるが、それによって、植民地における性別分業の性質と、性差別という共通の経験を通してヨーロッパ人女性と先住民女性、そしてアフリカ人女性の間に結ばれるかもしれなかった連帯を問うことができる。『私はティチューバ　セイラムの黒人魔女』（Condé 1992）のなかでマリーズ・コンデは、ティチューバとその女主人で清教徒のサミュエル・パリスの若い妻である女性が、パリスの女性への残忍な侮辱に対して当初いかに支え合ったか描くことで、こうした連帯が生まれる状況に対する洞察を与えてくれる。

さらに顕著な事例がカリブ海域にある。カリブ海ではイギリスから囚人もしくは年季奉公人として「輸送された」下層階級のイギリス人女性が砂糖農園における労働集団のかなりの部分をなしていた。その生意気で放縦な気質により「資産家の白人男性からは結婚に不向きと考えられ、家事奉公には不適格だとみなされ」、「土地なしの白人女性は、プランテーションでの肉体労働、公共建設労働、都市のサービス業に追いやられた。こうした世界では、白人女性は奴隷コミュニティとつきあい、奴隷黒人男性とも親しかった」。こうした女性たちは奴隷社会で世帯をつくり、黒人男性との間に子どもをもった（Beckles 1989: 131-32）。さらに、農産物や盗品の売買において奴隷女性と協力したり、競合したりした。

しかし奴隷制の制度化によって、白人労働者の負担は軽減され、農場主の妻となるためにヨーロッパからやってくる女性の人数は減少し、状況は劇的に変化した。社会的出自を問わず、白人女性は格上げされるか、婚姻により白人の権力機構内に入り込むようになり、可能ならいつでも、奴隷の所有者に——たいがい家内労働のために雇われた女性奴隷の所有者に——なった[*74] (*ibid.*)。

とはいえ、これは自動的に起きた過程ではない。性差別主義と同様、人種主義は法制化され、強制される必要があった。露骨な禁止の最たるもののなかに、黒人と白人の間の結婚と性的関係の禁止を含めねばならない。それにより黒人奴隷と結婚した白人女性は非難され、こうした婚姻から生まれた子どもは一生奴隷とされたのである。一六六〇年代にメリーランド州とヴァージニア州で制定されたこれらの法律は、人種で分離する人種差別主義的な社会は上から制定されたものであり、終身奴隷制はこうした関係を絶つために必要であると考えられたとすれば、「黒人」と「白人」の間の親密な関係が実際にはごく一般的であったにちがいないことを証明している。

あたかも魔女狩りによって描かれたシナリオに従うように、この新たな諸法は白人女性と黒人男性の間の関係を悪魔化した。一六六〇年代にこれらが法制化された頃、ヨーロッパにおける魔女狩りは終結したが、アメリカでは魔女と黒い悪魔にまつわるあらゆるタブーが復活し、今回は黒人男性を犠牲とした。

スペイン領植民地では、植民者は数のうえで劣勢であったため、婚姻を通した民族間の血縁関係と現地の首長との同盟についてよりリベラルな態度でのぞむよう推奨されたが、その後、「分割統治」は公的政策となった。だが、一五四〇年代、メスティーソの増加によって植民者の特権が弱まるにつれ、「人種」は財産を移転するための重要な要素として確立され、人種的ヒエラルキーにしたがって先住民、メスティーソ、ムラートは互いに分断され、白人から隔離された[*75]（Nash 1980）。結婚と女性のセクシュアリティに関する禁止はここでも、社会的疎外を強いるために用いられた。だが、スペイン領アメリカでは、移民、人口の減少、先住民による反乱、そして経済的上昇の見込みがないため白人上流階級よりもメスティーソとムラートに親近感を抱く傾向があった白人都市プロレタリアート層の形成により、人種別の隔離政策は阻まれ、部分的にしか成功しなかった。したがって、カリブ海地域におけるヨーロッパ人とアフリカ人の間の差異は時がたつにつれて拡大していったが、南アメリカの植民地では「再構成」が可能となり、とくに下層階級のヨーロッパ人女性、メスティーソの女性、アフリカ人女性の間ではそうだった。こうした女性たちはその不安定な経済状況に加え、法に組み込まれたダブルスタンダードのせいで、男性の虐待の対象にされやすくなるため、不利な立場におかれていた（一九一頁図）。

この「再構成」の兆しは、魔術と異端信仰を根絶するために行われた、一八世紀メキシコにおける宗教裁判の記録のなかにみることができる（Behar 1987: 34-51）。根絶を達成する見込みはなく、まもなく宗教裁判は、民間の魔術信仰は政治体制に危険をおよぼすものではないと納得して、それに対する関心を失った。しかし集められた証言によれば、魔術的な治療法、恋愛に関する療法といった事柄について、女性たちはさまざまな情報交換を行っていたことが明らかになった。それはやがてアフリカ、ヨーロッパ、そして南アメリカ土着のそれぞれ伝統の出会いにより新たな文化的実体をつくりだしていった。ルース・ベハールは次のように書く。

> 先住民《インディオ》の女性はスペイン人の治癒者に、性的に魅惑しようとするときハチドリを用いることを伝え、ムラートの女性はメスティーソの女性に夫の扱い方を教え、[†4]ロバの女魔術師は雌コヨーテ《コヨータ》に悪魔を紹介した。この「民間の」信仰体系は教会の信仰体系と併存しており、新世界でキリスト教が浸透するのと同じくらいの早さで広まったため、しばらくすると何が「先住民《インディアス》のもの」「スペインのもの」「アフリカのもの」なのか見分けることが難しくなった[*76]（*ibid.*）。

宗教裁判側からは「理性の欠けた」人びととして同一視されたが、ルース・ベハールが描くこの多彩な女性の世界は、植民地の境界と皮膚の色による境界を超えた同盟についての明らかな事例である。女性たちは共通する経験と、再生産の自己管理に有用で、性差別との闘いを助ける伝統的な知と実践を共有したいという関心により、この同盟を築くことができた。「人種」を根拠とする差別のように、性差別は植民者が槍と馬とともにヨーロッパから運び込んだ文化的固定観念以上のものだった。コミュナリズムの破壊に劣らず、それは、資本主義経済の前提条件を創造するという特殊な経済的関心と必要性によって求められた戦略であり、目下の課題に応じて随時調整された。

焼印を押される女性奴隷。ヨーロッパの魔女裁判では、悪魔による女性への焼印という話は、もっぱら女性の悪魔への完全なる服従のしるしとして描かれた。しかし実際のところ、本物の悪魔は白人の奴隷商人とプランテーション所有者であった。（この絵の男性のように）彼らは躊躇することなく自分たちが奴隷化した女性を家畜のように扱った。

人口減少により家庭内における女性の家事労働が奨励されたメキシコとペルーでは、スペイン人の権力者が新たな性のヒエラルキーを導入し、それにより先住民女性は自律性を奪われ、男性親族は彼女たちに対して行使することのできるより大きな力を与えられた。新しい諸法律のもとでは、結婚した女性は男性の所有物となり、(伝統的慣習に反して) 女性はその夫の家に嫁入りするよう強いられた。また、先住民女性の諸権利をさらに制限し、子どもに関する権限を男性の手中におくためにコンパドラスゴ制度[†5]がつくられた。さらに、鉱山のミタ労働に補充される労働者を先住民女性が再生産することを保証するために、スペイン人権力者は、誰であろうと夫から妻を分かれさせることはできないと定める法律を制定した。これは、望むと望まざるとにかかわらず女性が夫に従うように強いることを意味し、採鉱による汚染のため死の収容所として知られた地域でさえ適用された[*77] (Cook 1981: 205-6)。

一七世紀カナダにおけるモンタニェ・ナスカピ人［インヌ］の調教と訓練へのフランス人のイエズス会修道士による介入は、性差がどのように蓄積されたかについてわかりやすく示す事例である。今は亡き人類学者エレノア・リーコックがその著書『男性支配の神話』(Leacock 1981) でそのことについて記述しているが、そこでは調教と訓練の指導者であったある人物の日記が調査されている。ポール・ル・ジュンヌ神父の日記である。彼はイエズス会の宣教師で、先住民をキリスト教化するために植民者に典型的なやり方でフランス人の交易所にかかわりをもち、そして先住民を「ニューフランス」の市民へと変えていった人物であった。モンタニェ・ナスカピ人は移動型の先住民族で、ラブラドール半島東部で狩りと漁業の調和的な生活を営んでいた。だが、ル・ジュンヌがそこに現われる頃にはもうその共同体はヨーロッパ人の出現と毛皮交易の拡大により蝕まれており、それゆえにヨーロッパ人と商業的取引を成立させたいと望む先住民男性のなかには、いかに身を処するかフランス人から進んで指図を受けようとする者もいた（*ibid.*, 39ff）。

ヨーロッパ人が先住するアメリカの人びとに接触したときによくそうであったように、フランス人はモンタニェ・ナスカピ人の寛大さ、協調の精神、そして地位への無関心さに感銘を受けたが、彼らの「道徳の欠如」は非難された。ナスカピ人には私有財産、権威、男性の優位性という概念がまったくない、さらに子どもにお仕置きをすることさえしないというのだ（*ibid.*, 34-38）。イエズス会修道士たちはこれらすべてを変えてしまおうと決意し、先住民を信頼のおける交易相手にするためには必要不可欠なことだと考え、彼らに文明の基本的要素を教えむことに着手した。こうした意図から、彼らは最初に「男性は主人である」こと、そして「フランスでは女性は夫に指図しない」ことを教えた。そして夜間の求愛活動、いずれかの希望による離婚、夫婦ともに婚

---

†4　黒人と先住民の間に生まれた女性のこと。雌オオカミという意味をもつ。

†5　洗礼を通じて義理の両親とも親族関係を結ぶ制度。ラテンアメリカではより広い意味で用いられ、必ずしも洗礼を経なくても、パトロンからさまざまな援助を得る際にもこの語が使用される。またとくに、若い女性家事使用人の雇い主を指すことも。以下を参照のこと。Gordon Marshall, *A Dictionary of Sociology* (1998), Oxford University Press.

前であれ婚後であれ性的な自由を享受することは禁止されねばならなかった。これは、ナスカピの男性とル・ジュンヌが交わした、このことについて多くを物語る会話である。

夫以外の誰かを愛することは女性にとって不名誉なことであり、この悪事はお前たちの間で行われていると彼に話したが、彼自身は今いる息子が自分の息子かどうかわからないということだ。彼はこう返事した。「あなたはわかっていない。あなたがたフランス人は自分の子どもだけを愛するが、われわれは自分の民族の子どもすべてを愛している」。私は、彼が馬とラバがするようなことを哲学的に説いているのを見て笑い出した（*ibid.*,50）。

ニューフランス総督の後援を受け、イエズス会はナスカピ人のなかに首長という地位を設け、「彼らの」女性を秩序に従わせるよう説得することに成功した。例によって、イエズス会が用いたのは、独立心に富み夫に従わない女性は悪魔の手先であるとほのめかすという手段であった。自分たちを征服しようという男たちの企てに怒ったナスカピの女性が逃げ出すと、イエズス会は男性たちに彼らの配偶者を追うように説き、投獄すると脅かした。

「このような正義のための行動は」――ル・ジュンヌは誇らしげにひとつの具体的事例について語った――「フランスでは当然のことと受け止められる。こうしたやり方をつづけるのはいたって普通だからだ。だが、この人びとの間では（…）大いなる森のなかを歩き回る野獣と同じように、生来、自分たちは自由であると考えている（…）有無を言わせぬ命令に従うことや、厳格、あるいは公正に行われる活動をみることは驚くべきこと、いやむしろ不思議なことなのである」（*ibid.*,54）。

しかしながら、イエズス会のもっとも偉大な勝利は子どもを殴打するようナスカピ人を説き伏せたことであった。自分の子にあまりにも優しすぎることは彼らをキリスト教化する際に大きな障害になると考えたのである。ル・ジュンヌの日記は、一人の少女が公衆の面前で殴打される最初の事例を記録しているが、その出来事の間、彼女の親戚の一人が見物人に対し、「今ここで、われわれが同じ民族の者なら誰に対しても与えうる、殴打という罰が初めて下されているのだ」と、この出来事の歴史的重要性を冷然と説明していたという（*ibid.*, 54-55）。

モンタニェ・ナスカピ人の男性が受けた男性優位の訓練は、毛皮貿易において信頼できる商売相手とするために、私有財産に対する「本能」を植えつけたいと考えたフランス人の思惑によっていた。プランテーションの状況はこれと大きく異なっていた。そこでは性別分業は、労働力を欲する農場主の要請と、奴隷が生産する商品の国際市場での価格によって直接決定された。

バーバラ・ブッシュとマリエッタ・モリッシーによって実証されたとおり、奴隷貿易が廃止されるまで、女性も男性も同じ度合いの搾取にさらされていた。農場主は、奴隷に再生産させるよりも死ぬまで働かせ「消費する」ほうがより利益があることに気づいていた。したがって、性別分業も性別によるヒエラルキーも顕著ではなかった。アフリカ人男性はその伴侶である女性と子どもの運命についての発言権をもたず、女性はといえば、何ら特別な配慮はされず男性と同様に畑で働くものだと考えられていた。とりわけ、砂糖とタバコが高需要であるときはそうであり、妊娠しているときでさえ、他の者と同様に残酷な罰を受けた（Bush 1990: 42-44）。

よって、皮肉なことに、奴隷女性はその階級内では男性とほぼ同等の立場を得た（Momsen 1993）。しかしその扱われ方はとても同じとはいえなかった。男性とは違い、女性の食事は少なく、主人による性的暴力にさらされやすく、またさらに苛酷な罰が与えられた。身体的な苦痛に耐えねばならなかったのに加え、女性にはつねに性的な辱めがついてまわり、妊娠中は胎児にもその被害は及んだからだ。

さらに、奴隷貿易が廃止され、カリブ海とアメリカ大陸の農場主が「奴隷繁殖」政策を採用した一八〇七年以降、新たな時代が幕を開けた。ヒラリー・ベックルが指摘するとおり、バルバドス島に関しては、一七世紀以来プランテーション所有者は、農場労働に必要な数に応じて「人生のどの時期にあるかは考慮せず、より少なくあるいはより多く子どもを産む［よう奨励し］」、女性奴隷の生殖パターンを管理しようとしてきた。だが、アフリカ人奴隷の供給が減少して初めて、女性の性交渉と生殖パターンに対する規制はより計画的、集中的になった（Beckles 1989）。

ヨーロッパでは、女性への出産強制は、避妊に対する死刑判決へといたった。奴隷が貴重な商品であったプランテーションでは、生殖政策への転換により、女性はその労働状況にいくらかの「改善」――労働時間の短縮、出産小屋の建築、出産を補助する産婆の用意、社会的権利の拡大（移動、集会など）――があったとはいえ、性的暴力にいっそうさらされやすくなった（Beckes 1989: 99-100; Bush 1990: 135）。しかし、こうした労働上の変化は、女性がこうむる農場労働によるダメージも、自由をもたないために経験する苦痛も軽減しなかった。バルバドスを例外とし、「自然な生殖」により労働力を拡大しようとする農場主の試みは失敗し、プランテーションにおける出生率は「異常に低い」ままであった（Bush 1990: 136-37; Beckles 1989）。この現象が、あからさまな抵抗を原因とするのか、もしくは女性奴隷がおかれていた身体的に苛酷な状況によるものであるのかは、まだ論争中である（*ibid.*）。だが、ブッシュが指摘するように、この失敗の原因は主に女性による出産の拒否だと信じるに足るもっともな理由がある。奴隷制が根絶されると同時に解放された奴隷の共同体は成長しはじめ、経済状況が悪化した時期でさえその成長は止まらなかったからである*[78]（Bush 1990）。

女性が不当な搾取を拒否し、性別分業が形を変えることもあった。カリブ海で、奴隷が自給できるよう農場主が与えた「食糧供給地」（ジャマイカでは「ポリンク［パレンケ］」）で育てた生産物を市場で売る半ば自由な行商人に女性奴隷がなった事例である。農場主は労働再生産のコストを節約するためにこの方法をとったのだったが、「食糧供給地」を利用する権利は、奴隷にとっても利益をもたらすものだった。それにより、いくらかは自由に移動できるようになり、耕作のために割り当てられた時間を他の活動のために使うこともできた。わずかながらも自分たちの食糧となり販売も可能な作物を生産できるようになったおかげで、奴隷たちの独立性は高まった。食糧供給地を成功に導いたのは、作物を市場で販売した女性であった。女性はアフリカでは彼女らの重要な仕事のひとつであったものを、プランテーションのなかで再専有・再生産したのだ。その結果、一八世紀半ばまでに、カリブ海域の奴隷女性は自分自身の力で、カリブ海諸島の食糧品市場を、創造ではないにしても拡大することに貢献することで、プランテーション経済内にみずからの地位を築き上げたのだった。女性は奴隷と白人が消費する食糧の大半の生産者であると同時に、行商人であり露店商人でもあった。その売り物は、自分で育てた作物に加え、主人の店からもってきた商品や、他の奴隷と交渉して手に入れたもの、主人から売り物として与えられたものなどであった。この能力を通じて、女性奴隷は、多くの場合年季奉公人上がりか、あるいは組労働《ギャング・レイバー》の後に解放された白人プロレタリア女性とも接触し得たのであった。両者の関係は時に敵対的であった。同じように食用作物を育て販売していたプロレタリアのヨーロッパ人女性は、奴隷女性が市場にもってきた生産物を盗んだり、商売の邪魔をしたりすることがあったのだ。だが両者は、法律の目をかいくぐる広大な販売ネットワークの開拓においては協力して取り組んだ。それらの法律は、こうした販売活動によって奴隷が自分たちの監督から逃れてしまうかもしれないという不安に周期的に襲われた植民地当局によって制定されたものだった。

奴隷女性の販売活動を阻んだり、活動の場所を制限したりするために導入された法律にもかかわらず、奴隷女性は市場での活動を広げ、一八世紀後半までには、自分たちのものだと見なすようになっていた食糧供給地の耕作を拡大しつづけ、実質的に島の市場を独占する農民層の原型を構成しつつあった（左図）。したがって、何人かの歴史家によれば、解放前でさえ、カリブ海域の奴隷制は実質的に終焉していた。あらゆる困難にもかかわらず、女性奴隷はこの過程におけるきわめて重要な勢力であった。当局が何度もその力を制限しようと試みたにもかかわらず、女性は断固として奴隷コミュニティと島々の経済発展を支えたのだ。

また、カリブ海の奴隷女性は、治癒者、占い師、魔術行為の専門家といった諸活動と、主人の

奴隷の家族（細部）。奴隷女性は、育てた農産物の販売などアフリカで行っていた諸活動をつづけるために戦った。それによって彼女らは世帯を支え、いくばくかの自律性を得ることができた（Bush 1990）。

キッチンと寝室の「支配」を通して、白人、とくに白人女性に対して文化的な面で決定的な影響力をもっていた（*ibid.*）。

当然のことながら、彼女たちは奴隷コミュニティの中心的存在とみなされた。訪問者たちは、奴隷女性の歌や、頭を覆うスカーフとドレス、その誇張した話し方——今ではその主人を皮肉るための手段であったと理解されている——に深く感じ入った。アフリカ人女性とクレオール女性は、貧しい白人女性の慣習に影響を与えた。当時の人が描写したところによれば、そうした白人女性は腰に子どもをくくりつけ、商品を入れた盆を頭に乗せバランスを取りながら歩き、まるでアフリカ人のようにふるまったという（Beckles 1989:81）。しかし、生存戦略と女性のネットワークを基盤とした自立のポリティクスの発展こそ、奴隷女性たちが成した重要な功績であった。ロザリン・ターボル・ペンが現代のアフリカン・フェミニズムの基本原則であると考えている、これら奴隷女性の実践と価値観は、ディアスポラにあるアフリカ人コミュニティを再定義した（Terborg Penn 1995: 3-7）。アフリカ人女性の新たなアイデンティティの土台となっただけでなく、——構造的な欠乏と依存という生活状態を強いようとする資本家の企図に抗して——土地、食物の生産、知と共同性の世代間の継承など、根本的な生活手段《サブシステンス》を女性の手に再領有・集中させようとする新しい社会の土台をも生み出したのだ（次頁図）。

西インド諸島のプランテーションにおける祭日の集まり。女性は奴隷コミュニティの中心であったように、こうした集会の中心であり、アフリカからたずさえてきた文化の忠実な守護者であった。

資本主義と性別分業

こうした女性と本源的蓄積についての略史が示すように、女性を男性労働力にとっての召使とする新たな家父長制的支配体制の構築は、資本主義的発展にとっての重大な局面であった。その基盤では、女性と男性それぞれが行うべき仕事だけでなく、両者の経験、生活、そして資本および労働者階級の他の領域との関係をも差別化する新たな性別分業を強制された。したがって、国際分業に劣らず性別分業もまた、なにより、資本主義的蓄積を限りなく増強しつつ、労働力を内側で分断する権力関係であった。

資本主義が労働の生産性において達成する跳躍が、単純に仕事それ自体の分業に還元されがちであることを考えると、この点は強調されるべきだ。実際には、資本家階級が農業労働と工業労働の分化、そして工業労働内での分化——アダム・スミスがピン製造への讃歌のなかでたたえた——から得た利益は、女性の労働とその社会的地位の格下げから生じた利益にくらべればたいしたことはなかった。

これまで論じてきたように、女性と男性の間の力の差、そして女は生来劣っているという偽装の下になされた女性の不払い労働の隠蔽によって、資本主義は「労働時間における不払い部分」を途方もなく拡大し、女性労働を蓄積するために（男性の）賃金を使用することができ、それによって多くの場合、階級的反感を、男性と女性の間の対立へとそらすことができた。したがって、本源的蓄積とは、何よりも労働者を互いから、そして自分自身からさえ疎外させる、差異、不平等、ヒエラルキー、分断の蓄積であった。

このように、資本にかかわる点では、男性労働者はこの過程に加担することがほとんどであった。彼らは、女性、子ども、そして資本家階級が植民地化された人びとの価値を切り下げ、規律化することによって、資本をめぐる自分たちの権力を維持しようとしてきたのである。しかしその、賃労働に就労可能であるという利点と資本蓄積への貢献の承認によって、男性が女性に対して行使してきた権力は、自己疎外と男性個々人と集団的な力の「本源的‐非・蓄積」をその対価としたのである。

次章以下では、封建制から資本主義への移行について三つの重要な局面を論じながら、この非‐蓄積の過程について検討する。すなわちプロレタリアートの身体を労働機械へと形成していく局面、魔女として女性を迫害する局面、そしてヨーロッパと新世界における「野蛮人」と「人食い人種」の創造という局面についてである。

第3章
偉大なるキャリバン
──反抗する身体との闘い

The Great Caliban

The Struggle Against the Rebel Body

アンドレアス・ヴェサリウス『人体の構造《ファブリカ》』（パドヴァ、1543年）より。新しい解剖劇場の設立を通して男性、上流階級、家父長制的秩序の勝利はこの上なく完璧なものとなった。解体され、衆人の目にさらされた女性について、著者は「絞首刑に脅え、［彼女は］妊娠していると申告した」が、その後そうではないことがわかり、女性は絞首刑に処されたことを伝えている。後ろの方に目を伏せる女性の姿（おそらく娼婦か助産師）が見えるが、この状景の忌まわしさと絶対的な暴力を目前にして恥じているのだろう。

生命とは手足の動きにすぎない。（…）心臓はといえばそれはまさにぜんまいであり、神経は多くの糸、関節は身体全体に動きを与える多くの歯車である。

――トマス・ホッブズ『リヴァイアサン』一六五〇年

やがて私はもっと気高い人間になるだろう。そして、私の生来の欲求が私を獣の状態まで貶めるまさにそのとき、私の魂は上昇し、飛翔して天使に仕えるところとなるだろう。

――コットン・マザー『日記』一六八〇―一七〇八年

（…）どうか私に憐れみを。私の友人はとても貧しく、母親は重い病気で、私はと言えば次の水曜日の朝に死ぬ運命なのです。だから、そこで死ぬ予定の木［絞首台］から私の身体を運ぶための棺と経かたびらの支払いのために友人にわずかばかりのお金を与えてやってほしいと願います。（…）そして、どうか気をしっかりと。（…）そして、私の哀れな身体について考えてほしい、もしあなた自身がこうなったら、と。きっと外科医の手から自分の身体を守りたいと思うことでしょう。

――一七三九年にロンドンで死刑宣告を受けていた、
リチャード・トービンの手紙

資本主義の発展にとって前提条件となるもののひとつは、ミシェル・フーコーが「身体の規律化」として定義した過程であった。私の理解では、それは個人がもつさまざまな力を労働力へと変えてしまおうという国家と教会の企てから成る。本章では、当時の哲学上の論争のなかでこの過程がどのように着想され、媒介されたか、そこからどのような戦略が生じたかを検証する。

プロテスタント改革と商業ブルジョアジーの誕生が最も大きく作用した西ヨーロッパの諸地域で、舞台、説教壇、政治的想像・哲学的想像といったあらゆる分野で個人についての新しい概念が生まれつつあったのは、一六世紀のことであった。それがもっとも理想的に具現化されたのが、シェイクスピアの『嵐《テンペスト》』（一六一二年）に出てくるプロスペローであった。プロスペローは空気を操るアリエルの天上の霊性とキャリバンの野蛮な物質性を結合する存在である。だが、プロスペローは、〝存在の大いなる連鎖〟における「人の《マン》」特別な地位へのあらゆるプライドをも否定する均衡に対する不安をあらわにする。[*1] キャリバンを負かしたものの、プロスペローは「この邪悪なものは私のものだ」と認めなければならず、そうして天使と野獣の性質をあわせもつわれわれ人間とは実に問題のある存在だということを観衆に思い起こさせるのである。

一七世紀には、プロスペローのなかに潜在意識として存在していたものが、身体における理性と感情の対立というかたちで具現化した。それは、従来のユダヤ-キリスト教の主題を再概念化して新しい人間学のパラダイムを生み出すにいたる。出てきたものは、あの世へ旅立つ魂をめぐる中世の天使と悪魔の戦いを連想させる（次頁図）。だが、いまやその戦いは、戦場として作り

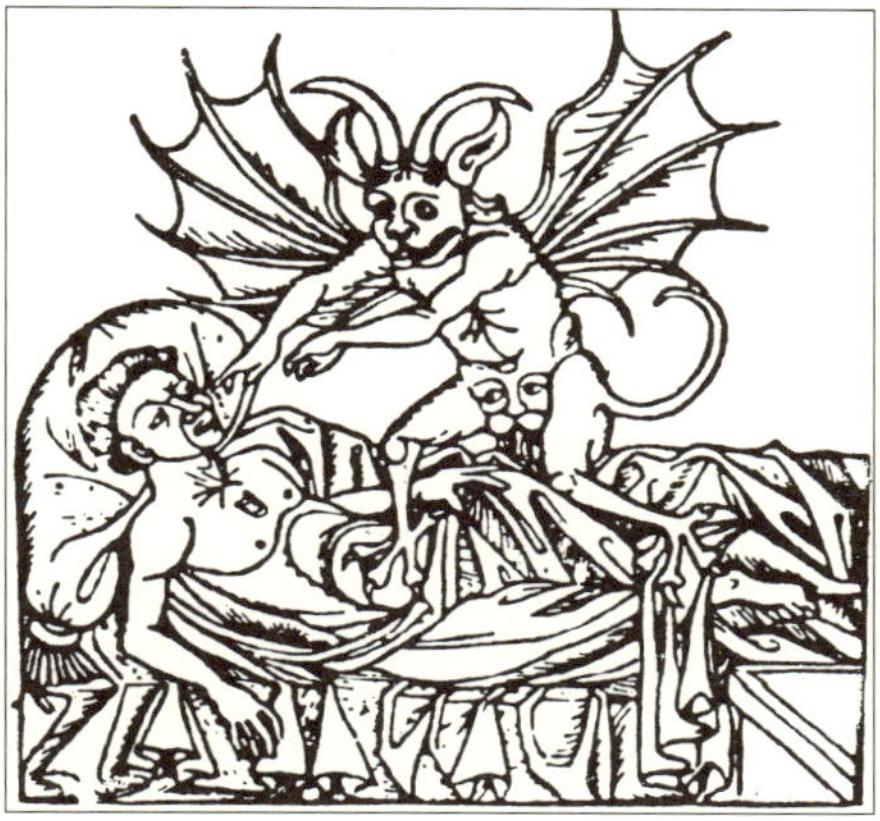

15世紀の木版画より。「死人を襲う悪魔は［中世の］あらゆる民間伝統においてよくみられるテーマであった」（アルフォン・M・ディ・ノラより、1987年）。

変えられた個人の内部で行われているのであり、そこでは敵対する要素が支配権をめぐって衝突しているのだ。一方には「理性の勢力」――倹約、思慮分別、責任感、自己統制――があり、他方には「身体の卑しい本能」――みだら、怠惰、生命力を故意に浪費すること――がある。この戦いは多くの前線で行われたが、それは、理性が己の身体による攻撃をたえず警戒し、精神力の堕落から「肉体の知恵」（ルターの言葉）を守らなければならないからである。極端な例では、個人はあらゆるものに対する闘いの場となる。

私の内部でレパントの戦いが、すなわち感情が理性に逆らい、理性が信仰に逆らい、信仰が悪魔に逆らい、そしてあらゆるものごとに対して私の良心が逆らう戦いが起こっていないとすれば、わたしは無の存在になりたい（Browne 1928: 76）。

この過程のさなかで、隠喩の分野にある変化が起こる。個人のための心理学がその哲学的表現において国家を人体にたとえたイメージを借用するようになり、「支配者」と「反抗する被支配者」、「群衆」と「扇動」、「鎖」と「専制的な支配」そして「死刑執行人」(トーマス・ブラウンによる)などが棲みついた心的光景をあらわにしたのである[*2] (*ibid.*, 72)。これから見ていくように、「善き性質」と「卑しい性質」の間の騒々しい衝突と哲学者たちが表現した、この理性と身体の間の戦いは、比喩を好むバロック的嗜好――後にそれは「より男らしい」言葉への嗜好により排除されるが――のみに帰することはできない。[*3] 個人という小宇宙のなかで展開していると人格をめぐる一七世紀の言説が想像した戦いは、ほぼ間違いなく当時の現実にその根拠をもつといってよい。それは、より広い社会改革の過程の一局面である。そのとき、すなわち「理性の時代」に、台頭するブルジョアジーは、発展しつつある資本主義経済の要請にもとづいて、被支配階級を改造しようとしていた。

ブルジョアジーがその歴史的特徴ともなった身体に対する戦いに参入したのは、新たなタイプの個人を形成する試みとしてであった。マックス・ウェーバーによれば、身体の矯正はブルジョアジーの倫理の核にあった。なぜなら資本主義は、獲得を、必要を満たすための手段ではなく、「人生の究極の目標」とするからであり、それゆえにわれわれは自発的な生の喜びをすべて放棄するよう要請される。また資本主義は、自然という障壁を破壊し、産業革命以前の社会で認められていた太陽や季節の周期、そして個人の身体自体が定める限界を超えて労働時間を延ばすことで、「自然状態」を克服しようとする。

マルクスもまた、身体からの疎外を資本主義的労働関係の際立った特徴であると考える。労働を商品へ変容させることによって、資本主義は労働者を、自己の活動を自分ではコントロールもできず一体感をもつこともできない外部の秩序に服従させる。したがって労働過程は自己疎外の土台となる。つまり、労働者は「労働の外でのみ自己を感じることができ、労働中は自己の外部にいると感じる。労働者は働いていないときはくつろぎ、労働しているときにはくつろぐことができない」（Marx 1961: 72）。そのうえ、資本主義経済の発展とともに労働者は（形式上だけだが）「自分の」労働力の「自由な所有者」となった。それは（奴隷とは異なり）限られた期間のみ自分の労働力の買い手に従うということである。このことは、「労働者はつねに自分の労働力（自分の活力、そして能力）を自分の所有物、自分の商品とみなさなければならない」ことを含意する[*4]（Marx 1909 Vol.I: 186）。さらにそれは身体からの分離という感覚をも引き起こし、身体は物象化され、個人が直接一体感をもつことができない対象へと切り縮められた。

自分の労働を自由に切り離す、あるいはもっとも高く値をつける競り手に引き渡される資本として自分の身体に対峙する労働者というイメージは、資本主義的労働規律によってすでに鋳型にはめられた労働者階級を示唆している。しかし、資本家のユートピアを体現し、マルクスにとっては評価基準となるような労働者の型――節度があり、慎重で、責任感をもち、時計をもつことを誇りに思い（Thompson 1964）、そして資本主義的生産様式が強いる条件を「自明の自然法則」とみなすことのできる――が現われるのは、ようやく一九世紀後半になってのことである(Marx 1909 VOL Ⅰ:809)。

「労働力の解放」――すなわち、農民から共有地を収奪すること――では、放逐されたプロレタリアートに賃金労働を受け入れさせるには十分ではない、ということに新興ブルジョアジーが気づいた本源的蓄積の時期には、状況は根本的に異なっていた。エデンの園を追放されるにあたって、労働に捧げる人生へ嬉々として向かうミルトンのアダムとは違い[*5]、土地を収奪された農民と職人は、賃金のために働くことにおとなしく応じたわけではなかった。それよりも彼らは乞食、浮浪者もしくは犯罪者となることの方が多かった(次頁図)。規律化された労働力を生み出すためには、長い過程が必要であった。一六、一七世紀には賃金労働に対する憎悪が高まったため、多くのプロレタリアートは新たな労働条件に服従するよりも絞首刑のリスクの方を選んだ[*6](Hill 1975: 219-39)。

これは資本主義の最初の危機であり、資本主義の発展の第一段階で資本主義システムを脅かした他のどんな商業的危機よりも深刻なものだった[*7]。周知の通り、それに対するブルジョアジーの対応は、まさしく恐怖政治であった。それはさまざまな罰則の強化(とくに財産に対する犯罪の処罰)、浮浪者に対する「血の立法」の導入――かつて農奴が土地に縛りつけられていたように、労働者を課せられた仕事に縛りつけることを意図した――、処刑の増加などを通じて実行された。イングランドだけをとっても、ヘンリー八世治世下の三〇年の間に、七万二〇〇〇人が絞首刑に

ルイ＝レオポルト・ボワイーの素描より。襤褸を売る女性と浮浪者。収奪された農民と職人は賃金のための労働をすることにおとなしく合意しなかった。それよりも彼らは乞食、浮浪者もしくは犯罪者となることの方が多かった。

された。一六世紀後期になっても大虐殺はつづいていた。一五七〇年代には、三〇〇人から四〇〇人の「ごろつき」が「あちこちで毎年、絞首台の餌食となった」(Hoskins 1976: 9)。一五九八年のデボンだけで、七四人が絞首刑となった (*ibid.*)。

しかし、支配階級の暴力は法を犯す者の弾圧だけにとどまらなかった。それは個人を根本的に変容させるため、厳しい労働規律にふさわしくないあらゆるふるまいをプロレタリアートから根絶することを狙っていた。この攻撃の規模は、一六世紀中頃にイングランドとフランスで導入された社会立法に明らかに見てとれる。娯楽、とくに賭けごとは、無益であるだけでなく、個人の責任感と「労働倫理」を害するとして禁止された。公衆浴場に加えて酒場も閉鎖された。裸体は罰の対象となり、他の多くの「非生産的」形態の性行動や社会的な行為も同様であった。飲酒、悪態、冒涜も禁止された。[*8]

このような広範囲に及ぶ社会工学の過程のまっただなかで、身体についての新しい概念とそれにむけた新たな政策が形成されていった。新奇なことといえば、身体はあらゆる悪の源泉であると攻撃されたが、しかし、同時期に天体運動の研究に注ぎ込まれていた情熱と変わらぬ熱意でもって研究されていたということだ。

なぜそれほどまでに身体は国家政策と知的言説の中心をしめたのだろうか? 身体へのこの執着はプロレタリアートが支配階級に呼び起こした恐怖を反映している、と答えたくはなる。[*9] それは、ブルジョアジーや貴族が、街角であろうと旅行中であろうと、どこに行こうとも、施しを乞い、盗みを働こうとする威嚇的な群衆に取り囲まれたときに抱いた恐怖であった。また、それは国家行政のトップにある者たちが抱いた恐怖でもあった。国家の安定性は暴動と社会不安という脅威により絶えずおびやかされ、同時に決定されてもいたのである。

だが、答えはそれだけではない。貧しく物騒なプロレタリアート――その襲撃から逃れるために金持ちは馬車で移動せざるをえず、また枕の下に二丁の拳銃を忍ばせて就寝しなければならなかった――という社会的主体は、次第に、あらゆる富の源泉とみなされるようにもなっていったことを忘れてはならない。重商主義者、すなわち資本主義社会における最初の経済学者が飽くことなく（ためらいつつも）「人は多ければ多いほどよい」と繰り返し、多くの身体が絞首台で無駄にされてゆくのを非常に残念がったのも、彼らのことであった。[*10]

労働の価値という概念が経済思想に殿堂入りするまでには数十年もかかった。だが、労働（「勤勉／産業《インダストリー》」）が、土地やその他の「天然資源」以上に富の蓄積の主要な源泉であるということは、技術的発展が低水準だったため人間がもっとも生産的な資源であった時期においては、よく理解されていた事実であった。トーマス・マン（ロンドンの商人の息子であり、重商主義者の立場の代弁者であった）は以下のように述べる。

（…）われわれは、みずからが所有する未加工の商品は、われわれの勤勉《インダストリー》ほどには利益を生みださないことについて知っている。（…）鉱山の鉄といっても、それが掘られ、精錬され、移送され、買われ、売られ、大砲、マスケット銃に鋳造され、家、荷馬車、大型馬車、鍬や他の耕作用具で使うため、ボルト、大釘、くぎに鍛造されることでもたらされる、用途と利益にくらべたら、まったく価値はない（Abbott 1946: 2）。

シェイクスピアのプロスペローでさえ、労働の価値についてのちょっとした語りのなかで、この重大な経済的事実を強調している。それはミランダがキャリバンに対してあからさまな嫌悪感を示したときに述べられている。

だが、実際のところ
やつを手放せないのだ。火を起こしたり、薪をとってきたりと
何かと役に立つものだからな。

――『嵐《テンペスト》』第一幕第二場

こうして身体は社会政策の最前面に飛び出した。身体は刺激を与えなければ働かないのろまな獣としてだけでなく、労働力の器、生産手段、主要な労働機械として立ち現れたからである。だからこそ、身体に対して国家が採用した戦略のなかには、多大な暴力が見受けられるものの、高い関心も見いだされるのである。身体動作やその性質についての研究が、その時代の多くの理論

的な思索にとっての出発点となった。デカルトにとっては霊魂の不滅性を主張することを目的として、あるいはホッブズにとっては社会の被統治性の前提を研究することを目的として。

　事実、新しい機械論哲学の中心的な関心のひとつは、身体の構造であった。身体を構成する諸要素――血液の循環から発話能力の動力学、諸感覚の作用から動作の自発性と不随意性まで――は分解され、すべてその構成要素と可能性に分類された。デカルトの「人間論」[11]（一六六四年）はまさに解剖学のハンドブックである――それは物理的かつ心理学的な解剖学であったが――。デカルトの企ての基本的課題は、純粋に精神的な領域と純粋に物理的な領域の間に存在論的な境界を設けることである。こうしてあらゆる挙動、態度、感覚が定義されてゆく。それらすべての要素の境界が画定され、それぞれの全き可能性が評価されたことは、「人間性という書物」が初めて開かれたという感慨、あるいは新大陸が発見され、コンキスタドールたちが道を地図に書き込み、天然資源の目録をつくりはじめ、長所と短所を左見右見《とみこうみ》しだすような印象に近い。

　この点で、ホッブズとデカルトは時代の代表格であった。身体と精神の現実を細部まで明らかにする際に両者が見せた細心の注意は、気質と個人の天分に関するピューリタン的分析にも現れる。[12]これはブルジョア的心理学のはじまりであり、この場合明らかに、人間のあらゆる能力を労働の可能性と規律への貢献という観点から研究しようとするものだった。身体に対する新しい関心の表れと「身体を開くことを可能にした、前時代からの風俗や慣習の変化」（一七世紀の医者の言葉）のさらなる兆しは、中世には長らく地下に追いやられていた知的活動であった解剖学の、科学的分野としての発展であった（Wightman 1972: 90-92; Galzigna 1978）。

しかし、身体は哲学・医療の舞台に主人公として現れたものの、目立っているのは、これらの研究が身体を貶めるような考え方をしていることである。解剖「劇場」[*13]は魔法を解かれ神聖性を奪われた身体を公衆の目にさらした［次頁図］。身体は原理的には魂が宿る場として考えられうるが、実際には魂とは別個の現実として扱われる[*14]（Galzigna 1978:163-64）。解剖学者の目から見れば、アンドレアス・ヴェサリウスがその「解剖の研究《インダストリー》」の画期的な著書に『人体の構造《デ・フマニ・コルポリス・ファブリカ》』（一五四三年）という題名を与えていることに示されるように、身体とは工場である。機械論哲学では、身体は機械との類推で表現され、しばしば惰性が強調される。身体はいかなる理性的な性質とも完全に無縁な、動物のように野蛮な物体とみなされている。身体は何も知らず、何も欲せず、何も感じない。デカルトは、一六三四年の著作『方法序説』(Descartes 1637 Vol. I : 152) のなかで、身体とは純粋に「各部位の集合」であると主張している。この主張は、ニコラ・マルブランシュによって繰り返されている。マルブランシュは『形而上学と宗教についての対話』(Malebranche 1688) のなかで、「身体は考えることができるのだろうか？」と重要な問いを投げかけ、すぐさまこう答えている。「否、疑問をはさむ余地もない。なぜなら、［身体の］延長に起こるあらゆる変化は、それぞれ遠く離れた諸関係のなかにのみあるからである。そしてこのような諸関係が、知覚、推論、喜び、欲望、感性、つまり思考ではないことは明らかである」(Popkin 1966: 280)。同じくホッブズにとっても、身体は、自律した力

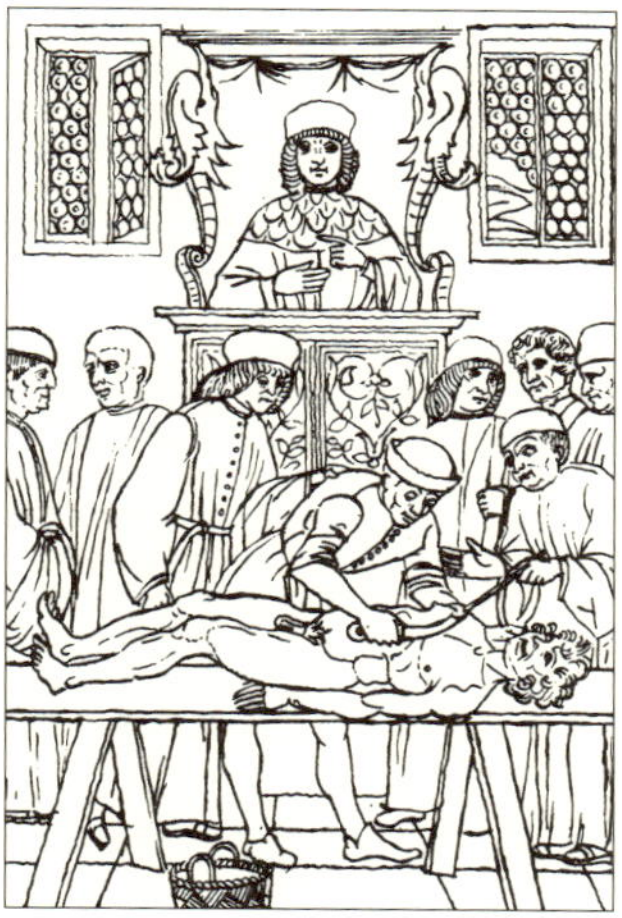

パドヴァ大学での解剖学の授業。円形劇場型の解剖学の教室は、魔法を解かれ神聖性を奪われた身体を公衆の目にさらした。『医学論集』ヴェネツィア（1494年）より。

を欠き、外部の要因にもとづいて作動する機械的動作の集合体《コングロマリット》であった。自動機械がそうであるように、そこでは引き付ける動きや反発する動きすべてが制御されている（Hobbes 1963, Part I Chapter VI）。

とはいえ、機械論哲学について、一七、一八世紀の社会的規律という観点からミシェル・フーコーが主張していることは正しい（Foucault 1977: 137）。ここにも、身体を貶めて、現世的な享楽などはかない幻想だと知らしめ、結果として身体そのものの放棄を目指す、否定的な機能を果たした中世の禁欲主義とは異なる視座を見てとることができる。

機械論哲学のなかには、ブルジョアジーの新しい精神が見いだされる。それはただ身体の諸能力を合理化するためだけに、計測し、分類し、区別し、そして貶めるが、その狙いは、身体の支配を強化するためだけでなく、その社会的有用性を最大化することであった（*ibid.*, 137-38）。機械論の理論家たちは、身体を否定するどころか、その働きを理解可能であり操縦可能なものとするようなやり方で概念化したいと考えているのである。したがって、デカルトは（同情心というよりも）自尊心をもって主張しているのである。「この機械」（彼は『人間論』のなかで身体のことをこう呼びつづけた）は自動機械にすぎず、その死は道具が壊れるときの嘆き以上のものではないと[*15]。

たしかに、ホッブズもデカルトも経済にかかわることについてはそれほど語っておらず、両者の哲学のなかにイングランドやオランダの商人の日常的な関心を読み込もうとするのはばかげたことかもしれない。だが、両者の人間性についての思索が、勃興しつつある資本主義的な労働科学に重要な貢献をしていることを見過ごしてはならない。内在的目的論——当時、自然魔術[†1]でも民間信仰でも、身体に付されていた「隠された徳」——を一切廃し、身体を機械的な物体としてあつかうことは、身体を、均質で予測可能な行動様式をますますあてにするようになっていた労働過程に服従させる可能性を、目に見えるものにすることであった。

身体は、ひとたびその仕組みが分解されひとつの道具へと還元されると、その力と可能性を無限大に操作することが可能となった。身体について、その想像力の限界や欠点、習性の利点、恐怖の活用、特定の感情が起こるのを防いだり中和したりできるか、そうした感情を合理的に役立てられるかを探求することができるようになった。そういう意味で、機械論哲学は、支配階級の自然世界と人間性に対する支配の強化に貢献し、欠くべからざる第一歩となった。自然が「大いなる機械」へと切り下げられたことによって征服され、（ベーコンの言葉によると）「すべての秘密を見抜かれ」てしまったように、身体もその神秘的な力を取り除かれ「服従の制度にとらわれて」しまった。そこでは身体の動作は計測され、組織され、力関係について技術的に考察・投資されるものとなったのだ（*ibid.*, 26）。

デカルトにとって身体と自然は同じものであった。どちらも同じ粒子でできており、神の意志によって動く不変の物理法則に従って活動するからである。したがって、デカルトの身体は神秘的な徳を奪われて零落させられただけではない。デカルトが人間性の本質とその偶発的な条件の間に設けた大いなる存在論的区分においては、身体は個人の人格から切り離され、文字通り非人間化される。デカルトは、『省察』（Descartes 1641）の全体を通して「私とは、この身体のことではない」と主張している。実際のところ、デカルトの哲学においては、身体は時計のごとき正確で単調な物体の連続体となり、身体から解放された意思はいまや身体を支配の対象として客体

---

†1　ルネッサンス期に悪魔的魔術とは区別された自然に関する知恵としての魔術を指す。ジャンバティスタ・デッラ・ポルタは悪魔的魔術と自然魔術の区別を以下のように定義している。「魔術は知恵および自然界についての完全な認識としてあらゆる人びとに受けとめられている。（…）魔術には二種類ある。一方はいまわしく不吉なものである。（…）もうひとつの魔術は自然的なもので、これはあらん限りの優れた賢人が容認し、受け容れ、絶賛のものとに崇拝するものである」（『ルネサンスの魔術師』バーバラ・H・トレイスター著、藤瀬恭子訳、晶文社、一九九三年を参照）

化して考えることができるようになる。

以下で見るように、デカルトとホッブズは身体という現実についての、ふたつの異なる研究課題を表わしている。デカルトにおいては、身体を機械的な物体に切り下げることで、身体を意思に従属させる自己管理のメカニズムの発展が可能となった。対照的に、ホッブズにおいては、身体の機械化は国家権力への個人の完全な服従を正当化している。とはいえ、両者ともその結果は、少なくとも観念的には、身体を資本主義的労働規律の要請する規則性と自動性に適合させるように、身体の特質を再定義することである。[*16]「観念的に」と強調したのは、デカルトとホッブズが論文を執筆していた数年の間に、支配階級は予想していたものとはかなりかけ離れた身体性に直面せざるをえなかったからである。

実際のところ、「鉄の時代」の社会に関する文献に頻繁に出てくる反抗的な身体と、デカルトとホッブズの著作での時計仕掛けのイメージの身体表象とを両立させるのは難しい。だが、一見したところ階級闘争といった日常的な雑事からはかけ離れているものの、この二人の哲学者の思索のなかに、本源的蓄積の主要な課題のひとつである、身体を労働機械へと進化させる、最初の概念化があることが分かる。たとえば、ホッブズが「心臓はまさにぜんまいであり、（…）関節は多くの歯車である」と断言するとき、その言葉のなかに、そこに労働が身体の存在にとっての条件・動機であるだけでなく、あらゆる身体の諸力を労働力へ変容することへの要求をも感じられる、ブルジョアジーの精神を見てとることができる。

身体を労働機械へと変容させるというプロジェクトは、なぜこれほど多くの一六世紀と一七世紀の哲学的思索が、人間の身体の呵責なき解体を論じているのか、身体の性質のうちどれが生き残り、どれが死ぬべきかを考察したのかを、理解する鍵となる。それは卑金属を金に変えるのではなく、身体の諸力を労働力に変える、まさに社会的な錬金術であった。それは資本主義が土地と労働の間に導入したのと同様の関係が、身体と労働の関係をも支配しはじめたからである。労働が無限に発展可能な動的な力として捉えられる一方、身体は意思のみがそれを動かすことのできる自動力のない不毛な物体とみなされた。それは、ニュートン物理学が質量と運動の間に確立した、力が加えられなければ質量は慣性となる傾向があるとした条件と似ている。土地のように、身体は耕されなければならず、そしてなにより、分解して、隠された財宝を手放せるようにしなければならなかった。なぜなら、身体は労働力の存在条件ではあるが、同時に、身体それ自体が、身体の消費に対する大きな抵抗要素としてその限界となっているからである。よって、身体それ自体には価値がないと決定するだけでは不十分であった。労働力が生きるためには、身体が死ななければならなかった。

死んだのは、中世世界に普及していた魔術的な力の器としての身体概念（二二五頁図）であった。実のところ、それは破壊されたのであった。新しい哲学の背景には、広範囲に国家のイニシアティヴが働き、哲学者が「非理性的」と分類したことに、国家が犯罪の烙印を押していったからである。この国家介入は、機械論哲学の必然的な「サブテクスト」であった。「知」は、それが規範となることができたとき、「力」になりうる。つまり、広範囲に及ぶ前資本主義的な信仰、実践、そして社会的主体——その存在は機械論哲学が請けあった身体の規則正しいふるまいとは相反するものであった——の国家による破壊なくしては、機械的な身体、身体-機械は社会的ふるまいのモデルにはなりえなかったということだ。これこそ、「理性の時代」——懐疑主義と方法としての疑いの時代——の頂点で、新たな教義に賛同する多くの者たちによって強く支持された、身体への獰猛な攻撃があった理由である。

魔術、そして教会の奮闘にもかかわらず中世を通して民間レベルに普及していた魔術的世界観への攻撃については、このような文脈で解釈しなければならない。魔術の根底にはアニミズム的な自然概念があり、それは物と精神の間にいかなる区別をつけることも認めず、それゆえに宇宙を、あらゆる要素がその他のものと「共振」する関係にある、超自然的な力を宿した生命体であると考えていた。自然を、読み解かれるべき不可視の類似性を示す、兆候と記号の世界とみなすこの観点においては（Foucault 1970: 26-27）、あらゆる要素——ハーブ、植物、金属、そして何よりも人間の身体——は、その固有の徳と力を隠しもっていた。したがって、さまざまな実践が、自然の秘密を自分のものにし、その力を人間の意思にしたがわせることを企図してなされた。手相占い、予言、護符の使用や共感による治療法まで、魔術は膨大な数の可能性を開いた。トランプゲームに勝つための魔法や、めずらしい楽器を奏でる、人から自分の姿を見えなくする、誰かの愛を得る、兵役を免れる、子どもを寝かしつけるなどのための魔法があった（Thomas 1971;

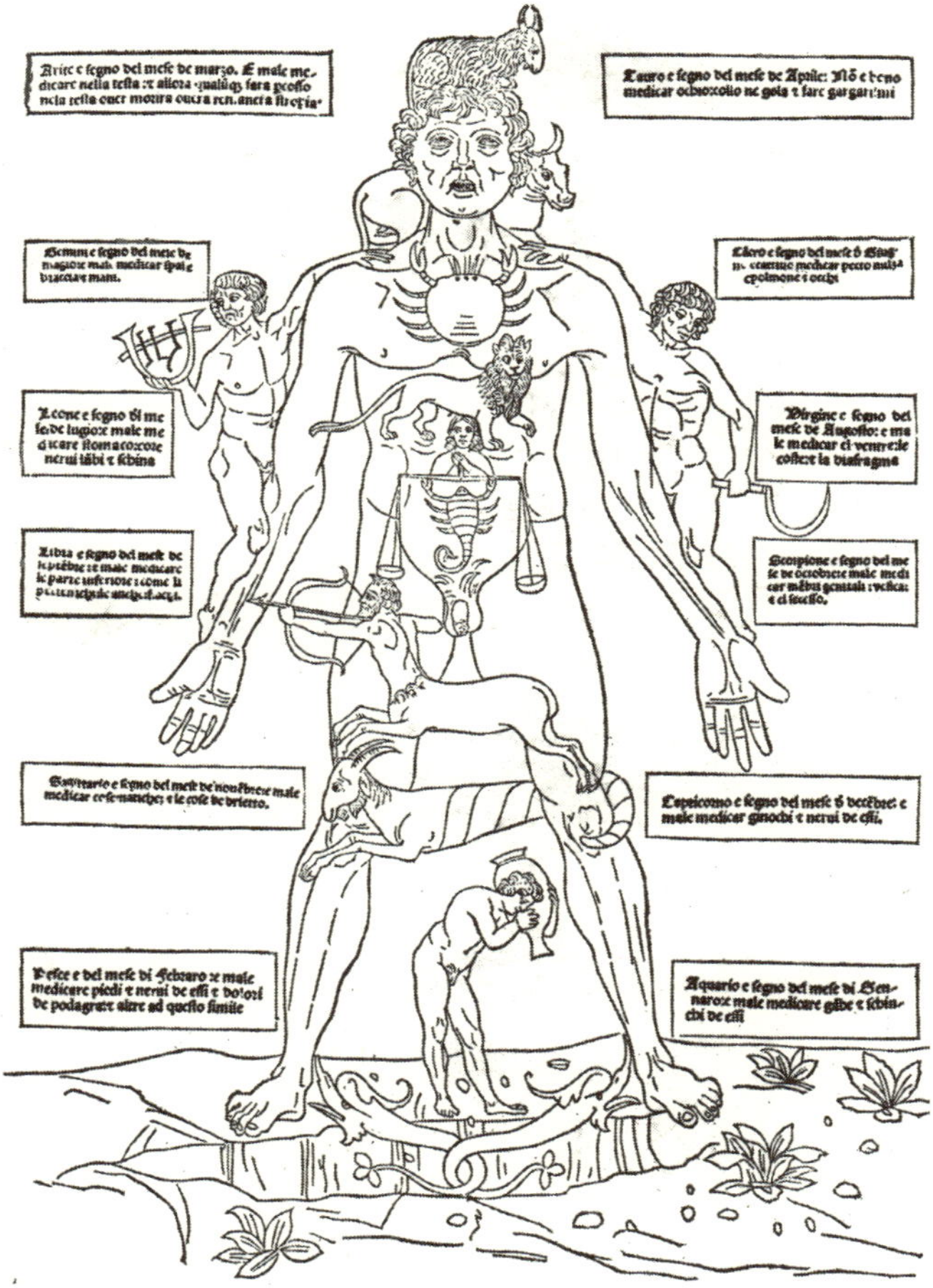

魔術的な力の器としての身体という概念は、この 16 世紀の「黄道帯の人」のイメージに描かれているような、個人の小宇宙と天上の世界の大宇宙という対応関係への信仰から生まれた。

Wilson 2000)。

こうした実践を根絶することは、資本主義的な労働の合理化にとっての必要条件であった。魔術は不正な力の形態、そして労働をせずに欲するものを手に入れる手段、つまり労働を行うことの拒否と思われたからである。フランシス・ベーコンは、額に汗して働くよりも、ちょっとした不真面目な方法によって成果を得ることができるという考えほど自分を不快にさせるものはないと吐露し、「魔術は勤勉を殺す」と嘆いた(Bacon 1870: 381)。

さらに、魔術は、労働過程の規則化を阻むような空間と時間についての質的概念にもとづいていた。運の良い日もあれば不運な日もある、つまり、外出できる日もあれば家の外に出てはいけない日もある、結婚にふさわしい日もあれば一切の活動ができない日もある、といった考え方が根づいたプロレタリアートに、新たに登場した企業家たちはいったいどうやって規則的な労働形態を強いることができたのだろうか？　同様に、個人には人を惹きつける容姿や、姿を見えなくする力、体外離脱、呪文で他人の意志を束縛するなど特別な力が備わっているという世界観も、資本主義的労働規律とは相いれなかった。

こうした力が本物であるか想像上のものであるか追究するのは、有益ではないだろう。言えるのは、あらゆる前資本主義社会はそれらの力を信じていたということであり、われわれが扱っている時代には魔女の仕業として断罪されたこれらの実践が、今日再評価されているということである。主流の医学でもしだいに応用されるようになっている、超心理学やバイオフィードバック

クリストファー・マーロウ『フォースタス博士』（1604年）初版の口絵より。魔法の円陣に守られた場所から悪魔を呼び出す魔術師が描かれている。

の実践への関心の高まりもそうであろう。今日では魔術信仰はもはや社会的脅威ではないから、その復活が可能なのだ。身体の機械化はきわめて個人的なレベルで構成されているため、少なくとも産業化された国々では、超自然的な力への信仰に干渉しなくても社会的ふるまいの規則性が脅かされることはない。占星術だって復活可能だ。星図のもっとも熱心な消費者でさえ、仕事に行く前には無意識に時計を確認するのは確実だから。

しかしながら、一七世紀の支配階級にはこの選択肢はなかった。この、資本主義的発展にとって初期の試験的な段階では、支配階級は魔術の実践を無効化するには至っていなかったし、魔術を社会生活の構成のなかに機能的に統合することもできなかった。支配階級の視点から見れば、人びとがもっていると考えている、あるいはもちたいと切望している力が本当かどうかは問題ではなかった。魔術は存在するというまさにその信仰こそが社会的不服従の源泉であったからだ。

たとえば、魔術の護符で隠されていた宝物が見つかるかもしれないという、広く普及していた信仰を例にとろう（Thomas 1971: 234-37）。確かに、これは厳格かつ自発的に受容されるべき労働規律を慣例化させるには障害であった。同じく、下層階級が予言を利用することも恐れられた。とくにイングランド内戦中（中世においてと同様に）、それが闘争の計画を考案するのに役立ったからである（Elton 1972:142ff）。予言は、単なる宿命論的受容の表現ではなかった。予言は歴史的に、「貧民」がその欲望を外在化させ、自分たちの計画に正統性を与え、行動へと飛び込ませる手段であった。このことに気づいたホッブズは、「自分たちの行動がもたらす帰結の展望として、予言ほど人びとを慎重に方向付けるものはない。予言は、しばしば、予示された出来事が現実となる主な原因であった」と警告した（Hobbes 1962, Works VI : 339）。

しかし、魔術が危険を引き起こそうがそうであるまいが、ブルジョアジーはその力と戦わざるをえなかった。魔術はブルジョアジーの支配の及ばない、星の世界で社会的行為に決定を下すので、個人的責任という原則を弱体化させるからであった。こうして、一六、一七世紀の哲学的考察の特徴である空間と時間の合理化のなかで、予言は確率の計算に置き換えられた。資本主義的観点から見たその利点とは、そこでは未来はそのシステムの規則性と不変性が仮定するかぎりにおいてのみ、予測可能なものとなるところにある。すなわち、未来が過去のようなものとなり、大きな変化も革命も、個人の意思決定の組み合わせをくつがえすことがないと想定されるかぎり

拷問部屋。ジョセフ・ラヴァリ『イタリア・スペイン・ポルトガルの異端審問の歴史』所収のマネによる版画、1809年より。

において。同様に、同時にふたつの場所にいることが可能だという考えともブルジョアジーは戦わねばならなかった。なぜなら、規則正しい労働過程にとって、空間と時間への身体の固定、すなわち個人の時空間への自己同一化は必要不可欠だからだ。[*17]

魔術が資本主義的労働規律と社会統制の必要性とは相容れないものであることは、国家が魔術に対してテロ攻撃をしかけた理由のひとつである。科学的合理主義の創始者であると現在みなされている多くの人たち――ジャン・ボダン、メルセンヌ、機械論哲学者であり王立協会のメンバーであったリチャード・ボイル、そしてニュートンの師であるアイザック・バロー――は、このテロを無条件に称賛した。[*18]唯物論者のホッブズでさえ、いささか距離をとりながらも賛意を表わした。「魔女については、実際にはその魔術は何ら効力をもたないと私は考えるが、適切に罰せられるべきである。それというのも、可能ならば成し遂げたいよこしまな目的に加え、それが可能であるという誤った信仰をもっているからである」(Hobbes 1963: 67) とホッブズは述べ、次のように付け加える。こうした迷信が根絶されれば、「人びとは今よりもはるかに市民的服従にふさわしい存在となるだろう」と (*ibid.*)。ホッブズは思慮深かった。魔女や他の魔術実践者を死なせた火刑、そして彼女・彼らへの拷問が行われた部屋は、多くの社会的規律が堆積し、身体についての多くの知識が獲得された実験室であった(前頁図)。ここで、個人と社会的身体を予想可能・コントロール可能な一組の機械に変容させる妨げとなっていた不合理性が根絶されたのだ。そして、拷問の科学的使用法が誕生したのもここであった。なぜなら血と拷問は、規則的、均質的、画一的にふるまい、新しい規則を体に染みつかせた「動物をしつける」のに必要だったからである (Nietzsche 1965: 189-90)。

この文脈で重要な要素は魔術《マレフィキウム》として中絶と避妊が断罪されたことである。女性の身体――労働力再生産の機械へと切り下げられた子宮――は国家と医療専門家の手にゆだねられてしまった。この点には魔女狩りの章で立ち戻ろう。そこでは魔女の迫害とは近代におけるプロレタリアートの身体に対する国家干渉の最高点であったと論じることとなる。

ここでは、国家による暴力の動員にもかかわらず、一七世紀を通してプロレタリアートを規律化する過程は緩慢に進み、一八世紀に入っても、死刑の恐怖でもっても抑えきれなかった強い抵抗に直面したという点を強調しておこう。この抵抗の象徴的な例は『外科医に対するタイバーン暴動』のなかでピーター・ラインボーが分析している。一八世紀初頭のロンドンで、ある処刑が行われたとき、解剖の研究のためにその死体を外科医の助手が持ち去ろうとするのを、死刑囚の友人と親族が止めようとして争いが起こった事件をラインボーは報告している（Linebaugh 1975）。解剖されるという恐怖は死の恐怖以上のものだったので、この争いは激しかった。一八世紀のイギリスでは手際の悪い絞首刑の後で死刑囚が蘇生することもよくあったのだが、解剖はそうした可能性をまったく排除してしまった（*ibid.*, 102-04）。身体は死後も生きつづけ、死によって身体は新たな力を得るという身体についての魔術的な考え方が、人びとの間に普及していた。死者は「蘇る」力をもっており、生者に対して最後の復讐を行うと信じられていた。また、死体は癒しの効力をもつと信じられ、そのため病を患った人びとは、死者の手足には王の手で触れられるのと同じくらい奇跡的な効果があることを期待して、わらわらと絞首台の周りに集まった（*ibid.*,109-10）。

よって、解剖はさらなる不名誉とみなされ、第二の、そしてより大きな死であると考えられた。死刑囚は自分たちの身体が外科医の手に落ちないよう手段を講じて、その最期の日々を過ごした。絞首台の足元で起こったというこの意味深い争いは、世界の科学的合理化をつかさどる暴力と、身体についてのふたつの対立する概念、身体へのふたつの対立する投資の衝突をはっきり示している。一方は、身体をその死後も力を有するとみなす。それによれば死体は嫌悪感を引き起こすものではなく、腐敗した整復不能な異物のようには扱われない。他方は、身体をそれがまだ生きているときでさえ死んだもののようにみなす。そこでは身体は、あらゆる機械とまったく同じく、分解可能な機械装置と考えられている。ピーター・ラインボーは記す――「タイバーンとエッジウェアロードが重なるところに立つ絞首台で、ロンドンの貧民の歴史とイングランドの科学的関心の歴史が交差している」。これは偶然ではなかった。そしてタイバーンで首くくりになった死体をくすねる外科医の技能に解剖学の発展がかかっていたということも、偶然ではない。[*19] 科学的合理化の進捗は、反抗的な労働力に支配を及ぼそうとする国家の企てと密接につながっていたのである。

この企ては、身体に対する新たな態度の決定要因として、技術の発展よりもさらに重要だった。ディヴィッド・ディクソンが論じる通り、新たな科学的世界観は比喩を通してのみ、ますます拡大する生産の機械化と結びついていた（Dickson 1979: 24）。確かに、デカルトやその同時代人の興味を大いにそそった時計や自動化されたさまざまな仕掛け（たとえば水力で動く彫像）は、新しい科学や、機械論哲学の身体の動きについての思索にとってのモデルを提供し、一七世紀にはじまる解剖学的なアナロジーはマニュファクチュアの作業場から引き出された。腕はてこ、心臓はポンプ、肺はふいご、目はレンズ、握りこぶしはハンマー、といったようなものである（Mumford 1962: 32）。しかし、こうした機械的な隠喩は技術それ自体の影響を示しているのではなく、機械が社会的ふるまいの規範となりつつあったという事実を反映している。

社会統制の必要に応じてこれに霊感を与える力は、天文学の領域においてもはっきりとみられる。典型的なのは、エドモンド・ハレー（王立協会の書記官）の例である。一六九五年に出現し、彼が観察した彗星は、のちに彼にちなんで名づけられた。ハレーは自然現象は予測可能であることを証明するため、また、彗星は社会の動乱を予知するものであるという民間信仰を一掃するために、イングランド中にクラブを組織した。科学的合理化が社会的身体の規律化と交わる経路は、社会科学のなかではよりいっそうはっきりと見える。事実、社会科学の発展は、社会的ふるまいの均質化と、だれもがそれに適合するよう期待される模範的な個人の創造にもとづいていた。マルクスの用語では「抽象的個人」といい、徹底的に非特徴化され、たったひとつのあり方しかない社会的標準として構築される。それゆえに、その能力のすべてはもっとも標準化された諸側面においてのみ把握される。この新しい人間の創造が、後にウィリアム・ペティが（ホッブズの専門用語を用いて）政治算術——社会的ふるまいのあらゆる形態を数量、重量、尺度の観点から研究する新しい科学——と呼ぶものの発展のための土台となった。ペティのプロジェクトは統計学と人口学の発展により実現した（Willson 1966; Cullen 1975）が、それらは解剖学が個人の身体に施した手術と同じことを、社会的身体に施した。まるで人口を切開し、出生率から死亡率、世代構造から職業構造まで、最大限マス化した標準的観点からその運動を研究したのである。また、資本主義への移行のなかで個人が経験した抽象化の過程という観点からも、「人間機械」の発展が大きな技術的跳躍であり、本源的蓄積の時代に起こった生産力の発展の大きな一歩であったことがわかる。言いかえれば、資本主義によって発展した最初の機械とは、蒸気機関でも時計でもなく、人間の身体だったのだ（次頁図）。

だが、もし身体が機械であるとすれば、すぐさまひとつの疑問が浮かぶ。いったいどうやってそれを動かすのか？　ふたつの異なる身体‐統治のモデルが機械論哲学の理論から導かれる。一方には、純粋な機械的身体の前提を出発点とする、自由意思による労働関係と同意にもとづく支配を可能とする、自己規律・自己管理・自己規制という個人の機械化による発展の可能性を仮定するデカルトのモデルがある。他方には、身体から解放された理性の可能性を否定し、命令機能を外部化し、それを国家の絶対的権力者の手にゆだねるというホッブズのモデルがある。

身体の機械化にはじまる自己管理の理論の発展はデカルトの哲学の中心である。デカルトはその知的形成を絶対王政下のフランスではなく、自分の気性に非常に合っていると住みかに選んだブルジョアジーのオランダで完成させた（ということを、ここで思い出そう）。デカルトの学説には二重の目的がある。すなわち、人間の行動は（星や天の意思といったような）外部の要因から影響を受けるということを否定することと、身体的条件から霊魂を解放し、それによって身体に対して無制限の支配力を行使できるようにすることである。

デカルトは、動物の習性の機械的性質を明らかにすることでこのふたつの課題を成し遂げることができると信じていた。『宇宙論』（Descartes 1664）のなかで、動物がわれわれ人間と同じく魂をもっていると考えることほど多くの誤りをもたらすものはない、と彼は主張している。こうしてデカルトは、『人間論』の執筆に向けて動物の器官の解剖について研究することに何か月も

この16世紀ドイツの版画は、身体についての新しい機械的な概念の、分かりやすい例である。ここで描かれている農民は生産手段以外の何ものでもない。その身体はすべて農具で構成されている。

かけ、家畜が解体されるところを観察するために毎朝肉屋に通ったのであった。[*20] また、「理性をもたない」ただの動物は痛みをまったく感じないはずだという信念で良心を慰めながら、多くの生体解剖をも行った[*21]（Rosenfield 1968: 8）。

動物の野蛮さを論証することは、デカルトにとって不可欠であった。というのもデカルトはここに、人間の道徳的行為をつかさどる場所、性質、そして力の範囲についての疑問に対する答えを見いだしたと確信したからだ。解剖された動物のなかに、身体には機械的で不随意の運動能力しかないという証拠を見つけたとデカルトは信じた。それは人にとって本質的なものではない、ゆえに人間の本質は純粋に精神的なものにある、と。デカルトにとっては人間の身体もまた自動機械であるが、動物から「人」を区別し、周囲の世界に対する支配権を付与するのは思考力の存在である。このようにして、デカルトが宇宙と身体の領域から追放した霊魂は、個人の理性と意思の名の下に無限の力を与えられて、その哲学の中心に戻ってくるのである。

魂なき世界と身体‐機械に位置を定められたデカルト的人間は、プロスペローのように自分の魔法の杖をへし折り、自分の行動に責任をもつようになるだけでなく、あらゆる力の中心となったように見える。身体から切り離される際に、理性的自己は身体的実在と自然との結びつきを確実に失った［次頁図］。しかしながら、その孤独は王の孤独というべきものである。デカルトの個人のモデルにおいては、意思の主な義務とは身体と自然世界を支配することであるから、思考する頭と身体‐機械の間に対等な二元性は存在せず、主人／奴隷の関係のみが存在するからだ。

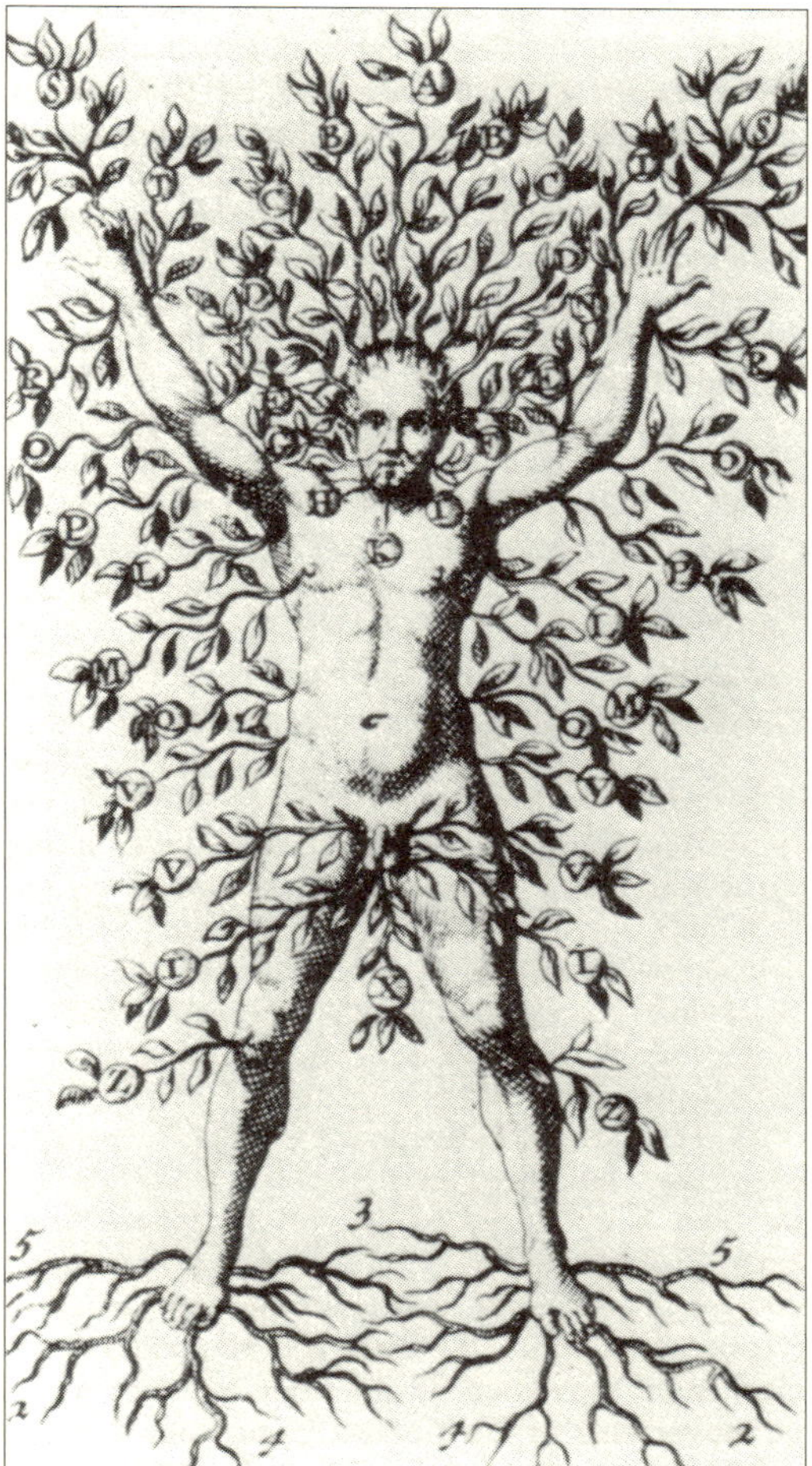

J・ケース『解剖学概要』1696年より。「機械人間」と対照的なのは、この「植物人間」の表象である。血管が人間の身体から飛び出て成長する小枝のようである。

デカルトの人間モデルには、同時期に国家レベルで起こっていた指揮機能の集中化と同じものがみられる。国家の務めは社会的身体を管理することであり、同様に精神は新しい人格の統治者となったのである。

理性はその内部の矛盾に直面する。ゆえに身体に対する精神の優位はそれほどたやすく獲得できないということをデカルトは認めていた。『情念論』(Descartes 1650) では、霊魂の低次の能力と高次の能力との間の絶えざる戦いという見通しへとわれわれを導く。彼はそれをほとんど軍事用語で表現し、勇敢であれ、適切な武器をとって、情念に抵抗せよ、と呼びかけている。われわれは一時的な敗北を喫することを覚悟しなければならない。なぜならわれわれの意思はいつも感情を変化させたり、おしとどめたりはできないからだ。しかしながら、感情の向きをそらせることで無力化はできるし、感情が身体にさせようとする運動を抑制することもできる。言い換えれば、意思は、感情が行動になるのを阻止することはできるのである (Descartes 1973, Vol.I: 354-55)。

デカルトは精神と身体の間にヒエラルキーを設けることによって、資本主義経済の成長に要請される労働規律の理論的前提を発展させた。身体に対する精神の優位は、身体の生理的欲求、反応、反射作用を意思が (原理上は) 支配できるということを示唆するからである。つまり、意思は、生命維持に必要な機能に対し規則正しい秩序を課すことができ、そして身体自体が欲することとは関わりなく、外部の仕様書にのっとって働くよう身体に強いることができるのだ。

もっとも重要なのは、意思の優位によって力のメカニズムが内在化されるということである。かくして、身体の機械化に対応して、裁判官、尋問官、経営者、行政官といった役割としての理性が発展する。ここに、自己管理、自己所有、法律、責任と、それに付随する記憶とアイデンティティという、ブルジョアジーの主観性の起源がある。またここに、ミシェル・フーコーが司牧的権力について批評する際に描いた、「ミクロな権力」のはびこる起源も見出される（Foucault 1977）。だがデカルトのモデルは、社会的身体を通じての権力の脱中心化と拡散は、個人において再中心化されるかぎりにおいて起こりえ、ゆえに個人は小国家として再構成されることを示す。言いかえれば、権力は拡散される際に、そのベクトル――すなわちその意義と目的――を失うことなく、拡がり膨らみながら、ただ自己との協力関係を獲得するのである。

ブライアン・イーズリーが提起したテーゼは、この文脈で考える必要がある。それによれば、デカルト的二元論が資本家階級に提供した主要な利益は、霊魂の不死というキリスト教的観念を擁護し、自然魔術に内在し潜在的に秩序転覆的な意味をはらむ無神論を追い払う可能性であった。（Easlea 1980: 132ff）。この見解を支える論拠として、イーズリーは、宗教の擁護はデカルト派の中心的なテーマであり、とりわけ英語版で顕著であるように、「精神なくして神なし、司祭なくして王なし」ということを決して忘れないと論じる（*ibid.*, 202）。イーズリーの議論は魅力的だ。しかし、デカルトの思想のなかの「反動的」要素にこだわると、イーズリー自身が投げかけた問いに答えることができなくなってしまう。なぜデカルト主義がかくも強力にヨーロッパをつかみ、ニュートンの物理学によって自然世界への信仰から超自然的力が駆逐され、宗教的寛容が到来して以後も、デカルト派が支配的な世界観を形成しつづけたのか？ 中・上流階級の間でデカルト派が人気を博したのは、デカルト哲学が推奨した自己支配というプログラムと直接にかかわっているのではないだろうか。同時代のエリート層にとって、このプログラムはその社会的含意において、デカルトの二元論が正当化した人間と自然の間のヘゲモニー的関係に劣らず重要であった。

自己管理（すなわち自己統治、自己開発）の発展は、資本主義的な社会経済システムにおける必要条件となった。このシステムでは、自己所有がもっとも基礎的な社会関係であると考えられ、規律はもはや純粋に外部からの強制に依存しない。デカルト哲学の社会的重要性は、部分的には、このシステムを知的に正当化する根拠を与えたという事実にある。このようにして、デカルトの自己管理論は自然魔術を打ち砕いたが、同時にその積極的側面を回復もさせた。というのも、（星の影響やら一致やらの、あるかないかわからない操作にもとづく）魔術師の予測不能な力を、はるかに有益な力——そのために魂を手放す必要のない力——に置きかえるからである。それは、個人の身体の管理と支配を通してのみ生じる力であり、その延長上に、他の同胞たちの身体の管理と支配を通して生じる力もある。よって、（ライプニッツの提起した批判を繰り返した）イーズリーのように、デカルト主義がその教義を一連の実践的な規定に変換し損ねた、つまり、哲学者に対して——そして何よりも商人たちと工場主らに対して——この世の問題をあつかおうとするときに、いかにその学説が彼らにとって有益であるか証明し損ねたとはいえないのだ（*ibid.*,

151)。

仮にデカルト主義がその教えを技術的な用語に翻訳することに失敗したとしても、それでもなおその思想は、「人間‐技術」の発展に関して貴重な情報をもたらした。自己統制の力学についての洞察は、人についての新しいモデルの創造にいたる。個人が主人であると同時に奴隷としても機能するデカルトの学説は、資本主義的労働規律の求めるものを非常に正確に解釈していたからこそ、一七世紀末までには全ヨーロッパに普及し、生気論生物学が現れ、機械論的枠組みが衰退した後でさえ生きのびた。

デカルトの勝利の理由は、彼の個人についての説明を、イングランドの好敵手トマス・ホッブズのそれと比較するともっとはっきりとする。ホッブズの生物学的一元論は、デカルトの個人概念の基礎であり、人間の意思は身体と本能による決定から自由になることができるというデカルト派の仮定の根拠である非物質的な精神や霊魂という前提を否定する。[*22] ホッブズにとっては、人間の行動は明確な自然の法に従い、絶え間なく個人を他者に対する権力と支配のために奮闘させる反射運動の集合体である（Hobbes 1963 141ff）。ゆえに、（仮説上の自然状態における）万人の万人に対する闘争であり、恐怖と罰を通して社会における個人の生存を保証する絶対的権力が求められるのである。

なぜなら、自然の諸法——すなわち正義、公平、謙虚、慈悲、つまるところ自分に対してしてほしいように他者に対してふるまうこと、しかもそれを守らせるための何かしらの力による脅威なしに――は、生来の情念とは正反対だからだ。それらは偏愛、自尊心、復讐やそういった類のものへわれわれを仕向ける[†2]（*ibid*., 173）。

よく知られているように、ホッブズの政治的理論は当時の人びとには危険で破壊的なものとみなされ、物議をかもした。そのため、ホッブズ自身が強く望んでいたにもかかわらず、英国王立協会への入会を認められることはなかった（Bowle 1952: 163）。

ホッブズとは対照的に、優勢を誇ったのはデカルトのモデルであった。ホッブズのモデルではもっぱら国家の手にゆだねられている指揮機能が、デカルトのモデルでは個人の意思に帰することによって、すでに盛んであった社会的規律のメカニズムの民主化という傾向を表現していたからである。多くのホッブズ批判者が主張するように、公的な規律の基礎は各々の人の心に根差している必要がある。内に法が定められていなければ、人は不可避的に革命に向かうからである（*ibid*., 97-98 で引用）。「ホッブズには意思の自由が存在せず、したがって良心の呵責や理性も存在しない。あるのは、もっとも長い剣をもつ者を喜ばせるものだけだ」とヘンリー・ムーアは批判する（Easlea 1980: 159 で引用）。アレクサンダー・ロスはもっとはっきり言った。「人の反抗を抑止するのは良心による拘束である。良心を責めることほど強力な外部の法や力はなく（…）これほど厳しい裁判官、これほど残酷な拷問はない」（Bowl 1952：167で引用）。

ホッブズの無神論と唯物論に対する当時の批評は、純粋に宗教的関心だけに動機づけられていたわけではなかったのは明らかである。本能的な好悪によってのみ動かされる機械としての個人というホッブズの見解が拒否されたのは、それが神の姿に似せてつくられた人間という観念を排除したからではなく、それが国家の鉄の支配に全面的に依拠するのではない社会統制のかたちの可能性を排除したからであった。ここに、ホッブズの哲学とデカルト主義の間の大きな違いがあるといってよい。しかし、デカルト哲学における封建的な諸要素、とりわけ神の存在の擁護、その論理的必然としての国家権力の擁護にこだわりすぎると、このことは理解できないだろう。封建的デカルトを特権化してしまうと、ホッブズにおける宗教的要素（すなわち非物質的存在への信仰）の排除は、実はデカルトの自己支配のモデルに内在する民主化への応答であったという事実を見過ごしてしまうだろう。ホッブズはそれに対して明らかに疑念をもっていた。イングランド内戦期にピューリタン派の活動が示したように、自己支配は容易に秩序転覆的な誘引となった。それというのは、諸個人のふるまいは個人の良心にまかせよ、そして、個人の良心を真理の究極の審判とせよというピューリタンの呼びかけは、国教会に属さない独立派の手によって急進化し、

†2　『リヴァイアサン』水田洋訳、岩波書店、一九九二年、二八―二九頁。翻訳に当たり、『リヴァイアサン』については水田訳を参照した。

既存の権威の無政府主義的拒否へといたったからである。[*23]「良心の光」の名の下に、私的所有とも国家の法制度とも対立したディガーズと喧騒派《ランターズ》、平信徒説教師らの例は、「理性」への訴えが危険なもろ刃の剣であるとホッブズに確信させたに違いない。[*24]

デカルト派の「有神論」とホッブズ派の「唯物論」の対立は、相互に同化してゆくことによってやがて解消に向かう。というのも（資本主義の歴史ではつねにそうであるように）個人の内部へと位置づけられることによって進む指揮メカニズムの脱中心化は、結局のところ国家権力において中心化が生じたかぎりにおいて達成されたからだ。両者の溶解をイングランド内戦中に持ち上がった議論の用語で言えば、「ディガーズでもなく、絶対主義でもなく」、といったところだろう。よくよく分量を量って両者を混ぜ合わせたもののなかでは、ニュートンにおける神のように、指揮権をになった国家が自己決定の道をはるか先まで進んだ魂に命令を下そうと待ち構えている。デカルト派の王立協会員ジョゼフ・グランヴィルがホッブズを批判する論争のなかで述べた、重要なことは精神による身体の支配である、という言葉がこの問題の核心を明快に示している。だがこれは、たんに（極めて優秀な精神である）支配階級による身体‐プロレタリアートの支配を意味したのではなく、同じく重要なこととして、個人内部における自己統制の能力の開発も含意していた。

フーコーが明らかにしたとおり、身体の機械化は根絶されるべき欲望や感情、ふるまいの形態の抑圧をともなっただけではなかった。それはまた、身体そのものに対して他者として現れ、身体の変容の遂行者となるという新たな能力を、個人のなかに成長させることになった。別言すれば、身体からの疎外による産物とは、明確に身体と「異なるもの」と想像され、身体と永久に対立する、個人のアイデンティティの発展であった。

第二の自我《アルター・エゴ》の誕生と、精神と身体の歴史的対立の終結は、資本主義社会に個人が誕生したことを表わしている。望み通りの成果を得るために、値踏みされ、開発され、寄せつけずにおくべき異質な現実として身体に立ち向かうことが、資本主義的労働規律の鋳型にはめられた個人の、典型的な特徴となるであろう。

すでに指摘したように、「下層階級」の間での自己規律としての自己管理の発展は、長い間、あてのない空論にとどまっていた。「庶民」に対する自己規律の期待がどれほど小さなものだったかは、一八世紀に入ってまもなくのイングランドでは一六〇もの犯罪が死刑によって処罰される対象であり（Linebaugh 1992）、毎年何千人もの「庶民」が植民地送りになるか、ガレー船労働の罰を受けていたという事実によって示されている。さらに、民衆が理に訴えるとき、それは反権威主義的な要求の表明となるのだった。民衆レベルでの自己支配は、社会的規則を内面化するというよりも、むしろ確立された権威の拒否を意味したからである。

実際のところ、一七世紀を通して、自己管理はブルジョアジーの排他的特権にとどまった。イーズリーが指摘するように、哲学者が理性的な存在としての「人《マン》」について語るとき、彼らはもっぱら白人、上流階級、成人男性からなる少数のエリート層について言及していた。「大衆は、むしろデカルトの自動機械に似ている。彼らは理性の力を欠き、比喩としてのみ人と呼ばれうる」と、イングランドのデカルト支持者ヘンリー・パワーは書いた[*25]（Easlea 1980: 140）。「より優れた人びと」は、プロレタリアートは異なる人種に属するということで合意していた。恐怖に疑り深くなった彼らの目には、プロレタリアートは野蛮で騒々しく、節度を知らない「大きな野獣」「多頭の怪物」にみえた（Hill 1975: 181ff; Linebaugh and Rediker 2000）。個人のレベルでも、慣習的な語彙は民衆をまったくの本能的な生物と表現していた。エリザベス朝期の文学のなかで、乞食はつねに「好色」で、下層階級についての議論では「したたか」、「下品」「短気」「乱暴」などが頻出単語であった。

この過程で、身体はあらゆる自然主義的なコノテーションを失っただけでなく、身体‐機能へと生まれかわりつつあった。身体はもはや特定の現実を意味するのではなく、純粋に関係的な用語となって、理性の支配を妨害するものを指すようになったからだ。こうして、プロレタリアートが「身体」となり、身体は「プロレタリアート」となった。とりわけ弱く、非理性的な女性（「われわれの内なる女」とハムレットは言った）あるいは「野蛮な」アフリカ人は、純粋に彼らの限られた機能、すなわち理性にとっての「異物」を通して定義され、そして、内なる破壊の遂行者として扱われた。

しかし、この「大きな野獣」との闘いは、「劣った人びと」に対してのみ向けられたわけではなかった。支配階級もまた、自分たち自身の「自然状態」に対してしかけた戦いのなかでそれを内面化した。これまでみてきたように、プロスペローに劣らずブルジョアジーも「この邪悪なものは私のものだ」と認めなければならなかった。つまり、キャリバンは自分の一部であると(Brown 1988; Tillyard 1961:34-35)。こうした自覚は、一六、一七世紀に生産された文学作品に浸透している。用語法がそれを暴露している。デカルトに賛同しない人びとでさえ、身体を絶えず監視下に置く必要のある動物とみていた。その本能は「統治され」なければならない「臣下」と比較され、感覚は理性的な魂にとっての監獄とみなされた。

ああ、この地下牢から出てくるのは誰だ？
がんじがらめに囚われた魂か？

――と、アンドリュー・マーヴェルは「魂と身体の対話」のなかで問うた。

足枷をはめられた足の上と
手錠をはめられた手に
ボルトが入った骨は立っており
ここに見ることのできない目があり
あそこに聴くことのできない耳があり

神経、動脈、静脈による鎖にかけられているかのように
魂は囚われている。

骨にねじ釘、足に足かせ
手に手錠で立っている
片目は見えず
耳には耳鳴り
魂は繋がれている
神経、動脈、静脈の鎖に

(Hill 1964: 345)

本能的な欲求と理性の対立は、エリザベス朝期の文学の重要なテーマであったが(Tillyard 1961: 75)、その一方でピューリタンの間では誰もがその内に「反キリスト」をもっているという考えが定着しつつあった。それと同時に、「中間層」の間で流行っていた教育と「人間の性質」についての議論は身体/精神の対立に集中して、人間は自発的意思がある存在なのか、もしくは不随意の存在なのかという決定的な問いを提起していた。

だが、身体との新たな関係の定義は、純粋に理論的なレベルにとどまらなかった。日常生活に

おいても深い変容が起きていることを示唆する多くの実践が現われはじめていた。カトラリーを使うこと、裸体を恥じる感覚、笑い方、歩き方、くしゃみの仕方、テーブルでどうふるまうべきか、どの程度まで歌ったり冗談を言ったり、ふざけたりしてよいかといったことに関する「行儀作法」が出現した（Elias 1978: 129ff）。個人はますます身体から解離していったが、身体の方はといえば、まるで敵ででもあるかのように常時観察の対象となった。身体は恐怖と嫌悪を引き起こすものとなりつつあった。「人の身体は不潔なもので満ちている」と断言したのはジョナサン・エドワーズだが、その態度は、身体の征服が日常的な実践であったピューリタンの経験に典型的なものであった（Greven 1977: 67）。とくに「人」に「獣性」を直接思い起こさせる身体機能が忌み嫌われた。それを証明する事例はコットン・マザーの次の告白である。彼はその『日記』のなかで、ある日、壁に向かって排尿していたとき犬が同じことをしているのを見て、どれほど屈辱を感じたかを告白した。

> 現世にある人の子は、なんと下劣で卑しいのだろうかと私は考えた。われわれの生来の欲求が、いかにわれわれを貶め、まさに犬同様の位置にわれわれを置くことか。（…）それゆえに、私は、あれこれの生来の欲求に応じるときはつねに、神聖で気高い、神的な思考を私の精神のなかに形作ることを日常の実践にすべきだと決意した（*ibid.*）。

当時、多大なる医学的情熱が注がれた排泄物の分析――そこから個人の心理傾向（悪癖、美徳）についてさまざまな推論が引き出された（Hunt 1970: 143-46）――もまた、不潔なものや隠された危険の器としての身体という概念に由来する。人間の排泄物に対する執着は、明らかに、中産階級が身体の非‐生産的な側面に感じはじめていた嫌悪を一定程度反映していた。排泄物がまったく無駄なものに見えるという理由に加え、都市環境では輸送上の問題が引き起こされたため、嫌悪感は一段と強まった。しかしこの執着のなかには、活動を妨げ、その労働を消費し尽くすにあたって「無駄な時間《デッドタイム》」を生み出すあらゆる要素を規制し、身体機械を浄化しようとするブルジョアジーの欲求も見てとれる。排泄物がこれほど分析され貶められたのは、それが身体に宿っていると信じられていた「不快」の象徴であり、人間の邪悪な性質はすべてそこに帰せられると考えられていたからである。ピューリタンにとって、排泄物は人間性の堕落の目に見えるしるしとなった。それは格闘し、征服し、取りのぞくべき、一種の原罪であった。それゆえに、子どもや「悪魔憑き」から邪悪なものを取りのぞくために、下剤、催吐薬、浣腸が施された（Thorndike 1958: 553ff）。

身体を、そのもっとも深奥まで征服しようとする執着には、同時期にブルジョアジーが、その目に異質で危険で非生産的なものと映ったプロレタリアートを征服――「植民地化」と言ってもよい――しようとしていたのと同じ情熱が反映されている。プロレタリア階級は当時の大いなるキャリバンだった。ペティは、「それだけでは未加工で未消化の原材料」であるプロレタリア階級は国家の手にゆだねられるべきだと推奨した。そうすれば国家が慎重に「改善し、管理し、そしてより役立つように成型してくれるだろう」（Furniss 1957: 17ff）。

プロレタリアートはキャリバンのように、社会的身体に潜むうんざりするほど怠惰で飲んだくれの怪物の表象をはじめとする「不快」の化身であった。主人の目から見れば、その生はまったくのものぐさであったが、同時に、いつでも暴発し反乱へといたりかねない、手綱を解かれ制御を失った熱に満ちていた。なによりも、彼らは無規律で生産性に欠け、自制ができず、目先の肉体的満足に飢えた存在だった。彼らの理想郷は労働者の生活ではなく逸楽の国《コケイン》だ[*26]（Burke 1978; Graus 1967）。家は砂糖で、川はミルクで出来ており、欲しいものはなんでも努力せずに手に入るばかりか、飲み食いするとお金をもらえる。

目をさまさずに
深い眠りを
一時間ねむると、
六フランもらえる。
食べればやはり六フラン。
大酒飲めば
一ピストル金貨をもらえる。

この国は奇妙だ、
恋をすれば
一日当たり一〇フラン。

(Burke, 1978: 190)

人生を長いカーニバルだと夢見ているこの怠け者を疲れを知らぬ労働者に変容させるという観念は、絶望的な企てだと思われたにちがいない。文字通り、それは「世界を逆さまにする」ことを意味した。ただしそれは、完全に資本主義的な流儀でなされなければならなかった。その世界では、命令に対する無気力は欲求と自立した意思の欠如に変容し、エロティックな力は働く力へと変容し、必要は不足、禁欲、永遠の貧困としてしか経験されないであろう。

資本主義発展の初期段階を特徴づける、身体に対するこの戦いは、さまざまな方法で現在までつづいている。新たに登場した自然哲学のプロジェクトであった身体の機械化は、国家機構が最初に行った実験の焦点であった。魔女狩りから、機械論哲学の思索、そしてピューリタンによる個人の素質についての微に入り細に渡る探求を通してみると、社会立法、宗教改革、そして宇宙の科学的合理化という一見バラバラの軌道を、一本の糸がつないでいることに気づく。これこそが、人間性を合理化しようとする試みだった。人間のもつ諸力は道筋をつけられ、労働力の開発と形成に服従しなければならなかった。

これまでみてきたように、身体はこの過程のなかでますます政治化されていった。脱自然化され、「他者」として、社会的規律の外的境界として再定義されたのだ。したがって、一七世紀における身体の誕生は、その終焉でもあった。そうして身体の概念は、ある特定の有機的な実在としては定義されなくなって、かわりに階級的諸関係とその変化の政治的な記号表現となり、この諸関係が人間の搾取という地図のなかにつくりだした境界は、絶えず引き直された。

第4章

ヨーロッパの魔女狩り

The Great Witch-Hunt in Europe

ヤン・ルイケン画より。1571年アムステルダムにて魔女魔術《ウィッチクラフト》の罪で処刑されるアン・ヘンドリクス。

信頼に欠け、恐れを知らず、一貫性に欠けた、不完全な獣。

——一七世紀フランスの女性についての警句

やつらは腰から下はケンタウルス、
上半身は女だがな。
だが神から受け継いだのはその腰までのこと、
腰から下はまったく悪魔のもの。
地獄、暗闇があり、
硫黄の毒気を含んだ穴がある。
燃えさかり、煮えたぎり、嫌なにおいが立ち込めたその穴で
すべて燃え尽きるのだ。

——シェイクスピア『リア王』

汝はまさにハイエナだ。美しい白い肌でわれわれを魅了し、みだらな考えがわれわれの内にわき起こりお前の手の内に届くところまで連れてこられると、飛びかかるのだ。英知への反逆者、勤勉の障害、貞節の邪魔者であり、あらゆる悪徳、不敬、堕落にわれわれを駆り立てる突き棒である。愚者の楽園であり、造物主の大きな誤りである。

——ウォルター・チャールトン『エペソスの寡婦』一六五九年

はじめに

魔女狩りは、プロレタリアートの歴史にほとんどその姿を見せない。今日にいたるまで、魔女狩りはヨーロッパ史においてもっとも研究の不足している現象のひとつである。[*1] いやむしろ、悪魔崇拝の罪が、先住民を征服する手段として宣教師とコンキスタドールの手で新世界に持ち込まれたことを考えれば、世界史においてもそうであるというべきだろう。

ヨーロッパでは魔女狩りによる犠牲者のほとんどが農民女性であったということが、このジェノサイドに対する歴史家のこれまでの無関心を説明するのかもしれない。歴史のページから魔女の存在を消し去ることによって、火刑による魔女の物理的な消去を矮小化し、それを民間伝承の類とまでは言わないにせよ、たいして重要な問題ではないと示唆するわけだから、この無関心は共謀に近い。

魔女狩りの研究者といっても（従来はもっぱら男性であった）、一六世紀の悪魔学者の後継者と呼んだほうがよいことも多かった。魔女の根絶に遺憾の意を示しつつ、多くの研究者が魔女を幻覚にとらわれた哀れな愚か者として描いた。そうすると、魔女迫害は近隣住民の結束強化に役立つ「社会療法」の過程であったと説明したり（Midelfort 1972: 3）、「パニック」「狂気」「流行病」といった医療用語で描写したりすることができた――このように描いて、魔女を狩る側を無罪放免し、その罪を脱政治化してきたのだ。

魔女狩りに関する学術的アプローチに女性嫌悪《ミソジニー》が影響を及ぼしている事例は多い。メアリー・デイリーがようやく一九七八年に指摘したように、魔女狩りを扱った研究のほとんどは「女性を処刑する側の視点」から書かれたものであり、迫害の犠牲者を社会的落伍者（「名誉を汚された」女や恋愛に失敗した女）、あるいは性的妄想で男性尋問者を誘惑して愉しんだ倒錯者とさえ描いて、犠牲者の名誉を傷つけてきた。デイリーは、F・G・アレクサンダーとS・T・セレスニックの『精神医学の歴史』の例を引用している。

（…）告発された魔女は、しばしば尋問官の術中にはまった。魔女は、性的妄想を法廷で告白することで罪を軽減された。同時に、男性の告発人たちの面前で詳細を縷々述べることによって、彼女はある種の性的満足を得た。とりわけこのように感情的に不安定な女性たちは自分たちが悪霊や悪魔を宿しているという暗示の影響を受けやすく、悪霊と共存していると告白をしたのだろう。それは今日、情緒不安定な人が新聞の見出しに影響され、自分が世間をにぎわしている殺人者であると思い込むのと同様である（Daly 1978: 213）。

魔女狩り研究者の第一世代・第二世代中の、被害者を非難するこうした傾向にも、例外はあった。第二世代ではアラン・マクファーレン（Macfarlane 1970）、E・W・モンター（Monter

1969, 1976, 1977)、アルフレッド・ソーマン (Soman 1992) は記憶にとどめておくべきだろう。しかし、魔女狩りがそれまで閉じ込められていた地下から表へ出ることができたのはフェミニズム運動があったからであり、フェミニストが魔女に共鳴したことによって、魔女は女性の反乱の象徴として取り入れられたのである[*2] (Bovenshen 1978: 83ff)。何十万人もの女性が殺戮され残虐きわまりない拷問にさらされたのは、女性たちが権力構造に挑んだからに他ならないと、フェミニストはすぐに気づいた。そして、少なくとも二世紀にわたる女性に対する戦争は、ヨーロッパの女性の歴史にとって転換点であり、資本主義の出現により女性がこうむった社会的価値の切り下げの過程における「原罪」であること、それゆえに、それは制度的実践や男性と女性の関係をいまも特徴づけている女性嫌悪《ミソジニー》を理解しようとするならば何度でも立ち返るべき現象であるということに、フェミニストは気づいた。

マルクス主義の歴史家は対照的に、「資本主義への移行」を研究するときでも、ごくわずかな例外をのぞけば、魔女狩りはまるで階級闘争の歴史には無関係であるとでもいうように、忘却のかなたに追いやってきた。しかし、わずか二世紀弱のうちに何十万人もの女性が焼かれ、首吊りにされ、拷問されたのだから、その虐殺の規模にいくらかの疑念が抱かれてよいはずである[*3]。また、魔女狩りは新世界の植民地化とその住民の根絶、イングランドの囲い込み、奴隷貿易の開始、浮浪者と物乞いに対する「血の立法」の制定といった諸現象と時を同じくして起こったということ、そして魔女狩りのピークはヨーロッパの農民の力が最高潮に達し、そしてまもなく歴史的敗北を喫した時期、すなわち封建制の終焉と資本主義の「出発《テイクオフ》」の間の空白期間であったということにも重要な意味があるはずであった。[*4] しかしこれまでのところ、本源的蓄積のこの局面は、まったく明らかにされていない。

魔女の火あぶりの時代と国家のイニシアティヴ

資本主義社会の発展と近代プロレタリアートの形成にとって、魔女狩りはもっとも重要な出来事のひとつであったということは、これまで認識されてこなかった。土地の私有化、税の負担増、社会生活のあらゆる場面で拡大する国家支配という複合的な影響下ですでに農村共同体が分解しつつあったとき、ジェントリーと国家による攻撃に対してヨーロッパの農民が試みた抵抗は、女性に対する他のどんな迫害とも比較にならないテロ攻撃によって、弱体化させられた。魔女狩りは、男性に女性の力を恐れることを教えて、女性と男性の分断を深めた。そして資本主義的労働規律とは相容れない実践や信念、社会的主体からなる宇宙を破壊して、社会的再生産の主たる要素を定義し直した。その意味では、同時期の「大衆文化」への攻撃や、貧乏人や浮浪者を感化院や矯正院に収容する「大監禁」のように、魔女狩りは本源的蓄積と資本主義への「移行」にとって必要不可欠な一局面であった。

魔女狩りがヨーロッパの支配階級から取り除いた恐怖とは何だったのか、また、それがヨーロッパの女性の地位にいかなる影響をもたらしたのかということについては後ほどふれる。ここで強調したいのは、啓蒙主義が広めた見解に反して、魔女狩りは去りゆく封建的世界が散らした最後の火花ではなかったということだ。「迷信深い」中世にはただ一人の魔女も迫害されなかったことは立証されている。「魔女魔術《ウィッチクラフト》」という概念自体[†1]、後期中世にいたるまで形成されていなかった。魔術《マジック》は日常生活に浸透し、ローマ帝国末期以来奴隷たちの間の不服従の道具として支配階級に恐れられていたにもかかわらず、「暗黒時代」には大規模な裁判や処刑は一度もなかった[*5]。

七、八世紀には、ローマ法典と同様に、ゲルマン系諸国の法典にもマレフィキウムの犯罪が導入された。まさにアラブ人による征服の時代であり、それによってヨーロッパの奴隷の心に自由の展望の火がともされ、武器をとって主人に立ち向かう機運がもたらされたときであった[*6]。このため、この法制度の革新は、魔術能力に非常に長けているとされていた「サラセン人」の進出によってヨーロッパのエリート層のなかに生じた恐怖への反動だったのかもしれない（Chejne 1983: 115-32）。しかしこの時期、マレフィキウムの名の下で罰せられたのは実際に人や物に危害を加えた魔術的実践だけであり、教会は魔術の効能を信じる者を批判するだけであった[*7]。

一五世紀までに状況は変化した。民衆反乱や伝染病、そして封建制が危機を迎えつつあったこの時代に、最初の魔女裁判（フランス南部、ドイツ、スイス、イタリア）、サバトについての最初の記述[*8]、魔女魔術《ウィッチクラフト》についての教義の発展を我々は目にする。これによって、魔法《ソーサリー》は異端の一種で神・自然・国家に対する大罪の最たるものだと断定された（Monter 1976: 11-17）。一四三五年から一四八七年の間に魔女魔術《ウィッチクラフト》について二八本の論文が書かれた（Monter 1976: 19）。この主題に関しては、インノケンティウス八世の大勅書『スンミス・デジデランテス』につづいて、一四八六年に出版された悪名高き『マレウス・マレフィカルム』（『魔女への鉄槌』）により、コロンブスの航海前夜に頂点に達する。これは、教会が魔女魔術《ウィッチクラフト》を新たな脅威とみなしたことを示している。とはいえ、ルネッサンス期に主流であった知的風潮は、とりわけイタリアでは、あらゆる超自然的現象に対する懐疑主義的な態度をその特徴としていた。ルドヴィーコ・アリオストからジョルダーノ・ブルーノ、ニッコロ・マキャヴェッリまで、イタリアの知識人は聖職者が語る悪魔の仕業についての話を皮肉な目で見ており、それとは対照的に、（とくにブルーノの場合）黄金と金銭の非道な力を強調した。「魔法ではなく、現金を」は、ブルーノの喜劇のひとつに登場するある人物のモットーであるが、当時の知的エリート層と貴族社会の考え方を要約している（Parinetto 1998:29-99）。

魔女として裁かれる女性が急増し、迫害の主導権が異端審問から世俗の法廷へ移ったのは一六

---

†1　魔法、魔術に関する語は次のように説明されうる。マレフィキウム maleficium ＝元来は悪い行為や危害を意味するだけだったが、四世紀以降、魔術的な方法で危害を加えるという特殊な意味をもつようになった。魔女魔術《ウィッチクラフト》 witchcraft とはその術、力の源泉が技術ではなく人間、すなわち魔女や妖術者にある。この意味で魔法《ソーサリー》 sorcery 、魔術《マジック》 magic とは区別される。ノーマン・コーン著『魔女狩りの社会史――ヨーロッパの内なる悪霊』山本通訳、岩波書店、一九八三年、一九八―九九頁を参照。

世紀半ば以降のことであったが、それはまさにスペインのコンキスタドールがアメリカ大陸の人びとを征服しつつあった時期であった（Monter 1976: 26）。魔女狩りのピークは一五八〇年から一六三〇年の間、つまり、すでに封建的諸関係が重商主義的資本主義に特徴的な経済的・政治的制度に取って代わられつつあった時期であった。この長い「鉄の時代」においてこそ、たびたび交戦状態にあった諸国で、暗黙の合意でもあるかのように、火刑が何倍にも増加し、国家が魔女の存在を糾弾し、迫害の主導権をとりはじめたのだった。

魔女魔術《ウィッチクラフト》の罪は死によって罰されるべきだと規定したのは、カロリーナ刑法典――カトリック教徒のカール五世が一五三二年に制定した帝国の刑法典――であった。プロテスタントのイングランドでは一五四二年、一五六三年、一六〇四年に成立した三つの議会立法により迫害が合法化されたが、このうち一六〇四年法は、たとえ人や物に対する危害がなかった場合でも死刑と定めた。一五五〇年以降、スコットランド、スイス、フランス、スペイン領オランダでも、魔女魔術《ウィッチクラフト》を死刑に値する犯罪とし、魔女と疑われる人物を告発するよう人びとをそそのかす法や条例が制定された。これらの法や条例はその後再公布され、その度に処刑対象者は拡大され、魔女魔術《ウィッチクラフト》はそれによって引き起こされる可能性のある損害ではなく、それ自体として重大犯罪と見なされた。

魔女狩りとは「支配階級・行政官階級が応じざるをえない下からの運動」（Larner 1983: 1）といった自然発生的な過程ではなかったことは、迫害のメカニズムから確認できる。クリスティーナ・ラーナーがスコットランドの事例で明らかにした通り、魔女狩りは公的組織と行政を大いに

魔女のサバト。1510年にはじまったハンス・バルドゥングの制作による版画シリーズのうち最初の、そしてもっとも有名なものである。魔女に対する非難を装いながら、女性の身体をポルノ的に利用している。

必要とした。[*9] 隣人が隣人を告発したり、共同体全体が「パニック」にとらわれたりするようになる前に、絶え間ない洗脳が行われていた——魔女がはびこっていることに対して当局が懸念を表明したり、村から村へと巡回して人びとに魔女の見分け方を伝授したり、さらには魔女と疑わしき人物の名を載せたリストを携帯し、その人物を匿い助ける者がいれば罰すると脅すようなこともあった（Larner 1983: 2）。

スコットランドではアバディーン教会会議（一六〇三年）により、長老派教会の牧師たちはみずからの教区民に対し、宣誓の上、魔女と疑わしき者がいるかどうか尋ねるように命じられた。教会には箱が設置され、匿名で情報を提供することができた。ある女性に嫌疑がかけられると、牧師は忠実な信徒にその女性に不利な証言をするよう説教壇上から熱心に説き、その女性に助けの手を差し伸べることを禁じた（Black 1971: 13）。他の国々でも告発は奨励された。これはドイツでは、ドイツ諸侯の同意の下、ルター派教会によって任命された「訪問者」の任務であった（Strauss 1975:54）。イタリア北部では、人びとの疑惑を煽ってそれが確実に告発にいたるようにしたのは聖職者と権力者であった。彼らはまた、告発された者を完全に孤立させるため、衣服に印をつけさせて、人びとがそれと知って遠ざかるようにした（Mazzali 1988: 112）。

魔女狩りは、住民の間に集団的な精神病を引き起こすためにマルチメディアによるプロパガンダが使われた最初の迫害でもあった。有名な裁判や魔女の残忍な行為を喧伝するパンフレットを通して魔女がもたらす危害を世間に警告するのは、印刷機の最初の仕事のひとつだった（Mandrou

1968: 136)。芸術家たちがこの任務にリクルートされ、なかでもドイツのハンス・バルドゥングのおかげで、魔女たちがいかに呪わしく描かれたかをわれわれは知ることができる。だが迫害にもっとも貢献したのは、法学者、行政官、そして悪魔学者であり、これらの職業はしばしば同じ人物によって兼ねられた。彼らは体系的に議論し、批判に応え、一六世紀末までに司法機構を完成させた。その規格化された、官僚的とさえいえる裁判のフォーマットは国境を越えて広がり、そのため魔女の罪の告白は、どこでも似通ったものになった。この仕事にあたって、法律家は当時もっとも世評の高かった知識人の協力を頼ることがあった。そのなかにはいまも近代合理主義の父と称えられている哲学者と科学者が含まれている。その一人がイングランドの政治理論家トマス・ホッブズである。ホッブズは魔女魔術《ウィッチクラフト》の存在については懐疑的な態度をとっていたが、社会統制の手段として迫害に賛意を示した。歴史家のトレヴァー・ローパーが一六世紀のアリストテレスでありモンテスキューであると評する著名なフランスの法学者・政治理論家ジャン・ボダンは、魔女の獰猛な敵――魔女への憎悪と流血を求める執念に取りつかれていた――であった。インフレーションについて書いた最初の論文で高い評価を得たボダンは多くの裁判に参与し、大部の「証拠」（『悪魔狂 Demonomania』一五八〇年）を著した。そのなかで、魔女は炎のなかに投げ入れる前に「情け深く」絞め殺すのではなく、生きたまま焼かれなければならない、魔女の肉は死ぬ前に腐ってしまうので焼灼されるべきであり、子どももまた焼かれるべきだ、とボダンは主張した。

ボダンは極端な例ではない。この「天才の世紀」――ベーコン、ケプラー、ガリレオ、シェイクスピア、パスカル、デカルトらが現れた――、コペルニクス革命があり、近代科学が誕生し、哲学的・科学的合理主義が発展した偉大な世紀に、魔女魔術《ウィッチクラフト》はヨーロッパの知的エリートたちが好んで論ずるテーマのひとつになった。裁判官、法律家、為政者、哲学者、科学者、神学者がみなそろってこの「問題」に没頭し、パンフレットや悪魔研究を執筆し、魔女魔術《ウィッチクラフト》はもっとも非道な犯罪であると合意して、そろって処罰を求めた[*10]。

よって、魔女狩りとは主に政治的イニシアティヴによるものであったことは疑いない。これについて強調するのは、迫害における教会の役割を過小評価するためではない。ローマ・カトリック教会は魔女狩りの形而上学的・イデオロギー的な足場を与え、かつて異端者に対してしたように、魔女の迫害を煽動した。宗教裁判や、世俗権力に「魔女」を探し出し罰することを求める多数の大勅書がなければ、そして何より数世紀にわたってカトリック教会が女性に対してくりひろげたミソジニーがなければ、魔女狩りは不可能だっただろう。しかし、ステレオタイプとは裏腹に、魔女狩りはカトリックの狂信の産物でもなく、ローマの宗教裁判所の陰謀でもなかった。魔女狩りの最盛期にはほとんどの裁判が世俗の裁判所で行われていたが、宗教裁判が行われていた地域(イタリアとスペイン)では死刑執行数が比較的少なかった。カトリック教会の力を削ぐことになったプロテスタント改革以降、宗教裁判所はユダヤ人への迫害を強める一方、魔女に対する当局の迫害の熱意を抑制しようとさえした[*11](Milano 1963: 287-9)。加えて、聖職者が流血に気後れし、避けたがったため、宗教裁判所は処刑執行のためにつねに国家の協力に依存していた。教会と国家の協働関係はプロテスタント改革があった地域ではさらに緊密であった。そういうところでは、国家が教会になったり（イングランドのように）、教会が国家になったりした（ジュネーブや、それほどではないにせよスコットランドにおいてそうであったように）。権力の一分枝が法を定め、執行し、宗教的イデオロギーは公然とその政治的コノテーションをあらわにした。

カトリック諸国とプロテスタント諸国は他のすべての点で相争っていたが、魔女を迫害することにかけては主張を同じくし、力を合わせていたという事実が、魔女狩りの政治的性質をいっそう明らかにしている。したがって、魔女狩りは、ヨーロッパの新しい国民国家の政治において最初に統合されてゆく領域であり、プロテスタント改革がもたらした分裂以降のヨーロッパの統一の、最初の事例であったと主張することは何ら誇張ではない。フランス、イタリアから、ドイツ、スイス、イギリス、スコットランド、スウェーデンまで、魔女狩りはあらゆる境界を超えて広まったからである。

いったいどのような恐怖がこれほどまでに一致したジェノサイド政策を煽動したのだろうか？なぜ、これほどの暴力が解き放たれたのか？　そして、いったいなぜ、その主たる標的が女性であったのか？

悪魔信仰と生産様式における変化

現在でもなおこれらの疑問に対する確たる答えはない、と即答しなければならない。説明を主に阻んできたのは、魔女にかけられた容疑がどんな動機や犯罪とも比較にならないほど奇怪で信じがたいものであったことである。[*12] 二世紀以上の間ヨーロッパ各国で、自分のからだと魂を悪魔に売ったとか、魔術的な手段で多くの子どもを殺してその血をすすり、その肉で薬を作ったとか、近所の住人を死なせた、家畜や作物を台無しにした、嵐を起こした、その他数々の忌まわしいことをしたという咎で告発された何十万という女性が、裁判にかけられ、拷問され、生きたまま火あぶりや絞首刑にされたことを、どのように説明したらいいのだろうか？（だが今日でも、当時の信仰体系を考えれば魔女狩りは極めて合理的であったと信じろと求める歴史家たちがいるのだ！）

それに加えて、我々は犠牲者の視点をもちえないという問題もある。残された犠牲者の声はすべて、宗教裁判官によって、たいていは拷問によって引き出された、型にはめられた自白であるからだ。たとえ、記録された自白の裂け目から漏れ出る民間伝承をいかによく聴きとったとしても――カルロ・ギンズブルグ（Ginzburg 1991）がそうしたように――その真正性を確証する手段はない。さらに、魔女の根絶を単に貪欲のせいだと片づけることもできない。アメリカ大陸の富にくらべれば、大半は非常に貧しかった女性たちの処刑とその財産の没収によって得られる利益など、比較にならなかったからである。*13

ブライアン・レバックのような歴史家たちが、説明のための理論を提示するのではなく、魔女狩りの前提条件――たとえば、中世後期に訴訟手続きが私的な起訴制度から公的なそれへと移行したこと、国家権力の集中化、プロテスタント改革とカトリックによる反宗教改革が社会生活に及ぼした影響など――を確認することで満足しようとするのは、こうした理由による（Levack 1987）。

だが、このような不可知論は不要であるし、魔女を狩る側が魔女とされた被害者にかけた容疑を本当に信じていたのか、もしくは社会的抑圧の手段としてシニカルに用いたのか断定する必要もない。魔女狩りが起こった歴史的状況や被告人のジェンダーと階級、迫害の効果を鑑みれば、ヨーロッパの魔女狩りとは資本主義的諸関係の拡大に対する女性の抵抗への攻撃であり、女性がみずからのセクシュアリティの長所によって得てきた力、再生産能力の管理や治癒能力に対する攻撃であったと結論づけるしかない。

魔女狩りは、女性の身体、労働、性的能力や再生産能力を国家の管理下に置き、それらを経済的資源に変容させる新たな家父長主義体制を創出する手段ともなった。これは、魔女を狩る側が特定の罪を罰することへの関心を薄れさせ、さまざまな女性のふるまい総体をもはや許容できず、排除して人びとの目にも忌むべきものと映るようにさせなければならなくなったことを意味している。裁判では告発がしばしば一〇年以上も前に起きた出来事にかかわっていたこと、魔女魔術《ウィッチクラフト》が例外的犯罪、つまり拷問を含む特別な手段で取り調べられるべき犯罪であり、人や物に被害を与えたという証拠が何もないときでさえ罰することができる対象となったこと——こうした諸要因すべてが(激しい社会的変化と衝突の時代における政治的抑圧ではしばしばそうであるように)、魔女狩りの標的は社会的に広く認知された犯罪ではなく、かつては容認されていたが、いまやテロと犯罪化を通して共同体から根絶すべき対象となった実践や諸個人の集合であったことを示している。この意味で、魔女魔術《ウィッチクラフト》の告発は、「大逆」(意義深いことに、魔女狩りと同じ時期にイングランドの法典に導入された)や、現代の「テロリズム」に対する非難が果たす役割に似ている。告発は、まさにその曖昧さゆえに——証明することが不可能であると同時に極度の恐怖を引き起こした——あらゆる抵抗の形態を罰し、日常生活のもっともありふれた場面に対してさえ疑念を抱かせるために用いられうることを意味した。

ヨーロッパで起こった魔女狩りの意味をめぐる最初の真摯な考察は、マイケル・タウシグがその名著『南米における悪魔と商品フェティシズム』(Taussig 1980)のなかで提起した見解に見られる。そこでタウシグは、悪魔信仰は、ある生産様式が他の生産様式に取って代わられつつある歴史的時期に生じると主張している。このような時期には、生活の物質的条件だけでなく、社会秩序の形而上学的な土台——たとえば、価値はいかにして生まれるのか、何が生命をもたらし成長させるのか、何が「自然」で、何が既存の慣習と社会的諸関係に対立するのかといった——

も劇的変化をこうむる（*ibid.*, 17ff）。タウシグは、コロンビアの農業労働者とボリヴィアの錫炭鉱者の信仰を研究することによってこの理論を発展させた。当時どちらの国でも貨幣関係が根づきつつある時期であった。貨幣経済は、人びとの目には昔からの、まだ残存していたサブシステンス志向の生産諸形態に比べると、破滅的で、悪魔的にさえ映った。このためタウシグが研究した事例では、悪魔崇拝の嫌疑は貧しい人びとの方から裕福な人びとにかけられた。さらに、悪魔と商品形態を関連づけたタウシグの見方は、魔女狩りの背景にもまた、慣習上の権利を廃止し、近代ヨーロッパにおける最初のインフレの波を引き起こした農村資本主義の拡大があったことを思い起こさせる。こうした諸現象は、貧困、飢え、社会不安の増大をもたらしただけでなく（Le Roy Ladurie 1974: 208）、資本主義以前のヨーロッパでは典型的であった共同体的な生活形態を恐怖と嫌悪のまなざしで見る「近代化主義者」という新しい階級の手に権力を移譲した。このプロト資本家階級の主導によって、「広範囲に及ぶ民間信仰と実践とが（…）狩り立てられる舞台《プラットフォーム》」（Normand and Roberts 2000: 65）として、そして、社会的・経済的再編成に対する抵抗を打ち砕く武器として、魔女狩りが開始されたのである。

イングランドでは、魔女裁判のほとんどが一六世紀までに土地の大部分が囲い込まれていたエセックスで起こった一方で、[*14]イギリス諸島のうち土地の私有化が起こらず、起こる予定もなかった地方には魔女狩りの記録がないということは示唆的である。これに関連するもっとも顕著な事例は、アイルランドとスコットランド高地西部である。どちらにおいても迫害の痕跡が一切見当たらないのは、おそらく共同体的な土地所有制度と親族間の緊密な関係がどちらの地域でもまだ一般的であり、それが共同体の分断や、魔女狩りを可能にする国家との共犯関係を妨げたからである。こうして、スコットランド高地とアイルランドでは魔女が盛んに火刑に処された時期も女性は安全だったが、一方で長老派の改革によってサブシステンス経済が滅びつつあった、英国化され私有化されたスコットランド低地では、少なくとも女性人口の一パーセントにあたる四千人が魔女狩りの犠牲になった。

農村資本主義とそのすべての帰結（土地の没収、社会的距離の広がり、集合的諸関係の瓦解）が、魔女狩りの背後で決定的な要因となったことは、告発されたほとんどが貧しい農民女性——小作人、賃金労働者——であり、一方告発したのは共同体の裕福で名の知られた構成員であり、しばしば被告人の雇主や地主であった人びと、つまり、地域の権力構造の一部で、しばしば国家中央と緊密な関係をもつ人物たちであったという事実によっても証明される。迫害が進行し、魔女への恐怖（魔女魔術《ウィッチクラフト》や「破壊的集団との関係」を理由に告発される恐怖も）の種が人びとの間にまかれると、告発は隣人からも発せられるようになった。イングランドでは、魔女とはたいてい公的扶助を受ける高齢の女性や、家から家へわずかばかりの食料、ワインやミルクを乞うて歩く女性であった。既婚者の場合はその夫は日雇い労働者であったが、多くは寡婦であるか一人暮らしであることのほうが多かった。この女性たちの貧困状態は自白のなかでも際立っている。困窮がきわまったとき、女性たちの前に悪魔が現れて、これからは「困ることはない」

と請け合うのだった――悪魔がくれたお金はすぐに灰に変わってしまったとはいえ。灰に変わる、という細部は、この時代の超インフレに共通する経験にかかわっているだろう（Larner 1983: 95; Mandrou 1968: 77）。魔女の悪魔的な犯罪とは、村落レベルで展開された階級闘争に他ならないようにわれわれには見える。「災いの目」や、施しを拒んだ者への乞食の呪いは、地代の意図的な支払い拒否であり、公的扶助の要求であった（Macfarlane 1970: 97; Thomas 1971: 565; Kittredge 1929: 163）。イングランドの魔女を生みだす一因となったさまざまな階級闘争の方法は、マーガレット・ハーケットという、一五八五年にタイバーンで絞首刑となった六五歳の年老いた寡婦にかけられた嫌疑に示されている。

彼女は一かごの梨を隣人の畑から許可なくとった。それらを返すようにいわれると、彼女は怒ってそれらの梨を投げ捨てた。それからというものの、その畑ではいっさい梨が育たなくなった。その後、ウィリアム・グッドウィンの奉公人が彼女に酵母を与えることを拒んだところ、グッドウィンの醸造ビール設備は干上がってしまった。彼女が主人の土地から木材を盗んでいると、農場管理人に捕まり殴られた。すると農場管理人は発狂してしまった。ある隣人が馬を彼女に使わせることを拒むと、その人の馬はみな死んでしまった。また別の隣人が靴一足に対して彼女の要求した額よりも少なめに支払ったら、後にその人は死んでしまった。あるジェントルマンが奉公人に対し彼女にバターミルクを与えないように指示すると、彼らは後に

『フラワー家のマーガレットとフィリップの魔女魔術についての摩訶不思議な証拠開示』より。イングランドの魔女の典型的なイメージ。動物と仲間に取りまかれ、挑戦的な態度をとっている。

バターもチーズも作れなくなってしまった(Thomas 1971: 556)。

チェルムズフォード、ウィンザー、オシスの裁判所に「告発された」女性の事例にも同様のパターンがある。一五六六年にチェルムズフォードで絞首刑にされたマザー・ウォーターハウスは、「とても貧しい女性」であったが、ケーキとバターを恵んでくれるように頼んだため隣人の多くと仲違いしたと言われていた(Rosen 1969: 76-82)。また、一五七九年にウィンザーで処刑されたエリザベス・スタイル、マザー・デヴェル、マザー・マーガレット、マザー・ダットンは、みな貧しい寡婦だった。マザー・マーガレットは、この女性たちのリーダー格だという容疑のあったマザー・セイダーと同様、救貧院で暮らしていた。女性たちはみな物乞いをしてまわり、施しを拒まれると復讐をしたと言われていた（*ibid.*, 83-91）。古くなった酵母の施しを拒まれた際、チェルムズフォードの魔女の一人、エリザベス・フランシスは隣人に呪いをかけた。その人は後に激しい頭痛を起こすようになった。マザー・ストーントンは隣人に酵母を拒まれたとき、去り際に怪しげに何事かをぶつぶつとつぶやいた。それからその隣人の子どもはひどい病気になった（*ibid.*, 96）。一五八二年にオシスで絞首刑になったアーシュラ・ケンプは、いくらかのチーズを分けるのを拒まれたのち、ある高貴の女性の片足を不自由にした。また、アグネス・レターデールが磨き砂を分けてくれなかったときには、子どものお尻に腫物を生じさせた。アリス・ニューマンは、貧民相手の徴税人ジョンソンが一二ペンスを恵んでくれなかったとき、彼を病にかからせ、やがて死に至らしめた。また、彼女は一片の肉の施しを拒んだある使用人頭をひどい目にあわせた（*ibid.*, 119）。スコットランドでも同様のパターンが見られる。そこでも被告人は貧しい小作人たちで、自分の土地をもってはいるもののぎりぎりの生活をしており、近隣住民の土地で家畜に草を食わせたり、地代を支払わなかったりしたことで住民の敵意を引き起こすことが多かった（Larner 1983）。

魔女狩りと階級的反抗

こうした事例からわかるように、魔女狩りは、「下層階級」に対して「より裕福な人びと」がつねに恐れを抱きながら暮らしているという社会環境のなかで進展した。「下層階級」の人びとはこの頃、もてるすべてを失いつつあったので、必ずやよからぬ考えを抱いているものと思われていたのだ。

この恐怖が民間の魔術《ポピュラー・マジック》に対する攻撃となって表出したことは、驚くにはあたらない。魔術に対する戦いは今日に至るまで資本主義の発展には常につきものだ。魔術《マジック》は、世界は活気に満ちて、予測不可能であり、そしてあらゆるもの――「水、木々、物質、言葉（…）」――は力を宿している（Wislon 2000: xvii）、ゆえにあらゆる出来事は解読され人の意思に従わせられるべき超自然的な力の現われとして解釈されるという信念を前提としている。これが日常生活においてもった意味は、一五九四年にある村を訪ねたドイツ人聖職者が送った手紙に、おそらくは幾分か誇張を交えて、描きだされている。

呪文の類いがあまりにも普及しているため、何かを始めたり行ったりする際に（…）最初に印を切ったり、呪文や魔術、異教的な方法に頼ったりしない男女はここにはいないほどだ。たとえば陣痛の間や、子どもを持ち上げるときや降ろすとき、動物を野原へ連れて行くとき（…）物を失くしたときや、置き場所を思い出せないとき（…）夜に窓を閉めるとき、誰かが病気になったときや飼牛の様子がおかしいとき、人びとはすぐに予言者のもとへ走り、誰が自分から物を盗んだのか、誰が自分に魔法をかけたのかと尋ねたり、あるいは護符を手に入れようとしたりする。これらの人びとの日常の経験からは、迷信的習慣が際限なく用いられているということがわかる（…）。ここにいる誰もが、迷信的行為を行っている。呪いの言葉、名前、韻文によって、神、聖三位一体、聖母マリア、十二使徒の名を用いて（…）。これらの言葉はあるときはこっそりと、あるときはおおっぴらにせられる。紙に書きつけられたり、つぶやかれたり、護符として携帯されることもある。奇妙な印をつけたり音を立てたり、仕草をしたりすることもある。また、人びとはハーブや木の根、特定の木の枝などでも魔術を行う。これらはすべて、決まった日、決まった場所で行われる（Strauss 1975: 21）。

『魔術的世界』（Wilson 2000）でスティーブン・ウィルソンが指摘するように、こうした儀礼を実践した人びとの大半は、生き延びるために奮闘する貧しい人びとであった。彼らはつねに最悪の事態を逃れようと、「世界を支配するこれらの力をなだめ、おだて、さらには操作しようとした（…）そうして害悪や不運を遠ざけ、豊饒、幸福、健康、生命からなる幸福を手に入れること」を望んだ（*ibid.*, xviii）。しかし、新しい資本家階級の目には、世界には力が散在しているというこのアナーキーで単純な観念は呪わしいものとして映った。自然の支配を狙う労働の資本主義的編制は、魔術の実践が暗に示す予測不可能性や、自然の諸要素と特権的な関係を結ぶ可能性、また、特定の個人のみが手に入れることのできる、したがって容易に一般化することもできず広く利用することもできない力が存在するという信仰も、否定しなければならなかった。さらに、魔術は労働過程の合理化にとっての障害でもあり、個人の責任という原則の確立を脅かすものでもあった。何よりも、魔術は労働の拒否や不服従の一形態であり、権力に対する草の根の抵抗手段のようにみえた。世界は支配されるために「脱魔術化」されなければならなかった。

一六世紀までに魔術に対する攻撃はかなり進行しており、その標的はたいてい女性であった。専門の魔法使い《ソーサラー》／魔術師《マジシャン》でなくとも、病気になった動物に印をつけたり、隣人の病気を治療したり、失せ物や盗品を見つける手助けをしたり、護符や惚れ薬をつくってやったり、未来を占ったりするために呼ばれたのは女性であった。魔女狩りは女性による多岐にわたるさまざまな実践を標的にしたが、女性が迫害されたのは、何よりも魔法使い、治療者、まじない師、占い師として示した能力のためであった。[*15] 女性たちが魔術的な力を有しているということは、貧しい人びとに、自分たちが自然と社会の環境を操り、既存の秩序を転覆させることもできる力をもっているという自信を与えることによって、当局や国家の権力を下から掘り崩したからである。

他方、女性が何世代にもわたって実践してきた魔術的技能は、もしそれが激しい社会危機と闘争という背景で生じたものでなければ悪魔的共謀と誇張されたかどうかは疑わしい。社会的・経済的危機と魔女狩りの発生が時期的に一致していることは、ヘンリー・ケイメンが指摘している。彼は「告発と迫害がもっとも激しかったのは、まさに激しい価格高騰が起こった時期（一六世紀末から一七世紀前半の間）だった」ことに注目している[*16]（Kamen 1972: 249)。

さらに重要なのは、迫害の激化と都市や農村における反乱の爆発の時期が一致していたことで

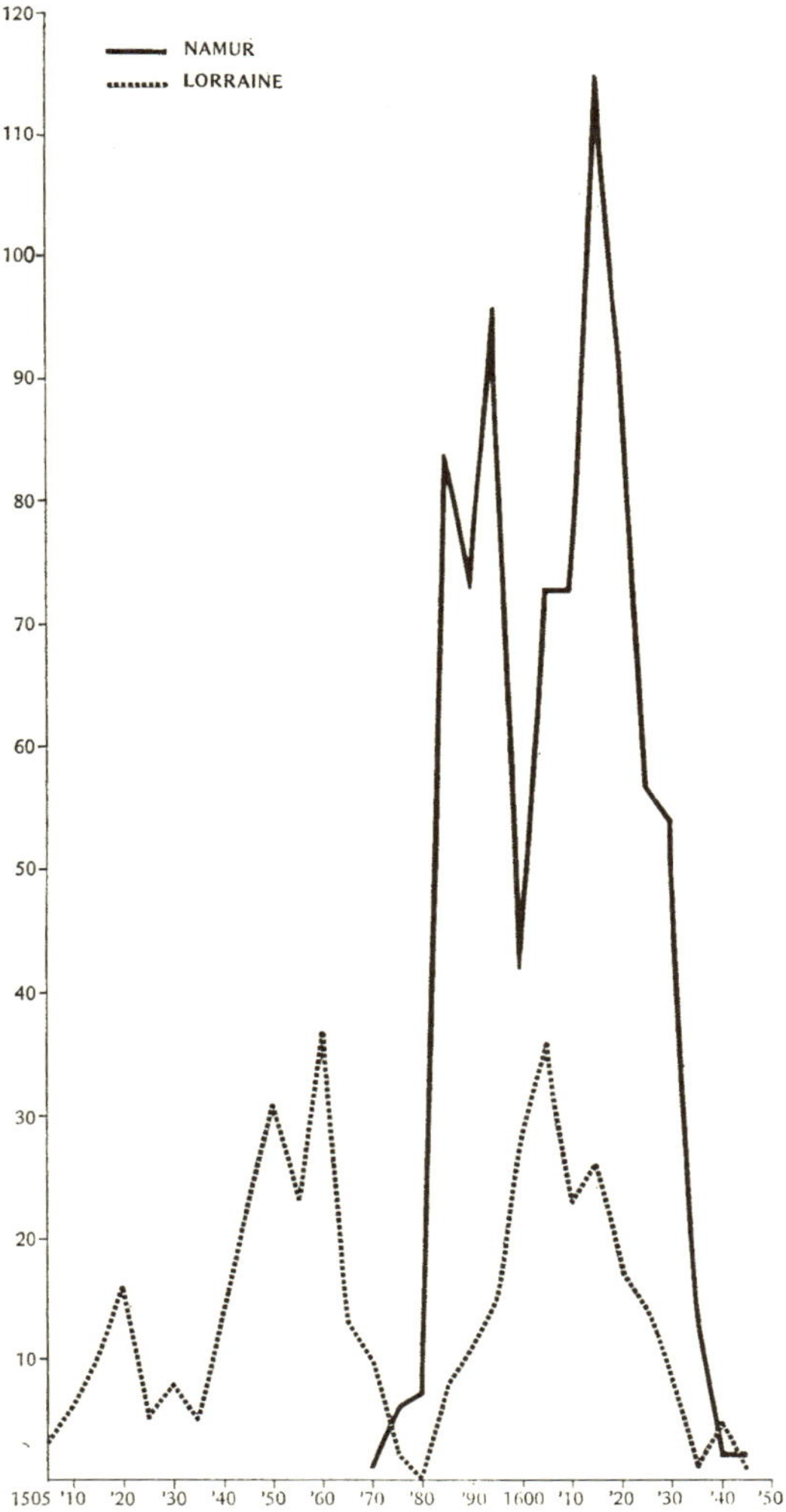

1505年から1650年の間の魔女裁判の動向を示すこのグラフは、フランスのナミュールとロレーヌ地域のものだが、他のヨーロッパ諸国における迫害の典型である。どの地域でも、鍵となる時期は食料価格が高騰した1550年代から1630年代であった（ヘンリー・ケイメン、1972年より）。

ある。これらは、イングランドの「囲い込み」に対する蜂起（一五四九年、一六〇七年、一六二八年、一六三一年）も含めて、土地の私有化に対する「農民戦争」であった。この時期、何百人もの男女や子どもが熊手や鍬で武装し、共有地《コモンズ》を囲む柵を打ち壊し、「われわれは今後いっさい働かなくともよい」と宣言した。フランスでは一五九三年から一五九五年にかけて、十分の一税、法外な徴税、パンの価格の高騰といった、ヨーロッパの広域で大規模な飢餓を引き起こした諸現象に対する農民《クロカン》の反乱があった。

これらの反乱のなかで率先して行動を開始し、主導したのはしばしば女性であった。一六四五年にモンペリエで起こった飢えから子どもを守ろうと女性たちによって起こされた反乱や、一六五二年コルドバで同様に女性たちがはじめた反乱はそのよい例だ。さらに、（反乱が鎮圧され、多くの男性が投獄されるか虐殺された後）よりひそやかなやり方であったとはいえ抵抗をつづけたのは女性であった。農民戦争の終結後、魔女狩りが二〇年つづいたドイツ南西部はこれに当てはまるかもしれない。エリック・マイデルフォートはこのテーマについて書いたときに、このふたつの現象に関連があるとは考えなかった（Midelfort 1972: 68）。しかしながら彼は、一四七六年から一五二五年の間、封建権力に対して武器を手に絶えず蜂起した数千人の農民たちと、その後二〇年足らずのうちに、同じ地方や村々で火刑台に送られた無数の女性たちとの間に、ル・ロワ・ラデュリがセヴェンヌで見いだしたような[*17]、家族あるいは共同体のつながりがあるかどうか問うていない。だが、ドイツ諸侯が指揮した残忍な鎮圧活動や、はりつけにされ、首をはねられ、生きたまま焼かれた何十万人もの農民は、何よりもそれを実際に目にし、記憶した年配の女性たちのなかに消すことのできない憎悪と秘密の復讐計画を堆積させ、彼女らはその敵意をあらゆる方法で地方の支配者層に知らせようとしたことは、容易に想像できる。

魔女の迫害はこうした土壌で育まれた。それは、他の手段で継続された階級闘争だった。この文脈では、蜂起に対する恐怖と、魔女のサバトやシナゴーグの告発[*18]——数千人が、しばしば遠方から旅して集まるといわれる、かの有名な夜の集い——の関連性についても見過ごすことはできない。サバトに対する恐怖を引き起こすことによって、権力者が実在した組織形態を標的にしたかどうかは確証できない。だが、悪魔の集会に対する裁判官の妄想を通して、ユダヤ人迫害の残響に加え、農民たちが反乱を企てて人里離れた丘や森で夜に開いた秘密の集会の残響も聞こえる。[*19]イタリアの歴史家ルイーザ・ムラーロはこれについて、一六世紀初頭にイタリアン・アルプスで起きた魔女裁判研究『遊戯の奥方』(Muraro 1977)のなかで、次のように書いている。

ヴァル・ディ・フィエンメでの裁判中、被告人の一人は、ある夜、義母と山のなかにいたとき遠くに大きな炎を見た、と裁判官に向かって自発的に話した。「逃げろ、逃げろ」と彼女の祖母が叫んだ。「遊戯の奥方の炎だよ」。「遊戯」はイタリア北部の多くの方言でサバトを言い表すもっとも古い言葉である(またヴァル・ディ・フィエンメの裁判では、遊戯を指揮する女性の姿への言及があった)。(…)同地域では一五二五年に大きな農民蜂起があった。十分の一税と貢納の義務の廃止、狩りをする自由、修道院を減らすこと、貧民のための宿泊所、それぞれの村がみずからの司祭を選ぶ権利が要求された。（…）農民たちは城や修道院、聖職者の屋敷を焼いた。だが、鎮圧され、虐殺され、生き延びた農民は何年も、当局から報復的に追跡された。

ムラーロはこう結論する。

遊戯の奥方の炎は遠ざかり、かわりに反乱の狼煙と弾圧の炎が最前面に現われる（…）。しかし、農民反乱の準備と謎めいた夜の集会の物語の間には関連があるように思える（…）。仮定に過ぎないが、農民たちは夜、暖をとるための火の周りに秘密裏に集まって、相談をしていたのではないだろうか。そして、それを知る人びとは、古い伝説にみせかけて用心深くこの禁じられた集会を守っていたのではないだろうか。魔女が秘密をもっていたのだとしたら、これであったのかもしれない。(*ibid.*, 46-47)

階級反乱は、性的逸脱とともにサバトについての記述のなかで中心的な要素であった。サバトは奇怪な性の饗宴《オージー》であると同時に体制転覆的な政治集会としても描かれており、その真骨頂は、サバト参加者が遂行した犯罪と、主人に反抗するように魔女たちを導く悪魔についての記述であった。また、魔女と悪魔の間で交わされた契約は、闘争中に交わされることが多かった奴隷と労働者の間の契約と同じく誓約／共同謀議《コニウーラーティオー》と呼ばれたこと（Dockes 1982: 222; Tigar and Levy 1977: 136）、告発者の目には、悪魔とは、人がそれらのためであれば喜んで魂を売る、つまり、自然と社会のあらゆる法を犯してもかまわないほど欲した愛、力、富の約束を表わしていた、ということも意味深長である。

　サバトの形態学における中心的テーマであった人食い行為《カニバリズム》に対する恐怖も、ヘンリー・ケイメンによれば、当時、反抗する労働者たちが自分の血を売る人に対し、お前を食べてしまうぞと脅かして軽蔑の意を示したような、反乱の形態学を思い起こさせるという。[*20] ケイメンはロマンという町（ドーフィネ、フランス）で起きた出来事にふれている。一五八〇年の冬、十分の一税に対する反乱のなかの農民が「三日たたない内に、キリスト教徒の肉が売られるだろう」と宣言し、そして謝肉祭では「反乱の指導者が熊の毛皮を身にまとい、キリスト教徒の肉と称するごちそうを食べた」という（Kamen 1972: 334; Le Roy Ladurie 1981: 189, 216）。さらに、一五八五年のナポリでもパンの値段の高さに対する暴動のなかで、反乱者は価格高騰に責任がある行政官の体をバラバラに切断し、その肉を売りに出したという（Kamen 1972: 335）。人肉を食べることは、社会的価値観を完全に反転させることの象徴であり、それは魔女魔術《ウィッチクラフト》行為の特徴とされる多くの儀礼――後ろを向いて行われたミサや、反時計回りのダンスといった――が示す背徳を体現する者としての魔女のイメージと一致する、とケイメンは指摘する（Clark 1980; Kamen 1972）。実のところ魔女とは、中世の文献に繰り返し現れる千年王国主義的な願望と結びついたイメージである、「逆さまの世界」の生きた象徴であった。

魔女のサバトの体制転覆的、ユートピア的な側面は、ルチアーノ・パリネットによって別の角度からも強調されている。パリネットは『魔女と力』(Parinetto 1998) のなかで、この集会について近代的な解釈をほどこす必要があると主張し、進展しつつある資本主義的労働規律という観点からサバトの秩序逸脱の特徴を読み解いている。サバトが夜行われるのは、当時の労働時間の資本主義的規制に背くことであり、私有財産や正統な性的慣行への挑戦でもあった、とパリネットは指摘する。夜の闇は性別も、「我のものと汝のもの」の区別も曖昧にするからである。また、飛行、移動が魔女に対する告訴のなかで重要な要素であったことは、移民や移動労働者の移動性に対する攻撃として、つまり、当時権力者がとらわれていた浮浪者に対する恐怖を反映する新しい現象として解釈する必要があるという。歴史的特異性という観点からは、夜のサバトは主人に対する反乱と、性的役割の崩壊に具象化されたユートピアの悪魔化として現れ、新しい資本主義的労働規律に反する空間と時間の使い方も表わしている、とパリネットは結論づける。

この意味では、魔女狩りとそれ以前に行われていた異端の迫害——宗教的正統性の名の下に社会的転覆の特殊な形態を罰した——の間には連続性がある。意義深いことに、魔女狩りが最初に進行したのは、異端迫害がもっとも強かった地域だった(フランス南部、ジュラ山脈、イタリア北部)。スイスでは、魔女狩りの初期に魔女のことを「異端者」、「ワルドー派」と呼んだ地域もあった[*21]（Monter 1976 :22; Russell 1972: 34ff)。さらに、真正な宗教の背信者として異端者も火刑に処され、男色《ソドミー》や嬰児殺、動物崇拝といった魔女魔術《ウィッチクラフト》の十戒に数えられる罪を犯した咎で告発された。これらは、ある程度は教会が敵対する宗教を攻撃するときに常に行う非難ではあった。だが、これまでみてきたように、性の革命《セクシュアル・レボリューション》は、カタリ派からアダム派まで、異端運動にとって欠かせない要素であった。とくにカタリ派は女性を蔑む教会の見方に異議を唱え、結婚の拒否や出産の拒否まで推奨した。それらは魂を罠に陥れるものと見なされた。また、カタリ派はマニ教を採り入れていたが、このことが、中世後期の教会が現世における悪魔の存在や、魔女魔術《ウィッチクラフト》を反教会的なものとして宗教裁判の対象とすることにますます憑りつかれていったことの原因であると考える歴史家もいる。このように、異端と魔女魔術《ウィッチクラフト》の間に連続性があることは、少なくとも魔女狩りの初期段階においては疑う余地がない。しかし、魔女狩りは異なる歴史的状況のなかで生じていた。それはまずはペストがもたらしたトラウマと混乱――ヨーロッパ史における重要な分水嶺――によって、後には一五、一六世紀の経済的・社会的生活の資本主義的な再編成がもたらした階級関係の甚大な変化によって、劇的な変容をこうむった。したがって、魔女狩りと異端迫害との連続性を示しているように見える諸要素（たとえば乱交をともなう夜の宴など）も、異端者に対する教会の戦いでそれらがもっていたのとは、必然的に異なった意味をもった。

魔女狩り、女狩り、労働の蓄積

異端と魔女魔術《ウィッチクラフト》の間のもっとも重大な違いは、魔女魔術《ウィッチクラフト》は女性の犯罪だと考えられたことだった。とくに一五五〇年から一六五〇年の間、迫害がもっとも激しかった時期にはそうであった。それ以前の段階では、被告人のうち男性は四〇パーセントにも登り、その後も、次第に数は少なくなるものの男性への迫害はつづいた。そのほとんどは浮浪者、物乞い、移動労働者およびジプシーや下層の聖職者であった。一六世紀までには、悪魔崇拝の告発が政治的・宗教的闘争の共通のテーマとなっていた。司教、政治家で、闘争が高潮に達したとき、妖術者《ウィッチ》であると告発されなかった者などほとんどいなかった。プロテスタントはカトリックを、とくにローマ教皇を、悪魔に遣えているという理由で告発した。一方ルター自身も魔術によって告発され、またスコットランドのジョン・ノックスやフランスのジャン・ボダン、その他多くの人たちが告発された。ユダヤ人も悪魔を崇拝した咎で慣習的に告発され、角や爪をもつ姿で表わされることもあった。だが一六、一七世紀のヨーロッパにおいて、魔女魔術《ウィッチクラフト》の罪で裁判にかけられ処刑された被告人の八〇パーセントが女性であったという事実は際立っている。実際、この時期は他のどんな犯罪よりも魔女魔術《ウィッチクラフト》の罪で——ただし、興味深いことに間引きをのぞく——、女性は告発された。

魔女が女性であるということも悪魔学者は強調した。彼らは、神はこうした災いから男性を

ヨハネス・ティンクトーリスが『ワルドー派の取り扱い』で描いたワルドー派の異端者。魔女狩りが最初に進行したのは、異端迫害がもっとも強かった地域だった。スイスでは、魔女狩り初期には魔女のことを「ワルドー派」と呼ぶことがあった地域もあった。

救われた、と喜んだ。シグリッド・ブラウナー（Brauner 1995）が指摘しているように、魔女狩りを正当化するために用いられた、この魔女は女性であるという主張は、場合によって変化している。『マレウス・マレフィカルム』の著者は、女性はその「飽くことのない欲望」のために魔女魔術《ウィッチクラフト》に手を出しやすいと説明し、他方マルティン・ルターや人文主義の著述家たちは、こうした堕落の源泉は女性の道徳的・精神的弱さにあると強調した。だがいずれも、女性こそ邪悪な存在であるとみなしたのは同じだった。

異端迫害と魔女迫害のより大きな違いとは、後者においては性的倒錯と嬰児殺に対する告発が中心的な役割を担い、避妊が事実上、悪魔的行為とされたことである。避妊、中絶、魔女魔術《ウィッチクラフト》の連想は、インノケンティウス八世の大勅書（一四八四年）に最初に登場した。

> 呪文やまじない、祈祷、その他の憎むべき迷信や忌まわしい護符、非道な行為、犯罪によって（魔女は）女性から生まれる子孫を破滅させる。（…）男を子孫づくりから遠ざけ、女を妊娠させないようにする。そのため、妻がいる夫も、夫がいる妻も性行為を行うことができないのだ（Kors and Peters 1972: 107-08）。

それ以来、生殖にかかわる犯罪が目に見えて裁判で取り上げられるようになった。一七世紀までに、魔女は人間と動物の生殖能力を破壊する陰謀や、中絶のあっせん、子どもを殺したりそれを悪魔に捧げたりする子殺しのセクトに属していると告発されるようになっていた。民衆の想像力のなかでも、魔女は新しい生命に敵意を抱き、子どもの肉を食べたり魔法の薬を作るためにその肉を使ったりする好色な年老いた女性——後に児童書で一般化されるステレオタイプ——と結びつけられるようになった。

なぜ、異端から魔術への軌跡のなかでこのような変化があったのか？　言いかえれば、なぜ、一世紀のうちに異端は女性になり、なぜ宗教的・社会的逸脱がもっぱら生殖にかかわる罪として再焦点化されるようになったのか？

一九二〇年代にイングランドの人類学者マーガレット・マレーが『西欧における魔女信仰』(Murray 1921) のなかで提起した解釈は、近年、エコ・フェミニストや「ウィッカ」[†2]の実践者たちから再度脚光を浴びている。マレーは、魔女魔術《ウィッチクラフト》は古代の母系的な宗教であり、宗教裁判所は異端を打倒した後に、教義の逸脱という新たな恐怖に駆り立てられて、それに注意を向けるよ

---

†2　現代の英語圏で一般的に魔女術、魔術崇拝のことを意味する。一九三九年にジェラルド・ガードナーが、年老いた魔女との出会いをきっかけに、オカルト趣味と民俗学的知識を混合して創った魔女術に端を発するとされる。今日ではその実践者の多くは都会の住民であり、少人数の集団で行う儀式を重視している（「女神にひかれる男たち——現代の欧米の新しい宗教的実践におけるジェンダーについて」河西瑛里子著、『人文學報』、二〇〇九、九八：二六九—九六頁を参照）。

うになったと論じている。言いかえれば、悪魔学者が魔女として訴追した女性たちは（この説によれば）、出産と生殖に幸運を呼ぶための古代の豊穣神崇拝の実践者であった。この信仰は地中海地域に数千年にわたって存在していたが、教会はそれを異端の儀式、教会権力に対する挑戦と見なして敵対したのだった。[*22] 被告人のなかに産婆が含まれていたこと、中世に共同体の治療者として女性が果たした役割、そして一六世紀まで出産は女性の「秘儀」として考えられていたこと、これらすべての要素がこの見解を裏づけるものとして挙げられている。しかし、この仮説では魔女狩りが起きたタイミングについて説明することができないし、なぜ権力者の目にこうした豊穣神崇拝がそれほど忌まわしいものとなり、それを実践する女性の根絶を命じるに至ったか、ということについても説明できない。

異なる説明では、魔女裁判のなかで生殖にかかわる罪が突出している理由を、貧困と栄養不良の拡大によって一六、一七世紀には一般的であった、幼児死亡率の高さにあるとする。子どもがたくさん死んだり、突然死んだり、誕生後すぐに死んだり、さまざまな病気に罹りやすかったりすることが魔女のせいにされた、とされる。しかしこの説明も十分とはいえない。これでは、魔女と呼ばれた女性は妊娠を妨害したことでも告発されたことを説明できず、魔女狩りを一六世紀の経済的・制度的政策という文脈に位置づけることにも失敗している。つまり、魔女への攻撃と、ヨーロッパの国家主義者と経済学者の間で高まった新たな関心事、すなわち再生産と人口規模——当時、これらの名の下に労働力の規模という問題が議論された——の問題との間に、重大な

フランチェスコ・マリア・グアッツォの『マレフィキウムの概要』（1608年）より。子どもを料理する魔女。

関係があることを捉え損ねているのだ。これまでみてきたように、ヨーロッパの人口が再び減少しはじめた一七世紀には、労働問題が喫緊の課題となり、アメリカ大陸植民地で征服以降の数十年間に起こったのと同じような、人口破壊の亡霊がよみがえった。こうした背景と対照すると、魔女狩りとは、少なくともある程度は、産児制限を犯罪化し、女性の身体、すなわち子宮を人口増加のために、かつ、労働力の生産と蓄積のために奉仕させようとした企みであった、と説明するのが妥当であるように思われる。

これは仮説である。だが確かなことは、人口減少に悩み、人口の多さが国富であるという信念に動かされた政治家階級によって魔女狩りは促進されたということである。一六、一七世紀は重商主義の全盛期であり、（出生、死亡、結婚に関する）人口統計の記録、国勢調査がはじまり、人口学それ自体が最初の「国家科学」として形を整えられた時期であったということは、魔女狩りを煽動した政治的環境において人口動態の統制が戦略的重要性を得つつあったことの明らかな証拠である[*23]（Cullen 1975: 6ff）。

多くの魔女が、産婆や「賢い女性たち」［伝統的な知恵をもち、ハーブを使った民間療法やまじない等に秀でた女性のこと。占い師、魔女］など、伝統的に女性の生殖に関する知識やその管理を担い守ってきた人びとであったこともわかっている（Midelfort 1972: 172）。『マレウス・マレフィカルム』はまるまるひとつの章を費やして、産婆や占い女が他のどんな女性よりも邪悪であるのは、母親がみずからの子宮の産物を破壊する手助けをするからだと論じている。女性が出産する部屋から男性を締め出すことで、女性たちの共謀はより容易になる。[*24]著者らは、産婆を宿泊させない小屋などなかったことを認めたうえで、まず「善きカトリック教徒」であることを表明しなければ、いかなる女性にもこの施術を行うことを許してはならないと勧告した。この提案は無視されなかった。これまで見てきたように、産婆は女性警官として雇用されるか――たとえば、妊娠を隠していないか、結婚なき出産をしていないか調べるために――、周辺的な地位に追いやられるかのどちらかであった。フランスでもイングランドでも、一六世紀ごろから、それまで犯すべからざる女性たちの秘儀であった助産に関する活動が、女性に許可されることはほとんどなくなった。そして、一七世紀初頭には最初の男性助産師が現われ、一世紀の間に産科はほぼ完全に国家管理の下におかれるようになった。アリス・クラークによれば、次の通りである。

乳幼児の死亡というドラマを、ハンス・ホルバイン（子）による『死の舞踏』のなかのこのイメージはよく捉えている。『死の舞踏』は、1538 年にフランスで最初に印刷された、41 の木版画から成る一連の作品である。

悪魔に子どもを差し出す魔女。アグネス・サンプソンの裁判に関するパンフレットのなかの木版画より。

女性がその専門職を男性に取って代わられる連続的過程は、適切な専門的訓練を得る機会が拒否されることを通じて、女性が専門的職業のあらゆる諸部門から締め出されてゆく一事例である（Clark 1968: 265）。

しかし、産婆の社会的衰退を女性の脱専門職化の事例と解釈しては、その奥にある意味を見逃してしまう。事実、産婆が周縁化されたのは、彼女らが信頼を失ったからであり、また専門職から排除されることによって女性のみずからの再生産能力を管理する力が損なわれたためであることを示す確たる証拠がある。[*25]

ちょうど囲い込みが農民から共有地を奪ったのと同じように、魔女狩りは女性からその身体を奪ったのである。こうして女性の身体は、それが労働力を生産するための機械として機能することを阻むいかなる障害からも「解放された」。火刑の恐怖は、共有地の周りに巡らされたどんな柵よりも手ごわい障壁を女性の身体の周りに築いたのだ。

実際、自分の隣人や友人、近親の者が火あぶりにされる様子を目にし、女性の手によるいかなる避妊の取り組みも悪魔的な背徳の所産と見なされるであろうと理解することが女性たちにどのような影響を与えたかは想像可能である。[*26] 魔女として捕えられた女性やその共同体の他の女性が、自分たちに向けられたすさまじい攻撃をどのように考え、感じ、そして判断を下したか理解しようとすることで——言いかえれば、アン・L・バーストウが著書『魔女狩りという狂気』(Barstow 1994) でそうしたように、「内側から」迫害を見ることで——迫害者側の意図に思いを巡らす代わりに、魔女狩りが女性の社会的立場にもたらした影響に注意を向けることも可能になる。そのように見れば、魔女狩りは、女性が生殖の管理に用いてきた方法を悪魔的手段と断罪することを通じて破壊し、女性の身体を労働力の再生産へ従属させる前提条件として、それを国家の管理下におくことを制度化したのは間違いない。

だが魔女は、産婆や避妊する女性、隣人から薪やバターを盗んで何とか生活している物乞いの女性だけを指すのではなかった。身もちが悪く見境なく誰とでも寝る女性、つまり娼婦や姦婦、総じて、婚姻という縛りの外側で生殖を目的としない性行為をする女性も魔女であった。それゆえ、魔女魔術《ウィッチクラフト》の裁判では「悪評」が罪の証拠となった。また、魔女とは口答えをし、口論し、罵

イングランド、ガーンジーの市場で生きたまま焼かれる３人の女性たち。作者不明、版画、16世紀。

り、拷問を受けても声を上げない反抗的《レベル》な女性のことでもあった。ここで「反抗的《レベル》」とは、必ずしも女性がかかわる何か特殊な破壊行動を指すのではない。それはむしろ、封建権力に対する闘争の過程でとくに農民の間で発展した、女性の人格を表している。このとき女性は、異端運動の最前線に立ち、女性の団体を組織し、男性の権威と教会に対して激しく対立したのである。魔女の描写は中世の道徳劇や滑稽譚《ファブリオ》のなかで表現されてきた類の女性を思い起こさせる。いつも主導権を握ろうとし、男性のように攻撃的で活発で、男性の衣装を身にまとい、鞭を手にいばって夫の背にまたがるような女性である。

　たしかに、起訴された人たちのなかには特殊な犯罪を行った容疑の女性もいた。ある者は夫に毒を盛り、またある者は雇主を死に至らしめ、さらには自分の娘に売春させたと告発された（Le Roy Ladurie 1974: 203-4）。だが、裁判にかけられたのは逸脱した女性だけではなく、女性それ自体、とりわけ下層階級の女性だった。女が引き起こす恐怖の大きさは、訓育と罰との関係を逆転させるほどであった。「われわれは、多数を罰することによって一部の人びとの間に恐怖を広めるべきだ」とジャン・ボダンは宣言した。そして実際に、村民のほぼ全員が刑を免れえなかったような村もあった。

また、被告人が受けた拷問が示す性的サディズムは、歴史上類を見ない、どんな特殊な犯罪に基づいても説明しようのない女性嫌悪《ミソジニー》を露呈している。標準的な裁判手続きによれば、被告人は裸にされ、丸刈りにされた（髪のなかに悪魔が潜んでいるといわれていた）。そして、悪魔がその支配する人間に押すと考えられていた焼印（ちょうどイングランドで主人が逃亡奴隷にしたように）を探すために、長い針でヴァギナを含む体中を刺された。被告人の女性たちは強姦されることも多かった。処女かどうか、つまり純潔の徴が調査されたのである。自白しなければより残虐な試練にさらされた。手足を切断され、下から火で熱せられた鉄の椅子に座らされ、骨を砕かれた。絞首刑や火刑にされるときには、その死が無視されることなく、そこから教訓が引き出されるように配慮された。処刑は重要な公開イベントであり、処刑される魔女の子どもを含む共同体のすべての構成員が参加しなければならなかった。とくに魔女の娘は、自分の母親が生きたまま焼かれるのを目にしながら火刑台の前で鞭打たれることもあった。

このように、魔女狩りは女性に対する戦争であった。女性を格下げし、悪魔化し、そしてその社会的な力を破滅させるために一致して企図された戦いであった。それと同時に、魔女が命を落とした拷問部屋と火刑台で、ブルジョアジーが理想とする女らしさと家庭生活が捏造された。

この場合も、魔女狩りは当時の社会的風潮を増幅した。事実、魔女狩りが標的とした行為と、同じ時期に家族生活やジェンダーと財産関係を統制するために導入された新しい法律が禁止した行為の間には、紛れもない連続性がある。西ヨーロッパ全域で魔女狩りが進行すると、姦通した女性に対する罰を死刑とする諸法律が制定された（大逆罪の場合と同じく、イングランド、スコットランドでは火刑による）。同じ頃、売春が非合法化され、未婚での出産も同じく非合法となり、嬰児殺は死刑となった。[*27] 同時に、女性同士の友情が嫌疑の対象となり、夫婦関係を脅かす関係として説教壇上から非難されるようになった。魔女を告発する裁判官が女性同士の関係を悪魔化し、犯罪の共犯者として互いを告発するように強いたのと、まったく同様であった。中世では「友人」を意味した「ゴシップ」という言葉が、軽蔑的な意味合いを帯び、その意味を変えたのもこの時期であり、それも女性の力と女性間の共同体的な絆がさらに蝕まれていたことの兆候であった。

イデオロギー的な水準でも、悪魔学者が捏造した貶められた女性像と、「両性の性質」[*28] についての当時の議論によって構築された女性らしさのイメージの間には緊密な対応関係がある。女性は身体的・精神的に弱く、生物学的に邪悪なものに傾倒しがちであるというステレオタイプがカノン化され、男性による女性の支配と、新たな家父長主義体制が実質的に正当化されることになった。

魔女狩りと男性優位——女性の調教

魔女狩りの性政治《セクシュアル・ポリティクス》は、一六、一七世紀の裁判が導入した新しい要素のひとつである、魔女と悪魔の関係によって示されている。大魔女狩りは、中世の聖人伝やルネッサンスの魔術師の本などに見られるものと比較すると悪魔のイメージに大きな変化をもたらした。かつて悪魔は邪悪な存在ではあるがほとんど力をもたず、少量の聖水や聖なる言葉でその悪巧みをくじくのには十分だと描かれた。悪魔のイメージは、恐怖を引き起こすには程遠い、ちょっとした美点も備えた不出来な悪人という程度であった。中世の悪魔は論理家で、法的問題に優れ、法廷で自身の訴訟を自分で弁護する姿で描かれることもあった[*29]（Seligman 1948: 151-58）。また、悪魔は採掘や市壁の建設に用いられる熟練労働者でもあった——いよいよ報酬を受けるときが来たらいつも決まってだまされるのだが。また、悪魔と魔術師の関係についてのルネッサンス的な見方は、嫌でも応でもつねに召使のように任務のために呼び出され、主人の意思に従って行動させられる従属的な存在として悪魔を描いた。

魔女狩りは悪魔と魔女の力関係を反転させた。いまや召使、奴隷、そして身体と魂に潜む女夢魔《サキュバス》は女性であり、悪魔は魔女の所有者かつ主人、ヒモであり同時に夫という役割を担った。たとえば、「魔女になる見込みがある女性に近づく」のは悪魔の方で、「女性が悪魔を呪文で呼び出すことはめったになかった」（Larner 1983: 148）。悪魔は女性に自分の正体を明かした後、自分の家来になるよう要求した。その後につづくのは、主人／奴隷、夫／妻の関係の古典的な見本とでもいうべきものだ。悪魔は魔女となった女性に自分の徴《しるし》をつけ、性交をおこない、その名前を変えることもあった（*ibid.*, 148）。さらに魔女狩りは、結婚せねばならないという女性の宿命を明らかに予示するものとして、中世・ルネッサンス世界に存在した多数の悪魔たちに代わってたった一人の悪魔という観念を導入した。それも、中世において地中海でもゲルマン地域でも女性の間に広まっていた信仰に現れる女性像（ディアーナ、ヘラ、「遊戯の奥方」）とは対照的な、男性の悪魔を。

　魔女を狩る者たちがいかに男性優位という命題にとらわれていたかは、たとえ反乱が人と神の法に対するものであっても、女性は男性に従属するものとして描かれねばならず、反乱の頂点――かの有名な悪魔との契約――は邪悪な婚姻契約として必ず描かれたことに見てとれる。婚姻関係のアナロジーは極めて広く普及していたので、魔女は「悪魔にあえて逆らうことはできなかった」と告白したり、さらに奇妙なことに、悪魔との性交では何ら快感を得られなかったと告白したりした――これは、魔女魔術《ウィッチクラフト》を女性の飽くなき欲望に由来するものとしてきた魔女狩りのイデオロギーと矛盾していた。

　魔女狩りは男性の優位性を宗教的に正当化しただけではなく、男性が女性を恐れるように、さらには男性を破壊する存在として見るようにもそそのかした。『マレウス・マレフィカルム』の

悪魔が自分に仕える女性の魂を持ち去っている。オラウス・マグヌス『北方民族文化誌』（ローマ、1555年）の木版画より。

からだに軟膏を塗ってから、サバトへ向けてほうきで飛んでいく女性。16世紀フランス、トマス・エラストスの『魔女の力についての議論』（1570年）からの版画。

著者が説くには、女性は見た目は愛らしいが触れると堕落させられる存在である、男性を魅了するがそれは男性を蝕むためである、男性を喜ばせるためならなんでもするが、その喜びは死よりも苦い、なぜなら女性の悪徳は男性の魂——と、おそらくその性器も——の喪失という対価を払わせるものだから、という（Kors and Peters 1972: 114-15）。魔女は、男性の生殖力を凍結させたり、思うがままにペニスを出したり引っ込めたりさせたりすることで、男性を去勢したり不能《インポテンツ》にさせたりすることができると思われていたようだ。*30 男性のペニスを盗み取る魔女もいて、無理やりその所有者に返させられるまで、大量にそれらを鳥の巣や箱に隠したといわれる。*31

しかし、男性を去勢したり不能《インポテンツ》にさせたりしたこれらの魔女とは、誰だったのか？　潜在的にはすべての女性であった。村や人口数千人の小さな町では、魔女狩りのピーク時には数年あいはときにはほんの数週間の間に何十人もの女性が焼かれたのだから、自分は魔女と暮らしていないと確信して安心できるような男はいなかっただろう。夜になると、女性は寝ている夫の横に身代わりの木切れをおいて、ベッドを離れてサバトへ向かうと聞いて、あるいは『マレウス・マレフィカルム』に出てくる魔女のように、女性は男性のペニスを消失させる力をもつと聞いて、多くの男性は怯えたにちがいない。

このプロパガンダが首尾よく男性と女性を分断しえたことは、火刑から近親女性を救おうとした息子や父、夫による個人的試み以外は、ただひとつの例外をのぞいて、迫害に抗議した男性の組織的行動の記録が見られないことに示唆されている。例外とはバスク地方の漁師の事例である。

フランスの宗教裁判官ピエール・ド・ランクルがここで、おそらく六〇〇人もの女性を火刑とするために大規模な裁判を取り仕切っていた。毎年恒例のタラ漁に出かけていたため、そのとき漁師たちは不在だったとマーク・カーランスキーは記す。しかし、

［バスク地方の］最大のタラ漁船団であるサン＝ジャン＝ド＝リュズの男たちが、自分たちの妻、母親、娘が衣服をはぎとられ、針で突き刺され、すでに多くが処刑されたと耳にすると、一六〇九年のタラ漁は通常より二か月早く終えられた。漁師たちは戻ってこん棒を手に取り、火あぶりの場所へ護送されるところだった魔女たちを解放した。裁判を止めようとした民衆抗議は、漁師たちが起こしたこの行動だけであった（…）（Kurlansky 2001: 102）。

女性近親者の迫害に対するバスクの漁師たちの介入は、特殊な出来事である。他に魔女を守るために立ち上がった集団や組織はいなかった。その代わり、「魔女発見者」とみずから任じ、金を払わなければ魔女であることを暴くぞと女性を脅しながら村から村へ移動し、女性の告発を商売にした男たちがいたことは知られている。好ましくない妻や恋人から自由になるため、あるいは強姦したりくどいたりした女性に復讐を怯ませるために、女性を取り囲む疑惑の雰囲気を利用した男性もいた。女性が被った残虐行為に対して男性が行動を起こさなかったのは、しばしば容疑の関係者とされることへの恐怖が動機であったことは疑いない。この犯罪で裁判にかけられた

男性のほとんどは、容疑をかけられたか有罪判決を受けた魔女の近親者だったからである。だが、階級的連帯を破壊し、彼らのもつ共同体的な力を弱体化させたのは、女性に対する深い精神的疎外の種を何年もかけて男性に植えつけたプロパガンダと恐怖であった。次のマーヴィン・ハリスの意見に同意できよう。

（…）魔女狩りは、潜在的な抗議のエネルギーをちりぢりばらばらにした。魔女狩りは貧しい者、持たざる者を解体し、社会的距離を拡大し、相互不信を植えつけ、隣人同士を対抗させ、人びとを孤立させ、恐れさせ、不安を高め、無力で支配階級に依存していると感じさせ、人びとの怒りと欲求不満の矛先を向ける対象を提供した。そうすることで、この魔女狩りは、貧しい者たちが富の再分配や階級の平等化を求めて、教会、および世俗の既存の支配層と対立するようになるのを妨げていた（Harris 1974: 239-40）。

現代と同様に、女性を抑圧することによって、支配階級はより効果的にプロレタリアート全体を抑圧した。支配階級は、収奪され、貧困化と犯罪化にさらされてきた男性たちが、そのような個人の不運を去勢する力をもつ魔女のせいにするように仕向け、女性が権力者と戦って勝ち取ってきた力を、男性に対して行使しようとしていると見なすよう仕向けた。女性に対し男性が心に抱いた根深い恐怖（ほとんどは教会のミソジニー的プロパガンダによる）のすべてがこの文脈で動員された。女性は男性を不能にすると告発されただけではない。魔女は男を奴隷にし魔女の意思に縛りつけることができると、男性は教え込まれたので、女性のセクシュアリティそのものが恐怖の対象となり、危険で悪魔的な力へと姿を変えた（Kors and Peters 1972: 130-32）。

魔女裁判においては、魔女が、悪魔との性交や、サバトで行われると考えられていた乱交《オージー》への参加を中心とする倒錯した性行為にふけるという告発がたびたび現れた。だが、魔女は男性に過

ウルリヒ・モリトール『魔女について』1489年より。自分と契約を結ぶよう女性を誘惑する悪魔。

度のエロティックな情熱を生じさせるとしても告発された。そのため、不倫をした男性が魔法をかけられたと主張したり、息子がふさわしいとは認められない女性と交際している際、家族が女性を魔女と告発することで交際をやめさせようとするのは、たやすいことだった。『マレウス・マレフィカルム』(Kramer and Sprenger 1971) ではこう書かれている。

［魔女が］(…) 性的行為と受胎に影響を及ぼす七つの方法がある。第一に、男性の心を過度の情熱に傾かせることによって。第二に、生殖能力を妨げることによって。第三に、性行為に必要な器官を除去することによって。第四に、魔術によって男性を動物に変えることによって。第五に、女性の生殖能力を破壊することによって。第六に、堕胎をあっせんすることによって。第七に、子どもを悪魔に提供することによって (…)(*ibid.*, 47)。

魔女が男性を性的不能にさせる罪とその性的情熱を過度に引き起こす罪とで同時に告発されたことは、一見すると矛盾としかいいようがない。魔女狩りにともなって発展した新たな家父長制的規範では、身体的不能は道徳的無能に相応した。男性の性的不能は女性に対する男性の優位の侵食を示す身体的な兆候であった。「機能的には」去勢された男性と、どうしようもなく愛におぼれた男性の間に違いはなかったからである。悪魔学者は両方の状態を疑いの目で見ていた。女性がその魅力や愛の媚薬をもってその力を行使し、男性を欲望の夢魔《サキュバス》にしてしまったら、当時のブルジョア的分別が要求した家族の型——国家をモデルとし、夫は王であり、妻は王の意思に従い無私無欲に家政に献身する（Schochet 1975）——を実現できないと確信していたからである。性的情熱は女性に対する男性の優位性をむしばむだけでなく——性行為をのぞけば、男性はすべてにおいて自分の装飾を保つことができるのに、とモンテーニュが嘆いたように（Easlea 1980: 243）——、男性の自己統治能力をも弱め、デカルト哲学が理性の源泉があるべき場所とした大事な頭脳をも失うことになるのだった。性的に活発な女性は公共の危険であり、社会秩序にとっての脅威であった。女性が男性を道徳的に——あるいはより深刻には経済的に——破滅させなかったとしても、女性のセクシュアリティは清められねばならなかった。これは、魔女に対して行われた些細なことにまでこだわる執拗な尋問だけでなく、拷問、火刑による死を用いて完遂された。それは、性的な悪魔祓いと精神的な強姦の入り混じったものであった。[*32]

このように、一六、一七世紀は女性にとって性的抑圧の時代の幕開けであった。検閲と禁止が、女性たちの関係性をセクシュアリティによって定義するようになった。ミシェル・フーコーを踏まえた上で、近代のあけぼのに「権力」がいかに人びとに対し性について語ることを義務として強制したかをもっともよく示すのは、カトリックの聖職者による導きでもなく告解でもないということも強調しなければならない（Foucault 1978: 116）。フーコーがこの時代に見出した性に関する「言説の爆発」がもっとも強烈に示されたのは、魔女狩りの拷問部屋をおいて他にない。だが、そこには女性と聴罪司祭の間に通い合うとフーコーが想像した相互の性的刺激に通ずるようなものは何ひとつなかった。宗教裁判官はいかなる村の司祭も凌駕する熱意で、性的冒険のあらゆる細部を明かすように魔女に強いた。魔女たちの多くが高齢女性で、彼女たちの性的な手がらが何十年も前にさかのぼろうと、ひるむことはなかった。魔女と申し立てられた人物に対し、ほとんど儀礼的な手つきで、若い頃どのようにして悪魔に最初に捉えられたのか、性交時の挿入に際してどのように感じたか、どんなふしだらな考えを心に抱いてきたのかを説明するように強いた。だが、この性をめぐる特異な言説が展開した舞台は拷問部屋であり、それらの問いは吊るし刑の苦痛で女性を狂乱状態にしながら投げかけられたのだから、どれほど想像をたくましくしても、こうして拷問された女性が発するように強いられた言葉の過剰《オージー》さが女性の快楽を煽ったり、言語的な消化作用によって再び欲望を感じさせたりしたとは考えられない。魔女狩りの場合——驚くべきことに、フーコーは『性の歴史』(*ibid.*, 1978) のなかでこれを無視している——「性についての果てしのない言説」は代替手段としてではなく、抑圧、検閲、否認のために展開されたのである。魔女狩りの言語は、間違いなく、異なる種、生まれながらにより猥褻で倒錯した特殊な存在としての〈女〉を「生産した」といえよう。さらに、「女性の性倒錯者」の生産は、女性のエロスの力を労働力へ変容させる一段階、すなわち女性のセクシュアリティを労働へと変容させるための最初の一歩であったということもできる。しかし、この過程の破壊的な性質を正しく認識しなければならない。この過程は、フーコーが提示した型の、一般的な「性の歴史」の限界も示している。そこではセクシュアリティは未分化な、ジェンダー的に中立な主題、男性と女性におそらく同じ結果をもたらすであろう活動という視野から扱われている。

魔女狩りとセクシュアリティの資本主義的合理化

魔女狩りは、女性に新たな性的能力や快楽の昇華をもたらす結果にはならなかった。むしろ、それは「清潔なシーツの間での清潔なセックス」へ向かう長い行程の第一歩であり、女性の性的活動を労働へ、すなわち男性への奉仕と生殖へ変容させる過程であった。その中心は、女性のセクシュアリティにおけるあらゆる非生産的・非生殖的な形態を、反社会的であり、ほとんど悪魔的なものとして禁止することであった。

非生殖的なセクシュアリティが次第に嫌悪感を引き起こすようになっていったことは、ほうきに乗って飛ぶ年老いた魔女の伝説によくとらえられている。ほうきは魔女がまたがる他の動物（ヤギ、雌ロバ、犬）同様、拡張されたペニスの投影であり、抑えのきかない欲望の象徴だった。このイメージは、もはや繁殖能力も性生活の権利もない「年老いた醜い」女性を拒否する新しい性的規範に背いている。次の二人の著名な同時代人の言葉に表されるように、このステレオタイプが創造されてゆくとき、悪魔学者は当時の倫理的感受性に則っていたのだった。

老いぼれた好色な女をみることほど忌まわしいことは他にあるだろうか？　これ以上に不条理

なことがあるだろうか？　それなのに、よくあることなのだ。（…）女性の場合は男性よりもいっそう始末が悪い。（…）しわくちゃで老いぼれた鬼婆で、見ることも聞くこともできないただのしかばねにすぎないくせに、さかりのついた猫のように騒ぎ立て、種馬なしではいられないのだ。（Burton 1977: 56）。

それにしても、何年もほとんど自分の役割を果たさない、蘇った死体同然の老いぼれ女を見ることはさらに面白いことだ。いまだに「人生は良いもの」と言いながら生活し、いまだに発情期で、相手を探している。（…）こうした女たちは永遠に、顔に化粧を塗りつけ、陰毛を毛抜きで抜き、たるんで干からびた乳房をさらし、震えすすり泣くような声で衰えていく欲望を奮い立たせている。そして酒を飲み、娘たちに交じって踊り、ラブレターを走り書きするのだ（Erasmus 1941: 42）。

これはチョーサーの世界からはほど遠い嘆きであった。バースの女房は五人の夫を葬った後でも、なお堂々と宣言する。「六番目の夫もやって来るならいつでも歓迎です。（…）私は貞操《みさお》を守ったりなどは決していたしませんから。私の夫がこの世から去って行くと、待ってましたと誰かキリスト教徒が私と結婚するでしょう」（Chaucer 1977: 277）。チョーサーの世界では、老いた女性の性的活力は死に対する生の肯定であった。魔女狩りの図像学《イコノグラフィ》では、高齢は女性の性生活

ハンス・ブルクマイアー「魔女と宗教裁判官の論争」（1514年以前の作品）より。魔女魔術を理由に告発され、裁判にかけられた女性の多くは年寄りで貧しかった。彼女たちはしばしばその生活を公的な慈善事業に頼っていた。魔女魔術——と言われている——は、非力な者の武器である。しかし、老いた女性はたいがい、資本主義的諸関係の拡大による共同体内の諸関係の破壊に対し、共同体内でもっとも抵抗した人たちでもあった。老いた女性は共同体の知恵と記憶を体現していた。魔女狩りは老いた女性のそのイメージを反転させた。高齢女性は伝統的に賢い女性と考えられてきたが、不毛で生に敵対する象徴となったのだ。

の可能性を閉ざし、汚し、性的活動を再生の手段とではなく死の道具に変える。

魔女裁判では年齢に関係なく（階級はそうではない）、女性のセクシュアリティは獣性とつねに同一視された。これは、牧羊神（悪魔の表象のひとつ）との性交や、悪名高い尾の下へのキス、それから、魔女の犯罪を手伝い、魔女と特別に親密な関係をもつさまざまな動物たち――「小悪魔」や「使い魔」――を飼っているという告発に示唆されている。魔女は猫、犬、野ウサギ、カエルなどの動物たちを飼い、特殊な乳首で授乳したと言われていた。

他の動物も悪魔の道具として魔女の生活のなかで役割をもっていた。ヤギ、（夜の）雌ロバ《ナイトメア》は魔女を乗せてサバトへと飛び、ヒキガエルは彼女の調合薬のための毒を提供した。動物たちもまた裁判にかけられるべきだと想像されたのは、魔女の世界におけるこうした動物たちの存在によるものなのだろう[*33]。

魔女とその「使い魔」との結婚は、おそらく、ヨーロッパの農民の性生活に特徴的であった「獣のごとき」慣習を示唆している。動物との性交は魔女狩り終焉後も長く死罪とされていた。理性を崇拝するようになり、人間が身体から切り離されてゆく時代には、動物もまた極端に価値を切り下げられ、ただの獣、究極の「他者」へと貶められて、人間がもつもっとも邪悪な本能の、永劫の象徴となった。それゆえに、動物との性交ほど恐怖を抱かせる犯罪はなかった。それは、ますます非物質的なものとみなされるようになっていった、人間性の存在論的基盤への真の攻撃であった。だが、魔女の生活における動物の存在の過剰さは、女性が男性と動物の間の（不安定な）交差路に位置し、女性のセクシュアリティのみならず女性性それ自体もまた獣性と近接する位置におかれていたということを示唆している。この等式を証明するように、魔女はしばしば、姿を変え動物に変身すると告発された。そして、使い魔としてもっともよく引き合いに出されたのはヒキガエルであった。ヒキガエルはヴァギナの象徴であり、セクシュアリティ、獣性、女性性、邪悪さすべてを一身で表していた。

魔女狩りは女性のセクシュアリティをあらゆる悪の源泉であると糾弾したが、魔女狩りは性生活を幅広く再構築するための主要な媒体でもあった。新しい資本主義的労働規律に同調して、生殖や財産の世襲相続を脅かし、労働から時間とエネルギーを奪ういかなる性的行為も犯罪化した。魔女裁判は、「非生殖的」であるとして禁じられたセクシュアリティの諸形態を指示するリストを提供してくれる。そこにはホモセクシュアリティ、若者と高齢者のセックス、[*34]異なる階級間でのセックス、肛門性交、後背位（俗に妊娠しないといわれていた）、裸、ダンスなどが含まれる。また、一六世紀にはまだヨーロッパのいたるところで祝われていた異端を起源とする春祭りのように、中世に広く行われていた公共の場での集団的な性行為も禁止された。P・スタッブズの『悪習の分析』（Stubbes 1583）のなかでのイングランドの五月祭の描写と、魔女が笛やフルートの音に合わせて飛び跳ね回り、集団的なセックスやお祭り騒ぎにふけるというサバトについての標準的な記述とを、この文脈で比較してみればよい。

五月が近づくと（…）あらゆる教区、町、村で、男も女も、子どもも年寄りも若者も寄り集まり（…）茂みや森、丘、山に走っていく。そこで人びとは楽しい娯楽にふけりながら一晩を過ごし、朝になるとカバノキの弓と木の枝を家に持ち帰った。（…）持ち帰った物のなかでもっとも大事なお宝は、五月柱である。大いなる畏敬の念を抱きながら人びとはこれを家に持ち帰り（…）そして、晩餐会と祝宴にとりかかり、まるで異教徒が偶像に献納するときのように、その柱の周りを飛び跳ね踊るのだ（…）（Partridge 1960: Ⅲ）。

サバトについての記述と、カトリック教会が奨励していた巡礼（聖なる泉などの聖地への）についてスコットランド長老派の権威たちがしたためた記述にも、類似性がある。長老派は、悪魔の集会でありみだらな行いの機会になると巡礼に反対していた。全体的な傾向として、この時期、農民の集会や反乱者の野営、祝祭、ダンスといった潜在的に逸脱的傾向のある集まりは、権力者によって実質的にサバトとして描かれた。*35

また、イタリア北部では、サバトへ行くことを「ダンスをしに行く」「遊戯をしに行く」と呼んだ地域があったことも、とりわけ教会と国家がこうした娯楽に対して行った撲滅運動を踏まえると、意味深長である (Muraro 1977: 109ff; Hill 1964: 183ff)。ギンズブルグが指摘する通り、「［サバトから］神話と幻想的な装飾がはぎ取られてしまえば、ダンスと乱交が付きものの集会を発見する」（Ginzburg 1966: 189）。大いに飲んでたらふく食べることは、ヨーロッパで飢えが日常的経験であったときにはまさしく妄想《ファンタジー》であったということもつけくわえねばならない。（焼いた羊肉とエールの夢が悪魔的な共謀の兆候として、丸々と太った牛肉食いのブルジョアジーから冷ややかな目で見られたとは、魔女狩りの時代の階級関係の性質をどれほどあらわにしていることか！）。とはいえ、ギンズブルグはこれまでのやり方を踏襲して、サバトと結びつけられた饗宴《オージー》を「貧しい女性の、惨めな現実の埋め合わせをするための幻覚」と分類してしまう（*ibid.*, 190）。このようにして、彼は犠牲者自身にその滅びの責めを負わせてしまう。また、たとえば女夢魔《サキュバス》と男夢魔《インキュバス》の役割や、魔女は悪魔によって妊娠させられるかどうか——この問いは一八世紀になっても知識人の関心事であったようだ——論争してこの「幻覚」を論じるのに紙幅を費やしたのは、魔女として告発された女性ではなく、ヨーロッパのエリート層であったこともギンズブルグは見過ごしている（Couliano 1987: 148-51）。今日ではこうしたグロテスクな議論は「西洋文明」という歴史から覆い隠されているか、あるいは単純に忘却されている。それによって何十万人もの女性を断罪し死へと至らしめた

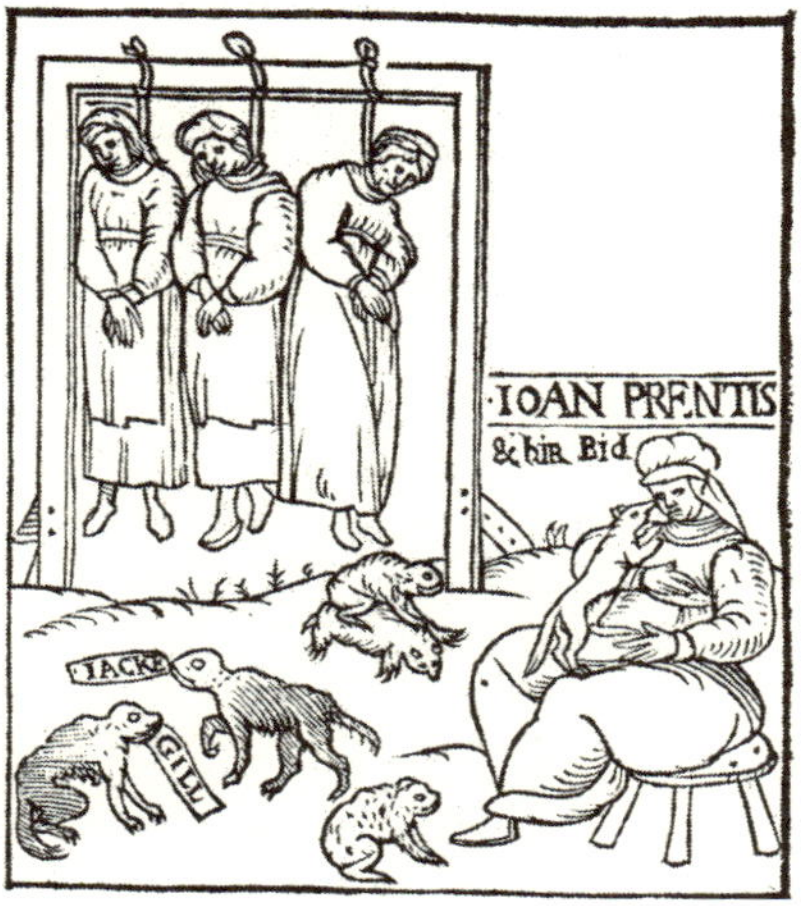

1589年、チェルムズフォードの魔女の処刑。犠牲者の一人、ジョーン・プレンティスが、使い魔とともに示されている。

網の目が編み上げられたにもかかわらず。

こうして、ブルジョア世界の発展と、とりわけセクシュアリティの資本主義的規律の発展にとって魔女狩りが果たした役割はわれわれの記憶から消し去られてきた。しかし、われわれの時代の主要なタブーのいくつかに、この過程の痕跡をたどることができる。ホモセクシュアリティの場合がそうだ。ホモセクシュアリティはルネッサンス期にはヨーロッパのいくつかの地域では完全に受容されていたが、魔女狩りが進む過程で排斥されていった。同性愛者に対する迫害は激烈で、その記憶はいまだにわれわれの言語のなかに沈殿している。「薪の束《ファゴット》」という言葉は、当時、魔女が火あぶりにされた火刑台で同性愛者も焼かれたことを思い出させ、同じく、イタリア語の「フィノッキオ」(フェンネル)は、火刑の際に肉が焼ける嫌な臭いを消すためにこうした香りの強い野菜が火刑台にまかれた習慣を示唆する。[†3]

とくに重要なのは、魔女狩りが娼婦と魔女の間に確立した関係である。これは、性労働の資本主義的再編成のなかで売春がその価値を切り下げられた過程を反映している。諺にもあるように、「若いときは娼婦、老いては魔女」であった。どちらも、欲得ずくで愛情を装い、ただ男性をたぶらかし破滅させるためだけに性を利用したからだ(Stiefelmeir 1977: 48ff)。そしてどちらも金と邪悪な力を手に入れるためにみずからを売った。(悪魔に魂を売った)魔女は、(身体を男性に売った)娼婦のイメージを最大化したものだ。さらに、(老いた)魔女も娼婦も生殖不能の象徴であった。つまり、非生殖的なセクシュアリティの具現そのものであった。このように、中世にお

ピエール・ド・ランクル『不実のテーブル』（1612年）のためのヤン・ジァルンコによる版画の細部より。多くのサバトの表象のなかで、饗宴は重要なテーマである——それは、飢饉が日常的経験であった当時のヨーロッパの妄想であった。

いては娼婦と魔女は共同体のために社会的奉仕を行う肯定的な人物像であったが、魔女狩りによって両者はもっとも否定的な意味合いを帯びるようになり、ふたつの女性のアイデンティティの可能性は、物理的には死によって、社会的には犯罪化によって、否定されたのである。娼婦がひとりの法的主体として死ぬ前に、魔女はその千倍もが火刑で死んだ。というか、魔女が殺されているかぎり娼婦は生きることを許されていた（不法とはいえ、娼婦は役立つ存在にもなりえた）。それというのも、魔女は（宗教裁判官の目には）ほとんど制御不可能な、社会的により危険な主体だからであった。魔女は、痛みや快楽、癒しや危害をもたらすことができ、自然の力の諸要素を操って、男の意思を縛ることができた。死をもたらす「災いの目」で一瞥するだけで、被害を与えることさえできた。

　ほとんど迫害にさらされなかったルネッサンスの魔術師と魔女を分けているのは、魔女の犯罪の性的な性格とその下層階級出身という地位であった。ルネッサンス期の魔術師は、概ね迫害とは無縁であった。高等魔術《ハイ・マジック》と魔女魔術《ウィッチクラフト》には共通する多くの要素があった。悪魔学者は学術的な魔術の伝統に由来する主題を魔女魔術《ウィッチクラフト》の定義に用いた。そのなかには、新プラトン主義を起源とする、エロスは「交感」関係によって世界をたばねる宇宙的な力であり、魔術師が実験によって自然を操作・模倣することを可能にする力《アトラクション》であるという観念があった。同様の力を魔女ももつとされた。魔女は水たまりをかき混ぜるまねで嵐を引き起こしたり、金属を接合させる錬金術の伝統に似た「力《アトラクション》」を使ったりできると言われていた (Yates 1964: 145ff; Couliano 1987)。

魔女魔術《ウィッチクラフト》についてのイデオロギーは、魔法と錬金術と同じく、セクシュアリティと知識の関係を規定する聖書の教義も反映していた。魔女は悪魔と性交することで力を得るというテーゼには、女性は反逆した悪霊と性交することで化学の秘密をわが物としたという錬金術の考え方が反響している（Seligman 1948: 76）。しかしながら、錬金術の方は時間と資源を無駄にする無益な探求のように見られ、しだいに眉をひそめられるようになってはいったけれども、高等魔術《ハイ・マジック》が迫害されることはなかった。魔術師はエリートであり、諸侯や他の高い地位にある人びとに奉仕することが多く（Couliano 1987: 156ff）、悪魔学者は高等魔術《ハイ・マジック》（とくに占星術と天文学）を科学の領域に含めることによって、魔術師と魔女を注意深く区別した。*36

魔女狩りと新世界

だとすれば、典型的なヨーロッパの魔女と対になるのはルネッサンスの魔術師ではなく、資本のために「新世界」のプランテーションで、蓄積に必要な労働をあたかも無制限に供給し、ヨーロッパの女性とよく似た運命を共有した、植民地化されたアメリカ先住民と奴隷化されたアフリカ人であった。

---

†3　ファゴット（英）もフィノッキオ（伊）も男性同性愛者の隠語。

ヨーロッパの女性の運命と、植民地のアメリカ先住民とアフリカ人の運命は非常に密接に関係しており、相互に影響し合っていた。魔女狩りと悪魔崇拝の告発は、植民地化と奴隷貿易を世界に対して正当化し、現地の人びとの抵抗を打ちくだくために、アメリカ大陸へ持ち込まれた。ルチアーノ・パリネットによれば、ひるがえって、ヨーロッパの権力者たちに魔女という集団の存在を信じ込ませ、アメリカ大陸で発達した大量殲滅の技術をヨーロッパで応用させるに至ったのは、アメリカ大陸での経験であった（Parinetto 1998）。

メキシコでは「一五三六年から一五四三年の間にツマラガ司教は七五人のインディアンの異端者に関する一九件の裁判を執行した。そのほとんどが中央メキシコの共同体の政治的・宗教的リーダーたちで、その多くは火刑で死んだ。ユカタン半島では一五六〇年代に修道士ディエゴ・デ・ランダが偶像崇拝を糾弾する裁判を指揮したが、そこでは拷問、鞭打ち、異端判決宣告式《アウト・デ・フェ》が著しく重要な役割を果たしていた」（Behar 1987: 51）。ペルーでも、ヨーロッパ人には悪魔と見なされた現地の神々への信仰を撲滅するために、魔女狩りが行われた。「スペイン人はいたるところに悪魔の顔を見た。食べ物のなかに、（…）「インディアンの原始的な悪習［のなかに］（…）彼らの野蛮な言語のなかに」（De Leon 1985, Vol.I: 33-34）。植民地でも、魔女として告発されやすかったのは女性であった。意思の薄弱な女としてヨーロッパ人に特別に卑しまれた彼女たちは、間もなく自分たちが属する共同体のもっとも頑強な守護者となったからであった（Silverblatt 1980: 176-79）。

ヨーロッパの魔女とヨーロッパの植民地臣民の共通の運命は、一七世紀の間に、魔女魔術《ウィッチクラフト》のイデオロギーと、征服《コンクエスト》と奴隷貿易という土壌で成長した人種主義的イデオロギーの往還がいっそう増したことによっても明らかである。悪魔は黒人男性のように描かれ、黒人はますます悪魔のように扱われるようになった。そのため、「奴隷商人が遭遇した非ヨーロッパ社会の諸側面のうちもっとも広く報じられたのは、悪魔崇拝と悪魔の介入についてであった」(Barker 1978: 91)。アンソニー・バーカーはこう書く──「ラップ人からサモイェード人、ホッテントット人からインドネシア人まで（…）イングランド人によって、大いに悪魔の影響下にあるとされない社会などなかった」(*ibid*., 91)。ヨーロッパでそうだったように、悪魔崇拝の特徴は度を越えた欲望と性的能力であるとされた。[*37] 悪魔はしばしばペニスをふたつもつものと描かれ、野蛮な性行為や、音楽、ダンスへの惑溺といった話は、「新世界」の宣教師と旅行者の報告に欠かせない要素となった。

歴史家のブライアン・イーズリーによれば、黒人の性的能力の意図的な誇張は、資産をもつ白人男性がみずからのセクシュアリティに対して感じる不安の裏返しである。おそらく、上流階級の白人男性は自分たちが奴隷化した人びととの競合を恐れていた。白人男性は彼らをより自然に近い存在だと考えていたが、それはみずからは、過剰な自己統制と慎重すぎる理性のせいで性的能力は不十分だと感じていたためであった（Easlea 1980: 249-50）。しかし、女性と黒人男性──魔女と悪魔──を過剰に性的な存在として描く視点は、アメリカ大陸の植民地化、奴隷貿易、

16世紀に悪魔として表象された、カリブ海地域のインディアン。トビアス・ジョージ・スモレット（編集者）『本物の愉快な航海記の概要、年代順シリーズにおける要約』（トビアス・ジョージ・スモレット、1766年）より。

そして魔女狩りを土台として出現しつつあった労働の国際分業のなかで彼女たち・彼らが占めた地位にも根をもっているにちがいない。黒人性や女性性の獣性・不合理性という特徴による定義は、ヨーロッパの女性と植民地の男女が、賃金のうちに必然的に含まれる社会契約から排除されたこと、その帰結として彼女・彼らの搾取が自明の理として自然化されたことと一致していたからである。

魔女・治療者・近代科学の誕生

魔女迫害の背後にはさらに別の動機が働いていた。資産に対する攻撃、主に窃盗を罰するために、魔女の告発がなされることがしばしばあった。窃盗は土地と農業の私有化が進むにつれて一六、一七世紀に劇的に増加した。これまで見てきたように、イングランドでは隣家にミルクやワインの施しを乞うたりそれらを盗んだりする女性、あるいは公的扶助を受けていた貧しい女性が、邪悪な術を行った容疑をかけられやすかった。アラン・マクファーレンとキース・トーマスは、共有地《コモンズ》の喪失と家族生活の再編により、以前は高齢者に充てられていた費用を育児に優先的に向けるようになったことを受けて、この時期、高齢女性の状況に目立った悪化が見られることを指摘してきた[*38]（Macfarlane 1970: 205）。こうした高齢者はいまや生きるために友人や隣人に頼らざるをえなくなったり、貧民名簿に登録したりした（ちょうど、新しいプロテスタント倫理が困窮者に対する慈善は無駄で、怠惰を助長すると指弾しはじめた時期のことであった）が、それまで貧民に食料を提供してきた制度も崩壊しつつあった。必要な物を得るために魔女という風評を利用した女性もいたことだろう。しかし、呪いをかけたり、家畜を不具にしたり、作物を荒らしたり、雇主の子どもを死なせたりする「悪い魔女」だけが断罪されたのではなかった。魔法《ソーサリー》で身を立てた「よい魔女」もまた罰せられ、より厳しい罰を加えられることも多かった。

歴史的に、魔女は村の助産師や医者、予言者や魔術師であり、その能力がとくに発揮された分野は（イタリアの魔女についてブルクハルトが書いたように）色事にまつわる術策であった(Burckhardt 1927: 319-20)。この種の魔女の都市的な具現化が、フェルナンド・デ・ロハスの劇に登場するセレスティーナであった（Rojas 1959）。この人物についてはこう言われている。

セレスティーナは商売を六つもっていました。洗濯屋、香料商、化粧品を作り傷ついた処女膜までつくろう名人、売春斡旋者、そして魔女まがいのことであります。（…）彼女の最初の商売である洗濯業はその他の商売の隠れ蓑であり、そのため多くの女中娘が洗濯するためにそこへやってきました（…）。彼女がどんな取引をしていたか想像できないにちがいありません。彼女は赤ん坊の医者だったんです。ある家から亜麻布を持ち出し、それを他の家に持ち込んだが、これはどの家にも出入りする口実であったのです。「おかみさん、こっちへ！」と言う者がいれば、「ご主人様がいらっしゃった！」という者もいました。彼女はやるべきことがたくさんあったけれど、ミサと夕べの祈りに出かけることは欠かさなかったのです（*ibid.*, 17-18）。

だが、もっと典型的な治療者は、一五九四年にトスカーナの小さな町サン・ミニアートで魔女として裁判にかけられた女性、ゴスタンザであった。寡婦となってから、ゴスタンザはプロの治療者として活動をはじめ、まもなくその治癒術と悪魔祓いで、その地方では有名になった。自分の姪に加え、同じく寡婦である二人の女性たちと一緒に暮らしていた。やはり寡婦であった隣の家の女性がゴスタンザの薬のためにハーブを提供した。ゴスタンザは患者を自宅に招き入れていたが、動物に「印」をつけたり［去勢の意］、病人を訪問したり、復讐の実行を手助けしたり、医療呪術の影響を取り除いたりするために、必要とされるところであればどこへでもおもむいた（Cardini 1989: 51-58）。彼女の商売道具は天然のオイルと粉末、そして「共感」や「接触」によって癒したり保護したりする、さまざまなしかけであった。技を用いるのは生計を立てる手段であったから、共同体内に恐怖を引き起こすことは彼女の意図するところではなかった。事実、ゴスタンザは非常に人気があり、だれもが治療や運勢の占い、失せ物探しや惚れ薬のために、彼女のところへやって来た。しかし、ゴスタンザは迫害を逃れられなかった。トリエント公会議（一五四五―一五六三）以降、反宗教改革は民間の治療者に対して、その力と共同体の文化への深い浸透を恐れて強硬な姿勢をとるようになった。イングランドでも、一六〇四年、聖霊や魔術を使った者はすべて、目に見える危害がない場合であっても死刑と定めた法律がジェームズ一世によって成立させられたとき、「よい魔女」の運命は決められた。*39

民間治療者が迫害されるとともに、女性のハーブや治療法に関する経験知という歴史的遺産は奪われた。何世代にもわたって蓄積され受け継がれてきたその知識の喪失は、新たな囲い込みの形態への道を確かなものにした。すなわち、専門的な医学の誕生である。それは、「下層階級」の前に、癒しという見せかけにもかかわらず高価すぎて縁遠い、議論の余地のない科学的知識という壁として立ちふさがった(Ehrenreich and English 1973; Starhawk 1997)。

民間の治療者／魔女が医師へと置き換えられてゆく過程は、近代科学の発展と科学的世界観が魔女狩りの誕生と衰退に果たした役割について問いを投げかける。この問いについては、ふたつの相対する見解がある。

一方は、啓蒙主義出自の理論で、科学的合理主義の誕生が迫害の終焉にとって重要な役割を担ったとする。ジョゼフ・クレイツ(Klaits 1985)が公式化したように、この理論は、新しい科学が「直接かつ不断の神の介在の不要な、自己統制のメカニズムとしての世界を明らかにした」(*ibid.*, 162)ことによって懐疑主義を生みだし、知的生活を変容させたと主張する。とはいえ、一六五〇年代までに魔女裁判を中断させた当の裁判官らが魔女魔術《ウィッチクラフト》の実在性について疑問をもったことがなかったことを、クレイツは認めている。「フランスでもどこでも、魔女狩りを終結させた一七世紀の裁判官のなかで、魔女はいないと公言した者はいない。ニュートンや当時の他の科学者と同様に、裁判官は超自然的な魔法を理論上ありうると認めつづけた」(*ibid.*, 163)。

実際、新しい科学が解放という効果をもったという証拠はない。近代科学の誕生とともに出現した自然についての機械論的な考え方は「世界を幻想から目覚めさせた」。しかし、それを促進した人びとが魔女として告発された女性を弁護したという証拠はない。デカルトはこの問題については不可知論者であると宣言し、（ジョセフ・グランヴィル、トマス・ホッブズのような）他の機械論哲学者は、魔女狩りを強力に支持した。（ブライアン・イーズリーが説得力あるかたちで示したように）魔女狩りを終わらせたものは、魔女の世界の消滅と、資本主義システムに必要な社会的規律の強制の成功であった。言いかえれば、魔女狩りが一七世紀末までに終焉を迎えたのは、この時には支配階級の安心感が十分に高まったからであって、より啓蒙的な世界観が出現したからではなかった。

残る疑問は、近代科学の方法の誕生が魔女狩りの原因と考えられるか否かだ。この見解は、キャロリン・マーチャントによって『自然の死』（Merchant 1980）において説得力をもって論じられている。これは、魔女の迫害の起源は科学革命、とりわけデカルトの機械論哲学が招いたパラダイム転換にあるという見方である。マーチャントによれば、この転換によって、自然、女性、地球を育ての母とみなす有機的な世界観は、それらの搾取を抑制していた倫理的制約を一掃し、「永続的な資源」という位置に貶める機械的な世界観に置き換えられた（*ibid.*, 127ff）。魔女としての女性は、自然の「野蛮な側面」の体現者として、つまり、自然のなかにある無秩序、制御不可、そしてそれゆえに新しい科学が実行するプロジェクトに対立するように見えるすべての

魔女のハーブ園。ハンス・ヴァイデッツの版画（1532年）より。星の天球が示すように、ハーブの「効力」は星との合によって強められた。

ものの体現者として迫害された、とマーチャントは述べる。マーチャントは魔女迫害と近代科学の出現との関係についての証拠を、新しい科学的方法の名高い父の一人、フランシス・ベーコンの著作のなかに見出し、ベーコンによる自然の科学的調査という概念は魔女の拷問下での尋問をモデルとしており、自然を、征服され、覆いを剥ぎとられ、強姦されるべき女性として描いたことを指摘している（*ibid.*, 168-72）。

マーチャントの説明には、科学的合理主義が進歩の媒体であったという前提に異議を唱えるという大きな功績があり、近代科学が人間と自然との間に設けた深い疎外に注意を向けさせる。また、魔女狩りを環境破壊に結びつけ、自然世界の資本主義的搾取を女性の搾取に関連づける解釈でもある。

しかしながら、近代科学発生以前のヨーロッパでエリート層が受容していた「有機的な世界観」が奴隷制と異端根絶の余地をはらんでいたという事実をマーチャントは見落としている。自然を技術的に支配し、女性の創造的能力を領有しようとする願望は、複数の宇宙論的枠組みを和解させてきたことをわれわれはすでに知っている。ルネッサンスの魔術師はもちろんこうした目的に関心があったし、ニュートンの物理学は重力の発見を自然についての機械論的な見方ではなく魔術的な見方に負っていた。さらに、一八世紀初頭までに哲学的機械論の流行の熱が引くと、「共感」「感受性」「情熱」といった価値を強調した新しい哲学的潮流が出現したが、それも容易に新しい科学に統合された（Barnes and Shapin 1979）。[*40]

加えて、魔女迫害を支えた知的な足場は、直接には哲学的合理主義から導き出されたものではなかったことも考慮しなければならない。それはむしろ、移行期の現象であったといえる。つまり、完遂されるべき任務という圧力の下で考案されたある種のイデオロギー的ブリコラージュであった。そのなかでは、中世キリスト教の空想世界や、合理主義的議論、近代の官僚制的な裁判手続きから引き出された諸要素が結び合わさっていた。ナチズムをでっちあげるとき、科学・技術への崇拝を、血の紐帯と貨幣経済以前の忠誠に結ばれた古代の神秘的な世界の再興を装ったシナリオへと結合させたのと同じやり方であった。

この点は、資本蓄積のための条件の確立という観点から見れば、魔女狩りが、資本主義の歴史においていかに「逆行」が前進のための手段であったかを示す古典的な事例（不幸なことに最後ではない）であることに気づいたパリネットによって示唆されている。というのも、悪魔を呼び出すという行為について、宗教裁判官は民間のアニミズム信仰と汎神論を廃棄し、宇宙と社会における力の位置と分配をより集権化されたやり方で再定義したからである。こうして、逆説的ではあるが（とパリネットは述べる）、魔女狩りにおいて、悪魔は神の真の僕《しもべ》としての役割を果たした。悪魔こそ、新しい科学への道を開くことにもっとも貢献したのであった。管理人、あるいは神の意志の秘密の執行者のように、悪魔は、神は唯一の支配者であると再び宣言し、競合する勢力を排して、世界に秩序をもたらした。彼によって人の世への神の支配は確固たるものとなったので、一世紀も経たぬニュートン物理学の到来とともに、神は身を引き、世界が時計のように正確に機能するのを遠くから見守ることで満足するようになった。

したがって、合理主義と機械論は自然を搾取する世界を生みだすことに貢献したとはいえ、迫害の直接の原因ではなかった。魔女狩りの煽動においてより重要だったのは、中世末期にヨーロッパのエリートたちが抱いた、彼らの政治的・経済的な力を脅かしつつあったひとつの存在様式全体を根絶せねばならないという要求であった。この課題が達成されると――社会的規律が取り戻され、支配階級がそのヘゲモニーが確かなものになったことを知ると――魔女裁判は幕を閉じた。魔女魔術《ウィッチクラフト》を信じることは、むしろ嘲笑の対象となり、迷信と非難され、まもなく記憶から追い出された。

スコットランドではさらに三〇年以上もつづいたとはいえ、ヨーロッパ全体ではこの魔女裁判

錬金術師の「母性の機能を領有することへの欲望」は、胎児をその子宮のなかに宿しつつ、「授精させる男性の役割」を示すヘルメス・トリスメギストス（錬金術の神話上の創始者）についてのこの絵によく反映されている。

の終焉過程は一七世紀末にかけてはじまった。魔女狩りの終焉に貢献したひとつの要因は、支配階級が魔女狩りを御しきれなくなり、みずからの階級の成員すら告発の標的となるなど、自分たちのつくった抑圧装置の火の粉が降りかかるようになったことにあった。マイデルフォートはドイツについて次のように述べる。

> 高い地位と権力を享受する人びとの名をも炎が舐めるようになるにつれ、裁判官たちは自白への信頼を失い、パニックは止んだ（…）（Midelfort 1972: 206）。

フランスでも、魔女裁判の最後の波

は広範な社会的混乱を引き起こした。奉公人が主人を告発し、子どもが親を告発し、夫が妻を告発した。こうした状況下で、国王は介入を決意し、コルベールは迫害を終わらせるため、パリの法的管轄権をフランス全土に拡大した。新しい法典が公布されたが、そこでは魔女魔術《ウィッチクラフト》は触れられてさえいなかった（Mandrou 1968: 443）。

ちょうど国家が魔女狩りを開始したように、各国政府は、次々と、それを終わらせることに着手していった。一七世紀半ば以降、裁判と審問への熱意にブレーキをかけるための努力がなされた。ひとつの直接的な帰結は、一八世紀に「一般犯罪」が突如倍増したことである（*ibid*., 437）。イングランドでは一六八六年から一七一二年にかけて魔女狩りが下火になると、資産への危害（穀物倉庫や家屋、とくに干草の山の焼失）や暴行による逮捕が極端に増えたが（Kittredge 1929: 333）、その一方で新しい犯罪が法令集に書き込まれるようになった。神を冒涜する言動が処罰に値する罪になりだしたのだ――フランスでは、冒涜者は六回有罪判決を受けると舌を切られることが法令で定められた――聖所侵犯（聖遺物の冒涜、聖体の窃盗）も同様であった。毒薬の販売にも新たな制限が設けられた。毒薬の私的な使用は禁止され、販売は許可の取得が条件となり、毒による危害を与えた者には死罪が適用された。こうしたことすべては、いまや新しい社会秩序が十分に確立され、犯罪はもはや超自然的なものに頼ることなく、認識され罰せられるようになったことを示している。次はフランスのある国家議員の言葉である。

魔女と魔法使いはもはや断罪されることはない。第一に魔女魔術《ウィッチクラフト》を証明することが難しいためであり、第二に、こうした告発と断罪は害をなすために用いられてきたからである。このため、人びとは確実なことで告発できるように、不確実なことでだれかを告発することをやめた(Mandrou 1968: 361)。

魔女魔術《ウィッチクラフト》の体制転覆的な潜在能力が破壊されると、魔法行為は容認されるようにさえなった。魔女狩りが終わると、多くの女性が予言や護符の販売、その他の形態の魔法を実践することで再び生計を立てはじめた。一七〇四年にピエール・ベールが報告したように、「フランスの多くの地方や、サヴォワ、ベルン州、その他ヨーロッパの多くの場所に(…)どんなに小さな村、村落にも、魔女とみなされる者が存在した」(Erhard 1963: 30)。一八世紀のフランスでは、魔女魔術《ウィッチクラフト》への関心は、都市の貴族階級――経済的生産から除外され、自分たちの特権が攻撃の的になりつつあることに気づきはじめていた――の間でも高まった。彼らは権力欲を魔法の術に頼ることで満たそうとした(*ibid.*, 31-32)。しかし、いまや当局はこうした行為を起訴することに関心を抱いておらず、代わりに、魔女魔術《ウィッチクラフト》を無知や異常な想像力によるものと考えるようになっていった(Mandrou 1968: 519)。一八世紀になる頃には、ヨーロッパの知識人層は自分たちが獲得した啓蒙主義を自慢するようにさえなり、自信満々で魔女狩りの歴史の書き直しに着手して、それを中世の迷信の産物であると片づけた。

だが、魔女の亡霊は支配階級の想像につきまといつづけた。一八七一年、パリのブルジョアジーは本能的にそれを蘇らせ、女性のパリ・コミューン支持者を悪魔化し、彼女たちはパリを焼き払おうとしていると告発した。実際のところ、ブルジョアジーの報道機関が火つけ女たちの神話をでっち上げるために用いた毒々しい噂話やイメージは、魔女狩りのレパートリーから引き出されたことはほぼ疑いない。エディス・トーマスが描いたように、パリ・コミューンの敵はこう主張した——何千人ものプロレタリア女性がなみなみと灯油の入った壺と「B・P・B」(「火をつけるのにちょうどよい《ボン・プール・ブリュレ》」)と書かれたステッカーをもって、昼も夜も(魔女のように)街をうろついている、おそらくは、ヴェルサイユからやってくる軍隊の目前でパリを灰にしてしまおうという大きな陰謀の一部として、与えられた指示に従ってそうしているのである、と。「火つけ女たちはいたるところで見られたはずだ。ヴェルサイユの軍隊が占領する地域では、貧しくみすぼらしい格好をして、バスケットや箱、牛乳瓶を持っている女性であれば疑いをかけられるのに十分であった」(Thomas 1966: 166-67)。こうして、何百人もの女性が即座に処刑され、新聞報道ではそうした女性たちを中傷した。火つけ女たちは魔女のように、野蛮で下品な様子でボサボサの髪をした年老いた女性として描かれた。魔女の手には、犯罪を実行するのに用いる液体を入れた容器があった。[*41]

「火つけ女」ベルトル（シャルル・アルベルト・ダルノクス・ベルトル）による多色石版。『レ・コミュノー』20 号に複写。

「パリの女性たち」『ザ・グラフィック』1871 年 4 月 29 日複写のウッドによる版画。

第5章
植民地化とキリスト教化
――新世界のキャリバンと魔女

Colonization and Christianization

Caliban and Witches in the New World

1497年に南アメリカ大陸沿岸に上陸するアメリゴ・ヴェスプッチ。ヴェスプッチの前で艶かしくハンモックに寝そべるのは「アメリカ」である。彼女の背後には何人かの人食いたちが遺体を焼いている。デザインはヤン・ファン・デル・ストラート、テオドール・ガレによる版画（1589年）。

（…）そして、この地にわれわれがやってきたのは世界を破壊するためだと彼らは言う。風は家々を破壊し、木々をなぎ倒し、そして炎が自分たちを焼く、と。だが彼らは言う、われわれは何もかも食いつくし、土地を消耗させ、川の流れを変え、けっして黙らず、休息せず、だが、つねにあちこち走りまわり、金銀を探し求め、決して満たされることはない、ゆえにそれで賭けをし、戦争し、殺し合い、盗み、罵り、真実を語らず、そして彼らからその生活手段を奪ってきた、と。ついには、彼らはこの邪悪で残酷な子どもたちをこの地へ連れてきた海を呪うのだ。

――ジロラモ・ベンゾーニ『新世界の歴史』一五六五年

女性たちは拷問と苦しみに耐えかねて（…）最後にはワカを崇めたと告白しなければならなかった。（…）「さて、私たち、インディオ女性も生まれてこの方、（…）キリスト教徒なのです。恐らく今度は司祭のせいで、私たち女性は山を崇めることになるでしょう。さもなければ、高い山やプーナへ逃げていくことになるでしょう。この王国には、私たちを守ってくれる正義などありませんから」。

――フェリペ・ワマン・ポマ・デ・アヤラ『新しい記録と良き統治』一六一五年

はじめに

ここまで述べてきた身体と魔女狩りについての歴史は、植民地化に対するアメリカ先住民の抵抗を象徴的に物語る『嵐《テンペスト》』の登場人物、「キャリバンと魔女」の指し示すものに要約されている仮定にもとづいている。[*1] その仮定とは、資本主義への移行のなかで、新世界の住民の従属化と、ヨーロッパの民衆の、とくに女性の従属化との間には連続性があったというものである。どちらの場合にも、それまで自分たちの土地であった場所からの共同体全体の強制的な排除、大規模な貧困化、人びとの自治と共同体的諸関係を破壊する「キリスト教化」運動が見られる。また、旧世界で発達した抑圧形態が新世界に持ち込まれ、そして再びヨーロッパに輸入されるという不断の異種交配もあった。

両者の差異を軽視してはならない。一八世紀にはアメリカ大陸で産出された金や銀、その他の資源がヨーロッパへ流入したことによって労働の国際分業が形成され、新たに誕生したグローバル・プロレタリアートは異なる階級関係と規律のシステムによって分断された。それは労働者階級内部でしばしば互いに相争う歴史の幕開けとなった。しかし、ヨーロッパとアメリカ大陸の住民の扱われ方が類似していたことは、資本主義の発展とこの過程で行われた残虐行為の構造的特徴を支配するただひとつの論理が存在することを示すのに十分である。アメリカ大陸の植民地への魔女狩りの拡大は、際立った事例である。

従来、歴史家たちはおおむね、魔女魔術《ウィッチクラフト》の告発を通して行われた女性と男性に対する迫害はヨーロッパに限定された現象であると考えてきた。この法則が認める唯一の例外が、いまも新世界の魔女狩り研究の焦点でありつづけている、セイラムの魔女裁判であった。とはいえ現在では、悪魔崇拝の告発はアメリカ先住民を植民地化するうえでも重要な役割を担ったと認められている。

このテーマについては、本章での議論の土台を形づくったふたつの文献をとくにあげる必要がある。ひとつは、インカ社会と植民地ペルーにおける魔女狩りとジェンダー関係の再定義についての研究である、アイリーン・シルヴァーブラットの『月と太陽と魔女』（Silverblatt 1987）であるが、これは（私の知るかぎり）英語文献では最初に魔女として迫害されたアンデスの女性の歴史を再構築したものである。もうひとつは、アメリカでの魔女狩りがヨーロッパの魔女裁判に与えた影響について詳細に論じた一連の小論、ルチアーノ・パリネットの『魔女と力』（Parinetto 1998）である。だがこれは、魔女迫害はジェンダー的に中立であったとする著者の主張により損なわれている。

これらふたつの研究が明らかにしているのは、魔女狩りは新世界のなかでも、徐々に恐怖を染み込ませ、集団的抵抗を打ち砕き、共同体全体を沈黙させ、人びとが互いに反目するように仕向けるために権力者たちによって用いられた意図的な策略であったということである。またそれは、状況次第では土地の囲い込みや身体の囲い込み、あるいは社会的諸関係の囲い込みともなりうる、囲い込みの戦略でもあった。何よりも、ヨーロッパでもそうであったように、魔女狩りは人間性を奪う手段であり、それ自体が規範を変化させ、奴隷化とジェノサイドを正当化するために機能する、抑圧形態だったのだ。

魔女狩りは植民地化された人びとの抵抗を粉砕することはできなかった。主として女性たちの闘争のおかげで、アメリカ先住民の土地とのつながり、土地の宗教と自然は、五百年以上もの間、反植民地・反資本主義闘争の源泉となりつづけ、迫害を超えて生き残った。このことは地球全体で先住民の資源と存在様式に対して新たな攻撃が加えられている時代に生きるわれわれにとって、極めて重要である。というのも、コンキスタドールが植民地化した人びとを征服するためにどれほど必死になったか、そしてコンキスタドールの企てを覆し、社会的・物質的世界の破壊に抗して新たな歴史的現実を生みだすことを植民地化された人びとに可能にしたのは何だったのか、私たちは再考する必要があるからである。

人食い《カニバル》の誕生

コロンブスが「インド諸島」を航海していた頃、ヨーロッパの魔女狩りはまだ大衆現象にはなっていなかった。そうはいっても、すでにエリート層の間では、政敵を攻撃したり、（イスラム教徒やユダヤ人といった）ある住民全体を中傷したりするために悪魔崇拝を用いることはよくあることであった。なにより、シーモア・フィリップが言うように、軍事主義と「他者」をもっぱら攻撃対象とみなすキリスト教の不寛容によって、中世ヨーロッパには「迫害社会」が発達していた（Phillips 1994）。したがってヨーロッパ人が「新たな拡大の時代に入った」ときに携えていた「人食い《カニバル》」や「異教徒」、「野蛮人」、「奇怪な人種」、悪魔崇拝者といった「民俗学的モデル」（*ibid.*, 62）が、宣教師とコンキスタドールに、自分たちが遭遇した人びとの文化や宗教、性慣習を解釈するフィルターを提供したとしても驚くにはあたらない。[*2]「インディアン」の発明には他の文化的記号も貢献した。先住民をスティグマ化し、労働力を欲するスペイン人の要求をおそらくもっとも反映していたのは、「裸体」と「男色《ソドミー》」であった。これらはアメリカ先住民を動物同然の生き物（それゆえに荷役用の動物にすることができる）として性格づけた。もっとも、すべての物を共有し、「とるに足りないものへのお返しとして持っているものをなんでも与える」アメリカ先住民の性質を獣性の徴《しるし》として強調した報告もあった（Hulme 1994: 198）。人食い《カニバル》、悪魔崇拝者、男色者というアメリカ先住民の定義は、征服《コンクェスト》は臆面もない金銀の探索ではなく改宗のための布教活動であるというフィクションを支えた。その主張は、スペイン国王が一五〇八年にローマ教皇の祝福と、アメリカ大陸の教会に関する完全な権限を獲得することにも一役買った。またそれは、世間の目に、あるいはひょっとすると植民地主義者自身の目にも、彼らが「インディアン」に対して働いた残虐行為に対するいかなる道徳的拘束力も取り去り、つまりは、狙われた犠牲者が何をしたかにかかわらず、殺しの許可《ライセンス》として機能したのである。そして実際に、新世界では「ムチ打ち、絞首刑、さらし台、監禁、拷問、強姦、そして折々の殺人が労働規律を強いるための標準的な手段となった」（Cockroft 1990: 19）。

とはいえ最初の段階では、植民地化された人びとについての悪魔崇拝者としてのイメージは、「インディアン」を神話上の「黄金時代」や地上の楽園を想わせる「労苦や暴政とは無縁」の生を生きる素朴で寛大な人びととして描く、より肯定的で牧歌的ですらあるイメージと共存していた（Brandon 1986: 6-8; Sale 1991: 100-101）。

このような描写は文学におけるステレオタイプだったのかもしれないし、もしくは、とくにロベルト・レタマールが示してきたように、自分たちが出会った人びとを現実の人間として見ることのできないヨーロッパ人の無能を表わす、「未開人」イメージの修辞学的な対応物だったのかもしれない。*3 だがこの楽観的な見方は、まだスペイン人が先住民の改宗と支配はたやすいと考えていた征服《コンクエスト》の時代（一五二〇～一五四〇年代）とも対応していた（Cervantes 1994）。これは、多大な熱意をもって「インディアン」にその名前を変えさせ、その神々を捨てさせ、性慣習、とくに複婚制《ポリガミー》とホモセクシュアリティを廃止させようとしていた、集団洗礼の時期であった。胸をあらわにしていた女性はその身を覆うよう強いられ、腰巻の男性はズボンをはかなければならなかった（Cockcroft:1983: 21）。だが、一五三六年（宗教裁判が南アメリカに導入された年）から一五四三年の間に、フランシスコ会のフアン・デ・ツマラガ神父によって中央メキシコから連れてこられた多くの政治的・宗教的指導者たちが裁判にかけられ、火刑に処されていたとはいえ、当時、悪魔との戦いといえば主に先住民の「偶像」を焼き捨てることであった。

しかし征服《コンクエスト》が進むにつれて、対立を和らげるのためのいかなる余地もなくなった。人間が他の人びとに力を押しつけようとすることは、それらの人びとを、みずからと同一化する可能性が排除されるところまで、軽視し貶めることなくしては可能ではない。こうして、初めの頃の、寛大なタイノ人についての訓戒にもかかわらず、軍事力を補完するものとして、被植民者を「汚れた」存在、あらゆる忌まわしい行為を実践する悪魔的な存在として描くイデオロギー機械が発動した。その一方で、男色《ソドミー》、人食い《カニバリズム》、近親相姦、異性装といった、かつては宗教教育の欠如に原因があるとされた犯罪は、いまや「インディアン」が悪魔の支配下にある徴《しるし》として扱われるようになり、彼らがその土地と生命を奪われるのは正当なことだとされた（Williams 1986: 136-137）。このイメージ転換について、フェルナンド・セルバンテスは『新世界の悪魔』（Cervantes 1994）のなかでこう記している。

> 一五三〇年以前は、こうしたさまざまな見方のうちどれが支配的なものになるか予測するのは難しかっただろう。だが一六世紀半ばまでには、アメリカ先住民の文化についての否定的で悪魔的な見方が勝利し、その影響はこの主題をめぐってなされた公式・非公式なあらゆる発言の上に、深い霧のように垂れ込めた（*ibid.*, 8）。

「インディアス」についての当時の歴史——デ・ゴマラ（De Gomara 1556）やアコスタ（Acosta 1590）の記したもののような——にもとづけば、このような視点の変化は、人身御供を含む抑圧的な機構をもつアステカやインカといった帝国主義的な国家との遭遇によってヨーロッパ人に吹き込まれたと推測できるだろう（Martinez et al 1976）。一五九〇年にセビリャで出版されたイエズス会士ホセ・デ・アコスタの『新大陸自然文化史』には、とくにアステカで行われていた数千人の若者（戦争捕虜や、買われた子ども、奴隷など）が巻き込まれた大規模な人身御供が、スペイン人の間にあからさまな嫌悪感を抱かせたことを鮮明に示す記述がある。[*4] だが、インディアスの破壊についてのバルトロメ・デ・ラス・カサスの説明や他の征服《コンクエスト》についての記述を読むとき、なぜスペイン人は、神と黄金のために何の良心の咎めもなく言語に絶する残虐行為を行い、コルテスによれば一五二一年にはテノチティトランを征服するためだけに一〇万人も虐殺したのに、人身御供の慣習にはそれほど衝撃を受けたのか、不思議に思われる（Cockroft 1983: 19）。

同様に、征服《コンクエスト》についての記録のなかでとくに目立っているアメリカ大陸で見られた人食い《カニバル》の儀式は、当時のヨーロッパで一般的だった治療行為とそれほど違わなかったはずである。一六、一七世紀、また一八世紀になっても、人間の血（とくに横死した遺体から採った血）や、人肉をさまざまな蒸留酒に浸けることで得られたミイラ薬《マミー・ウォーター》を飲むことは、てんかんやその他の疾患のために多くのヨーロッパ諸国で一般的に行われていた治療法であった。さらに、この種の「人間の肉や、血、心臓、頭蓋骨、骨髄、その他の身体の部位を含む」人食いは、「特殊な社会集団だけでなく、非常に高い地位にある人びとの間でも行われていた」（Gordon-Gruber 1988: 406-7）。[*5] したがって一五五〇年代以降にスペイン人が先住民に対して感じた新たな恐怖を文化的衝撃に帰することはそう簡単にはできない。むしろ、奴隷化したい対象を必然的に非人間化し、そして恐れる植民地化の論理に内在する反応と考えるべきである。

この戦略がどれほど成功したかは、スペイン人が、征服《コンクエスト》につづいて現地に大流行した伝染病によって引き起こされた高死亡率を、インディアンの忌まわしい行いに対する神の罰であると解釈して合理化したことをみれば、容易にわかる。[*6] 一五五〇年にスペインのバリャドリッドでバルトロメ・デ・ラス・カサスとスペインの法学者ファン・ヒネス・デ・セプルベダの間に起こった「インディアン」は人間であると考えるべきか否かについての論争も、アメリカ先住民を動物や悪魔として表象するイデオロギー・キャンペーンなしには考えられなかったことだろう。[*7]

新世界での暮らしを描いたイラストは一五五〇年代にヨーロッパに広まりはじめ、この植民地先住民の価値切り下げの作業を完成させた。裸体の群衆が、魔女のサバトを連想させる、人の頭部と四肢をメイン料理とした人食いの宴会に興じている。このジャンルの文学のもう少し後の事例は、ヨハン・ルートヴィヒ・ゴットフリートの編集による『対蹠地についての本』(Gottfried 1981)である。人間のはらわたをガツガツ食べる女性と子ども、焼き網の周りに集まって人体が焼けるのを見つつその足や腕を堪能する人食い《カニバル》の集団といった数々の恐ろしいイメージを提示している。その前には、人間を四つ裂きにし、料理し、ごちそうとして食べるというテーマにすでにフォーカスしていたアンドレ・テヴェの『南極フランス異聞』(Thevet 1557)のイラストと、ブラジルの人食いインディオの捕虜となった自身の体験を描いたハンス・シュターデンの『本当の歴史』(Marburg 1557)が、動物的存在としてのアメリカ先住民の文化的生産に一役買っていた(Parinetto 1998: 428)。

搾取、抵抗、悪魔化

一五五〇年代にスペイン王室がアメリカ植民地にさらに過酷な搾取システムを導入することを決定したことは、植民地化の過程にともなう反インディアン・プロパガンダと反偶像崇拝運動の転換点となった。この決定の動機となったのは、征服《コンクェスト》以降に導入され、富の蓄積を「インディアン」の労働の直接的搾取よりも彼らの余剰物資の強制収容に依存しつづけた「略奪経済」の危機であった（Spalding 1984; Stern 1982）。一五五〇年代まで、虐殺と、エンコミエンダ制と結びついた搾取にもかかわらず、スペイン人は植民地化した地域にあったサブシステンス経済を完全に破壊することができなかった。その代わりにスペイン人は富の蓄積のために、アステカとインカで実施されていた貢納制に依存した。指定された首長（メキシコではカシーケ、ペルーではクラカ）が、地元経済の存続と両立しうるとされる量の物資と労働の割当てを納入するシステムである。スペイン人が取り立てた貢納は、かつてアステカとインカが被征服者に要求したものよりもはるかに多かった。しかし、それでもまだスペイン人の欲求を満たすには足りなかった。スペイン人は一五五〇年代までには、オブラヘ（国際市場向けの商品が生産される作業場）と、伝説的に有名なポトシ銀山のような新たに発見された銀と水銀の鉱山の開拓のための十分な労働力を得ることが困難であることを理解しつつあった。[*8]

人体をむさぼる人食い人たちの恐ろしいイメージを描いた旅日誌は、征服以後ヨーロッパで急増した。ドイツ人のJ・G・アルデンブルクの描写によるバイア（ブラジル）の人食い人たちの宴会。

人体を堪能するバイアの人食いたち。人間の体を焼いて食べるアメリカ・インディアン社会を描いたイラストは、宣教師の活動によって始まったアメリカ先住民の価値切り下げを完成させた。

先住民からさらに労働を搾り取る必要性は、主として本国の事情によるものであった。スペイン王室は、もはやスペインでは生産されていない食料や品物を購入するためのアメリカの金塊の上に、文字通りふわふわと漂っていた。加えて、略奪された富はスペイン王室のヨーロッパでの領土拡張を財政的に支えた。これは大量の金銀が新世界から途切れなく到着することに依存していたため、一五五〇年代には、王室はスペインに運ぶ銀の採掘のための大量の先住民労働者を占有するために、エンコメンデロ[†1]の権限を弱めようとしていたほどであった。[*9] だが、植民地化に対する抵抗はつづいていた[*10]（Spalding 1984:134-35; Stern 1982）。この抵抗への応答として、メキシコでもペルーでも、植民地支配の情け容赦ない強化への道を開くことになる先住民文化に対する戦争が宣言された。

メキシコでは一五六二年にこの転換が起こった。この年、ディエゴ・デ・ランダ大司教の主導により、ユカタン半島で偶像崇拝の撲滅運動が開始された。この過程で四五〇〇人を超える人びとが人身御供を行った咎でいっせいに捕えられ、残虐に拷問された。そして身体と精神を最終的に破壊する、入念に演出された公開処罰にさらされた（Clendinnen 1987: 71-92）。刑罰が非常に残酷だったため（流血するほど苛酷な鞭打ち、何年にもわたる鉱山での奴隷労働）、多くの人びとが死んだり働けない身体になったりし、故郷を捨てて逃亡したり自殺を図ったりした人たちも

---

†1　一定地域の先住民に関する権利と義務を信託された私人。

いた。そのため、労働力は尽き、地域経済は崩壊した。しかしながら、ランダがくりひろげた迫害は新たな植民地経済の土台であった。それは先住民に、スペイン人はここに留まると、そして古い神々の支配は終わったと、告げ知らせたからである（*ibid.*, 190）。

同じくペルーでも悪魔崇拝に対する最初の大規模な攻撃は一五六〇年代にはじまった。これはタキ・オンコイ運動の出現と一致している。タキ・オンコイ運動は、ヨーロッパ人との協力に異議を唱え、土着の神々「ワカ」のもとに汎アンデス的な同盟を形成して植民地化に終止符を打つことを説いた先住民の千年王国運動であった。*11 タキ・オンコイ運動家は、彼らが味わった敗北と死亡率の上昇の原因は土着の神々を捨てたことにあると考え、キリスト教信仰や、スペイン人から与えられた名前や食物、衣服を拒否するよう人びとに働きかけた。また、スペイン人が課した貢納と労働者の徴発を拒否し、「スペイン産のシャツや、帽子、サンダル、その他のどんな服も着ないように」強く説いた（Stern 1982: 53）。そうすれば、蘇ったワカが世界を逆転させ、スペイン人を病にかからせ、その町に洪水を起こし、海は隆起してその存在の記憶を消し去るだろう──とタキ・オンコイの活動家たちは約束した（*ibid.*, 52-64）。

タキ・オンコイ運動が与えた脅威が深刻だったのは、ワカを中心とした汎アンデス連合を呼びかけたからであった。この運動はアイユ（世帯）という伝統的な組織と結びつき、分断を乗り越えうる新たなアイデンティティの感覚の始まりを画した。スターンによれば、それはアンデスの人びとが初めて自分たちをひとつの民族、「インディアン」として考えるようになったきっかけだった（*ibid*., 59）。事実、運動は「北はリマまで、東はクスコまで、南の高地プーナ［アンデス山脈中の乾いた荒野］を越えて現代のボリビアのラパスまで」広範囲に広がった（Spalding 1984: 246）。これに対する応答は一五六七年にリマで開かれた教会協議会とともにやってきた。そこで聖職者は「インディアンたちの無数の迷信や儀式、悪魔崇拝の儀礼を根絶する」べきだと定められた。また、酒酔いを撲滅し、まじない師を捕え、そして何よりもその土地の神々の崇拝にかかわる祭殿や魔除けを発見し破壊しなければならなかった。この勧告は一五七〇年のキトでの教会会議で繰り返されたが、そこではさらに、「ワカを守り、悪魔と会話する（…）有名なまじない師たちがいる」と非難された（Hemming 1970: 397）。

ワカとは祖先の魂の化身である山々、泉、石、それに動物であった。そのようなものとして、それらは共同で手入れされ、世話をされ、崇拝された。それらが土地と、経済的再生産の中心である農作業との主要な環であると誰もが認識していたからである。女性たちは作物の育ちを良くするためにそれらと会話していた。おそらく今でも南アメリカのいくつかの地域ではつづいているだろう[*12]（Descola 1994: 191-214）。それらの慣習を破壊したり、崇拝を禁じたりするのは、共同体やその歴史的ルーツ、人びとの土地との関係、自然との強い精神的結びつきに対する攻撃であった。このことを、一五五〇年代に崇拝の対象らしきものなら何でも標的とする組織的な破壊活動に着手したスペイン人たちは理解していた。ユカタン半島でフランシスコ会の指揮のもと行われたマヤ人に対する反偶像崇拝運動についてクロード・ボーデとシドニー・ピカソが記していることは、メキシコの他の地域とペルーにおいても当てはまる。
「偶像は破壊され、祭殿は焼かれ、土地に伝わる儀式を行ったり生贄をささげたりした人びとは死をもって罰せられた。芸術的・知的活動（絵画、彫刻、星の観測、象形文字の使用）はもちろんのこと、祝宴や歌、ダンスといった行事は——悪魔がそそのかしたと疑われて——禁止され、これらに参加した人びとは容赦なく捕えられた」(Baudez and Picasso 1992: 21)。

この過程は、国庫へ流れ込む金塊を増やすため、先住民の労働の搾取をますます強めるスペイン王室が要求した改革と手を携えて進行した。この目的のためにふたつの手段が取られ、偶像崇拝撲滅運動はそのどちらの進行も容易にした。まず、地元の首長が鉱山とオブラへへ提供しなければならない労働の割り当てが大幅に拡大され、新しい規定は、王室の現地代理人（「コレヒドール」）の監督の下で強制された。規定を満たすことができない場合、コレヒドールは拘束や他の形態の処罰を執行する権限をもっていた。さらに、より直接的な支配のもとに置くため、農村人口の大部分を指定された村々へ移住させる再定住プログラム（「レドゥクシオン」）が導入された。ワカの破壊と、それに結びついていた祖先崇拝の迫害は、どちらの手段にとってもよく機能した。レドゥクシオンは先住民の礼拝所を悪魔化することによって支えられたからである。

しかしながら、人びとは故郷から強制移動させられた後にも繰り返し自分たちのミルパ（畑）に戻り、それと同じように、キリスト教化の装いのもとで自分たちの神々を崇拝しつづけていたことはやがて明らかになった。こうして、土着の神々への攻撃は弱まるどころか時とともに強まり、一六一九年から一六六〇年の間に頂点に達した。このとき、偶像破壊には、とくに女性を標的とした魔女狩りがともなっていた。一六六〇年にレパルティミエント制の下にあったワロチリで、司祭であり宗教裁判官であったドン・ファン・サルミエントが行ったこうした魔女狩りのひとつをカレン・スポルディングが描いている。彼女によれば、ヨーロッパの魔女狩りと同じパターンにしたがって取り調べは行われた。それは、偶像崇拝を禁止する布告の読み上げとこの罪に対する説教ではじまった。つづいて匿名の通報者による秘密の告発があり、容疑者への尋問、自白を引き出すための拷問の使用、判決と刑罰が行われた。このケースでは、刑罰は公開の鞭打ち、追放、その他さまざまな形態の侮辱行為から成っていた。

判決を下された人びとは広場へ連れて行かれた。(…)彼らはラバやロバに乗せられ、長さ約六インチの木製の十字架を首にかけられた。彼らはこの屈辱の徴《しるし》をこれからずっと身に着けるように命じられた。その頭には、中世のコロッァという厚紙で作られた円錐型のかぶり物が宗教的権威者によってかぶせられた。これはヨーロッパのカトリックでは不名誉と恥辱を意味した。このフードからはみ出る髪の毛は切り落とされた——これは、アンデスの人びとにとっての侮辱の徴であった。鞭打ち刑を宣告された人びとは背中をむきだしにされていた。首には縄がかけられていた。罪状を読み上げる廷吏を先頭に、彼らはゆっくりと通りを行進させられた(…)この見世物の後、この人びとは連れ戻され、村の刑執行人によって九尾の猫鞭で二〇回、四〇回、あるいは一〇〇回鞭打たれ、その傷跡から血を流す者もいた(Spalding 1984: 265)。

スポルディングは次のように結論する。

偶像崇拝撲滅運動は見せしめの儀式であった。つまり、中世ヨーロッパの公開絞首刑に非常によく似た、その当事者だけでなく観客に対しても向けられた教訓的な劇場作品だったのだ(*ibid*., 265)。

撲滅運動の目的は、「死の空間」をつくりだすことで住民を脅えさせることだった。*13 潜在的な反抗者が恐怖に力を失い、公の場で殴打され侮辱された人びとと同じ試練にあうくらいなら他のことは何でも甘受できると思わせるのだった。これに関しては、スペイン人はある程度の成功をおさめた。拷問や匿名による告発、公共の場での侮辱に直面し、多くの人びとが協力関係や友情を壊された。神々の力の有効性への信頼は弱まり、その崇拝は、征服以前のアメリカ大陸で行われていた集団的な実践というよりは秘密の個人的な行為となった。

このような恐怖《テロル》のキャンペーンによって社会組織がどれほど深い影響をこうむったかは、スポルディングによれば起訴内容において徐々に起きた変化から推定される。一五五〇年代は、人びとは自分と自分たちの社会が伝統的宗教に対してもつ愛着を正々堂々と認めることができたが、一六五〇年代までには、人びとが問われた罪は「魔女魔術《ウィッチクラフト》」を中心とするようになった。いまやそれは秘密の行為と想定される実践となり、次第にヨーロッパでの魔女に対する告発に似てきた。たとえば、一六六〇年にワロチリ地域で始まった偶像破壊運動では、「当局によって発見された犯罪は（…）治療行為、失せ物探し、その他一般的に村の「魔女魔術《ウィッチクラフト》」と呼ばれたであろ

国際市場のために製品を生産する作業場、オブラヘで働かされるアンデスの女性。挿絵はフェリペ・ワマン・ポマ・デ・アヤラより。

場面１：反偶像運動中、公共の場での侮辱（左上）。場面２：「征服の戦利品」としての女性（右上）。場面３：夢を通して語りかける悪魔として表象されるワカ（左下）。場面４：タキ・オンコイ運動のメンバーと、悪魔として表象されるワカにとらわれた酔っぱらったインディアン（右下）。スティーヴ・Ｊ・スターン、1982 年。

アンデスの女性と祖先の宗教の信奉者の過酷な体験を表わす場面。フェリペ・ワマン・ポマ・デ・アヤラからの挿絵より。

うさまざまな形態であった」。だが、この運動は、迫害にもかかわらず、先住民の共同体の目には「祖先とワカは彼らの生存に欠かせないものでありつづけていた」ことも明らかにしたのだった（*ibid.*, 261）。

アメリカ大陸の女性と魔女

タキ・オンコイ運動では女性が中心的存在であったことと、「一六六〇年のワロチリで、取り調べで有罪判決を受けた大半（三二人中二八人）が女性であった」（*ibid.*, 258）ことは偶然の一致ではなかった。古い存在様式を守り、新しい権力構造に抵抗することにおいてもっとも強力だったのは女性であった。おそらくそれによってもっとも悪影響をこうむるのも女性だったからである。

コロンブス以前のアメリカ先住民の社会では、彼らの宗教に多くの重要な女神が存在したことを反映して、女性が非常に力のある地位を得ていた。一五一七年にユカタン半島沿岸のある島にたどり着いたエルナンデス・デ・コルドバが、そこをムヘーレス《女たち》島と名づけたのは、「彼らが訪れた神殿に多数の女神の偶像があったからである」（Picasso 1992: 17）。征服以前のアメリカ大陸の女性たちは女性自身による組織と社会的に認められた活動領域をもち、男性と平等ではないものの、家族と社会への貢献において女性は男性にとって相互補完的な存在であると考えられていた。[*14]

女性は農民であるだけでなく、家事労働者であり、日々の生活や儀式に際して着用する色鮮やかな衣服の生産を任される織工でもあり、また陶芸家、本草家、治療者《クランデラ》、家の守り神に仕える女祭司《サセルドティーナ》でもあった。メキシコ南部のオアハカ地方では、神々によって発明されたと信じられてきた聖なる飲料、プルケ・マゲイの製造に女性はかかわっており、「農民の宗教の中心」であった地母神マヤウェルと結びつけられていた（Taylor 1970: 31-32）。

だが、スペイン人の出現とともにすべてが変わった。スペイン人たちは女性嫌悪《ミソジニー》の信念をたっぷりと携えてやってきて、男性に好都合なやり方で経済的・政治的権力を再編したからである。女性は、権力の維持のために共同体の土地を接収し、共同体の女性たちから土地と水の使用権を奪うようになった伝統的首長にも苦しめられた。こうして、植民地経済のなかで、女性は（エンコメンデロ、司教、コレヒドールのための）メイドやオブラヘで織工として働く使用人の境遇にまで引き下げられた。さらに、女性は鉱山でミタ労働——人びとはその運命を死よりもさらに悪いと思っていた——をしなければならない夫についていかなければならなくなった。それというのも、一五二八年に夫婦は別れられないと植民地当局が決定したためで、それ以来女性と子どもは男性労働者に食事を用意することに加え、鉱山労働も強要されることになった。

女性の地位格下げのもうひとつの要因は、複婚制《ポリガミー》を違法とする新たなスペインの法律だった。それにより男性は、にわかに妻たちと別れるか、妻をメイドとして分類し直さなければならず

(Mayer 1981)、こうした関係から生まれた子どもは、五つの種類の非嫡出子に分類された(Nash 1980: 143)。皮肉なことに、複婚制《ポリガミー》の婚姻関係が無効化された一方で、スペイン人の出現により先住民女性はみな彼らによる強姦と強奪の危険にさらされるようになったため、多くの男性は結婚する代わりに公娼のもとへ向かうようになった(Hemming 1970)。ヨーロッパ人の幻想のなかでは、アメリカ大陸それ自体が、しどけなく裸で横たわり、近づく白い異邦人を招きよせる女性だった。ときに、いくらかの経済的見返りや公的な地位と引き換えに、自分の女性親族を司教やエンコメンデロの元に届けるのは「インディアン」の男性だった。

これらすべての理由から、女性は植民地支配の主たる敵となった。女性たちは、ミサに行くことも、子どもに洗礼を受けさせることも拒み、植民地当局と司祭へのいかなる協力も拒否した。アンデス山脈では、自殺を試みたり、男児を殺したりする女性たちもいた。おそらく子どもを鉱山へ行かせないようにするためであり、また、男性近親者から加えられたひどい扱いにうんざりしたからである(Silverblatt 1987)。女性たちは自分たちの共同体を組織し、多くの首長が植民地体制に取り込まれて変節するのに目の前にして、司祭や指導者、ワカの守護者となり、それまで経験したこともなかった役割を担っていった。このことは、なぜ女性がタキ・オンコイ運動の主力であったかを説明している。ペルーでは、カトリックの司祭に会うときに備えて、伝えても問題ないことと打ち明けてはならないことを人びとに忠告するために、女性たちは告解も行っていた。征服《コンクェスト》以前、女性はもっぱら女神を奉る儀式を仕切っていたが、征服以降は男系祖先のワカを奉る儀式での補佐や主たる司式者になった——これは、征服《コンクェスト》以前は禁じられていたことだった——（Stern 1982）。また、女性たちは高原《プーナ》に引きこもって古来の宗教を実践して、植民地権力と戦った。アイリーン・シルヴァーブラットは、次のように述べている。

先住民の男性はミタや租税の苦しみから逃れようと、しばしば共同体を捨て、新しく出現したアシエンダへ、ヤナコナ（半農奴）として働きに行った。一方、女性は生まれ故郷の共同体のレドゥクシオンからはるか遠く離れた、めったに近寄ることの難しいプーナへ逃げこんだ。プーナにたどりついた女たちは、自分たちを抑圧する勢力やその象徴を拒否し、スペイン人の役人や聖職者、それに、出身の共同体を治めるインディオの役人にも従わなかった。彼女たちはまた、圧政を補強する植民地の思想を断固として受け入れず、ミサや、カトリックの告解に参加すること、あるいは、カトリックの教義を学んだりすることを拒絶した。それ以上に重要なことは、女たちがカトリシズムを拒否したばかりか、土着の宗教へ立ち戻り、そして、力の及ぶかぎり、土着の宗教が示す社会関係へと帰っていったことである（Silverblatt 1987: 197）。

そこで、スペイン人は女性を魔女として迫害することによって、古来の宗教の実践者と反植民地暴動の扇動者の双方を標的とし、その一方で「先住民女性が参加しうる活動領域」を定義し直そうとした（*ibid.*, 160）。シルヴァーブラットが指摘するように、魔術《ウィッチクラフト》の概念はアンデス社会にとってはまったく異質のものだった。産業化以前の社会ではどこもそうであるように、ペルーでも女性の多くはハーブや植物の性質に詳しい「医療知識の専門家」であり、また予言者でもあった。しかし悪魔についてのキリスト教的観念は、こうした女性たちにとっては未知のものであった。それにもかかわらず、一七世紀までには拷問、激しい迫害、「文化変容の強制」の衝撃によって、逮捕されたアンデスの女性たち——そのほとんどは年老い貧しかった——は、ヨーロッパの魔女裁判で女性がきせられたのと同じ罪、すなわち悪魔との契約と性交、ハーブ治療薬の処方、軟膏の使用、空中飛行、蝋画づくりなどを、自供するようになっていた（Silverblatt 1987: 174）。また、女性たちは岩石や山、泉を崇拝し、ワカを養っていたことも告白した。なによりも悪いことに、彼女たちは権力者や他の、力をもつ男性に魔法をかけ、死なせたと告白してしまった（*ibid.*, 187-88）。

ヨーロッパでもそうであったように、被告人に他の者の名前を無理やり告げさせるために拷問とテロが用いられたので、迫害の輪はどんどん広がった。だが、魔女狩りの目的のひとつである、共同体からの魔女の孤立は達成されなかった。アンデスの魔女たちはのけ者にされなかったのだ。むしろ、「魔女たちはコマドレ[†2]として積極的に求められ、その存在は非公式に村を再統合するために必要とされた。植民地化された人びとの意識のなかでは、魔女魔術《ウィッチクラフト》、古くからの伝統の維持、

---

†2　助産師の意。原語の comadre は、「母」を意味する madre に、「共同の、共通の」を意味する接頭語 co- で構成されている。

意識的な政治的抵抗が次第に絡み合うようになっていったからである」(*ibid.*)。実際、現地の古来の宗教が守られたのは女性の抵抗に負うところが大きかった。宗教的実践がもつ意味には変化が起きた。征服以前の時代の集団的な性質を犠牲にして、礼拝は地下へ追いやられた。だが、山や他のワカの場所との結びつきは破壊されなかった。

中央および南部メキシコなど、女性、とりわけ女性司祭が共同体と文化の保護に重要な役割を担っていたところでは、状況は同じだった。アントニオ・ガルシア・デ・レオンの『抵抗とユートピア』によれば、この地域では征服以来、女性が「あらゆる大規模な反植民地暴動を指揮したり助言を与えたりした」(De Leon 1985, Vol.1: 31)。オアハカでは、一八世紀に入っても民衆反乱のなかに女性の姿があった。この時期、四つの反乱の事例のうちひとつで女性が植民地権力に対する攻撃の先頭に立っており、彼女たちは「明らかにより戦闘的で無礼で反抗的だった」(Taylor 1979: 116)。チアパスでも、女性は古来の宗教の保護と反植民地化闘争の中心的な参加者であった。一五二四年に反抗的なチアパス人を服従させるためにスペイン人が攻撃を開始したとき、抵抗軍を率いたのはある女性司祭であった。女性たちは偶像崇拝者と抵抗者の地下組織にも参加していた。これらの地下組織のネットワークは、聖職者によって定期的に発見された。たとえば、一五八四年にチアパスに訪れたペドロ・デ・フェリア司教が聞いたところでは、この地域のインディアンの首長のうち幾人かはいまだに古《いにしえ》の異教を信奉しており、それには女性たちが助言を与えている。彼らはこの女性たちとともに、互いに交わり、男神や女神に変わる（サバトのような）儀式など、いかがわしい実践を行なっている。それらの女性たちは、それを請う者には雨を降らせ、富をもたらすとされていた（De Leon 1985, Vol.1: 76）。

この記録をふりかえると、母である魔女シコラクスではなくキャリバンが、ラテンアメリカの革命家たちによって植民地主義に対する抵抗の象徴と受けとられたのは皮肉なことだ。というのも、キャリバンは自分の主人から教わった言葉で罵ることでしかその主人と戦うことができず、よってその反抗は「主人の道具」に依存していたからである。また彼はだまされて、自分の解放は、強姦と、彼が神と崇拝していた、新世界に移住してきたご都合主義の白人プロレタリアートの主導を通してやってくると信じ込んでいた。それに対して、「その魔力きわめて強大にして、月の運行を支配し、潮の満干も意のまま」（『嵐《テンペスト》』第五幕、第一場）である魔女シコラクスは、その土地の力――大地、水、木々、「自然の宝庫」――と、何世紀にもわたる苦しみの時代、今日にいたるまで解放闘争を守り支えてきたその共同体の力を信じるよう、息子を諭していたかもしれない。その力は約束として、キャリバンの想像にすでにつねに、つきまとっている。

怖がらなくてもいいよ。この島はね、声だとか、音だとか、
やさしい歌声でいっぱいなんだ、楽しいだけで
悪さはしない。楽器がね、とってもたくさんぶーんぶーんと
きれいな音色で耳もとに響いてくることもある。歌だっても、

ぐっすり眠って目が覚めると聞こえてきてさ、
おかげでまたうとうと眠ってしまうんだよ。すると
夢ん中で雲がぽっかとふたつに割れて宝物が
落ちてきそうになって、だから目が覚めてから、
夢のつづきが見たいって泣いたんだ。

（『嵐《テンペスト》』第三幕）

ヨーロッパの魔女と「インディオ」

新世界での魔女狩りはヨーロッパでの出来事に影響を与えただろうか？　それとも、ふたつの迫害は、たんに中世の異端迫害以来ヨーロッパの支配階級が作り上げてきた抑圧的な戦略と戦術が蓄えられた同じ貯蔵庫から引き出されただけだったのだろうか？

私はこれらの疑問を、イタリアの歴史家ルチアーノ・パリネットが提示した論点を念頭に問うている。パリネットは、新世界での魔女狩りはヨーロッパの魔女魔術《ウィッチクラフト》のイデオロギーの完成に対してはいうまでもなく、ヨーロッパの魔女狩りの年代記にも大きな影響を与えたと論じている。手短にいえば、パリネットの主張は、一六世紀後半にヨーロッパの魔女狩りが大規模な現象に

なったのは、アメリカの経験の衝撃によるということだ。植民地当局と聖職者はアメリカで、彼らの目には悪魔崇拝の証拠に見えるものを発見して、その地域の住民がすべて魔女であることを信じるようになった。彼らはその確信を、故郷でのキリスト教化の推進に応用した。宣教師によって「悪魔の地」と表わされた新世界から持ち込まれたもうひとつのものは、政治的戦略としての根絶であった。ヨーロッパ諸国が取り入れたこの戦略が、おそらく一六世紀後半にはじまったユグノーの虐殺と魔女狩りの大規模化をもたらした[*15]（Parinetto 1998: 417-35）。

パリネットの見解では、ヨーロッパの悪魔主義者がインディアスからの報告を利用していたことが、このふたつの迫害の間の決定的な関連性を証明している。パリネットはジャン・ボダンに焦点を当てているが、フランチェスコ・マリア・グアッツォにも言及しており、また、アメリカ大陸への魔女狩りの移植が生み出した「ブーメラン効果」として、ラブール地方（バスク）で数カ月にわたって迫害を指揮し、その地方の全住民が魔女であると糾弾した宗教裁判官ピエール・ランクルの事例を引用している。パリネットが彼の主張を裏づける重要な証拠としてあげているのが、一六世紀後半にヨーロッパの魔女魔術《ウィッチクラフト》のレパートリーで目立つようになった、人食い《カニバリズム》、悪魔への子どもの供儀、軟膏や薬への言及、ホモセクシュアリティ（男色《ソドミー》）と悪魔崇拝との同一視といった一連のテーマである――これらはすべて新世界にその鋳型があったと彼は論じている。

この説をどう判断すればよいのだろうか？　また、説明可能なものと推測にもとづくものとの間の境界をどこに引くべきだろうか？　それは、今後の学術研究が解決すべき問題といえよう。

ここでは、いくつかの所見を述べるにとどめる。

パリネットの主張が重要なのは、それが魔女狩り研究の特徴であるヨーロッパ中心主義を私たちから払いのけ、そしてヨーロッパの魔女迫害から生じたいくつかの疑問にも答えを与えてくれるかもしれないからである。だが、その主要な貢献は、資本主義的発展のグローバルな性格について私たちの認識を広げてくれたということであり、あらゆる点で――実際的にも、政治的にもイデオロギー的にも――世界プロレタリアートの形成にかかわったヨーロッパの支配階級が一六世紀までに現われたこと、ゆえにこの支配階級は国際的な規模で集めた知識によって支配モデルを精巧に組み立てていったことに気づかせてくれたことである。

この主張に関しては、征服《コンクエスト》より以前のヨーロッパの歴史は、ヨーロッパ人は自分の行く手に立ちはだかる人びとを根絶することを思いつくために海を渡る必要はなかったことを十分に証拠立てていると述べることができるだろう。また、一五六〇年代から一六二〇年代の間、西欧の大部分で貧困化と社会的混乱がはびこっていたため、新世界の影響という仮説を用いなくてもヨーロッパの魔女狩りの歴史を説明することは可能である。

アメリカでの魔女狩りという見地からヨーロッパの魔女狩りを再考させるという意味でより示唆的であるのは、双方の主題と図像が一致していることである。軟膏などを自分の体に塗るという主題は、それをもっとも明白に指し示す事例のひとつである。というのも、アステカやインカの司祭が人身御供を捧げる際に行う塗油の描写は、悪魔学が描くサバトを準備する魔女についての描写を思い起こさせるからである。アコスタの本のなかの次の一節を検討してみよう。ここでは、アメリカ先住民のこの行為は、塗油によって司祭を聖別するキリスト教の慣習の逸脱として描かれている。

> メヒコの悪魔の神官たちは、次のようにして塗油を行なった。足から頭までと、頭髪全体に油を塗る。(…)これを黒い色にするのは、ふつう松明の煙によったが、それというのも古い時代から、それは彼らの神々への特別な供え物であり、またそれゆえにたいそう貴重視され、尊ばれたからである。(…)これが彼らのふつうの塗油だった。(…)しかし、生贄を捧げたり、(…)偶像を祀った暗く恐ろしい洞窟などに行く場合は別で、(…)その場合の油は、蜘蛛《くも》、蠍《さそり》、百足《むかで》、守宮《やもり》、蝮《まむし》などのような、さまざまな有毒の虫けらで作られていた。(…)その油を塗ると、人は魔法使いになり、神々を見すえて話をした(Acosta 1962: 262-63)。

この毒薬調合物は、ヨーロッパの魔女が(魔女告発者によれば)サバトへ飛んでいく力を得るために体に塗っていたものと、おそらく同じものであった。しかし、この主題が新世界で生みだされたとは考えづらい。ヒキガエルの血や子どもの骨から軟膏をつくる女性への言及は、すでに一五世紀に裁判や悪魔学において見られるからである。[*16] それよりむしろ、アメリカ大陸からの報告がこれらの告発に新たな活力やディテールをつけくわえ、それらにより信頼性を与えたという

上：フランチェスコ・マリア・グアッツォ『マレフィキウムの概要』（ミラノ、1608年）より。グアッツォはアメリカ大陸からの報告からもっとも影響を受けた悪魔学者の一人である。地面から掘り出したり絞首台からとってきたりした死体を囲むこの魔女の描写は、人食いの宴会を連想させる。
下：食事を用意する人食いたち。ハンス・スターデンの『蛮界抑留記』（マールブルク、1557年）より。

上：サバトの準備。一六世紀のドイツの彫刻。
下：人食いたちの食事の準備。ハンス・スターデンの『蛮界抑留記』より。

のが妥当なところであろう。

この考察は、サバトの描写と、一六世紀後期にヨーロッパに現われはじめた人食い《カニバル》の家族や氏族についてのさまざまな表象との間に図像的な一致があることを説明する役目を果たすであろう。またヨーロッパとアメリカ大陸の魔女がどちらとも子どもを生贄に悪魔に捧げたことで告発されたような、他の多くの「偶然の一致」についても説明可能である（前頁図を見よ）。

魔女狩りとグローバリゼーション

アメリカ大陸の魔女狩りは一七世紀末まで次から次へと起こった。その頃になると、減りつづける人口と、植民地支配の権力構造が政治的にも経済的にも確固たるものとなったことが合わさって、魔女迫害に終止符が打たれた。こうして一六、一七世紀に大規模な反偶像崇拝キャンペーンがあった地域でも、一八世紀になると、もはや植民地支配への脅威ではないと宗教裁判所は考えたらしく、人びとの道徳的信念と宗教的信条に影響を及ぼそうとするいかなる試みも放棄されていた。迫害にかわって、偶像崇拝と魔術の実践を「理性ある人びと」が考慮するに値しない無知な人びとの妙な癖とみなす家父長制的な視点が現れた（Behar 1987）。以後、悪魔崇拝への強い関心は、ブラジル、カリブ海域、北アメリカで成長していた奴隷制プランテーションへとわたっていった。北アメリカでは、（フィリップ王戦争に端を発して）イングランドの植民者が、アメリカ先住民を悪魔の僕《しもべ》とレッテルを貼ることでその虐殺を正当化していた（Williams & Adelman 1978: 143）。

セイラムの魔女裁判についても、地方の権力者たちはこの立場から、つまりニューイングランドの人びとは悪魔の地に入植してきたという主張を根拠に説明した。数年後にセイラムでのこの事件を振り返ったコットン・マザーが次のように記すとおりである。

> 私は何度か奇妙な目にあったことがある（…）そのことで、この説明しがたい戦い［すなわち、目に見えない世界の霊たちがセイラムの人たちに対して起こした戦い］は、インディアンに起源があるのかもしれないと考えるようになった。インディアンの族長は、われわれの捕虜によると、魔法使いや忌まわしい奇術師、そして悪魔と会話できるような存在としてよく知られているのだ（*ibid.*, 145）。

この文脈で重要な意味をもっているのは、セイラムの裁判はティチューバという西インド人の奴隷の占いがきっかけとなったということである。ティチューバは英語圏植民地で最初に魔女として捕えられた人物であり、最後に魔女として処刑されたのは、一七三〇年にバミューダで殺された黒人奴隷サラ・バセットであった（Daly 1978: 179）。事実、一八世紀になる頃には、魔女は、反乱を招くと農場主が恐れ悪魔化した儀式であるオービアを実践するアフリカ人を指すようになっていた。

魔女狩りは奴隷制の廃止によってもブルジョアジーのレパートリーから消えはしなかった。それとは反対に、植民地化とキリスト教化を通じての資本主義のグローバルな拡大は、着実にこの迫害を植民地化された社会の身体に植えつけ、やがては被征服者たちの共同体によって彼ら自身の名において、その構成員に対して迫害が実行されるようになっていった。

たとえば、一八四〇年代にはインド西部で魔女の火刑が相次いで起こった。この時期に魔女として焼かれた女性はサティ[†3]による犠牲者よりも多かった（Skaria 1997: 110）。この殺害は、植民地当局による森林で暮らす共同体（そこでは女性は平地のカースト社会よりもはるかに高い地位を有していた）に対する攻撃と、植民地化によって女性の力が切り下げられ女神崇拝が衰退することになったという、ふたつの要因によって引き起こされた社会危機を背景として起きた（*ibid*.139-40）。

魔女狩りはアフリカにも根を下ろした。とくにナイジェリアやアフリカ南部といったかつて奴隷貿易にかかわった多くの国々で分断の重要な手段として今日まで生き残っている。ここでも魔女狩りは、資本主義の勃興がもたらした女性の地位の引き下げと、近年、新自由主義的アジェンダの押しつけによっていっそう悪化してきた資源をめぐる闘いの激化と同時に発生した。失われつつある資源をめぐる生死にかかわる競争の結果として、一九九〇年代にトランスヴァール北部では多くの女性——たいてい高齢であるか貧しい——が狩りたてられ、一九九四年の最初のたった四か月間に七〇人が焼かれた（『ディアリオ・デ・メヒコ』紙、一九九四年）。一九八〇年代、一九九〇年代にはケニア、ナイジェリア、カメルーンでも魔女狩りは報告されている。それはＩＭＦと世界銀行による、新たな囲い込みをもたらし、人びとの間にかつてない規模の貧困化を引き起こした構造調整プログラムの押しつけにともなうものであった。[*17]

ナイジェリアでは、一九八〇年頃には無実の少女たちが多数の人びとを殺したと自白していた。他のアフリカ諸国では、魔女に対してより厳しい迫害を与えることを求める請願がそれぞれの政府に提出されるまでになっていた。一方南アフリカとブラジルでは、魔女魔術《ウィッチクラフト》の告発のもとに隣人や親類によって高齢女性が殺害された。同時に、マイケル・タウシグがボリヴィアで記録したものとよく似た、新たな種類の魔女信仰が成長しつつある。貧しい人びとは、新興富裕層が不正な、超自然的手段で富を得たのではないかと疑い、労働させるために人をゾンビに変えようとしていると糾弾している（Geschiere and Nyamnjoh 1998: 73-74）。

現在アフリカやラテンアメリカで起こっている魔女狩りは、一六、一七世紀の魔女狩りが長いあいだ歴史家の興味を引かなかったのと同じように、ヨーロッパとアメリカ合衆国ではほとんど報道されない。報道されても、このような現象ははるか昔の時代のもので、「われわれ」にはなんの関係もないという思い込みが広まっているために、ことの重大さはたいてい見過ごされる。

---

†3　夫を亡くした妻が、夫の遺体を焼く火に入り、焼身自殺をするヒンドゥーの風習。寡婦殉死。

だが、過去の教訓を現在に生かせば、八〇、九〇年代の世界各地での魔女狩りの再発は、「本源的蓄積」の一過程の明白な兆候であることに気づく。それが意味するのは、土地やその他の共同体資源の私有化、大規模な貧困化、略奪、かつては団結していた地域社会の分断の始まりが、再び世界的に緊急の課題となっているということである。「事態がこのままつづけば」――セネガルのある村の老人たちは未来への懸念を示して、アメリカ人の人類学者にこう語った――「われわれの子どもたちは共食いしてしまうだろう」。そしてそれこそまさに、魔女狩りによって達成されることなのだ――それが収奪に対する抵抗を犯罪化する手段として上から行われたものであろうと、今日アフリカのいくつかの地域で見られるように、消滅しつつある資源をわがものとするための手段として下から行われたものであろうと。

いくつかの国々では、本源的蓄積の過程が魔女や聖霊、悪魔を今なお必要としている。しかし、これはわれわれにはかかわりないことだと勘違いしてはならない。すでにアーサー・ミラーがセイラムの魔女裁判を彼なりに解釈する際に気づいたように、魔女の迫害からひとたび抽象的な装飾を取り払えば、この現象がわれわれにとってごく身近なものであることに気づくのだ。

この「火つけ女たち」の戯画には、魔女のアフリカ化が反映されている。パリコミューン支持者の女性と、奴隷たちに反乱する勇気を吹き込んだ「野蛮な」アフリカ人女性との近さを示す、一風変わったイアリング、帽子とアフリカ人らしき容貌に注意せよ。この近縁性は、政治的な野蛮状態のたとえとしてフランスのブルジョアジーの想像のなかにとりついた。

訳者解題

魔女とキャリバンの発見

従属的諸階級《サバルタン》の世界観や生活観は、体系的な観念へと組織化されていない断片的なものであって、その残存する記録はフォークロアのなかにしか読み取ることができないと、イタリアの共産主義者・思想家アントニオ・グラムシは『獄中ノート』に記している。[*1] ファシスト政権によって逮捕拘禁され、死の直前まで自由を奪われていた人の提起した、権力者によって記録され上書きされてゆく、みずからの記録を残すことのできなかった社会集団の歴史はどのようにたどりうるのか、という問いは、戦後イタリアの知識人たちによっていくども立ち返られ、さらにはエドワード・サイードやガヤトリ・チャクラヴォルティ・スピヴァクらの手によって、一九九〇年代にポストコロニアル批評に流れ込んだ。物語ることを職業とする知識人たちは、ことばをもたなかった人びととその歴史に、どのように出会い直してきたのだろうか。

＊1　ノート二七・パラグラフ一、一九三五年前半（?-）。アントニオ・グラムシ（上村忠男編訳）『知識人と権力　歴史的＝地政学的考察』（みすず書房、一九九九年）、一二五頁。

本書で著者シルヴィア・フェデリーチも参照しているイタリアの歴史家カルロ・ギンズブルグは、一九五〇年代の終わりに、「一見したところではほとんど時間とは関係がないように見える」できごとを歴史化してみたいとの願望、ファシスト政権によって反ファシズム活動の罪で南イタリアの寒村に流刑に処されたカルロ・レーヴィの著作『キリストはエボリで止まった』[*2]との出会い、ギンズブルグ自身のユダヤ系という出自と人種的迫害への感覚など、「周縁的なもの」との出会いのなかで、魔術や魔女という主題を研究の主題とすることにしたと、あるインタビューで語っている。[*3] シェイクスピアという英文学の王道に登場する、植民地の先住民と想定されるキャリバン（その名は、新世界の先住民の典型的な表象である「人食い《カニバル》」のアナグラムであるという）もまた、帝国の「周縁的」存在である。著者フェデリーチがここで取り組むのは、第二次世界大戦後、人種主義や国際分業など、それ以前とはいくぶんか様相を変えてはいるものの ひきつづく植民地主義の遺産をなんら清算することのないまま資本主義が再編成されてゆく過程で突きつけられた「下からの」歴史叙述の、典型的なふたつの主題／主体といってもよい。

シルヴィア・フェデリーチ（一九四二〜）は、イタリア・パルマに生まれ、一九六七年にアメリカに移住、ニューヨークを拠点として、研究・教育のかたわら、さまざまな社会運動にたずさわってきた。七〇年代には国際的ネットワークである「家事労働に賃金を」運動を、マリアローザ・ダッラ＝コスタやセルマ・ジェイムズとともに創設。フェミニストとしての活動をベースに、反戦運動、死刑廃止運動、反核運動などに参加し、近年ではオキュパイ・ウォール・ストリート運動を理論面でサポートしている。総じて、本書で論じられる資本主義の歴史的作用と、そこから見とおされる今日のグローバルな資本の運動の批判を展開している理論家・活動家である。[*4] 八〇年代前半にナイジェリアで教鞭をとっていた際に、対外債務返済のためのＩＭＦの構造調整プログラムの受け入れが引き起こした社会的混乱を目にしたことが、本書の時間的にも空間的にも広い視野の背景となっていることは、「はしがき」に記されている。

上述のように、魔女とキャリバンというふたつの主題／主体は思想史的に同じ潮流のなかにあるが、これを同時に論じる必然性は、そこにだけあるのではない。彼らはいずれも、一六、一七世紀に、実在のものとして、ヨーロッパとアメリカ大陸に見出され、歴史に書き込まれた。ヨー

＊2　Carlo Levi, *Cristo si è fermato a Eboli* (Torino: Einaudi, 1945)〔カルロ・レーヴィ（竹山博英訳）『キリストはエボリで止まった』岩波書店、二〇一六年〕.

＊3　上村忠男「訳者解説」（カルロ・ギンズブルグ『夜の合戦　一六―一七世紀の魔術と農業信仰』みすず書店、一九八六年）、三五〇―五一頁。ただし同じインタビューでギンズブルグは彼が対象とした「ベナンダンテ」と呼ばれ、宗教裁判の過程で魔女・魔術師と同一視され迫害されることになった民間信仰における性差の問題には無自覚であったとも述べている（同三六五頁）。

＊4　フェデリーチのアクティヴィストとしての活動については、『年報カルチュラル・スタディーズ』第四号（二〇一六年六月）に掲載された本書第二章の抜粋に付された、後藤あゆみ「新たな階級闘争史の地平――シルヴィア・フェデリーチと反資本主義の闘い」（一七九―八四頁）を参照のこと。なお、本書刊行にあたって訳文には改訂を加えている。

ロッパにおいて、魔女狩りとともに頂点に達する宗教的異端の迫害は、あらたに征服された大陸でも実行される。両大陸における異端の迫害に付随していた表象の「偶然の一致」を素描した本書第五章「植民地化とキリスト教化」は、歴史叙述におけるグローバルな視野と、同時にグローバリゼーションへの批判的なまなざしが要請される今日、アメリカの歴史家リン・ハントの言葉を借りれば、「ボトムアップの」グローバル・ヒストリーとして読むこともできるだろう。ハントは、グローバルな歴史叙述における経済決定論的アプローチ＝「トップダウン（上からの）」に、国境線を越えて移動するモノや人に着目した「ボトムアップ（下からの）」の叙述を対置しているが、フェデリーチが本書で分析の中核に据えている、資本主義の基礎的過程としての本源的蓄積という概念と、蓄積過程についてマルクスが見落とした性別分業という視座は、この対置を発展的にのりこえる方法論的な意味ももっているように思われる。[*5] この視座に立てば、魔女とキャリバンが資本主義の歴史において切り離すことのできない主題であり主体であることが明らかになる。

フェミニスト的視座

フェデリーチにこの視座を与えたのは、フェミニスト運動であり、フェミニストの視点から歴史を再構築した学術的成果であった。マルクス主義は既存のシステムを問い直す議論を展開したさまざまな分野に強い影響を与えており、フェミニズムも例外ではないが、マルクスが資本主義の構造に関して見落としてきたことを、フェデリーチはフェミニスト運動を通じて発見した。それは、マルクスが本源的蓄積における再生産と性別分業に関して議論していないということである。男性による女性の支配と搾取の起源を問うことは、フェミニストたちにとって重要な課題であった。快適な生活とセックス、すなわち家事労働を「愛」の名のもとに無償で提供させられていることを批判した「家事労働に賃金を」運動もまたその重要な環である。

誤解されがちだが、フェデリーチがダッラ＝コスタらとともに取り組んだこのキャンペーンは、賃労働者＝夫から非賃労働者＝妻に対して、家事労働の代償が賃金というかたちで支払われることを目標とするのではない。そうであれば、たとえば戦後日本のいわゆる家族賃金という観念にある程度実現されている、と反論することも可能になってしまう。そうではなく、家事労働に賃金を求めることは、労働の編成における生産労働と再生産労働の、分離とヒエラルキー化・性別分業化、再生産労働の無償化による女性の不可視化とその自然化／神秘化を、暗黙の前提としていること自体を問う行為である。女性によって担われる再生産労働は、無償化されることによって不可避的に本源的蓄積に従属させられていることを、一九七〇年代以降のフェミニストたちは問題としていたのであった。フェデリーチが多大な影響を受けているマリア・ミースは、途上国の開発と国際分業化の過程を研究するなかで、生産労働と再生産労働の分離および後者の搾取が

＊5　リン・ハント（長谷川貴彦訳）『グローバル時代の歴史学』（岩波書店、二〇一六年）、五八―八三頁。

家父長制的な男女の関係と既存の階級関係に内在する暴力によって遂行されたことを明らかにし、家父長制と資本主義が別個のシステムではありえないことを示した。[*6] こうして、本源的蓄積における再生産労働の役割に目を向けないかぎり、資本主義の暴力的でイデオロギー的な本質を理解することはできないという分析の前提をフェデリーチは得たのである。

こうした観点から見れば、家事労働に対する賃金は、この過程を下支えする、生殖を含む家事労働が「女性性」に本来的に根ざしているという資本のイデオロギーを暴露することを目的とする道具であり戦略であると認識しなければならない。その意味で、女性たちが家事労働に支払いを求める闘争は、男性労働者の賃上げ闘争とは質的に異なる、とフェデリーチはかつて述べている。男性労働者の闘争はその社会的役割のうちにあるが、女性の闘いは、その自然化された社会的役割そのものを問い、その構造を問うものだからである。したがって、家事労働に賃金を求める運動は、家事労働に抗する、家事労働の拒否の運動となる。それはまた、賃金を通じて女性を支配する権限＝暴力を資本と国家に移譲された男性に、彼らもまた賃金を通じて資本と国家の奴隷となっていることを自覚させ、賃労働者であることから解放する闘いでもあった。[*7]

フェデリーチはそうした視座に、さらに身体の規律化という論点を導入した。思想史において、身体論は（男性中心主義的に）ミシェル・フーコーによって大きな達成を果たしたと理解されてきたが、身体とセクシュアリティをめぐる議論にしても、やはりフェミニストたちによって厚く論じられてきたことだとフェデリーチは指摘する。むしろ、フーコーもマルクス同様に、身体の規律化の歴史を普遍的で性差のないものとして扱っているために、フェミニズムにおいて論じられる女性の再生産機能の統制や女性に対する暴力の意味をつかみ損ねてきたのである。本書において、精神と肉体の分離、身体を機械の比喩で論じるようになる過程に紙幅が割かれていることはきわめて興味深い。身体が機械のようにコントロール可能なさまざまな機能の集合体とみなされてゆくにしたがって、資本主義の要請する規律を受け入れない身体は法的・制度的に排除されてゆく。一方でそれは、飲酒や娯楽にうつつをぬかす怠惰な身体――ものぐさで呑んだくれの怪物キャリバン――であり、他方では生殖につながらない性を謳歌する放縦な身体――男性を性的に翻弄する魔女――である。従属的で身体的な存在という女性性の新たなモデルを恐怖によって女性たちに課す魔女狩りには、賃労働者という、資本主義的規律に適合的な新しい社会的ふるまいの創造がともなっていた。この点でも、再生産労働の問題を見据えることが、女性のみの歴史を再構成することを意味しないことは明らかである。

ここで、本書に提示される「再生産」の意味に立ち止まっておきたい。フェデリーチは、女性が共同体のなかで担ってきたハーブや薬草による治療や、女性自身による出産とその補助の

＊6　マリア・ミース（奥田暁子訳）『国際分業と女性』（日本経済評論社、一九九七年）、二一〇―二一一頁。
＊7　Silvia Federici, 'Wage against housework' in Silvia Federici, *Revolution at Point Zero* (Oakland: PM Press, 2012), pp.18-21.

みならず避妊・中絶を含む生殖の管理が犯罪化され、女性の手から奪われてゆく様子を描いている。他方「魔女」として迫害されてゆく女性たちの多くは独身の貧しい高齢の女性であった。そこだけをとれば、ここで「再生産」という語によって指示されているのは、まさしく次世代の労働者の「再生産」、すなわち資本に従属する生殖ということになる。しかし、フェデリーチ自身が「再生産」をそうした限定的な意味で用いているということではないだろう。フェデリーチはオキュパイ運動に関するインタビューのなかで、オキュパイを準備したものとしてフェミニスト運動の経験を挙げている。そこで、日常に付随する悲しみや病、痛み、死といった、政治的活動の周縁あるいは外部に位置づけられてきた経験を社会化した「ケアの共同体」を創造することが、オキュパイ運動に示唆を与えていると指摘し、「再生産の集合的な形態」である「ケアの共同体」を志向することは、共同体の再生産を課題として提起することであり、それを欠く運動は「自己‐再生産的」ではない、と述べている。*8 ここでは、たんに次世代を生み出すということだけでなく、加齢や衰えへの配慮を含む、共同体そのものの持続可能性が、「再生産」に賭けられている。本書でも、魔女とみなされてゆくようになった女性たちが共同体の伝統的な知の担い手であったこと、魔女狩りが共同体の連帯の破壊であったことが強調されている。このように理解すると、生産労働から分離されてゆく過程で「再生産」の意味そのものが、資本主義的規律に適するように再構築されていったことがわかる。このことを敷衍すれば、資本主義というシステムは、再生産労働を女性へとふりわけ、それを自然化し、そのように神秘化された「再生産」を、賃金を通じて領有することによって、みずからを自然で、永続的なものと表象していると言えるのではないだろうか。ただしそこで再生産を許されているのは、資本の論理に対して抵抗的になりうる身体やそれによって構成される共同体ではなく、資本主義という体制のみである。したがって、魔女として排斥された女性たちの歴史を呼びおこすことは、別の世界の可能性をかいまみることでもある。

現代の魔女

フェデリーチの議論に沈潜しながら、私は幾度も既視感に襲われた。本書で語られる、ふたつの性を社会の分断線とする力、女性が理性を超えて理解しがたいものと同定されてゆく過程が、また男性と女性の差異が、根源的かつ超歴史的なものであるとみなされ、それぞれの性の本質として、個々の生を規定する力とされてゆく過程が、いまも目の前でくりかえされているように見えるからである。

女性の手から奪われた「生殖の自己決定権《リプロダクティヴ・ライツ》」はとりもどされたか？　否。若い女性たちにとっ

＊8　'Feminism, Finance and the Future of #Occupy – An interview with Silvia Federici' by Max Haiven, November 26, 2011. https://zcomm.org/znetarticle/feminism-finance-and-the-future-of-occupy-an-interview-with-silvia-federici-by-max-haiven/（二〇一七年一月六日アクセス）

て、労働力市場と生の軋轢のなかで、産むか産まないか、どのように育てるかは、いまもさまざまな外的要因に左右される、苦渋の選択にすぎない。生まれてきた子どもは、適切な労働者として育てられなければならない（そうではないとき――たとえばなんらかの障害をもっているとき、子どもは徹底的に、ときに出生前診断を通じて生まれる前から、社会から排除される）。だが子育てを男性労働者に担わせたり、満員電車にベビーカーを持ち込んで労働者を邪魔したり、保育園をつくれと資本を投下することを要求したりしてはならない。産まない自由、ひとりで生きる自由を求めて、配偶者控除などの税制を批判する女性は、「魔女」として排除される。一方、現代の国家と資本は、ある場合には人工妊娠中絶を禁止し、別の場合には、とくに第三世界においては人口抑制政策を推進するなど、その介入はより複雑なものになっている。くわえて今日では、女性は、その生殖機能自体をも商品化されようとしている。第三世界においてすでにひとつの産業にすらなっている代理母による妊娠・出産は、女性という存在をたんなる子宮とみなす形象の、国際分業的な現れであるといえよう。

女性に対する暴力も、とどまることを知らない。冷戦の終結とグローバル化の加速度的進展にともなって、世界各地、とりわけかつて植民地化された地域において戦争・紛争が絶えず生じている。そこではしばしば女性に対する集団的レイプを含む暴力が、政治的・イデオロギー的武器として使用されている。このような行為は極限的な状況においてのみ、例外的に生じるのではない。事実、女性殺人は、先進国において深刻な問題となっている。たとえばイングランドとウェールズでは、二〇〇九年から二〇一五年のあいだに九三六人の女性が殺害された。その六割以上が、元ないし現在のパートナーによる。[*9] EUが二〇一一年にイスタンブールで採択した「女性に対する暴力および家庭内暴力の抑止と撲滅に関する欧州評議会条約」で、「戦闘戦術のひとつ」としての性暴力だけでなく、社会的に構築されたジェンダーのなかで女性に対して向けられる暴力を問題としていることにも示されるように、女性に対する暴力はけっして、欧米の一部の（白人）フェミニストがそう考えたがっているような「文化的後進性」によるものではない。かつて新世界に凄まじい暴力をもちこんだのは、ヨーロッパであり、キリスト教であり、「文明」ではなかったか。本書は現代を生きる私の目に、きわめてアクチュアルに映った。

そのように読むこと、あるいはフェデリーチ自身が一九七〇年代から蓄積された資本主義、労働、身体に関する知見をもって一六、一七世紀をふりかえったことについて、アナクロニズムという批判もありうるかもしれない。それに対しては、本源的蓄積過程は、資本主義の危機的状況において再帰するというフェデリーチの指摘で答えることができるだろう。そして資本主義というイデオロギーは、それを再帰させるための条件を、われわれの性に関する認識に組み込んだのである。すなわち、性は自然であり、性別分業は自然である、と。

＊9　イギリスのNPO“Women's Aid”のレポートより。https://1q7dqy2unor827bqjls0c4rn-wpengine.netdna-ssl.com/wp-content/uploads/2016/12/The-Femicide-Census-Amended.pdf（二〇一七年一月六日アクセス）

資本主義の基礎的な過程である本源的蓄積において、地球を横断する性別分業と身体の規律化は大きな役割を果たし、資本主義そのものの再生産のためにくりかえし貢献させられてきた。それは、身体や生殖、セクシュアリティと、社会との構造的関係をつねに問うてきたフェミニストたちにしか、みやぶることができなかったことかもしれない。しかし同時に、この構造を克服することはきわめて困難であることも、フェミニストたちの苦闘は示している。資本主義社会において、女性と男性の分断は変更しようのないものとして、その差異は個としても種としても決定的であるとみなされている。その周囲には、それを補強する知——科学的言説から文学的表現、日常的な「常識」からさまざまな制度設計にまでいたる——が鎧のように築き上げられている。私たち自身がそれを自然なものとして、変えようがないと考えている以上、一体どうしたら変えることができるというのだろうか？　ここには奇妙な歪みがある。一方で私たちは、「進歩」や「文明化」、「近代化」、「合理化」は不可避であるという時間認識のなかに生きている。資本主義的な「再生産」概念のうちにも、そのような未来への投企は織り込まれている。他方では、男と女は、それぞれも、またその関係も、時間によって、歴史によって、働きかけによって、変化する生き物ではないという認識をもっている。近代において、私たちは過去を見るとき、現在は過去から変化している「はずだ」という前提を無意識のうちにもっている。だから、「過去」に属すると考えられているものが目の前に現れると、それを他者化せずにはいられない。だがフェデリーチが教えてくれるのは、それは過去の現前ではないということだ。世界のある部分は変化しなければならず、別の部分は変化してはならないと想像されている、その想像力こそが、資本主義の生命線であると。変わりゆくことを宿命づけられた世界で、変わることがないとされたものが維持されるといういびつさのただなかを、私たちは生きている。女が変化することも、男が変化することも、そこでは許されない。変わろうとした女は、世界を変えないでおくために、その命を奪われる。前近代が女を殺すのではない、近代が女を殺すのだ。だが、そのようなことは過去の遺物であり、異文化あるいは貧しく教養のない階層に属するとみなすことで、近代はみずからの女殺しを、特殊な事象として外部化できる。魔女狩りを忘却することで、抱え込んだいびつさを、見ないふりができる。

絶えず前進する時間性と、恒久的に変化しない属性との結合という近代の身ぶりは、フェミニズムが示した認識の地平だが、同じ型を人種主義についても、異性愛主義についても、優生思想についても指摘することができるだろう。女性や性的少数者、植民地住民、非白人、移民などへ向けられるまなざしをいま一度、この視座から問い直すべきだ。フェデリーチは魔女狩りという形式で女性に対してしかけられた攻撃を「恐怖《テロ》」と表現した。現代世界において、権力者にとって許容不可能なものがテロと名づけられるとすれば、一六、一七世紀においてそれは「魔女」であり「人食い《カニバル》」であっただろう。だが真の恐怖《テロ》は、そう名づけられた者たちに向けられたものであったことを、それは端的に示している。

フェミニズムでなければ明らかにできないこととは何か？　すべてだ。そして、私たちにはまだ、フェミニズムが不足しているのである。

本書は後藤あゆみと小田原の共訳となる。最終的に私たちの手に委ねられるまでに、多くの女性たちが本書に関心をもち、訳出するに価する作品であることを伝えてくれた。その熱意と、原著の刊行から十年を経てなお一層あらわになっている女性やマイノリティに対する資本の暴力の現実、それに文字どおり命がけで抵抗する女性たちの闘いが、遅れがちになる作業を叱咤してくれた。その意味で本書の刊行は、著者フェデリーチから、家事労働や性別・国際分業を批判的に考察するフェミニストの仕事を日本に紹介してくれた研究者や活動家たち、そして訳者を含む読者にいたる女性たちの協同作業であると、私は感じている。それに共鳴し、プロフェッショナルとは言い難いこちらの仕事ぶりに辛抱強くおつきあいくださった編集者の大野真さんには感謝のことばもない。本書が、この苦しい時代をのりこえてゆける「自己‐再生産的」なオルタナティヴな知の共同体の一助となれば幸いである。

二〇一七年一月七日

訳者を代表して　小田原　琳

の固形物から魔法の塗り薬や軟膏をつくるが，嬰児殺しの第三の理由が，材料の調達のためである」と書かれている（*ibid.*, 240）.「この塗り薬や軟膏は，15世紀からそれ以降にかけての魔女魔術《ウィッチクラフト》のもっとも重要な要素のひとつである」とラッセルは指摘している（*ibid.*）.

＊17　この，「明らかに現代的な変化に応じて概念化された［アフリカでの］魔女魔術《ウィッチクラフト》への新たな関心」については，このテーマを特集した1998年12月出版の「アフリカン・スタディーズ・レヴュー」を見よ．とくに，Diane Ciekawy and Peter Geschiere, "Containing Witchcraft: Conflicting Scenarios in Postcolonial Africa"（*ibid.*, 1-14）を参照のこと．また，Adam Ashforth, *Witchcraft, Violence and Democracy in South Africa*, Chicago: Univ. of Chicago Press, 2005と，アリソン・バーグの制作・監督によるビデオドキュメンタリー "Witches in Exile," California Newsreel, 2005も参照せよ．

(2001) を参照せよ．ナッシュは，アステカにおける女性の力の衰退は，「親族関係を基盤とした社会から（…）階級構造をもつ帝国へ」の変容に対応していると論じている．アステカは15世紀ごろには常時戦争状態にある軍事帝国に変化し，厳格な性別分業が生まれた．時を同じくして（敗北した敵の）女性は「勝者によって共有される戦利品」となったとナッシュは指摘する（Nash 1978: 356,358）．同時に，女神は，民衆からは崇拝されつづけていたものの，男神――とくに血に飢えたウィツィロポチトリ――に取って代わられた．それでも「アステカ社会の女性は，陶器や織物といった工芸の独立した生産者であり，女司祭，医師，商人であるなど多くの専門性を有していた．［ところが］司祭と王室の役人たちによって遂行されたスペインの開発政策は，自家生産を男性の運営する工芸製作所や工場へと転換させてしまった」（*ibid.*）．

＊15　パリネットは，アメリカの「野蛮人」の根絶とユグノー派の根絶との関連性は，サン・バルテルミの夜の虐殺以降，フランスのプロテスタントに明確に意識され，著述にもそれが表れていると述べる．それは間接的にモンテーニュの人食い《カニバル》についてのエッセイや，まったく違った形ではあるが，ジャン・ボダンにおけるヨーロッパの魔女と，人食いで男色のインディオの連関に影響を与えた．フランス語の史料を引きつつパリネットが論じるところでは，この，野蛮人とユグノーの間の連想は，16世紀後半に頂点に達した．このとき，アメリカ大陸でスペイン人が遂行した虐殺（1565年，フロリダで起こった，ルター派であると告発されたフランス人植民者の虐殺を含む）は，スペイン支配に抵抗する闘争において「広く用いられる政治的武器」となった（Parinetto 1998: 429-30）．

＊16　ここではとくに，1440年代にドーフィネの宗教裁判所が行った裁判を参照している．それらの裁判では多くの貧しい人びと（農民や羊飼い）が，魔法の粉をつくるために子どもを調理したとして告発された（Russell 1972: 217-18）．また，シュヴァーベンのドミニコ会修道士ヨーハン・ニーダーの著書『蟻塚』（1435）では，魔女は「子どもを調理し，茹で，その肉を食べ，鍋に残ったスープを飲む．（…）そ

＊12　アマゾン内陸部に住むアシュアール族の間では，「効果的な農芸の必要条件は，農園の守護霊であるヌンクイとの直接的，調和的，継続的な交流にある」（Descola 1994: 192）とフィリップ・デスコラは書いている．女性たちがみな，発育を促すために植物やハーブに対して「心を込めて」秘密の歌を歌い，魔法の呪文を唱えることが，この交流である（*ibid*., 198）．女性とその農園を守る聖霊の関係はとても親密であるため，その女性が亡くなると，「その未婚の娘をのぞけば，自分がはじめたのではないこうした関係にあえて立ち入るような女性はいないため，その農園も亡くなった女性の後を追う」．男性はといえば，「それゆえ万一必要が生じたときに妻の代わりをする能力を全く欠いている．（…）男性は彼の農園を耕し，食べ物を用意する女性（母，妻，姉妹や娘）が誰もいなければ，自殺する以外に選択肢がない」（*ibid*., 175）．

＊13　これは，マイケル・タウシグが『シャーマニズム，植民地主義，野蛮人』（Taussig 1987）のなかで，アメリカ大陸における植民地支配を確立する上での恐怖《テロ》の役割を強調して用いた表現である．

「ヘゲモニーがいかに素早く達成されたかについてどんな結論を引き出そうとも，恐怖《テロ》の役割を見過ごすならば浅はかといえよう．だからこそ，私は恐怖《テロ》を通して思考する必要があると考えている．恐怖は，生理的状態であるだけでなく，社会的状態でもある．その特殊機能は，植民地ヘゲモニーのなかでもとくに優秀な媒介として機能するということだ．すなわちそれが死の空間であり，そこに，アメリカ先住民，アフリカ人，そして白人は新世界を生みだした」（*ibid*., 5 傍点は引用者による）．

　しかしながら，死の空間は「変容の空間」でもあったとタウシグはつけくわえる．「死に近づく経験を通して，そこには生に対するより鋭い感覚があるからかもしれない．つまり，恐怖を通して自己意識が成長するだけでなく，分裂状態もまた拡大し，それゆえに権威への同調の喪失も起こりうる」（*ibid*., 7）．

＊14　征服以前のメキシコとペルーにおける女性の地位については，それぞれ Nash（1978; 1980），Silverblatt（1987）と，Rostworowski

に彼らを追い払うのは，彼らの罪のせいだということは間違いない」とオヴィエドは結論する．さらに，国王に宛てたある手紙では，「神がインディアンを罰する理由となった罪，インディアンが神の恩寵を与えられなかった理由を，さらに強く明らかにするために，このことについて触れたく存じます」と，ホモセクシュアルの慣習を受容するマヤ人を非難した（Williams 1986: 138）．

＊7　先住民の奴隷化に賛成するセプルベダの議論の理論的根拠は，「生まれついての奴隷」というアリストテレスの学説だった（Hanke 1970: 16ff）．

＊8　この鉱山は1545年に発見された．ラス・カサスとセプルベダの論争が起こる5年前のことである．

＊9　1550年代には，スペイン王室は生き残りのためにアメリカ大陸の金塊に依存するようになっていた――各地の戦争で戦う傭兵への支払いのために必要だった――ため，民間の船舶で到着する積み荷の金塊を押収した．それらの船舶はたいてい，かつて新世界の征服《コンクェスト》に参加し，いまスペインに撤収しようとしている人たちが蓄えてきた貨幣を運んでいた．そのため，何年にもわたって国外在住者と王室との間の激しい衝突がつづき，それは国外在住者の資本蓄積を制限する新たな法制化へと帰結した．

＊10　この抵抗の迫力ある描写はエンリケ・メイヤーの『王室への貢納』（Mayer 1982）に収録されている．ここには各共同体がエンコメンデロとスペイン王室に対して課せられる貢納額を決定するために，エンコメンデロが各村で行った有名な「巡察《ビシタ》」［租税額を査定するために実施された先住民共同体に関する調査．人口や改宗状況の調査も行った］の様子が描かれている．アンデスの山村ではエンコメンデロたちが到着する数時間前から，彼らの騎馬隊の行列が監視され，それにしたがって多くの若者たちが村から逃亡し，子どもたちは別の家々に入れ替えられ，財産は隠された．

＊11　運動の参加者に与えられたタキ・オンコイという名前は，踊っているときのトランス状態を表わしている．

見方も，目の回るような勢いでヨーロッパ中に広まるであろう．（…）タイノ人はユートピア的世界の楽園の住人に変えられ（…）他方，カリブ人は人食い《カニバル》になる――人肉喰い，文明の周縁に位置する獣のような人間．彼は死にすら抗うにちがいない――．しかし，両者の描かれ方の間にある矛盾は一見したところほどは大きくない」．どちらのイメージも植民地主義的な介入――カリブ海域の先住民の生を支配する権利を当然のものとみなす――に対応している．レタマールはそれを，現在までつづいていると考えている．両者のイメージの間にある類縁性を証明するのは，寛大なタイノ人も残忍なカリブ人も，どちらも絶滅されられたという事実だと，レタマールは指摘している（*ibid.*, 6-7）．

＊4　人身御供は，インカ人とアステカ人の宗教的慣習についてのアコスタの記述の大部分を占める．アコスタは，ペルーのいくつかの祭典で，2歳から4歳の子どもたちが400人中300人も生贄にされた様子を描いている――彼の言葉によれば「おそろしく非人道的な光景」であった．また，なかでもメキシコでの交戦中に捕えられた70人のスペイン人兵士が生贄にされたことを描写して，こうした殺人は悪魔の所業だと，デ・ゴマラと同じく強い確信をもって記している（Acosta 1962: 250ff）．

＊5　ニューイングランドでは，医療従事者は「人間の死体から作られた」治療薬を投与していた．なかでももっとも一般的であったのは，乾燥もしくは防腐処理をされた死体の一部から作られた「マミー《ミイラ》」という，あらゆる疾患に効くと広く推奨されていた万能薬であった．人血の摂取については，ゴードン・グルーバーが次のように書いている．「斬首された犯罪人の血の販売は死刑執行人の特権であった．血液はまだ温かいうちに，杯を手にして処刑場の人混みのなかで待つてんかん患者や他の取引相手に与えられた」（Gordon-Gruber 1988 : 407）．

＊6　ウォルター・L・ウィリアムズは次のように述べる．

> スペイン人はインディアンが病気で衰弱するわけを理解せず，それを，異教徒を一掃するための神の計画の一部を示すものと捉えた．「神が理由なく彼らが破滅するのをお許しになるわけはない．神がただち

るわれわれメスティーソにはとりわけ鮮明に理解されることだ．プロスペローは島々を侵略し，われわれの祖先を殺し，キャリバンを奴隷にして自分が言うことがわかるように言葉を教え込んだ．その言葉を使ってプロスペローを罵ること以外に――今日も彼はそうせざるをえない――キャリバンに何ができただろうか（…）？ トゥパク・アマルからトゥーサン・ルーヴェルチュール，シモン・ボリバル，ホセ・マルティ，フィデル・カストロ，チェ・ゲバラ，フランツ・ファノン（…）――われわれの歴史と文化がキャリバンの歴史と文化ではないとしたら，われわれの歴史とは，文化とはいったい何なのであろうか？」（*ibid*., 14）

このテーマについては，以下のように述べるマーガレット・ポール・ジョゼフの『追放されたキャリバン』（Joseph: 1992）を参照せよ．「したがって，プロスペローとキャリバンは植民地主義についての強力なメタファーをわれわれに供給する．この解釈からは，キャリバンであることの観念的条件という問いが派生する．キャリバンとは，絶対的に無力であることを知るがゆえに苛立つ歴史の犠牲者だということ．ラテンアメリカではもっと肯定的なやり方でこの名前は採り入れられた．キャリバンは，支配者層の抑圧に抗するために立ち上がろうとしている民衆を表わしているように見える」（*ibid*., 2）．

＊2 フランシスコ・ロペス・デ・ゴマラはその著書『インディアス全史』（De Gomara 1554）のなかでイスパニョーラ島の歴史について説明しながら，「この島の中心的な神は悪魔であり」，その悪魔は女性たちの間に棲んでいると絶対的な確信をもって宣言することができた（*ibid*., 49）．同様に，メキシコとペルーの住民の宗教と慣習について説明するアコスタの『新大陸自然文化史』第5巻（Acosta 1962）では，人身御供を含む悪魔崇拝の多くの形態について紙幅が割かれている．

＊3 レタマール（Retamar 1989）はこのように書く．「カリブ人／人喰い《カニバル》のイメージは，コロンブスが記したアメリカ人の人間像と対照的である．コロンブスは，大アンティル諸島のアラウコ人――主としてわれわれタイノ人のことだ――について，平和を好み，柔和で，おどおどして臆病でさえあると説明した．アメリカ先住民についてのどちらの

(Allen & Hubbs 1980: 213).

＊41　火つけ女たちのイメージについては，Boime（1995:109-11; 196-99），Christiansen（1994:352-53）を参照せよ．

フランチェスコ・マリア・グアッツォ『マレフィキウムの概要』（1608年）より．ヤギに乗った魔女が空を通ると雨が降る．

第5章

＊1　実際，魔女シコラクスは，キャリバンがそうなったようには，ラテンアメリカの革命的想像力には引き入れられなかった．植民地化に対する女性の闘争が長い間そうであったように，彼女はいまだに不可視の存在である．キャリバンに関しては，キューバの作家ロベルト・フェルナンデス＝レタマール（Retamar 1989: 5-21）が，彼の重要なエッセイにおいて，彼が何を象徴するようになったかを表現している．「われわれのシンボルはアリエルというよりも（…）むしろキャリバンである．これは，キャリバンが住んだ同じ諸島の住民であ

グランドの占星術師の生活についての詳細な説明は，A・L・ロウズの『シェイクスピア時代の性と社会』(Rowes 1974) にある．ここから，魔女狩りが頂点に達していたのと同じ時期に，時にはいくらかの困難とリスクがあったにせよ男性魔術師はその仕事をつづけられたということがわかる．

＊37 西インドについては，奴隷所有者が作り上げたニグロについての否定的なイメージで，飽くなき性欲という主張ほど広く深く定着したものはない，とアンソニー・ベーカーは書いている．宣教師はニグロが一夫一婦制を拒み，過剰に肉欲的であると報告し，また猿と性交するといった話を語った (Barker 1978: 121-23)．アフリカ人が音楽を好むことも本能的で非理性的な性質の証拠として非難の対象となった (ibid., 115)．

＊38 中世には，子どもが家の資産を引き継ぐと，彼女／彼は自動的に年老いてゆく両親の面倒をみることを引き受けたが，16 世紀には，親は見捨てられるようになり，子どもに対する投資が優先されはじめた (Macfarlane 1970: 205)．

＊39 ジェームズ 1 世が 1604 年に制定した法律は，危害を加えたか否かにかかわりなく「精霊と魔法を用いた」者には死刑を課した．この法律は後に魔女迫害がアメリカ植民地で実施される際の根拠となった．

＊40 アレンとハッブズは「アタランテを追い越す――錬金術における女性の運命」のなかで次のように述べる．

> 錬金術の本のなかに繰り返し現れる象徴体系は，生物学的創造における女性のヘゲモニーを覆し，さらには妨げさえすることへの執着を示している．(…) この優越の欲求は，ゼウスが自分の頭からアテネを出産したイメージ (…) や，アダムが自分の胸部からイヴを生み出したイメージとしても表わされた．自然界を支配しようとする原初的な渇望を体現している錬金術師は，ほかならぬ母性という魔法を求める．(…) こうして，「女性の身体や，生みの母以外から人が生まれることは，技術と自然にとって可能か？」という問いに対して，偉大なる錬金術師パラケルススは肯定的な返答をした

年のノーフォークの蜂起の際に設置された反乱者の野営の描写を見よ．この野営は，どうやらそれを本物のサバトだと考えたジェントリーたちの間に大いに物議をかもした．

> 反乱者のふるまいは，あらゆる点で誤って伝えられた．野営地はその地方の自堕落な人間たちの聖地となったと申し立てられた（…）．反乱者の集団は生活品や食料をあさった．雄牛が3000頭に羊が2万頭，いうまでもなくブタや，家禽，シカや，ハクチョウ，数千ブッシェルの穀物，これらがわずか数日のうちに略奪され消費されたと言われた．通常の食事は乏しく単調であった人びとは，豊富な肉を大いに満喫し，やたらと浪費した．大いなる怨嗟の元であった獣の肉は，一層甘美な味わいであった（Cornwall 1977: 147）．

その「獣」とは，毛織物を産出する非常に貴重な羊であった．実際，そのために耕作に適した土地や共同耕作地が囲い込まれて牧場となったことを，トマス・モアは『ユートピア』のなかで「人間を食う」と表わしたものだ．

＊36　Thorndike（1923-58v: 69），Holmes（1974: 85-86），Monter（1969: 57-58）．14世紀中頃から16世紀にかけて錬金術は広く一般に受け入れられていたが，資本主義の誕生とともに絶対君主のそれに対する態度は変化した，とクルト・セリグマンは書く．プロテスタント諸国では錬金術は嘲りの対象となり，金属を金に変えると約束して失敗した錬金術士は，煙を売る者と表現された（Seligman 1948: 126ff）．錬金術師は，通りの向こう側で妻と子どもが救貧院の扉を叩いていても，奇妙な壺や道具に囲まれて研究に没頭し，身の回りで起こっていることには気づかないような人物として描かれることが多かった．ベン・ジョンソンの錬金術師についての風刺的な描写はこの新しい態度を反映している．

占星術も17世紀に至るまで実践されていた．ジェームズ一世は著書『悪魔学』（1597年）のなかで，とりわけ季節と気象予報についての研究の範囲であればそれは合法であると主張した．16世紀末のイン表現のほとんどが法廷に由来していること，ベーコンの説明が自然を機械的発明を通じて拷問される女性として扱っていることは，魔女裁判の尋問と，魔女を拷問するために用いられた機械装置を強く示唆している．ベーコンは関連する一節で，自然の秘密が解き明かされる方法は，宗教裁判での魔女魔術《ウィッチクラフト》の秘密を取り調べる方法であると言明している（…）（Merchant 1980: 168）．

＊33　動物への攻撃は，第2章を見よ．

＊34　これに関連して重要なことは，魔女は子どもによって告発されることも多かったということである．ノーマン・コーンはこの現象を，高齢者に対する若者の反乱であり，とくに親の権威に対するそれであると解釈してきた（N.Cohn 1975; Trevor Roper 2000）．しかし，他の要因も考慮する必要がある．まず，告発者のなかで子どもの存在が目立ってくるのは17世紀になってからで，長年かけて魔女狩りが作り出した恐怖の風潮が原因であったと言えるだろう．また，魔女であると告発された人びとのほとんどがプロレタリア女性だった一方，告発した子どもはそうした女性の雇われ先の子どもであることが多かったということにも注意する必要がある．つまり，子どもは，自分自身で告発を実行するには気が進まない親によって操られていたと推定することができる．セイラムの魔女裁判の場合明らかにそうであった．16, 17世紀には，富裕層は，自分の子どもたちとその奉公人，なかでも乳母との間の身体的に親密な関係を，無秩序の源泉と見なして心配するようになったことを考慮する必要もあるだろう．中世には存在した主人と奉公人の親密な関係は，ブルジョアジーの勃興とともに消え失せた．ブルジョアジーは形式的には，雇用主とその使用人との間により平等な関係を導入したが（たとえば衣服の型を等しくすることにより），実際には，両者の身体的・精神的距離は広がった．ブルジョアジーの家庭では，主人はもはや奉公人の前で脱衣などせず，同じ部屋で眠ることもなかった．

＊35　性的な要素と階級反乱を連想させるテーマが結びついたサバトの迫真的な描写については，ジュリアン・コーンウォールによる1549

ると考えられていた．鼻をそぎ落とされることもあった．これはアラブ起源の慣行であり，「名誉に関する罪」を罰する際に用いられたが，姦通で告発された女性に対しても課された．

魔女と同じように，娼婦は「災いの目」をもっていると理解されていたようだ．性的逸脱は悪魔的な行いであり，女性に魔法の力を与えると考えられていた．ルネッサンス期におけるエロスと魔法の関係については，Couliano（1987）を参照せよ．

＊28　両性の本質をめぐる議論は中世後期にはじまり，17 世紀に再開した．

＊29　ダンテの『神曲　地獄篇』のなかで，まさに犯罪を犯している最中に悔いることによって狡猾にも永劫の炎から逃れようと考えていたボニファティウス八世の魂をかっさらいながら，悪魔は「おれが論理的だとは考えもしなかっただろ !!」と含み笑いをしている（『神曲　地獄篇』第 25 歌 123 行）．

＊30　こうした夫婦間の行為の妨害は，結婚と離婚に関する当時の訴訟手続きにおいても主要なテーマであり，とくにフランスにおいてそうであった．ロベール・マンドルーが観察するように，男性は女性によって不能《インポテンツ》にさせられることを非常に恐れていたため，村の司祭は「結び目を作る」（男性を不能《インポテンツ》にさせる仕かけだと考えられていた）ことに秀でていると疑われた女性が結婚式に出席することを禁じたほどだった（Mandrou 1968: 81-82, 391ff; Le Roy Ladurie 1974: 204-205; Lecky 1886: 100）．

＊31　この話はさまざまな悪魔論に現れる．それは，男性が自分にふりかかった被害に気づき，自分のペニスを返すよう魔女に迫るところでいつも終わる．魔女は，隠し場所のある木のてっぺんに男性を連れて行く．男性はたくさんあるなかから自分のものを選ぶのだが，魔女はこう反論するのだ．「いいえ，それは司教様のものです」．

＊32　魔女の尋問と拷問は，フランシス・ベーコンによって定義されたような，新しい科学の方法論にモデルを提供したとキャロライン・マーチャントは論じる．

［ベーコンが］科学的目的と方法を詳述するために使用した修辞

＊25 「国家と教会は伝統的に，このような女性に不信感を抱いていた．そうした女性の活動はしばしば謎めいていて，魔女魔術《ウィッチクラフト》でなければ魔法にどっぷりと浸かっており，間違いなく農村共同体から支持されていた」とJ. ゲリスは述べる．またゲリスは，事実であれ想像であれ，中絶，間引き，捨て子といった犯罪にかかわる「賢い女性」の陰謀を打ち砕くことがなかんずく必要であったとつけ加える（Gelis 1977: 927ff）．フランスでは，「賢い女性」の活動を規制した最初の法令は，一六世紀末にストラスブールで公布された．17世紀末までには，「賢い女性」は完全に国家の支配下におかれ，道徳改革運動のなかで国家によって反動的な勢力として利用された（*ibid.*）．

＊26 このことは，なぜ中世では広く行われてきた避妊が17世紀には消滅し，売春の周辺でのみ生き残ったのか，そして再び現れたときには男性の手に託されて，女性は男性の許可がなくては行使できなくなっていたのかを，説明するかもしれない．実際，ブルジョアの医学がもたらした避妊法は，長い間，コンドームだけであった．「シース」［コンドーム］はイングランドでは一八世紀に登場しはじめた．これに関する最初の言及のひとつは，ジェイムズ・ボズウェルの日記である（Helleiner 1958:94にて引用）．

＊27 フランスでは，1556年にアンリ2世が妊娠を隠した女性や子どもを死産した女性は全て殺意あるものとして罰する法律を制定した．同様の法律がスコットランドでは1563年に制定された．ヨーロッパでは18世紀になるまで，嬰児殺は死罪であった．イングランドでは護国卿政治時代，姦通には死罪が適用された．

女性のリプロダクティブ・ライツに対する攻撃や，家庭における夫に対する妻の従属を認める新たな法律の導入に，16世紀中頃からはじまる売春の犯罪化も加えなければならない．（第2章で）見てきたように，娼婦は水責め椅子のような残酷な刑罰にさらされた．イングランドでは，娼婦は「悪魔」の印を連想させるやり方で額に熱した鉄で焼印を押され，魔女のように鞭打たれ，髪を剃られた．ドイツでは，娼婦は溺死させられたり，火あぶりにされたり，生き埋めにされたりした．ここでも，娼婦は髪を剃られた——髪は悪魔の好む居場所でありとは，はじめは邪悪な目的のために女性はその力を行使すると主張することによって，そして後には女性がそうした力をもっていることを否定することによって，キリスト教が古い宗教の女性司祭を追放した長い過程の一部であったと論じる（*ibid.*, 80-86）．コンドレンのもっとも興味深い主張のひとつは，魔女迫害と，女性の再生産能力を領有しようとしたキリスト教司祭の試みを関連づけて考察している点である．コンドレンは，生殖にかかわる秘儀を行い，不妊の女性を妊娠させ，子どもの性別を変え，超自然的な中絶を行い，そしてなんといっても捨て子を養っていた「賢い女性《ワイズ・ウォメン》」と，キリスト教司祭がどれほど苛烈な競合関係にあったかを示している（*ibid.*, 84-85）．

＊23　16世紀中頃までにほとんどのヨーロッパ諸国は定期的に人口統計を収集しはじめていた．1560年にイタリアの歴史家フランチェスコ・グイッチャルディーニは，アントワープやオランダ全体で，「差し迫った必要性」があるときを除けば権力者が人口データを集めないことを知り，驚きを表わしている（Helleneir 1958: 1-2）．17世紀までに，魔女狩りが行われていたすべての国家で人口増加が奨励されていた（*ibid.*, 46）．

＊24　しかしながら，モニカ・グリーンは，中世の医療において，女性の治療やとりわけ婦人科・産科から男性が締め出されるといった厳格な性別分業があったという見解に異を唱えている．また，少数とはいえ，医療界には産婆だけでなく，内科医・薬剤師・床屋医者として女性が存在していたとグリーンは主張する．産婆がとくに権力者の標的となったという当然の主張や，魔女狩りと14，15世紀にはじまる医療職からの女性の排除との関連性が明らかであることについても疑問を投げかけている．医療行為に対する制限は多くの社会的緊張に由来するものであり（たとえばスペインではキリスト教徒とイスラム教徒との対立），女性の医療行為にさらなる制限が課せられたことは資料的に裏づけられているものの，その理由は立証されていないという．グリーンは，こうした制限の背後にある，当時広がりつつあった関心には「道徳」的起源があるということ，つまり，女性の性質についての考え方に関係していたことは，認めている．

い，毒殺者，悪魔崇拝者であると見なされていた．悪魔的存在としてのユダヤ人という肖像には，割礼の習慣を取り巻いていた，ユダヤ人は儀式に際し子どもを殺すという噂話が寄与するところが大きかった．「ユダヤ人は何度となく，［奇跡劇や寸劇のなかで］『地獄からきた悪魔，人類の敵』として描かれてきた」（Trachtenberg 1944: 23）．ユダヤ人迫害と魔女迫害の関連性については，カルロ・ギンズブルグ（Ginzburg 1991）第1，2章も参照せよ．

＊19　ここで参照しているのは，一四九〇年代にアルザスで教会と城に対して決起するために計画された「ブントシュー」――木靴をシンボルとする，ドイツの農民同盟――の陰謀である．フリードリヒ・エンゲルスはこれについて，農民は夜，人里離れたフンガーブルクの丘で集会を開くのをつねとしていたと書いている（Engels 1977: 66）．

＊20　イタリアの歴史家ルチアーノ・パリネットは，人食いというテーマは新世界から持ち込まれたものだという可能性を示唆する．コンキスタドールとその共犯者の聖職者による「インディアン」についての報告のなかで，人食いと悪魔崇拝は合流しているからである．この主張の裏づけとして，パリネットはフランチェスコ・マリア・グアッツォの『マレフィキウムの概要』（1608年）を引用する．この著作が，魔女を人食いと描写することにおいてヨーロッパの悪魔学者が新世界からの報告に影響を受けていたことを示すと彼は見ている．しかしながら，ヨーロッパの魔女は，アメリカ大陸が征服・植民地化されるずいぶん前から，子どもを悪魔への生贄にすることで告発されていた．

＊21　14，15世紀，宗教裁判所は魔女魔術《ウィッチクラフト》使用の容疑で女性，異端者，ユダヤ人を告発した．「魔女魔術《ヘクセライ》」という言葉が最初に使われたのは，ルツェルンとインターラーケンで1419年～1420年に開かれた裁判においてであった（Russell 1972: 203）．

＊22　マレーのテーゼは，かつての母系社会における女性と自然の関係に新たな関心が高まっている近年，エコ・フェミニストたちの間で再流行している．魔女を，再生産能力を崇拝する，古代の女性中心の宗教の守護者として解釈してきた人たちのなかに，マリー・コンドレンがいる．『蛇と女神』（Condren 1989）のなかでコンドレンは，魔女狩

フォートはつけくわえている（Midelfort 1972: 164-169).

＊14　土地保有権の変化，なかでも土地の私有化と魔女狩りとの関係について本格的に取り組んだ分析はまだない．アラン・マクファーレンは，初めてエセックスの囲い込みと同地域での魔女狩りの間の重要な関連性を提起したが，後にそれを撤回した（Macfarlane 1978)．だが，このふたつの間の関連性は疑う余地がない．（第2章で）見てきたように，土地の私有化は，魔女狩りが大規模になった時期に女性が陥った貧困に，直接的・間接的に重大な影響を与えた要素であった．土地が私有化され土地市場が発展するやいなや，裕福な土地購入者と自身の男性近親者による，二重の収奪過程に女性はさらされるようになった．

＊15　しかしながら，魔女狩りが拡大するにつれ，専門職としての魔女と，魔女を手助けするようになった者，専門知識があるととくに主張することなく魔術的実践にたずさわる人との間の区別はあいまいになった．

＊16　マイデルフォートもまた価格革命と魔女迫害との関連性に気づいている．1620年以降のドイツ南西部における魔女裁判の激化について次のように解説している．

> 1622-23年に貨幣制度は完全に崩壊した．貨幣価値が低下し，物価は高騰した．しかも食料価格を上げるための金融政策は必要なかった．1625年の春は寒く，ヴュルツブルクからヴュルテンベルクを超えてライン川渓谷一帯まで凶作であった．翌年は，ライン川流域に沿って飢饉が起こった．（…）こうした状況自体が，多くの労働者の手に届かないほどの価格高騰を引き起こした（1972: 123-24).

＊17　ル・ロワ・ラデュリはこう書いている．「1580～1600年頃に，同じ山脈で最高潮に達した，これらの凶暴な蜂起（原文ママ）［魔女狩り］と，正真正銘の民衆反乱の間には，地理的かつ年代的にまたときに家系においても一致点があった」(Le Roy Ladurie 1987: 208).

＊18　サバト，もしくはシナゴーグ――架空の魔女集会をこう呼んだ――についての妄想に，魔女迫害とユダヤ人迫害の連続性の証拠が見られる．異端であり，アラブの知恵の伝道者であるユダヤ人は，魔法使

＊11 Cardini（1989: 13-6）, Prosperi（1989: 217ff）, Martin（1989: 32）. ヴェネツィアにおける宗教裁判についての研究でルース・マーティンが述べる通りである.「[P・F・] グレンドラーは，宗教裁判による死刑宣告の件数と民間の法廷によるそれとの比較をしてみたところ，『イタリアの宗教裁判は民間の法廷と比べると，きわめて抑制的であった』という結論にいたった. また,『苛酷な刑罰よりも軽い罰や減刑が，ヴェネツィアの宗教裁判を特徴づけていた』という結論は，近年E・W・モンターによる地中海地域の宗教裁判の研究で立証されたところである.（…）ヴェネツィアの裁判に関するかぎり，処刑や身体切断の刑を言い渡されることはなく，ガレー船での奉公を宣告されることもめったになかった. 長期の投獄もまれであり，投獄や流刑が宣告されたところでも比較的短期間のうちに減刑されることが多かった.（…）健康を害したために自宅監禁に変更してほしいという監獄からの嘆願も，同情をもって処遇された」(Martin 1989: 32-33).

＊12 特定の罪名に比重が置かれるようになったり，一般に魔女魔術《ウィッチクラフト》を連想させる犯罪の性質や，告発者と被告人の社会構成においても重要な変化の形跡がある. おそらく，もっとも重要な変化は，迫害の初期段階（15世紀中の裁判）では魔女魔術《ウィッチクラフト》は主に大集団と組織にたよった集団的犯罪とみなされたが，17世紀までに，個人的な性質の犯罪，個々に独立した魔女が遂行した，邪悪な職業的犯罪であると考えられるようになったことである. これは，当時，土地保有の私有化が進み，商業的関係が拡大するによって，共同体の紐帯がほころびつつあった兆候である.

＊13 ドイツがこのパターンに当てはまらないのは，魔女狩りが町議会議員を含む多くのブルジョアに影響を及ぼしたことによる. ドイツでは財産没収が迫害の背後にある主因であるといってほぼ間違いなく，スコットランドをのぞけば他のどの国とも比較にならない規模にまで達していたことがそれを説明している. しかしながら，マイデルフォートによれば没収の合法性については議論があったという. また，裕福な家庭の場合でも，没収は全財産の3分の1を超えなかった. ドイツでも「処刑された人のほとんどが貧しかったのは明白だ」とマイデル

＊9　魔女裁判に費用がかかったのは，それが何カ月もつづき，多くの人びとにとっての雇用の機会となったからである（Robbins 1959: 111）．処刑の費用，魔女を監獄に入れておくための費用に加えて，裁判官，外科医，拷問者，書記，守衛といった関係者に対する食事とワインを含む支払いが，臆面もなく裁判記録に含まれている．以下は，1636 年のスコットランドのカーコーディーという町における裁判の明細書である．

	ポンド	シリング	ペンス
魔女を燃やすための炭，10 馬車分，五体分かそれ以上	3	6	8
タール，1 バレル		14	
魔女のジャンプ（短い外套）にするためのハーデン（麻の織物）	3	10	
ジャンプをつくるため		8	
魔女裁判に判事として出席する地主のためにフィンマスへ行くため		6	
死刑執行人の労苦に対する支払い	8	14	
ここでの死刑執行人の諸費用		16	4

(Robbins 1959:114)

ひとつの魔女裁判にかかる費用は，犠牲者の親族から支払われたが，「犠牲者が無一文の場合は」その町の市民や地主から出された（*ibid.*）．このテーマについては，Mandrou（1968: 112），Larner（1983: 115）やその他を参照せよ．

＊10　H.R. トレヴァー＝ローパーは次のように書いている．「［魔女狩りは］開明的なルネサンス教皇，偉大なるプロテスタント改革者，反宗教改革の聖人たち，学者，法律家，聖職者によって進められた．（…）この二世紀が光の世紀であったとするならば，暗黒時代は少なくともある点ではより文明化されていたことを認めなければならない」（Trevor-Roper 1967: 122ff）．

について批判的で，それが言ってきたと考えられていることとは反対のことをはっきりと述べていると論じている．つまり，『法令集』の著者は魔術の信仰を非難しているのだから，教会は魔術の実践を容認していたと結論づけるべきではないということだ．マイデルフォートによれば，『法令集』の立場は，18 世紀まで教会がとっていた立場と同じであった．魔術は存在するという信仰を教会が糾弾したのは，それが神聖な力を魔女と悪魔に帰するのはマニ教的異端であると考えたからであった．さらに，魔術を行うものたちは邪悪な意思を宿し，悪魔と手を組んでいるため，適切に罰せられるべきであると主張した（Midelfort 1975: 16-19）．

16 世紀のドイツでさえ，聖職者は悪魔の力を信じないようにしなければならないと力説していたとマイデルフォートは強調する．しかし，次の二点をマイデルフォートは指摘する．（a）ほとんどの裁判は神学論には関心のなかった世俗の権力者によって扇動され，実行されていた．（b）聖職者の間でも，「邪悪な意思」と「邪悪な行為」の区別にはほとんど実際にはなされなかった．というのは，つまるところ多くの聖職者たちは，魔女は死によって罰せられるべきだと勧告したからである．

＊8 Monter（1976: 18）．サバトは 15 世紀中頃にかけて中世の文献に初めてあらわれた．ロッセル・ホープ・ロビンズは次のように述べている．

初期の悪魔学者ヨハネス・ニーダー（1435 年）はサバトの存在を知らなかったが，フランスの作者不明の小冊子『ガザリ派の誤謬』（1459 年）は「シナゴーグ」についての説明を詳述している．ニコラス・ジャキエは 1458 年頃に，大雑把な説明とともにではあったが，「サバト」という言葉を実際に使用した．また，「サバト」は 1460 年のリヨンにおける魔女迫害の報告のなかにも現われた（…）16 世紀までにはサバトは魔女魔術《ウィッチクラフト》の一部として確立した（Robbins 1959: 415）．

そこではコルメッラ自身がカトーを引用しながら，占星術師，占い師，妖術師との親密な関係は奴隷に危険な影響を与えるから注意すべきである，と述べている．農場管理人は「みずからの主人による命令なしにはいけにえを捧げるようなことをしてはならない．犯罪へ導こうとして人の迷信を利用する占い師や魔術師の言うことを聞いてはならない．（…）腸卜僧や妖術師と親交することを避けるべきである．この二種類の人間は，事実無根の迷信という毒でもって無知な魂を侵すのだ」とコルメッラは忠告した（Dockes 1982: 213 にて引用）．

＊6　ドックスは，ジャン・ボダンの『国家論』（Bodin 1576）から次のような抜粋を引用する．「アラブ人の勢力はこうしたやり方［奴隷を解放したり，解放を約束したりすること］をもってしてのみ成長する．メフメトの軍師の一人であるホマーは自分に従う奴隷に解放を約束して大勢の奴隷を引き寄せたため，数年も経ない内にこうした奴隷たちが東方の領主となるほどだった．解放の噂と，そうした奴隷たちによる征服は，ヨーロッパの奴隷の心に火をつけ，彼らはすぐに武器を手にとり戦いはじめた．奴隷たちの間に公然と広まった共謀に対して出された当時の布告から分かるように，最初は 781 年にスペインで，後にはこの国でカール大帝とルートヴィヒ 1 世の時代に，戦いは始まった．（…）この炎はドイツでいっせいに噴き上がり，立ち上がった奴隷たちは諸侯の領地や町を揺るがし，ドイツ人王ルートヴィヒ 2 世さえそれらの奴隷を一掃するために全軍隊を招集しなければならなかったほどだ．この反乱のおかげで，一定程度の賦役労働をのぞき，キリスト教徒は徐々に強制労働を軽減し，奴隷を解放した」（Dockes 1982: 237 で引用）．

＊7　魔術信仰に対する教会の寛容さを裏づける最も重要な文書は，『司教法令集』（10 世紀）であると考えられている．それは悪魔や夜の飛行を信じる者を「不信心者」と呼び，こうした「迷妄」は悪魔の仕業だと論じた（Russell 1972: 76-77）．しかしながら，エリック・マイデルフォートは，ドイツ南西部における魔女狩りの研究のなかで，中世の教会は魔女魔術《ウィッチクラフト》については懐疑的であり，それを容認していたという考えに疑問を唱える．とくに，『司教法令集』の実際の運用のされ方

族にも与えられており，そうした貴族は「魔女」の逮捕に関してだけでなく，記録管理についても自由裁量を許されていたため，犠牲者の実数はもっと多いと考えられることも認めている．

＊4　スターホークとマリア・ミースという2人のフェミニスト著述家は，魔女狩りを本源的蓄積の文脈におき，本書で示すものと非常に近い結論に至っている．スターホークは『闇を夢見る』（Starhawk 1982）のなかで，ヨーロッパの農民から共有地《コモンズ》を没収したことや，アメリカ大陸からヨーロッパへの金銀の流入によって引き起こされた物価インフレーションによる社会的影響，専門的医療の台頭に魔女狩りを関連づけている．さらに，スターホークは以下のように書く．

> いまや［魔女は］いなくなってしまった（…）［だが］魔女が生涯かけて抗ってきた恐怖や諸勢力はまだ生きつづけている．
>
> 新聞を開くと，怠惰な貧民に対する変わらぬ非難を読むことができる．（…）収奪者は第三世界へ進出して，文化を破壊し，土地の資源と人びとを略奪している．（…）ラジオをつければ炎が燃え上がる音が聴こえるだろう．
>
> （…）だが，闘争もまた生きつづけている（*ibid.*, 218-19）．

スターホークは，もっぱらヨーロッパにおける市場経済の台頭という文脈において魔女狩りを検討しているが，マリア・ミースの『家父長制と世界規模での蓄積』［邦題『国際分業と女性――進行する主婦化』］（Mies 1986）では，植民地化過程と資本主義精力の特徴である自然の支配の拡大に，魔女狩りは関連づけられている．魔女狩りは，女性と植民地および自然の搾取にもとづく新たな性別分業と国際分業を背景として，女性の生産能力と，何よりもその生殖能力に対する支配を確立しようとしていた新興の資本家階級の企ての一部であったとミースは論じる（*ibid.*, 69-70, 78-88）．

＊5　ローマ帝国後期以来，魔術は奴隷文化の一部であり不服従の道具であると，支配階級から疑惑をもたれていた．ピエール・ドックスは共和政ローマ末期の農学者コルメッラの『農業論』を引用しているが，

ると，スイスで行われた世俗の魔女裁判の数を数えることが不可能であるわけは，魔女裁判はほとんど財政記録のなかで触れられているにすぎず，それらの財政記録はまだ分析されていないからであるという（Monter 1976: 21）．30 年後の今も，さまざまな数字が上がっているが，どれも食い違っている．

処刑された魔女の数はナチス・ドイツに殺されたユダヤ人の数と同等だと論じるフェミニスト研究者たちもいるが，アン・L・バーストウによれば，現段階の文書館史料研究にもとづくと，三世紀にわたりおよそ 20 万人の女性が魔女魔術《ウィッチクラフト》を理由に告発され，それより少ない人数が殺害されたと仮定することができるだろう．だが，どれほどの人数の女性が処刑や拷問によって死んだか立証することの困難さについてバーストウは認めている．

> 多くの記録は裁判の判決については記載していなかったり，監獄で死んだ人の数を含めていなかったりする．（…）拷問によって絶望し，自殺に追い込まれた者もいた（…）．告発された魔女の多くは監獄で殺された（…）拷問により監獄で死んだ者もいた（Barstow: 22-23）．

リンチにあった女性も計算に含めて少なくとも 10 万人が殺されたとバーストウは結論する．しかし，死を逃れた者も「一生を台無しにされた」．というのも，ひとたび告発されれば，「嫌疑と不運は墓場までつきまとうだろう」からだ（*ibid.*）．

魔女狩りの規模についての論争はつづいているが，地域規模の概算はマイデルフォートとラーナーによって提供されている．ドイツ南西部では，1560 年から 1670 年の間，すなわち「もはや一人か二人の魔女を焼くのではなく，数十人，数百人を焼いた」（Lea 1922: 549）時代に，少なくとも 3200 人の魔女が焼かれたことをマイデルフォート（Midelfort 1970）は発見した．クリスティーナ・ラーナー（Larner 1981）は，1590 年から 1650 年の間にスコットランドで処刑された女性の数を 4500 人と見ているが，魔女狩りを指揮する特権は地方の貴

（Midelfort 1972: 7）.

＊2　この共鳴のひとつのあらわれは，WITCH の創設であった．アメリカの女性解放運動の初期の段階で重要な役割を担った，自律的なフェミニスト・グループのネットワークである．ロビン・モーガンが『シスターフッドは強い』（Morgan 1970）で伝えているように，WITCH は 1968 年のハロウィーンにニューヨークで誕生したが，まもなく数都市で「魔女集会」が形成された．こうした活動家たちにとって魔女の表象が意味することは，ニューヨークの魔女集会で書かれたビラのなかに見ることができる．そこでは魔女は産児調節と中絶の最初の実践者であったということを想起した後，このように述べている．

> 魔女はつねに，勇敢で，進取の気性に富み，知的で，反逆的，好奇心旺盛で，独立心が強く，性的に解放されており，革命的であろうとしてきた女性のことである（…）どんな女性のなかにも魔女は生き，笑っている．魔女は私たち一人ひとりの内にある自由の部分なのである（…）．飼い慣らされず，怒り，喜ぶ，不滅の女性であることで，あなたはひとりの魔女なのである（*ibid.*, 605-06）.

北アメリカのフェミニスト作家のなかで，もっとも意識的に魔女の歴史を女性解放の闘いに結びつけたのは，メアリー・デイリー（Daly 1978），スターホーク（Starhawk 1982），そしてバーバラ・エーレンライクとディアドリー・イングリッシュである．エーレンライクとイングリッシュの著書『魔女・産婆・看護婦——女性医療家の歴史』（Ehrenreich and English 1973）は私自身を含む多くのフェミニストにとって，魔女狩りの歴史への最初の手引きであった．

＊3　どれほどの数の魔女が焼かれたのか？　これは，魔女狩り研究における論争的な問題であり，答えを出すのが難しい．なぜなら多くの裁判は記録されてないか，記録されていても処刑された女性の数が明記されていなかったからだ．加えて，魔女魔術《ウィッチクラフト》に関する裁判に触れている可能性がある多くの文書はまだ研究されていないか破損してしまっている．たとえば，1970 年代に E・W・モンターが記したところによ

りもう一方の側へ上がると美しい青年と娘になっている．そして，物語は「願うものを出すテーブル」へと進行する．それは理想的な生活についての実に単純な見方をよく反映している（*ibid.*, 7-8）．

言い換えれば，逸楽《コケイン》の国という理想は，合理的な枠組や「進歩」という観念などいっさい体現しておらず，むしろはるかに「具体的」で，「村落環境にきわめて近く」，「近代にはもはや価値を認められなくなったある完全無欠の状態を描き出している」（Graus *ibid.*）．

ルーカス・クラナッハ『若返りの泉』

第4章

＊1　エリック・マイデルフォートが指摘するように，「いくつかの傑出した例外を除けば，魔女狩りについての研究はいまだ印象にもとづいたものである．魔女魔術《ウィッチクラフト》についての一定水準に達した研究がヨーロッパでいかに少ないか，例えばある町や地域で起きた魔女裁判をすべてリスト化しようとするような研究がどれほど少ないかは衝撃的である」

現われた最初の文脈はエドワード2世時代のイングランドの男子修道院の風刺であったからだ（Graus 1967: 9）．グラウスは中世の「おとぎの国」と近代のユートピアの概念の違いについて次のように論じる．

近代において，理想郷の建設可能性をめぐる基本的観念が意味することとは，ユートピアは欠点が取り除かれた理想的な存在が住まうべきところだということだ．ユートピアの住人はその正義と知性を特徴とする．（…）一方，中世のユートピア構想は，あるがままの人間を出発点とし，その現在の欲求を満たすことを求める（*ibid.*, 6）．

ピーテル・ブリューゲル『怠け者の天国』1567年

たとえば逸楽《コケイン》の国では，食べ物も飲み物も豊富にあり，思慮深く「栄養を摂る」のではなく，人びとが日々の暮らしのなかで願ってきた，ただたらふく食べたいという欲求だけがある．

この逸楽《コケイン》の国には（…）若返りの泉もあり，男女が片側から入ことができると考え，1日毎に聖書のなかの決まった章を1，2回読むことで神の言葉を理解できると考えた．ここでは改革派教会や，司教と牧師に対する崇敬・恭順はかなぐり捨てられ，どんな者でも宗教に関する審査官となり，聖書の言葉を自分なりに解釈するようになった（Hobbes 1962: 190）．

平信徒説教師の話を聞くために，「多くの人が自分の天職を放り投げ，就業日に自分の教区や町から出て行く」とも書き加えている（*ibid.*,194）．

＊24　その例はジェラード•ウィンスタンリーの『新しい正義の法』（1649年）である．そこではもっとも悪名高いディガーがこう問うている．

理性の光が宇宙を作り出し，ある者はかばんと納屋をいっぱいにし，ある者は貧困に喘ぐようにしたのか？　理性の光が，他人に与えられるほどの金がなければ借りるという法，金を貸したら他人を捉えて監獄に閉じ込め，狭い部屋で飢えさせてもいいという法をつくったのか？　理性の光が，人類の一部は自分の足で歩けない他の一部を殺し，吊るすという法をつくったのか？（Winstanley 1941: 197）．

＊25　「下層階級」の人間性についての疑念は，デカルトの機械論に対する初期の批評者のなかに，デカルトの機械論的人体観に異議を唱えた者がほとんどいなかった理由を説明するものであるとつい言いたくなる．「論争全体を通して奇妙であったことのひとつは，動物の魂を熱心に擁護する者の誰一人として，この最初の時期に機械論という汚点から人間の身体を守ろうと敢然と立ち向かうことがなかったということである」と，L・C・ローゼンフィールドが指摘する通りである（Rosenfield 1968: 25）．

＊26　F・グラウスは「「逸楽の国《コケイン》」という名前は13世紀に最初に現われ（おそらくはドイツ語のクーヘン（ケーキ）に由来する），パロディのなかで用いられたようである」と述べている．というのも，この語が

に覆すものだった．それまで動物は利口で，責任能力がある存在だと考えられており，とくに発達した想像力と話す能力をもつと考えられていた．エドワード・ウェスターマーク，そして最近ではエスター・コーエンが示したように，当時ヨーロッパのいくつかの国では，動物は彼らが犯した罪により裁判にかけられ，ときには公開処刑された．動物には弁護士がつけられ，公判，判決，刑の執行といった訴訟に関するすべての手続きが法律上の義務に則って進められた．たとえば1565年には，アルルの市民が街からのバッタの追放を請求し，別の例では，教区に蔓延していた毛虫が破門された．最後の動物裁判は1845年，フランスでのことだった．動物は裁判において免責宣誓のための証人となることも認められていた．殺人で有罪を宣告されたある男性は自分の猫と雄鶏をともなって法廷に現れ，それら動物の前で自分が無実だと誓って釈放された（Westermarck 1924: 254ff; Cohen 1986）．

＊22　ホッブズの透徹した機械論的観点は，実際のところ，デカルト派の説明よりも身体により大きな力とダイナミズムを与えたと考えられてきた．ホッブズは，デカルトの二元論的な存在論を否定し，とくにその実体のない非物質的な存在としての精神という観念を拒否した．ホッブズは身体と精神を一元的な連続体としてとらえ，精神のはたらきを物理的・生理学的原理を基にして説明する．しかしながら，デカルトに劣らずホッブズもまた，人体の自発運動を否定し，身体の変化を作用・反作用関係へと限定することによって，人体から力を奪っている．たとえば，ホッブズにとっては感覚による認識は，外部の物体がもたらした原子的衝撃に対して感覚器官が起こした抵抗を原因とする作用・反作用の産物である．想像力は衰えゆく感覚である．理性も計算機械にすぎない．デカルト同様，ホッブズにおいても身体のはたらきは機械的な因果関係という観点から理解され，無生物の世界を規定しているのと同じ普遍的な法に従っていた．

＊23　ホッブズはその著書『ビヒモス』のなかで次のように嘆いている．

> 聖書が英語に翻訳されてからというものの，英語を読める者ならだれでも，それどころか少年や田舎娘までもが，全能の神と語る

ろを見ている」と非難していたのだ．……［デカルトは］ヴェサリウスやもっとも経験豊かな著者たちが解剖について書いてきたことをおろそかにはしなかった．しかし，彼は自分自身でさまざまな種の動物を解剖するというもっと確実な方法でみずから学んだのだ（Descartes 1972: xiii - xiv）．

1633年のメルセンヌ宛の手紙のなかでデカルトは次のように書いている．「想像力，記憶が何からできているのかを明らかにするために，さまざまな動物の頭部を解剖しています」（Cousin 1824-26, Vol. Ⅳ : 255）．また，1月20日に書いた手紙のなかでは生体解剖の実験について詳細に述べている．「生きているウサギの胸部を切開すると，動脈管と心臓を容易に見ることができました．この生きた動物の解剖をつづけ，この心臓の先端と呼んでいる部分を切除しました」（*ibid.*, Vol Ⅶ : 350）．最後に，1640年の6月，魂をもたないのならなぜ動物は痛みを感じるのか，と尋ねたメルセンヌへの返信のなかで，動物は痛みを感じないとデカルトは保証している．痛覚は知性がともなわなければ存在しない．それは獣には欠けているものだ，と（Rosenfield 1968: 8）．

＊21　この主張によって，科学的にデカルトに同意していた同時代人は，生体解剖が動物に与える痛みに対して実際に鈍感になった．ニコラ・フォンテーヌが，動物は自動機械であるという信念がポール・ロワイヤルに生んだ雰囲気がどのようなものであったか描いている．「自動機械について話題にしなかったものなどほとんど一人もいなかった．（…）彼らはまったく無頓着に犬を殴打した．そして，動物に対してそれらがまるで痛みを感じているかのように考えて哀れに思っている人びとをあざ笑った．動物は時計であり，殴られたときに発する鳴き声は小さなばねに触れたときに出る音であって，身体全体には感覚がない，と．彼らは生体解剖するために哀れな動物の四肢を板にくぎ付けにし，その頃大きな話題になっていた血液の循環について調べた」（Rosenfield 1968: 54）．動物の機械的な性質についてのデカルトの学説は，中世から16世紀まで普及していた動物についての概念を完全

25). トーマス・ブラウンは個人的に,「魔女」と告発された二人の女性の死に寄与した. その容疑はばかばかしいものであったため, ブラウンの介入がなければ女性たちは絞首台から救われていたはずだ (*ibid*., 147-49). この裁判についての詳しい分析は Geis and Bunn (1997) を見よ.

＊19　16 世紀ヨーロッパで解剖学が隆盛をきわめたどの国でも, 処刑された身体を解剖研究に使用することを認める法律が当局によって制定された. イングランドでは,「王立内科医協会は 1565 年にエリザベス 1 世が重罪犯の切断された死体を請求する権利を与えたときから, 解剖学の領域に参入した」(O' Malley 1964). 16, 17 世紀のボローニャにおける権力者と解剖学者の協力関係についてはジョヴァンナ・フェラーリ (Ferrrari 1987: 59, 60, 64, 87-88) を見よ. フェラーリは処刑された人びとだけでなく, 病院で死んだ「もっとも卑しい」人びとも解剖学者のために取って置かれたことを指摘している. ある例では, 学者の要望を満たすために終身刑が死刑判決に変えられてしまった.

＊20　デカルトの最初の伝記を書いたアドリアン・バイエによると,『人間論』の執筆を準備していた 1629 年, アムステルダムにいたデカルトは, 町の食肉処理場に毎日通い動物のさまざまな部位の解体を行った.

> (…) 解剖を研究するためにデカルトは自分の考えで処理を行った. その冬の間ずっとアムステルダムでそうすることに時間を費やした. 師父メルセンヌに対し, この課題に対する熱心さのためにほぼ毎日肉屋に通い解体を見ており, そしてもっと時間をかけて解剖してみたいため, そこから自宅に動物の器官なら何でも持ち帰ると明らかにしている. その後滞在した他の場所でも同様のことをしていたが, それ自体は違法ではなく, 実に有益な結果をもたらすその行為において恥を感じたり, 自分の地位にはふさわしくないことだと考えたりすることはなかった. それゆえ, デカルトは自分に悪意を抱いたり嫉妬したりする人のことを物笑いの種にした. そうした人たちはデカルトを犯罪者に仕立てようとし,「村を通り豚が殺されるとこ

認識論的な革命が，機械論の理論的枠組みの発祥地である．解剖学的切開こそが，小宇宙と大宇宙の結びつきを切断し，身体を個別の物体，もしくは生産の場所――ヴェサリウスの言葉によるところの工場《ファブリカ》――として位置づけたのである．

＊15　『情念論』（第6論文）のなかでも，デカルトは「生きている身体と死んだ身体」の間にある違いを最小化している．

> （…）生きている人の身体が死んだ人の身体とは違うというのは，ちょうど時計や他の自動機械（すなわち，それ自体で動く機械）が，ぜんまいを巻き上げられ，それ自体のなかに運動の物質的本質をもっているときと，その同じ時計か自動機械が壊れ，その運動の本質／原理が活動をやめたときとの違いのようなものだと判断するとよいでしょう（Descartes 1973, Vol.I　Article Ⅵ）．

＊16　この文脈でとくに重要なのは，16, 17 世紀において，自然魔術は魔術師がそれを用いて周囲の世界に影響を与え，「自身の身体だけでなく，他の身体に対しても健康や病気を」もたらしうる強力な力であると考えられたそのような「想像力」への攻撃であった（Easlea 1980: 94ff）．ホッブズは『リヴァイアサン』の1章を割いて，想像力は「衰えゆく感覚」にすぎず，記憶と何ら変わらない，知覚の対象物が取り除かれれば徐々に弱体化していくものにすぎないと断言した．想像力についての批評は Browne（1643）にも見られる．

＊17　ホッブズは次のように述べている．「したがって，どんな人も，ある物事を考えるとき，それはとある場所にあると考えるべきで，この場所にあるものだけがすべてではないと考えたり，別の場所に同時に存在すると考えたりしてはならない．また，ふたつやそれ以上のものが同時におなじ場所にあるものと考えることもできない」（Hobbes 1963: 72）．

＊18　魔女狩りの支持者のなかに，医者であり，「科学的自由」の初期の擁護者と評されているトーマス・ブラウン卿がいた．当時の人びとの目には，その研究は「懐疑主義の危険な香りがした」（Gosse 1905:

して,「国家にとって必要な兵団を維持する」ために,できるかぎり多くの受刑者をガレー船で働かせるよう熱心に説いた(*ibid.*, 298-99).

＊11 *L'Homme de René Descartes*(1662年)としてデカルトの死から12年後に出版された『人間論』(*Traite de I'Homme*)は,デカルトの「円熟期」を開示した.ここで,デカルトはガリレオの物理学を身体の特性の研究に適用し,あらゆる生理作用を運動する物体として説明しようとした.「考えてみてほしい(デカルトは『人間論』の終わりで述べる)(…)この機械が備えていると考えられるあらゆる機能は,(…)釣り合いおもりと歯車の配置からなる時計や他の自動機械の動きと寸分違わず(…),必然的に各器官の性質から得られる」(Descartes 1972: 113)

＊12 神は「人」に,それぞれの天職に天賦の才を与えた.ゆえに,われわれは予定された天職を解き明かすために,細心の自省が必要なのだ,というのがピューリタンの信条であった(Morgan 1966: 72-73: Weber 1958: 47ff).

＊13 ジョヴァンナ・フェラーリが明らかにしたように,16世紀ヨーロッパの解剖学研究が導入した主たる革新のひとつは,「解剖劇場」であった.解剖は公開の儀式として,劇場公演を仕切るのと同じ決まりのもとに開催された.

> イタリアでも外国でも,公開の解剖学講義は専用の場所で行われる儀礼化された式典として近代に発展した.演劇の公演と似ている点は,いくつかの特徴をわきまえれば直ちに明らかになる.講義は場面ごとに区切られ,入場は有料で,聴講者を楽しませるために音楽が演奏された.参加者のふるまいや「上演」する際に払うべき注意を定めるルールも導入された.W・S・ヘクシャーは,多くの一般的な劇場の技術はそもそも公開の解剖学講義を実施することを念頭において考案されたのだ,とさえ主張している(Ferrari 1987: 82-83).

＊14 マリオ・ガルツィーニャによれば,16世紀の解剖学がもたらした

＊7　1622年，トーマス・マンはジェームズ1世から経済危機の原因の調査を依頼された．彼はその報告書で，この国家的問題はイングランドの労働者の怠惰のせいであると結論した．とくに「喫煙，飲酒，飽食，流行り廃り，怠惰と快楽に時間を浪費するなど全般的な道徳的腐敗」に言及し，それが勤勉なオランダ人との商業上の競争でイングランドを不利な立場においたと考えた（Hill, 1975: 125）．

＊8　Wright（1960:80-83），Thomas（1971），Van Ussel（1971:25-92），Riley（1973: 19ff），Underdown（1985a: 7-72）．

＊9　下層階級（当時の隠語では「生まれの卑しい者」「下等な奴ら」）が支配階級に引き起こした恐怖がどれほどのものであったか，*Social England Illustrated*（1903）のなかで語られる以下の物語を通じてわかるだろう．1580年，フランシス・ヒチコックは「イングランドへの新年の贈り物」と題される小冊子のなかで，貧民を海軍に徴兵するという提案をした．「より貧しい者たちは，ともすれば反乱に加勢したり，この高貴な島を侵略しようとする者ならどんな輩にでも加わったりするような奴らである．（…）そういうわけで，金持ちの富のあるところに兵隊や軍艦に誘導するのに，貧民はぴったりなのである．それというのも，貧民は「ここにあるぞ」「あそこにあるぞ」「あいつが持っているぞ」と指で示し，多くの豊かな人びとに，その富ゆえに殺害されるという受難をもたらすからである」．しかしながらヒチコックの提案は挫折した．イングランドの貧民が海軍に徴兵されたら，彼らは船を乗っとり海賊になってしまうだろうと，反対されたのだ（*Social England Illustrated* 1903: 85-86）．

＊10　エリ・F・ヘクシャーによれば，「［ウィリアム・ペティ卿は］そのもっとも重要な理論的著書である『租税貢納論』（1662年）のなかで，あらゆる刑罰を強制労働に置き換えれば，「労働と公共の富を増すことになるだろう」と提案した」．「なぜ無一文の泥棒たちを死刑ではなく重労働で罰してはならないのだろうか？　奴隷となれば，低賃金でもよく働かざるをえず，その性質は我慢強くなり，コモンウェルスから1人奪われる代わりに2人の人間が加えられることになるだろう」（Hecksher 1963, II：297）．フランスでは，コルベールが裁判所に対

関心の対象であった．グランヴィルはデカルト的世界観を支持すると明言し，その著書『独断論の虚しさ』（1665 年）のなかで，存在物を他と識別して明確に叙述するのに適した言語の必要性を主張している（Glanvil 1970: xxvi - xxx）．S・メドカーフはグランヴィルの著作に付した序文でこう要約している．すなわち，デカルト的世界を表現するのに適した言語は数学とよく似て，優れた一般性と明瞭さをもつだろう．宇宙の姿をその論理的構造に沿って表すだろう．精神と物質，主観と客観を厳しく区別するだろう．そして「認識し，叙述する手法として隠喩を避けるであろう．なぜなら隠喩は，宇宙はすべて識別可能な存在体から構成されてはいない，したがって，それぞれを完全に明確に区別した用語では叙述しえないという仮定に拠って立つからである．（…）」（*ibid.*, xxx）．

＊4　マルクスはその「労働力の解放」という議論で男性労働者と女性労働者を区別していない．しかしながら，この過程を叙述するには男性形をとるしかない理由がある．女性は共有地《コモンズ》から「自由になった」が，賃金労働市場にいたる道には招かれなかった．

＊5　「労働によってパンを得なければならない．どんな害があるというのか？　怠惰はより大きな害悪である．私は自分の労働で生活していく」．これが，楽園を追われることを恐れるイヴに対するアダムの答えである（Milton 1667: 579）．

＊6　クリストファー・ヒルが指摘するように，15 世紀まで賃金労働は勝ち取った自由として考えられていた．人びとはまだ共有地の権利を有していたし，自分自身の土地も持っていたので，賃金だけに生活を依存していなかったからだ．だが 16 世紀までには，賃労働者は土地を奪われてしまった．そのうえ，雇主は賃金は補完的なものにすぎないと主張し，最低の水準に維持しつづけた．このため，賃労働は社会的階梯の最下段に落ちることを意味し，人びとはこれを避けるために必死になった（Hill,1975: 220-22）．17 世紀の時点では賃金労働はいまだに奴隷身分の一形態だと考えられており，レヴェラーズは賃金労働者には選挙権を与えなかった．そうした労働者は自分で代表者を選べるほど自立しているとは考えられなかったからである．

として知られるそれは，進行すると治癒は不可能であった．それほど重症でない場合は歯茎が腐食しむしばまれた（…）」（Cook 1981: 205-06）．

＊78 中絶したいと望めば，奴隷女性はアフリカ伝来の知識により確実にその方法を知っていたことをバーバラ・ブッシュ（Bush 1990）は指摘する（*ibid.*, 141）．

第3章

＊1 プロスペローは「新しい人間《ニュー・マン》」である．シェイクスピアは説教めいた調子でプロスペローの不運を，魔法の書物への過剰な関心のせいにしている．最後にはプロスペローは，より活動的な生のために魔法の本を捨てる．この先住民の王国で，彼は魔法ではなく臣下を支配することで力を得るだろう．だが亡命先の島でのプロスペローの活動は，すでに新しい世界秩序を予示している．そこでは力は魔法の杖ではなく，遠く離れた植民地の多くのキャリバンたちを奴隷化することによって獲得される．プロスペローによるキャリバンの搾取は，被支配者を働かせるためであれば拷問も肉体的虐待も辞さない未来のプランテーション農場主の役割を予示する．

＊2 「人はみな，自分自身に対するもっとも巨大な敵であり，いわば自分自身の死刑執行人である」とトーマス・ブラウンは書いている．パスカルも『パンセ』のなかでこう主張する．「人間のなかには理性と感情という内部の闘争がある．感情がなく理性だけであれば（…），理性がなく感情だけであれば（…）．だが理性と感情どちらとも有するがゆえに対立が起こらずにはいられない．（…）それゆえに，つねに人は分裂し，自分自身に対して抗しているのだ」（Pascal,1941，412: 130）．エリザベス朝文学における感情／理性の対立や，人間の「小宇宙」と「政体」の一致については，Tillyard（1961: 75-79, 94-99）を見よ．

＊3 言語の改革――ベーコンからロックまで，16，17世紀の哲学における重要なテーマであった――は，ジョゼフ・グランヴィルの主要な

ン農業，第三には，アジアとの香辛料，布その他をめぐる貿易があった．そして第四の要因は，アメリカ大陸におけるさまざまな生産事業や商取引からヨーロッパの各家庭に戻ってくる利益であった．（…）第五は奴隷売買である．こうした諸資源からの蓄積は膨大なものだった」（*ibid*., 38）．

＊74 エレン・フォーマン・クレインが引用するバミューダの事例がある．バミューダの白人女性のなかには奴隷所有者——通常，所有するのは女性奴隷——である者もおり，所有する奴隷の労働により，ある程度の経済的独立を維持することができたとクレインは述べる（Crane 1990: 231-258）．

＊75 「1549 年，人種的出自が，法的に認められた夫婦関係とともに相続権を定義する上での一要素となり，重大な変化が起きた．新たな法は，ムラート（黒人男性と先住民女性の子孫），メスティーソ，非嫡出子はみな，エンコミエンダにおいて先住民を所有してはならないと宣言した．（…）メスティーソと非嫡出子はほぼ同意義となった」と June Nash（1980）は書いている（*ibid*., 140）．

＊76 コヨータは，メスティーソ女性とインディアンの間に生まれた女性のことである（Behar 1987: 45）．

＊77 もっとも死の危険性の高い場所はワンカベリカのような水銀鉱山であった．そこでは，ゆるやかな被毒により何千人もの労働者がひどい苦痛のなかで死んでいった．デイヴィッド・ノーブル・クックが次のように書くとおりである．

「ワンカベリカ鉱山の労働者は直近の危険と長期の危険の両方にさらされていた．落盤，浸水，立て坑の滑落などにより，日々危険と隣り合わせだった．中期的な健康被害は，乏しい食事，地下房の不十分な換気，鉱山内とアンデスの希薄な空気との間にある激しい温度差によるものだった．（…）鉱山に長期間いる労働者は，おそらく最悪の運命に苦しむ．鉱石を砕く道具を用いると，粉塵と微粒子が空気に放出される．先住民はその粉塵を吸い込むが，それには 4 つの危険な物質が含まれていた．水銀蒸気，ヒ素，無水砒酸，硫化水銀である．長期の汚染は（…）死をもたらす．マル・デ・ラ・ミーナすなわち鉱山病長的権力の概念については，Pateman（1988），Eisenstein（1981），Sommerville（1995）を見よ．ソマヴィルは，女性に対する法的・哲学的姿勢において契約論がイングランドにもたらした変化を考察し，契約説信奉者は家父長制主義者と同じくらい女性の男性への従属を支持したが，異なる立場からそれを正当化したと論じる．少なくとも公式には「生まれながらの平等」「承認による統治」といった原則にのっとりながら，男性の優位性を擁護するために彼らは女性の「生来の劣等性」という説に訴えた．それによると，女性は自分の本質的な弱さと男性への必然的な依存を認識し，自分の財産，そして選挙権を夫に占有されることを承諾しているという．

＊70　Underdown（1985b: 116-136）；Mendelson and Crawford（1998: 69-71）を見よ．

＊71　16，17 世紀のヨーロッパで女性の諸権利が失われたことについては，（とくに）Wiesner（1993）を見よ．

「ローマ法の普及は近代初期の女性の市民としての法的地位に否定的な影響を与えた．法学者が女性についての見解をローマ法から採用したのに加え，そこから生まれた現行法をさらに厳しく施行したからであった」．

＊72　演劇やパンフレットに，この時期の裁判記録も加えて，アンダーダウンは次のように結論する．「1560 年から 1640 年の間，こうした記録は，家父長制に対する明らかな脅威である女性への強い懸念を暴露している．叱ったり隣人と喧嘩したりする女性，奉公に出ることを拒む独身女性，夫に対し威張り，殴る妻――こうした女性たちはみな，その直前，直後の時期にくらべてより頻繁に表面化しているように思われる．この時期，魔術の告発が頂点に達していたことも，見過ごすことはできないだろう」(Underdown 1985b: 119)．

＊73　Blaut（1992a）は，1492 年から数十年のうちに「成長率と変化率は劇的に速度を上げ，ヨーロッパは急速な発展の時代に突入した」と指摘する．次のように彼は書く．

「16 世紀の植民地の企業活動は，さまざまな方法で資本を生みだした．第一に，金と銀の発掘，第二には，主にブラジルでのプランテーショウィーズナーによって確証される.「ジュネーヴでは，たとえば，魔術の場合は122人中19人であったのに対し，1595年から1712年の間，嬰児殺で告発された31人の女性のうち25人が処刑された」(Wiesner 1993: 52). ヨーロッパではつい18世紀まで嬰児殺によって女性が処刑されていた.

＊61　このテーマについての興味深い論文はFletcher (1896) である.

＊62　「国家による中絶」という題名の1971年のイタリアのフェミニストの歌を参照した.

＊63　King (1991: 78). ドイツにおける売春宿の閉鎖については，Wiesner (1986: 194-209).

＊64　同業組合から女性が排除された場所・時期についての浩瀚な目録は，Herlihy (1995) を，またWiesner (1986: 174-85) も見よ.

＊65　Howell (1986: Chapter 8, 174-83). ハウウェルは次のように書く.「たとえば，この時期の喜劇や風刺では，市場の売り子や商人の女性は口やかましい存在として描かれた. そのような性格づけによって，市場生産において役割を引き受けていることについて彼女たちは嘲笑され，罵しられるのみならず，性的に過剰であるという非難にもさらされた」(*ibid*., 182).

＊66　トマス・ホッブズ，ジョン・ロックが定式化した17世紀の社会契約論についての緻密な批評のなかでキャロル・ペイトマンは，「社会契約」は，女性の身体とその労働を領有する男性の権利を認める，より根本的な「性的契約」にもとづくものであると論じている (Pateman 1988).

＊67　Karras (1996) は次のように書いている.「「共有の女性《コモン・ウォメン》」はすべての男性が利用できる女性のことを意味する. それは卑しい身分出身の者を意味し，侮蔑と称賛の両方の意で使われた「平民《コモン・マン》」とは異なり，反ジェントリー的なふるまいや，階級的連帯の意味はなにひとつもたなかった.

＊68　「移行」期における家族については，Stone (1977), Burguière and Lebrun (1996: Vol.2, 95ff).

＊69　17世紀の家父長主義の特徴，とくに社会契約論における家父

ラルキー的な概念であると指摘する．重商主義者がそれを用いるとき，彼らは富を生み出す社会的身体の側，すなわち実際の労働者もしくは潜在的労働者に関心をもっていたのだ．後者の「人口」という概念は原子論的なものである．「人口は，それ自体の法則と構造により抽象的な時空間に分布する，多数の画一的な原子から構成される」――と，カーティスは述べた．だが，これらふたつの観念の間には連続性があると私は考えている．重商主義の時代も自由主義的資本主義の時代も，人口という観念は労働力の再生産にとっては便利だったからだ．

＊59　重商主義の全盛期は 17 世紀後半，経済生活におけるその支配はウィリアム・ペティ（1623-1687），ルイ 14 世の財務大臣であったジャン＝バティスト・コルベールの名と結びつけられてきた．しかし，17 世紀後期の重商主義者は，16 世紀以降発展してきた理論を体系化し応用しただけであった．フランスのジャン・ボダンとイタリアのジョバンニ・ボテーロは重商主義的経済学者の元祖であると考えられる．重商主義的経済学理論についての最初の系統的論述は Thomas Mun（1622）に見られる．

＊60　嬰児殺に対する法制化についての議論は Riddle（1999: 163-66）；Wiesner（1993: 52-53），そして「嬰児殺は，社会の他のどの集団よりも独身の女性たちが犯す可能性の高い罪であった．17 世紀初頭の嬰児殺についての研究は，60 人の母親のうち，53 人は独身，6 人は寡婦であったことを示している」と書く Mendelson and Crawford（1998: 149）を見よ．また統計も，嬰児殺が魔術よりも頻繁に罰せられたことを示している．マーガレット・キングは次のように述べる．ニュルンベルクでは，「1578 年から 1615 年の間に 14 人の女性がその罪で処刑されたが，そのうち魔女であったのは 1 人だけだった．ルーアンの議会では 1580 年代から 1606 年，魔術と嬰児殺はほぼ同じくらい起訴されたが，嬰児殺のほうがより厳しい罰を与えられた．カルバン派のジュネーヴでは，魔術よりも嬰児殺による処刑のほうが割合が高いことを示す．1590 年から 1630 年，魔術の容疑では 30 人のうち 1 人のみだったことに比べ，嬰児殺で告訴された 11 人の女性のうち 9 人が処刑された」（King 1991:10）．こうした推定は次のように書くメリー・

（Marx 1909: 793）を見よ。フランスについてはフーコー『狂気の歴史』，とくに第2章「大いなる閉じ込め」を見よ．

＊56　ハケット・フィッシャーは17世紀におけるヨーロッパの人口減少を価格革命の社会的影響と結びつけるが（Fischer 1996: 91-92），ピーター・クリードは人口減少はマルサス主義と社会経済的な諸要因の両方が合わさって起きたと論じ，より複雑な全体像を描く．彼の見解では，人口減少は，16世紀初頭の人口増加と，地主が農業所得のより大きな部分を専有するようになったこと，この両方に対する反応であるという（Kriedte 1983: 63）．

人口減少と人口増加を奨励する国家政策の間のつながりについての私の議論を支える興味深い主張は，Duplessis（1997）のものである．17世紀の人口危機以後の回復は，ペスト以降よりもはるかに素早かったと彼は書いている．1348年のペスト流行の後，人口が再び増加しはじめるのには一世紀かかったが，17世紀には，人口成長プロセスは半世紀の間に再開した（*ibid.*, 143）．17世紀のヨーロッパでは出生率がはるかに高かったのは，避妊のあらゆる形態に対する猛烈な攻撃のせいである可能性をこの推計は示唆している．

＊57　「生権力」はフーコーがその著書『性の歴史 第1巻 知への意志』で，19世紀ヨーロッパにおける権威主義的な政治形態から，より脱中心化し，「生の権力の育成」を軸とした政治形態への移行を表すために用いた概念である．個人の身体を公衆衛生・性・刑罰的観点から管理すること，および人口成長と人口動態，そしてそれらの経済的領域への挿入についての，国家レベルでの関心の高まりを「生権力」は表している．この理論的枠組みによると，生権力の発生は，自由主義の発生と密接な関係があり，それは法的存在としての国家，そして君主制国家の終わりを告げた．

＊58　フーコーの「人口稠密」と「生権力」という概念についてのカナダの社会学者ブルース・カーティスの議論を念頭に置いて，私はこの区別をしている．カーティスは，16，17世紀に流行した「人口稠密」という概念を，19世紀に人口統計学という近代科学の基礎となった「人口」という観念と対比させる．彼は，「人口稠密」は，有機的・ヒエ

(Underdown 1985b).

＊52　Lis and Soly (1979: 92). 公的扶助の制度については，Geremek (1994), Chapter4: “The Reform of Charity” (99, 142-177) を見よ.

＊53　Moulier Boutang (1998: 291-93). 貧民救済は，土地の収奪と価格の上昇によってもたらされた困窮状態に対する応答というよりは，労働者の逃亡を防ぎ，それによって地方労働市場をつくるという意図にもとづく手段であったというムーリエ・ブータンの意見には，部分的にしか同意できない．すでに述べたように，ムーリエ・ブータンは女性がおかれた異なった状況については考慮していないため，立ち退きにあったプロレタリアートが持ちえた移動性の程度について強調しすぎる．さらに，公的支援が闘争の結果であったということを彼は控えめに扱うきらいがある．労働からの逃亡だけが闘争であったと考えるべきではなく，そこには襲撃，飢えた農村の人びとの群衆による町の侵略（16世紀中頃のフランスでもつづいた特徴），その他の攻撃の形態も含まれる．こうした背景におかれると，ケットの反乱の中心地であったノリッジかつその敗北の直後，貧民救済改革の中心と模範となったことは偶然ではない．

＊54　フランドルとスペインにおける貧民救済制度についてよく知っていたスペインの人道主義者フアン・ルイス・ビベスは，公的な慈善活動の主要な支援者の一人であった．その著書 *De Subvention Pauperum* (Vives 1526) で，「教会よりもむしろ世俗の権威者が貧民の救済に責任をもつべきである」と論じている (Geremek 1994: 187)．また「自堕落な者や，奇形の者，泥棒，怠け者は，反面教師となるように，もっともきつい仕事を与えられ，もっとも悪い支払いを受けるべきだ」(*ibid.*) と主張し，当局は健全な身体をもつ人びとのための仕事を見つけるべきであると強調した．

＊55　救貧院と矯正院の増加についての主要な研究は，Melossi and Pavarini (1981)．著者たちは，収監の大きな目的は，貧民の帰属意識と連帯を破壊することであったと指摘する．Geremek (1994: 206-229) も見よ．貧民を自分たちの教区に収監しようと仕組んだイングランドの経営者たちの政策については，マルクス『資本論』第1巻

の飢饉の間についての所感がある.

「広場，教会，家の入口で，道を来る人すべてに懇願する半分死にかけの怒り狂う群衆によって，嫌悪感と恐怖がもたらされるような生活は耐えがたい．加えて，群衆から発せられるひどい悪臭，そして絶えずつづく死にかけた人びとの光景（…）これは経験しない者には決してわからないことだろう」(Cipolla 1994: 129による引用).

＊48　16，17世紀のヨーロッパにおける抗議については，Kamen（1972），とくにその第10章“Popular Rebellion,1550-1660”（pp.331-385）を見よ．ケイメンが著すとおり，「1595～7年の危機は全ヨーロッパで起き，イングランド，フランス，オーストリア，フィンランド，ハンガリー，リトアニア，ウクライナに影響を与えた．おそらく，これほど多くの民衆反乱が同時に起こったのはヨーロッパ史上初めてのことであった」(p.336)．1595年，1620年，1647年にはナポリで反乱があった（ibid.,334-35,350,361-63)．スペインでは，1640年にカタルーニャで反乱が起き，1648年にグラナダ，1652年にコルドヴァとセヴィーリャで起きた．16，17世紀におけるイングランドの暴動と反乱についてはCornwall（1977）；Underdown（1985a)，それにManning（1988）を見よ．スペインとイタリアの暴動についてはBraudel (1976,Vol. II : 738-739）を見よ.

＊49　ヨーロッパの放浪者についてはBeier and Geremekの他に，Braudel（1966，Vol II : 739-743）；Kamen（1972: 390-394）を見よ.

＊50　価格革命の後，所有権に対する犯罪が増加したことについては，Evans（1996: 35）；Kamen（1972: 397-403）；Lis and Soly（1979）を見よ．リスとソリーによれば，「入手可能な証拠によると，エリザベス朝期とスチュワート朝初期，とくに1590年から1620年の間のイングランドで，犯罪率全体が事実著しく上昇したことが示唆されている」(*ibid*., 218).

＊51　イングランドでは，開放耕作地と共有地が失われるとともに消滅した集団を再生産するための社交の機会のなかに，田畑を祝福するための春の行進——田畑が囲い込まれると行われなくなった——があり，5月の初めに行われる五月柱のまわりを回るダンスもあった

みと価格革命によるヨーロッパの労働者階級の窮乏化については，Lis & Soly（1979: 72-79）を見よ．2人の著者が記すように，イングランドでは「1500年から1600年の間，穀物価格が6倍に上昇したが，賃金は3倍の上昇であった」．当然のことながら，労働者と小作人はフランシス・ベーコンにとって「家持ち乞食」以外の何者でもなかった．同じ頃フランスでは，小作人と賃金労働者の購買力は45パーセント減少した．「新カスティーリャでは（…）賃金労働と貧困は同じ意味だと考えられている」（*ibid*., 72-74）．

＊44　16世紀における売春の増加については，Roberts（1992）を見よ．

＊45　Manning（1988）；Fletcher（1973）；Cornwall（1977）；Beer（1982）；Bercé（1990）；Lombardini（1983）．

＊46　Kamen（1971），Bercé（1990: 169-179）；Underdown（1985a）．以下のようにデイヴィッド・アンダーダウンが記す通りである．

「女性の［食物］暴動参加者が果たした傑出した役割については多く書かれてきた．1608年のサウサンプトンでは，ロンドンに運ぶための穀物を積んだ船をどうするか皆が議論している間，女性の一団は議論を待つのを拒否して船に乗り込み，積み荷を奪取した．1622年のウェイマスでの事件でも女性は暴動に参加していたようである．1631年のドーチェスターでは，一団（その一部は救貧院の被収容者であった）がなかに小麦もあると勘違いして荷馬車を止め，そのうちの一人は，ある地元の商人について，彼がその土地でもっとも良質の果物や，バター，チーズ，小麦などを海の向こうへ運んでしまうと不満を訴えた」（Underdown 1985b: 117）．食物暴動における女性の存在については，以下の記述がある Mendelson and Crawford（1998）も見よ．著者らによれば「［イングランドでは］女性は穀物暴動で目立った役割を果たした」たとえば，「1629年，モールドンでは穀物が運び去られてしまうのを止めるため，100人を超える女性と子どもの群衆が船に乗り込んだ」．彼女たちは「アン・カーター隊長」によって率いられていた．後に彼女は抗議行動における指導的役割のために「裁判にかけられ，絞首刑にされた」（*ibid*., 385-86）．

＊47　同じような内容で，イタリアの都市ベルガモの医者による1630年

いと頼んでくる．私は彼によい牧草地か耕せるよい田畑をもっているか尋ねる．「はい，よい牧草地とよい畑を持っていますとも．両方で100ギルダーに値しますよ」と農民が答えると，私はこう返事する．「すばらしい!! その牧草地と畑を担保にすると誓いましょう．そして利子として1年に1ギルダー支払うことを約束してくれたら，20ギルダーのお金を貸しましょう」．この朗報を聞いて農民は答える，「喜んで約束します」と．「だが，利子を払えないときは，私はあなたの土地の所有権をとり，自分の資産とさせてもらうことは伝えねばなりません」と私は返答する．このことで農民は不安に思わず，すすんで自分の牧草地と畑を担保として与える．私は彼に金を貸し，彼は期限通り1年か2年ごとに利子を支払う．そして，凶作になるや，すぐに彼は支払いが滞る．私は彼の土地を没収し，彼を追い出し，そして牧草地と畑は私のものになる．農民だけでなく職人に対しても私はこのようにしている．熟練職人がよい家をもっていたら私はそれに相当する金額を貸し，やがてその家は私のものになる．このようにして，私は多くの資産と富を得たのだ．こういうわけで，私は自分の時間すべてを金を数えることに使っているのだ．

農民 高利貸しはユダヤ人だけがするものだと思ってましたよ！ キリスト教徒もするもんだといま知りました．

都市民 高利貸しだと？ だれが高利貸しについて話していたかね？ だれもここで高利貸しなんかしていない．借り主が支払っているのは利子だよ（Strauss 1971: 110-111）．

＊43 ドイツについて，ペーター・クリードは次のように書いている．

「［バイエルンの］アウクスブルクの建設労働者は，16世紀ではその年収で自分の妻と2人の子どもを十分に養うことができた．それ以降，その生活水準は下降しはじめた．1566年から1575年，そして1585年から30年戦争の勃発までの間，建設労働者の賃金ではもはやその家族を支えることができなくなった」（Kriedte 1983: 51-52）．囲い込

＊41　ペーター・クリードはこの時期の経済発展について次のように要約する．「危機により，収入と資産における格差が激しくなった．貧困化とプロレタリア化は増大する富の蓄積と並行していた．（…）ケンブリッジシャー州のチッペンハムに関する研究は，［16世紀末と17世紀初頭の］凶作により決定的な変化がもたらされたことを明らかにした．1544年と1712年の間に中規模の農地のほとんどが失われた．同時に，90エーカーあるいはそれ以上の地所の割合は3パーセントから14パーセントに上昇し，土地をもたない世帯は32パーセントから63パーセントに上昇した」（Kriedte 1983: 54-55）．

＊42　Wallerstein（1974: 83）；Le Roy Ladurie（1928-1929）．資本主義的企業家が金貸しに対して関心をふくらませたことが，15，16世紀におけるヨーロッパ諸国・諸都市からのユダヤ人の追放――パルマ（1488），ミラノ（1489），ジェノバ（1490），スペイン（1492），オーストリア（1496）――の，おそらく背後の動機であった．追放や虐殺は一世紀にわたってつづいた．1577年にルドルフ2世によってこの流れの向きが変えられるまで，西ヨーロッパのほとんどの場所でユダヤ人が住むことは違法であった．金貸しがもうかる事業だということがわかるやいなや，以前にはキリスト教徒にはふさわしくないと布告されていたこの活動は名誉回復した．このことは，以下の1521年頃ドイツで匿名で書かれた，ある農民と富裕な都市民の間で交わされた会話から明らかである．

農民　どのような用事で来たかって？　ただ，あなたがどのように時間を使っているのか知りたいんですよ．

都市民　どうやって時間を使っているかだって？　ここに座って金を数えているのさ．見えないかい？

農民　教えてほしいんだ，いったいだれが，あなたがそうやって自分の時間をそれを数えるだけに費やしているほどの金をくれるんだい？

都市民　だれが金をくれるか知りたいのかい？　教えてあげよう．ある農民が私の家のドアを叩き，10か20ギルダー貸してほし

82-139). 16世紀初頭における囲い込みに対する多くの暴動には，囲い込み，土地の集中，私園化に対する民衆の怒りを上層ジェントリーとの敵対に仕向けようとする下層ジェントリーがかかわっていた．だが1549年以降，「囲い込み紛争におけるジェントリーの指導は後退し，小土地所有者と職人，小作人が農村の抗議を指揮するようになった」（Manning 1988:312)．マニングは反囲い込み暴動の典型的な被害者は「外部者」であったと説明する．借地農とともに，金を使って土地もちのジェントリーの仲間入りをしようとした商人は，暴動によりとくに被害をこうむった．星室庁の判例では，新興土地所有者と借地農は75件の暴動中，24件で被害を受けている．これと密接に関連するカテゴリーは不在ジェントルマンであり，その被害は6件である（*ibid.*, 50)．

＊36　Manning（1988: 96-97; 114-116, 281）; Mendelson and Crawford（1998)．

＊37　反囲い込み暴動で女性の存在が大きかったのは，女性は「無法の存在」であり生垣を倒しても処罰を受けないという一般的な考えに影響を受けていた（Mendelson and Crawford 1998: 386-387)．しかし星室庁の裁判はこうした考え方を人びとから捨てさせるために力を尽くした．ジェームズ1世の魔術取締法制定の1年後である1605年，次のように判決を出した．「女性が不法侵入や暴動への参加，または別のことで違反した際や，女性，そしてその夫が訴えられたとき，そうした侵入行為や違反行為に夫の関与がなくても，夫は罰金と損害賠償を支払わなければならない」（Manning 1988:98)．

＊38　このテーマについては，とくにMies（1986）を見よ．

＊39　1600年までに，スペインの実質賃金は1511年に比べてその購買力の三割を失った（Hamilton 1965:280)．価格革命については，とくにまや古典的名著であるHamilton（1965）を見よ．アメリカのブリオン（地金）の影響についての研究である．そして，Fischer（1996)，これは中世から現在にいたるまでの価格上昇について研究している．とくに第2章（*ibid.*, 66-113)．そして，Ramsey（1971)．

＊40　Braudel（1966: Vol.I: 571-524)．

＊30　社会的結合の破壊については，Underdown（1985b）を見よ．とくに第3章では，新富裕層 からみずからを区別しようとする旧貴族の試みについても叙述している．

＊31　Kriedte（1983: 55）; Briggs（1998: 289-316）．

＊32　家内制工業は，荘園・農村工業の延長であった．商人資本家たちが，囲い込みによって解放された労働の巨大なプールから利益を得ようと，後者を再編成したのであった．都市から農村に生産の場を移行することによって，商人は高賃金と都市ギルドの力を避けようと目論んでいた．こういうわけで，下請け制度——商業資本家が農村世帯に紡いだり織ったりするための羊毛や綿，仕事用具を配り，完成した製品を集める制度——は生まれた．イギリスの産業発展における下請け制度と家内制工業の重要性は，資本主義的発展の最初の段階においてもっとも重要な部門である繊維産業全体がこうしたやり方で組織されたという事実から推測される．家内制工業は雇用者にとって2つの大きな利益があった．まずそれは，「徒党を組む」という危険を防いだ．そして，世帯を基盤とした労働編成は労働者に無料の家事サービスをもたらし，かつ助手という扱いで「補助的な」低賃金を支払われる子どもと妻の協力を得られたため，労働コストが安くなったのだ．

＊33　賃金労働は奴隷制と同じであるように考えられたため，レヴェラーズは賃金労働をする労働者を投票から除外した．そうした労働者が投票できるほど雇用者から十分に独立しているとは考えなかったのだ．「自由な個人がみずからを奴隷とするべきなのか？」と，エドマンド・スペンサーの『ハバードおばさんの話 Mother Hubbard's Tale』（Spencer 1591）の登場人物であるキツネは問うた．そして，ディガーズのリーダー，ジェラルド・ウィンスタンリーは，敵のもとであろうが兄弟のもとであろうが，賃金のために働いているのであればその生活には何ら変わりはないと宣言した．

＊34　Herzog（1989: 45-52）．放浪者についての文献は膨大にある．そのなかで本書のテーマにとってもっとも重要なのは，Beier（1974），そしてゲレメク『憐れみと縛り首』（Geremek 1994）である．

＊35　Fletcher（1973: 64-77）; Cornwall（1977: 137-241）; Beer（1982:

は，牧夫はそれぞれ自分の活動が他の牧夫にもたらす結果については考慮せず，最大限のものを獲得しようとするため，「最大の利益を追い求めて殺到するすべての人間の宿命とは，破滅である」（Baden and Noonan,eds.,1998:8-9）.

＊27 「近代化」論による囲い込みの擁護には長い歴史があるが，いまは新自由主義から新たなエネルギーを得ている．その主要な擁護者である世界銀行は，アフリカ，アジア，ラテンアメリカ，オセアニアの諸政府に対し，融資を受け取るための条件として共有地を私有化するよう要求している（World Bank 1989）．囲い込みから得られる生産性上昇についての典型的な擁護はハリエット・ブラッドリーに見られる（Bradley 1968）．最近では，Mingay（1977），Duplessis（1997: 65-70）の研究などを典型とする，より公正な「コスト／利益」アプローチで書かれた学術的文献もある．囲い込みをめぐる論争は，いまや学問分野の境界を超えてなされており，文学研究者の間でも議論がある．学際的研究の例では，Richard Burt and John Michael Archer, eds., *Enclosure Acts. Sexuality Property and Culture in Early Modern England*（1994）――とくに，James R Siemon, "Landlord Not King: Agrarian Change and Interarticulation", William C.Carroll, " 'The Nursery of Beggary' : Enclosure, Vagrancy and Sedition in the Tudor-Stuart Period" のエッセイである．ウィリアム・C・キャロルは，チューダー朝時代には，囲い込みを遂行する階級の代弁者が囲い込みの積極的な擁護と共有地《コモンズ》批判を行ったことも発見した．この言説によれば，囲い込みは民間事業を促進させ，農業生産性を向上させるが，一方，共有地《コモンズ》は「泥棒，ごろつき，乞食の苗床であり貯蔵所」であるとする（Carroll 1994: 37-38）.

＊28 De Vries（1976: 42-43）; Hoskins（1976: 11-12）.

＊29 共有地《コモンズ》は民衆の祝祭や娯楽，競技，集会といった集合的な活動の場でもあった．いったん囲い込みが行われると，村落共同体を特徴づけていたその社会性はひどく弱体化した．そうした状況で消えた儀式のなかには，「祈願節の巡回」があった．これは田畑でこの先の作物の加護を祈る年に一度の行進であったが，生垣が作られたことによってできなくなった（Underdown 1985a: 81）.

＊24　そもそも，「囲い込み」は「人間と動物の自由な通行を阻むために生け垣，溝，あるいは他の障害物で土地の一角を囲む」ことを意味した．「生け垣は排他的な土地所有権と土地専有のサインとなった．それゆえ，囲い込みによって，通常ある程度の共有地所有権をともなう共同の土地使用は廃止され，個人所有と専有に取って代わられた」（Slater 1968: 1-2）．15，16 世紀における共同体的な土地使用の廃止はさまざまな形をとった．法的なものとしては，（a）ある個人による，すべての不動産とそれに付属する共同の権利の購入，（b）王による囲い込みのための特別許可証の発行，もしくは議会による囲い込み法の承認，（c）大法官府の判決による地主と借地人の間の合意，（d）マートン法（1235）とウェストミンスター法（1285）の定めるところに従った荒蕪地の部分的囲い込み，を通してである．しかしながら，こうした「法的手法は借地人に対する暴力の行使，詐欺，脅迫をしばしば覆い隠すものとなった」とロジャー・マニングは記す（Manning 1988: 25）．「長期に及ぶ借地人に対する嫌がらせには，根拠の薄い法的条件のもとで行われる立ち退きの脅迫が組み合わされており，大規模な立ち退きを実行するために身体的暴力が行使された」と，E・D・フライドも述べている（Fryde 1996: 186）．トマス・モアの『ユートピア』（More 1516）は，「人そのものを食べつくし飲みこんでしまう」ほど，貪欲で荒々しくなった羊について語り，こうした大規模な排除が生み出した苦悶と荒廃を表現した．「田畑，家，町をそっくり消費し，破壊し，貪り食ってしまう羊」と，モアは言い添えている．

＊25　マイケル・ペレルマンは『資本主義の発明』（Perelman 2000）のなかで，「慣習上の権利」の重要性について，生存可能な貧困と完全な極貧状態の違いを指摘して，「慣習上の権利」のもつ生死を分ける決定的な意味を強調している（*ibid.*, 38ff）．

＊26　ギャレット・ハーディンによる「コモンズの悲劇についてのエッセイ」（Hardin 1968）は，1970 年代に土地の私有化を支えたイデオロギー的キャンペーンの支柱のひとつであった．人間行動を決定するホッブズ的エゴイズムという要因により，「悲劇」は必然であるというのがハーディンの見解である．ハーディンが仮想するコモンで

ントリーと「新興中流階層《ニュー・メン》」，とくに農民の想像のなかでは守銭奴の顔をしていた法律家と商人だった（Cornwall 1977: 22-28）．農民が怒りを爆発させた対象は，こうした「ニュー・メン」であることが多かった．イギリス宗教革命が生み出した，大規模な土地の移転における勝者と敗者についてのわかりやすい見取図は，Kriedte（1983: 60）の表15である．この表は，教会の手に落ちた土地の20～25パーセントがジェントリーの財産となったことを示す．以下はもっとも関係のある列である．

イングランドとウェールズの社会集団による土地の分配

	1436年*	1690年
大土地所有者	15-20	15-20
ジェントリー	25	45-50
ヨーマン / 自由保有権者	20	25-33
教会と王家	25-33	5月10日

［＊ウェールズを除く］

イングランドにおける宗教改革の土地保有に関する推移については，以下のクリストファー・ヒルの記述を見よ．
「大修道院を情け深い地主として理想化する必要はないが，新たな土地の買い手たちは賃貸期間を短くし，法外な地代をとり，借地人を追い出すという当時の申し立てにはいくらかの真実が認められる．ジョン・パーマーは，彼が追い出そうとしている借地権保有者たちにこう言った．「王の御心により，修道僧，修道士，修道女の家々は取り上げられた．次は，われわれジェントルマンが，かように哀れな卑しい者たちから家を取り上げるときではないか？」」（Hill 1958: 41）．

＊23　Midnight Notes（1990），また The Ecologist（1993）を見よ．また，「囲い込み」と「コモンズ」についての進行中の議論については，*The Commoner* のとくに n.2,（September 2001），n.3（January 2002）を見よ．

メーリアン（1630）も描いている．戦場の表象――兵士と市民の虐殺，火に包まれる村々，首をつられて並ぶ死体の描写は，枚挙にいとまがない．16，17世紀の絵画において，戦争は，表向きは神聖な主題を扱っている場合でもあらゆる表象に浸透していた主要なテーマであったといえるかもしれない．

マテウス・メーリアン『黙示録の四騎士』（1630年）

＊21　この結果は，宗教改革のふたつの精神を明らかにしている．民衆の精神とエリート層のそれであるが，両者はすぐさま互いに逆を向いて分裂した．改革の保守派が労働と富の蓄積の美徳を強調したのに対し，民衆側は「神の愛」，平等，そして共同体主義的な連帯によって営まれる社会を要求した．宗教改革の階級的側面については，Heller（1986），Po-Chia Hsia（1988a）を見よ．

＊22　Hoskins（1976: 121-123）．イングランドでは，宗教改革以前の教会は国の不動産の25～30パーセントを所有していた．このうち，ヘンリー8世は60パーセントを売却．財産没収によってもっとも利益を得，そしてさらに熱心に新たに得た土地を囲い込んだのは，旧貴族でも，生活を維持するために共有地を必要とした人びとでもなく，ジェ

たと感じるようになった」とブリックレは結論する（*ibid*., 181-82).

＊17 資本主義的発展が世界中にもたらした貧困の拡大について，フランスの人類学者クロード・メイヤスーは『家族制共同体の理論』のなかで，発展と貧困という矛盾は将来の資本主義の危機の兆しであると論じている.「結局のところ，帝国主義は――安い労働力を再生産する手段として――資本主義を重大な危機へと導いたのだ．というのも，世界にはまだ資本主義的雇用に直接取り込まれていない何百万もの人びとがいるにせよ，いったいどれだけの人が，資本主義がもたらした社会的混乱，飢饉そして戦争のせいで，生活手段を生産し，子どもを養うことができる状態にあるだろうか？」(Meillassoux 1975: 140)

＊18 「コロンブス交換」によって引き起こされた人口学的破局の程度はいまだに議論がつづいている．コロンブス到来後，最初の一世紀の間の南アメリカ・中央アメリカにおける人口減少について，その規模はさまざまであると推定されているが，現代の学術的意見は「アメリカ大陸におけるホロコースト」になぞらえることでほぼ一致している．アンドレ・グンダー・フランクはこのように書く.「わずか一世紀の間に，先住民の人口は90パーセントも減少した．メキシコ，ペルー，そして他の地域では95パーセントも失われた」(Frank 1978 : 43)．同様に，ノーブル・ディヴィッド・クックも次のように論じる.「おそらく，当時のペルー国境内には900万人が居住していた．ヨーロッパとの接触から1世紀後，ヨーロッパ人がアンデス社会を侵略したときには，その住民はおおよそ10分の1しか残っていなかった」(Cook 1981:116).

＊19 近代初期のヨーロッパに戦争状態がもたらした変化については，Cunningham and Grell (2000: 95-102) ; Kaltner (1998) を見よ．カニンガムとグレルは次のように書いている.「1490年代には大きな軍隊とは2万人から構成されていたが，1550年代までにはその2倍となり，30年戦争の終わりが近づく頃には，ヨーロッパ諸国家は15万人近い野戦軍を有していただろう」(Cummingham and Grell 2000 : 95).

＊20 『黙示録の四騎士』はアルブレヒト・デューラーの版画だけに登場したのではない．ルーカス・クラナッハ（父）(1522)，マテウス・

17 世紀初頭のドイツの版画．アナバプティストの財を共有する共同的な信仰を非難している．

つづけた．「彼らは怒鳴るだけで何も私にもたらさない」と，シュッセンリートのある大修道院長は自分の土地で働く人びとのことについて不満をもらした（Blickle 1985: 172）．オーバーシュヴァーベンでは，農奴制は廃止されていなかったにもかかわらず，農民たちのもつ不満のなかでもとくに相続と結婚の権利に関するものは，1526 年のメミンゲン条約で認められた．「オーバーラインでも，農民側が賛同する和解に達した地域もあった」（*ibid.*,172-174）．スイスでは，ベルンとチューリヒで農奴制が廃止された．ティロールとザルツブルクでは「平民《コモン・マン》」の状況の改善について交渉された（*ibid.*, 176-179）．だが「革命の真の子ども」は，1525 年以降オーバーシュヴァーベンで設立された地域集会であり，19 世紀まで残る自治制度の基礎となった．新しい地域集会は，「貴族，聖職者，そして町民に並び，平民も領土の一員となるべきであるという 1525 年の諸要求のひとつを弱めたかたち（となって）」その後生まれた．「この目標が勝ち取られるか否かいずれにせよ，領主が政治的勝利とともに軍事的征服を果たしたとはとてもいえない．諸侯はまだ平民との合意に縛られていたからだ．絶対主義国家が形成されつつある時期になって初めて，諸侯は合意から解放されの幾人かは農民の闘争に参加するために工房を閉じた．（…）福音主義的清貧，財産の共同所有，富の再分配といった諸原則に着想を得て，下絵を描いた．（…）その信念に賛同し武器をとることもあった．1525年5月〜6月の軍事的敗北以降，勝者が敗者に対して容赦なく適用した刑に苦しめられた膨大な人びとのなかには，著名な名前も含まれていた．そのなかには，プフォルツハイム（シュトゥットガルト）で四つ裂きの刑にされたイェルク・ラートゲーブ，絞首刑を受けたフィリップ・ディートマン，両手を砕かれたティルマン・リーメンシュナイダー——どちらもヴュルツブルクで——，自分が働いていたマインツの裁判所から追い出されたマティアス・グリューネヴァルトがいる．ホルバイン（子）はこの出来事にさいなまされ，宗教紛争により分裂したバーゼルから逃亡した」．

スイス，オーストリア，ティロールの芸術家も農民戦争に参加したが，そのなかにはルーカス・クラナッハ（クラナッハ・父）のような著名人や，数えきれないほどの有名ではない画家，彫刻家も含まれた（*ibid*., 7）．芸術家たちが農民の大義に深い感銘を受けて参加したことは，16世紀当時，ドイツ芸術で農村の生活を描くテーマ——ダンスをする農民，動物，草花——が再評価されるようになったことにも表れている，とテアは指摘する（*ibid*., 12-18, 73,79,80）．「田舎は生き生きと活気に満ちたものになった（…）［それは］描かれるのに値する個性を蜂起のなかで得たのだった」（*ibid*,.155）．

＊15　16，17世紀の間，ヨーロッパの各国政府は，農民戦争とアナバプティスト派を歪曲したものを通して社会的抗議のあらゆる形態を解釈し，抑圧した．アナバプティスト派の革命の残響は，エリザベス朝イングランドとフランスでも響いており，そのため既存の権力に対するいかなる異議申し立ても，最大限の警戒と苛酷な対応を引き起こしたのだった．「アナバプティスト派」は不名誉と犯罪意思を暗示する呪われた言葉となった——1950年代のアメリカにおける「共産主義者」，もしくは今日の「テロリスト」のように．

＊16　後背地の都市国家のなかには，村の権威と特権が維持されたところもあった．多くの領域国家で，農民は手数料，税，賦役労働を拒否し

つの経済的な潜勢力なのである」というマルクスの文章を繰り返そう（1909：824）．はるかに説得力に欠けるのは，これにつづく「暴力は古い社会が新しい社会をはらんだときにはいつでもその助産師になる」というマルクスの見解である．まず，助産師は世界に命をもたらすのであって，破壊ではない．またこの隠喩により，資本主義は封建的世界の内部で懐胎した諸勢力から「発展した」と示唆される．こうした考え方は，本源的蓄積についての議論のなかでマルクス自身が異議を唱えたものである．さらに，暴力を助産師の生み出す力と比較することにより，資本蓄積の過程とは必然的で不可避であり，最終的には進歩であると示唆しながら，無害さを装うヴェールで覆い隠してしまうのだ．

＊11　ヨーロッパで奴隷制が廃止されたことはなく，主に女性家内奴隷としてひそかにつづいていた．しかし，15世紀末には，ポルトガルによってアフリカからの奴隷貿易が再開された．16世紀を通じてイングランドで奴隷制を継続させようとした試みは，結果として（公的救済の導入後）救貧院と矯正院の創設——ヨーロッパではイングランドが先駆者であった——をもたらした．

＊12　この点については，Amin（1974）を見よ．16，17世紀にも（そしてそれ以降も）ヨーロッパに奴隷制が存在していたことを強調することは重要だ．この事実はヨーロッパの歴史家から「忘却」されがちなのだから．サルヴァトーレ・ボーノによると，この自己誘導的な忘却状態は「アフリカ争奪」の産物であった．アフリカ侵略はアフリカ大陸の奴隷制を消滅させるという使命として正当化されていた．民主主義の発祥地と思われているヨーロッパにおいて奴隷が雇われていたという事実を，ヨーロッパのエリート層は認めることができないと，ボーノは論じる．

＊13　次を参照せよ．Wallerstein（1974: 90-95）；Kriedte（1983: 69-70）．

＊14　パオロ・テア（Thea 1998）は，農民側についたドイツの芸術家の歴史の再構成に積極的にたずさわってきた．

「プロテスタント宗教改革の間，16世紀でもっともすぐれた芸術家めるために，スミスの想像上の「先行的」蓄積を却下したのだった」（Perelman 2000:25-26）．

＊7 「本源的蓄積」の歴史的次元と理論的次元との間の関係，また今日の政治運動とのかかわりについては，以下を見よ．Massimo De Angelis, "Marx and Primitive Accumulation. The Continuous Character of Capital 'Enclosures'." In *The Commoner*: www.commoner.org.uk. Fredy Perlman, *The Continuing Appeal of Nationalism*. Detroit: Black and Red, 1985; Mitchel Cohen, "Fredy Perlman: Out in Front of a Dozen Dead Oceans"（Unpublished manuscript, 1998）.

＊8 エンコミエンダ，ミタ，クァテキル制度についての説明は，Gunder Frank（1978）；Stern（1982）そして Clendinnen（1987）を参照せよ．グンダー・フランクが説明するように，エンコミエンダ制は，「先住民コミュニティの労働への権利がスペイン人地主に与えられた制度」であった．

しかし 1548 年にスペイン人は「エンコミエンダ制をレパルティミエント（メキシコではクァテキル，ペルーではミタと呼ばれた）に置き換えはじめた．それは，先住民コミュニティの首長に，スペイン人の労働分配審判に毎月一定の日数を供給することを求める制度であった．（…）そして，スペイン人の役人は，今度はこの労働供給を，資格を与えられた野心的な労働請負人へふり分けた．こうした請負人は一定の最低賃金を労働者に支払うはずであった」（Gunder Frank 1978: 45）．メキシコとペルーにおける，植民地化のさまざまな段階で労働者を拘束しようとしたスペイン人の企図と，それが先住民に対する壊滅的打撃に与えた影響については，Gunder Frank（*ibid.*,43-49）を見よ．

＊9 「再版農奴制」についての議論は，Wallerstein（1974），Kamen（1972）を見よ．ここでは，新たに奴隷的な扱いを受けることとなった農民は，いまや国際穀物市場のために生産していたということを強調することが重要だ．言いかえれば，強いられた労働関係の後進的な特徴にもかかわらず，新たな体制の下では，新たな農奴たちは発展する資本主義経済と国際分業にとって不可欠な一部であったのだ．

＊10 ここでは，『資本論』第 1 巻に出てくる「暴力はそれ自体がひと

＊3　イングランドでは実質賃金の上昇と価格の下落については，North and Thomas（1973 : 74）を，フィレンツェの賃金については，Cipolla（1994: 206）を，イングランドにおける産出価値の下落についてはBritnel（1993: 156-71）を見よ．ヨーロッパの多くの国での農業生産の停滞については，Slicher Van Bath（1963 : 160-70）を参照せよ．「農村経済と産業経済の縮小については，おそらく支配階級がまっさきに感じとっただろう．（…）封建領主の収入と工業利益率・商業利益率は下落しはじめた．（…）都市での反乱は工業生産を混乱させ，農村での反乱は地代支払いに対する農民の抵抗を強めた．よって，地代と利益率はさらに下がった」と，ロドニー・ヒルトンはこの時期を理解する（Hilton 1985: 240-41）．

＊4　モーリス・ドッブと資本主義への移行についてのその議論については，Harvey J.Kaye, *The British Marxist Historians*（New York: St. Martin's Press, 1984），23-69 を見よ．

＊5　「本源的蓄積」というマルクスの概念についての批判者は，Amin（1974），Mies（1986）を含む．サミール・アミンはマルクスのヨーロッパ中心主義に焦点を当て，ミースは女性の搾取についてのマルクスの無知を強調する．その他の批評では，Moulier Boutang（1998）がある．ヨーロッパの支配階級の目的は，不必要な労働力からみずからを解放するためであったという印象を生んだとしてマルクスを批判している．状況は逆であり，つまり，土地収奪は労働者を仕事に固定することが目的だったのであり，移動性を促進するためではなかったと，ムーリエ・ブータンは強調する．ムーリエ・ブータンの主張によれば，資本主義とはつねに，第一に，労働力の逃亡を防ぐことに関心をもってきたのだ．

＊6　マイケル・ペレルマンが指摘するとおり，「本源的蓄積」という用語は実際には，アダム・スミスによってつくられ，彼の使い方が非歴史的であったためにマルクスによって否定されたのである．「スミスとの違いを際立たせるために，マルクスは本源的蓄積の研究に力をそそいだ『資本論』第1巻の最終部分の章に，軽蔑的に「いわゆる」と前置きしている．基本的に，マルクスは実際の歴史的経験に関心を集

立ち，その軍事的専門知識を役立て，さまざまな理由で反乱者を攻撃することを拒んだ．ある例では，自分たちもまた農民出身であり，平和な時期には農民によって生活を支えられていると主張して，反乱者に対する攻撃を拒否した．もはやランツクネヒトは信用できないということが明らかになると，ドイツ諸侯は農民の抵抗を鎮圧するために，より辺境の地域から集められたシュヴァーベン軍を動員した．ランツクネヒトとその農民戦争への参加の歴史については，ラインハルト・バウマンの *I Lanzichenecchi*（Baumann 1996: 237-256）を参照せよ．

＊2 アナバプティスト派は政治的に，「宗教改革が引き金となった中世後期の社会運動と新たな反聖職者運動」の融合を表現していた．中世の異端のように，経済的個人主義と拝金主義を非難し，キリスト教コミュナリズムの形態を支持した．農民戦争のすぐ後につづいて起こったアナバプティスト派によるミュンスターの奪取は，フランクフルトからケルン，そしてドイツ北部の他の都市まで混乱と都市蜂起が広まったときに起こった．1531 年，同業組合がミュンスターの支配権を得，そこを新エルサレムと名づけて，オランダのアナバプティスト派の移民の影響のもとで財の共有にもとづく共同体主義的な政府を置いた．夏伯嘉《シャー・ポチャ》の記述のとおり，新エルサレムの記録は破壊され，その物語は敵によってしか語られてこなかった．よって，物語られてきたとおりにこの出来事が展開したと考えてはならない．手に入る記録によれば，当初，女性はその町でかなりの自由を享受していた．「たとえば，疑い深い夫と離婚することができ，新たな結婚をすることもできた」．改革政府によって 1534 年に一夫多妻制の導入が決定されたことにより，状況は一変した．それは女性の「激しい抵抗」を引き起こし，おそらく投獄，さらに死刑によって抑圧されたと思われる（Po-Chia Hsia 1988a: 58-59）．なぜこの決定が下されたかについては明らかではない．しかし，「移行」に際し，女性に関して職人が演じた役割を考えると，この出来事はさらなる調査を行うに値するものであろう．実際，各国で，賃金が支払われる職場から職人が女性を排除する運動を行ってきたこと，また魔女の迫害に職人が反対したことを示すものはいっさいないことをわれわれは知っている．

14 世紀末と 15 世紀初頭のルッカ，ヴェネツィア，シエナで，ホモセクシュアリティの広まりと人口減少および公共の売春宿への支援，これら両者の間にはよく似た相関関係がみられることをトレクスラーは指摘する．そして最終的には反感を引き起こすことになる娼婦の増加とその社会的勢力の強まりについても指摘する．だから一方で，

> 15 世紀初頭，［フィレンツェの］説教師と政治家は，女性と男性が同じにみえるような町はどこであろうと長く存続するようなことはないと深く信じていた（…）もしそうした町が存続したならば，［上流］一世紀後には，階級の女性と売春宿の娼婦とを見分けることができなくなるのではないかと彼らは考えていた（*ibid.*, 65）．

＊33　政治生活の民主化が他のどのヨーロッパ地域よりもはるかに前進していたトスカーナでは，15 世紀後半までにこうした傾向の逆転と貴族階級の復権があった．この傾向は下層階級の台頭を食い止めようと重商主義ブルジョアジーによって促進された．この時期までに，結婚と特権の共有を手段として，商人と貴族の家族の間に有機的な連合が形成されていた．これが中世トスカーナの都市社会と共同生活の大きな達成であった社会的流動性に終止符を打った（Luzzati 1981: 187,206）．

第 2 章

＊1　この革命を担った者たちのなかには多くの職人，鉱夫，知識人が含まれていたため，ペーター・ブリックレは「農民戦争」という理解の仕方については異論を唱える．農民戦争は，農民が提出した 12 カ条の「要求」が表す理念的洗練と強力な軍事組織を結合させた．12 カ条「要求」は，奴隷身分の拒否，10 分の 1 税の軽減，密猟禁止法の廃止，伐木の権利の確約，賦役労働の軽減，地代の削減，共有地を使う権利の保証，死亡税の廃止を含んだ（Blickle 1985 : 195-201）．反乱者が示した並はずれた軍事力は，ある程度はランツクネヒト――有名なスイスの軍人．当時のヨーロッパにおける精鋭の傭兵軍団だった――を含む職業軍人が参加したおかげだった．ランツクネヒトは農民の先頭に

税を課せられた．それははじめの頃はそれほど幅広くは適用されていなかった（Hilton 1973: 117-18）．これら新たな税と放棄された土地の使用をめぐって引き起こされた争いが，長引く地域戦争の原因であり，その最中ではカタルーニャの農民は3世帯につき1人の男を兵士に徴用した．また，農民は宣誓同盟によって絆を強め，農民集会で決定し，地主を脅かすために十字架や他の脅しの印を畑一面に立てた．戦いの最後の局面では，地代の廃止と農民の財産所有権の確立を要求した（*ibid.*, 120-21;133）．

＊32 したがって，公営の売春宿の拡大はホモセクシュアル撲滅運動をともなっていたのだが，その運動はホモセクシュアリティが「年齢，婚姻状態，社会階級にかかわらずあらゆる男性を魅了し」社会構成要素の重要な一部分をしめていたフィレンツェにまで広がった．「フィレンツェではホモセクシュアリティが一般化していたため，娼婦は客を引き寄せるために男性の衣服を着ていたほどだった．フィレンツェにおける変化の徴候は，1403年に当局が導入したふたつの戦略，すなわち市が公共機関での「男色」を禁止し，ホモセクシュアリティの撲滅に専念する監視委員会「良識委員会」を設立したときのことである．だが，重要な措置は，1418年まで新たな公営売春宿を開く準備をしていたことである．市当局は「町から，地方から」男色を根絶するための手段をいまだに探し求めていたということだ（Rocke 1997:30-32,35）．フィレンツェ行政が，人口減少と「男色」への治療法として公的に資金提供された売春を推奨していたことについてはリチャード・C.トレクスラー（Trexler 1993）を参照せよ．

> 15世紀の他のイタリアの都市のように，フィレンツェは，他とは比較にならない多大な道徳的・社会的重要性をもつふたつの悪とたたかうために，公式に売春を後援した．すなわち，男性のホモセクシュアリティ——その行為は両性の違いあいまいにすると考えられ，そのためあらゆる差異と礼節があいまいになると考えられた——と婚姻の減少を原因とする嫡出子人口の減少である（*ibid.*, 32）．

こと，体刑は罰金に取って代えることを要求した．8月の第一週，市民軍が組織され，3つの新たな同業組合がつくられ，そして初めてチョンピが参加する選挙の準備が進められた．しかしながら，その新しい統治は1カ月もつづかなかった．羊毛産業の有力者らがロックアウトを行い，飢えのため弱体化させられたのだ．チョンピの敗北の後，多くが逮捕され，絞首刑や斬首刑に処せられた．そしてさらに多くの人びとが町から集団で脱出した．それはフィレンツェの羊毛産業の衰退のはじまりであった（Rodolico 1971: passim）．

＊29　ペスト流行の直後から，ヨーロッパ諸国はみな怠惰を非難するようになり，放浪，物乞い，労働の拒否を迫害するようになった．イングランドはいち早く1349年に，高賃金と怠惰を非難し，働かない人びと，生存の手段をもたない人びとに労働を受け入れさせる法律を制定した．フランスでは1351年に同様の条例が出され，健康な物乞いと放浪者には食べ物や宿を提供してはならないと勧告した．さらに1354年，変わらず怠惰なままで，酒場で時間を費やし，サイコロで遊んだり，物乞いをしたりしている者は労働させるか，初犯者は投獄されそこでパンと水だけ与えられ，2回目の違反者は足かせをはめられさらし者となり，3回目の違反者は額に焼印を押されるという報いを受けさせる条例が制定された．フランスの立法措置には，放浪者に対する近代的な取り組みの一部となる新しい要素がみられた．すなわち強制労働である．カスティリャでは，私人が放浪者を逮捕でき賃金を支払うことなしに1カ月雇うことができるという条例が1387年に導入された．

＊30「労働者のデモクラシー」という概念を政権という形態に適用するのは本末転倒のように思える．しかし，アメリカ合州国という，民主主義国家とみられがちだが産業労働者が大統領になったことなどかつてない国では，政府の最高機関はすべて経済的エリート層からの代表者で成っているということを考えるべきだ．

＊31　レメンサとは，カタルーニャの農奴が自分の小作地から離れるために支払わねばならなかった受け戻し税である．ペスト以後，レメンサを課せられていた農民は，さらに「五つの悪習として知られた新たな

それらは「12 世紀に教会の統治と規律統制にとっての効果的な手段へと変容した」教会法に組み込まれたということだった．教会と平信徒どちらも，明確な罰をともなった法の要求は，聴罪司祭が提案する悔悛とは異なったステイタスにあることを認識していた．この時期，人と人の間のもっとも密接な関係は，法律家と刑罰学者の管轄となった（*ibid*., 578）．

＊27　ベギン派と異端との関係は明らかではない．ジャック・ド・ヴィトリ——「教会組織の重要人物」とキャロル・ニールは呼ぶ——のような当時の人びとのなかには，異端に代わりうるものとしてベギン派の取り組みを支持する者もいたが，ベギン派は「最終的に 1312 年のヴィエンヌ公会議で異端の容疑をかけられ弾劾された．おそらくそれは男性の支配から逃れた女性に対する聖職者の不寛容からくるものだった」「教会の非難により消滅させられ」，その後ベギン派は姿を消した（Neel 1989: 324-27, 329, 333, 339）．

＊28　チョンピとは，羊毛を使用できる状態にするために洗い，梳き，油を塗る人びとのことで，非熟練労働者とみなされ，その社会地位は最下位であった．「チョンピ」は汚れた貧しい身なりという意味をもつ軽蔑的な用語であるが，おそらく「チョンピ」が半裸で働きつねに油と染料で汚れていたという事実によるものだ．その反乱は 1382 年 7 月に，チョンピの一人であるシモンチーノが逮捕され拷問された知らせをきっかけに起こった．どうやらシモンチーノは拷問により，チョンピは秘密の集会を開き，そこで互いに口にキスをし，雇主の虐待から互いを守ることを約束したということを漏らしたらしい．シモンチーノの逮捕を知ったチョンピたちは羊毛業ギルド《パラッツォ・デッラルテ》の集会所へ駆けつけ，自分たちの仲間を解放するよう要求した．シモンチーノの解放が保証された後，チョンピはギルド集会所を占拠し，ポンテ・ヴェッキオを巡回し，集会所の窓から「下級ギルド」の記章をつるした．また，そこで自分たちのために作られた首つり縄が満載された部屋が見つかったと主張し，市役所をも占拠した．一見，主導権を握ったチョンピは請願書を提出し，行政の一部を担うこと，今後は借金の未返済により手を切断されることはないこと，金持ちがより多くの税を支払う

ように説き，裕福な人びとをののしり，王を嫌い，年寄りをあざけり，大貴族を非難し，こうした王に仕える人びとを神の目からすれば堕落したものとみなし，領主のために働くことをすべての農奴に禁じた」．異端はバルカン地域の農民に対して驚くほど大きな影響を長期にわたって与えた．「ボゴミール派は人びとの言葉で説教したので，その真意は人びとに理解された（…）ゆるやかな組織，悪の問題についての魅力的な解決法，そして社会的抗議への深い関与により，ボゴミール派の活動は実際のところ不滅であった」（Browning 1975: 164-66）．異端へのボゴミール派の影響は，13世紀に一般化した「男色《バ》，肛門性交《ジェリー》」という語の使用に見ることができる．この話は，最初は異端を意味し，後にはホモセクシュアリティの意味をほのめかした（Bullough 1976:76ff）．

＊25　教会が聖職者の結婚と内縁関係を禁止した動機には，世評を取り戻すことよりも，教会財産の相続による再分割の危機を回避したいという欲求と，聖職者の業務に司祭の妻が過度に干渉することへの恐れが大きかった（McNamara and Wemple 1988: 93-95）．第2回ラテラノ公会議の決定は前世紀から導入されていたが，あからさまな抵抗にあって順守されてはこなかった解決策を強化したものであった．これに対する抗議は1061年に，対立教皇としてパルマ司教ホノリウス2世の選出をもたらし，それにつづいてホノリウス2世の，失敗に終わったローマ占領のもくろみ，すなわち「組織化された反乱」により頂点に達した（Taylor 1954: 35）．1123年のラテラノ公会議は聖職者の結婚を禁止しただけでなく，現行の所帯を無効であると宣言し，聖職者の家族，とりわけ妻と子どもたちをみな恐怖と極貧状態におとしいれた（Brundage 1987:214,216-17）．

＊26　12世紀の改革教会法は四旬節のうち，復活祭《イースター》，聖霊降臨祭《ペンテコステ》，キリスト降誕祭《クリスマス》に関連する三つの時期，毎週日曜日，聖体拝領を受ける前の祝日，結婚初夜，妻の月経・妊娠・授乳期間，そして罪の償いをしている間は性行為を避けるよう夫婦に命じた（Brundage 1987: 198-99）．こうした制約は新しいことではなく，多くの告解規定書にもりこまれた聖職者の見解の再確認であった．新しかったのは，いまや

＊22 これらの言葉――歴史家R・B・ドブソンによれば「英語史上もっとも感動的な社会平等を求める嘆願」――は実際には，イギリス農民戦争の断固たる敵対者であった当時のフランス人年代記作家ジャン・フロワサールによって，ジョン・ボールに罪を負わせ彼を愚か者のようにみせるために帰せられた．ジョン・ボールが何度も唱えたといわれる説教の最初の一文は次の通りである（バーナーズ卿による16世紀の翻訳による）．「嗚呼，汝ら善き人びとよ，あらゆるものが共有になるまでは，そして農奴もジェントルマンもなくわれわれがひとつに結束し，領主がわれわれ同様支配者でなくなるまでは，イングランドでは事態は決してよくならないだろう」（Dobson 1983: 371）．

＊23 1210年までに教会は，死刑廃止の要求を異端の「誤り」だとし，それをワルドー派とカタリ派のせいにした．教会にとっての敵対者はみな廃止論者だという思い込みが非常に強かったため，教会への服従を願う異端者はみな，「世俗の権力は，憎しみからではなく公正に，性急にではなく慎重に罰を下すのならば，大罪ではなくとも，血の判決を下すことができる」ことを支持せざるをえなかった（Mergivern 1997:101）

J・J・マーギヴァーンの指摘のとおり，異端運動はこの問題について倫理的に高次の次元に達し，それによって皮肉なことに「正統派」はこの非常に問題ある慣行を守らざるをえなくなった．

＊24 カタリ派へのボゴミール派の影響の証拠として，「西欧のカタリ派がボゴミール派から引き継いだ」ふたつの著述がある．ウェイクフィールドとエヴァンスのカタリ派文献の論で引用されている『イザヤ書の展望と秘密の晩餐』である（Wakefield and Evans 1991 : 447-465）．

ボゴミール派の東方教会との関係は，すなわちカタリ派と西方［ローマ）教会とのそれであった．マニ教的二元論と反 - 人口増加主義の他に，ビザンツ［東方教会］の権力者はボゴミール派の「ラディカルなアナーキズム」――市民的不服従，階級への憎悪――に危機感を募らせていた．司祭コズマはボゴミール派に反駁する訓戒のなかで次のように書いた．「彼らは自分たちの信徒にその主人に従わない聖歌を聴いて」戦闘開始以前にすでに十字軍が戦場から逃げ出したのだ（*ibid*.）.

結局，タボル派を壊滅させたのは教会とフス派の穏健派との間でなされた交渉であった．聖職者外交官は巧妙にカリックス派とタボル派の間の亀裂を深めた．そして，またもやフス派に対する十字軍が開始されると，カリックス派はヴァティカンに雇われたカトリックの有力者のもとへ合流し，1434年5月30日のリパンの戦いにおいてその兄弟を根絶した．その日，1万3000人以上のタボル派の人びとが戦場で死んだ．

あらゆる異端運動においてそうであるように，タボル派の運動では女性が非常に活動的だった．1420年のプラハでの戦いでは1500人のタボル派の女性が長い塹壕を掘り，そこを石と熊手で守り，多くが戦った（Demetz 1997）.

1413年，ライン川のゴットリーベンで殉教するヤン・フス．その死後，遺灰は川に流された．

H・C・リーの『中世の異端審問』(Lea 1961 523-40) のなかでより全体的に語られており，それを読むとタボル派の人びととは階級内に貴族もジェントルマンもいないことを望む農民と貧しい民衆であり，共和制的な傾向があることがわかる．プラハのフス派が初めて攻撃を受けた1419年にタボル山へ移動したことから，彼らはタボル派と呼ばれた．そこでタボル派は新たな町をつくり，その町はドイツ人貴族への抵抗拠点と共産主義の経験の中心地となった．プラハから到着すると，大きな収納箱が置かれ，各自彼／彼女の所有物をしまうよう求められた．こうしてすべてのものは共有で保管された．おそらくこの集産的な取り決めは長続きしなかったが，その精神はその後も長く生きつづけた (Demetz 1997: 152-57)．タボル派はより穏健なカリックス派とは自分たちを区別した．カリックス派はボヘミアの独立と没収された自分たちの財産の保有をその方針に含んだからである (Lea 1961: 53)．しかし彼らも外国の敵を目前にフス派の運動を結束するという4つの教義の条文には合意した．

Ⅰ．聖書についての自由な説教
Ⅱ．(葡萄酒とパン両方での) 聖餐
Ⅲ．現世での所有に対する聖職者の支配を廃し，キリストと十二使徒の福音主義的な生活へ回帰すること
Ⅳ．人物・状況の例外なく，神の法に違反する者はみな罰すること

結束は大いに必要であった．フス派の反乱を撲滅するために，1421年に教会は15万人の軍隊をタボル派とカリックス派に対して送り込んだのだ．「5回」とリーは書く．「1421年の間に5回，十字軍がボヘミアに進攻し，5回とも撃退された」．その2年後のシエナの公会議で，ボヘミアの異端者を軍事的に敗北させられないならば，封鎖により孤立化させ兵糧攻めにすべきだと教会は決めた．だが，それもまた失敗し，ドイツ，ハンガリー，スラブ地方から南部へとフス派の思想は広がりつづけた．1431年にさらに10万人の軍隊が攻撃を開始したが，効果は何もなかった．このときは，「フス派軍の恐ろしい戦いの

入れ金持ちをねたまないように農夫らを説得するため，教会は貧しさを聖なる状態であるとして称賛し施し物を配ることに従事した．日曜日の説教では司祭が，貧しいラザロが天国でイエスのかたわらに座り金持ちなくせにけちな隣人が炎に包まれて焼かれているのを見ているという話などをたっぷりと聞かせた．また「聖貧」の称賛も，救済の一方法として慈善の必要性を金持ちに痛感させることに役立った．こうして教会は土地，建物，金銭の贈与——貧しい人びとに分配するために使われるとされた——を獲得し，ヨーロッパでもっとも裕福な機関のひとつとなることが可能となった．だが貧民が増大し，異端者が教会の貪欲さと腐敗に対する異議申し立てをはじめると，聖職者は貧困についての説教を捨て去り，多くの「区別」を導入した．13世紀からはじまったそれは，自発的な貧困のみが謙虚さと物的財に対する軽蔑の印として神の見るところ功徳があると断言した．これは実際には，いまや援助は，路上や城門の前で物乞いする人びとではなく，「(それに) 値する貧しい人びと」，つまりは困窮する貴族階級の成員にのみ与えられるべきであることを意味した．物乞いをする人びとはますます怠惰か詐欺という罪の嫌疑の目で見られるようになった．

＊20　自活するための正しい方法についてワルドー派のなかで多くの議論がなされた．1218年のベルガモでの会合で，運動内の主流な二派が分裂することでそれは解決された．フランスのワルドー派（リヨンの貧者）は施しによって生きる道を選び，ロンバルディアのワルドー派は自分自身の労働によって生活を立てることに決め，労働者の共同体《ワーカーズ・コレクティヴ》もしくは協同組合を形成しはじめた（Di Stefano 1950: 775）．ロンバルディアのワルドー派は財産の私有——馬や他の形態の財産——を維持し結婚と家族をもつことを認めた（Little 1978:15）．

＊21　Holmes 1975:202; N.Cohn 1970:215-17; Hilton 1973:124．エンゲルスが描いたように，タボル派は革命的で，ボヘミアにおけるフス派のドイツ人貴族階級に対する民族自立運動における民主派であった．エンゲルスは「タボル派の要求は封建制がもたらすあらゆる抑圧に終止符を打ちたいという農民と都市下層階級の人びとの望みを反映していた」とのみ語っている（Engels 1977: 44n）．だがその驚くべき物語は

に際して」のもとに迫害に参与した．1229年，トゥールーズの評議会は異端は識別され罰せられるべきだと規定した．異端であると証明された者とその庇護者は火刑に処せられることとなり，異端が見つかった家は破壊され，その家が立っていた土地は没収されることとなった．信仰を放棄した者は収監され，再び信仰するようになった者は火による拷問にさらされた．そして1231年から1233年，グレゴリウス9世は異端を根絶するための特別な役目をもつ裁判所，すなわち宗教裁判所を設立した．1252年，インノケンティウス4世は当時の主要な神学者の同意の下に，異端に対して拷問を使用することを許可した（Vauchez 1990:163,164,165）.

＊17　アンドレ・ヴォシェは，異端審問の「成功」をその手続きによるものだと考える．疑わしき者の逮捕は最大限に隠密裏に準備された．最初は，異端者の会合を公権力と協力し急襲していたが，後には，ワルドー派とカタリ派がすでに地下に潜らざるをえない状況になったので，被疑者は召集された理由については説明されずに法廷に呼び出された．被告側は自分たちに対してなされた告発について伝えられず，訴えた側は匿名性を保障された．共犯者に関する情報を教え，自白について守秘することを約束した被疑者は釈放された．したがって異端者が逮捕されたとき，信徒の誰かが自分を批判したかどうか知ることは決してできないことであった（Vauchez 1990:167-68）．イタロ・メレウが指摘するように，ローマ・カトリック教会の異端審問は，ヨーロッパ文化の歴史に深い傷を残した．制度にくみこまれた懐疑と不寛容は今日に至るまで司法システムを蝕んでいる．異端審問の遺産とは，匿名の告発と予防拘禁に依存し，被疑者をすでに有罪を証明された者としてあつかう，疑惑の文化である（Mereu 1979）.

＊18　ここで，封建権力に対抗することにおいて連携した農民と職人の異端信仰と，聖職者への異議申し立てが第一であった中産階級市民の異端信仰との間にフレデリック・エンゲルスがつけた区別を思い起こそう（Engels 1977:43）.

＊19　貧困の政治化は，貨幣経済とともに，貧民の教会に対する態度の決定的な変化をもたらした．13世紀までは，自分のおかれた状況を受け

私らが着飾ることなどない
いつも着の身着のまま貧しくて
いつも飢えと渇きに苦しんでいる
(Geremek 1994: 65)

フランスの地方自治体の公文書によると，紡績工や他の女性賃金労働者は娼婦と交友関係があった．おそらく彼女たちは一人で生活し，支えてくれる家族構造がなかったためだろう．街では女性は貧困に苦しみ，親族がいない場合は虐待の危険にもさらされた（Hughes 1975: 21; Geremek 1994: 65-66; Otis 1985: 18-20; Hilton 1985: 212-13).

＊14 中世のギルドにおける女性についての分析は，Kowaleski & Bennett（1989）; Herlihy（1995）; Williams & Echols（2000）を見よ.

＊15 （Russell 1972a: 136; Lea 1961: 126-27）．牧童連の運動も東方の出来事によって引き起こされた．1249年，エジプトでフランス王ルイ9世がイスラム教徒に捕われたのである（Hilton 1973: 100-2）．「身分が卑しく無知な」人びとはルイ9世を救い出すために組織されたのだが，すぐさま反教権主義的な様相を帯びはじめた．1320年の春夏，牧童連は再びフランスに出現した．「いまだ十字軍の雰囲気に直接にあおられた彼らには東方への十字軍の機会はもうないが，代わりにしばしば現地の領主たちと共謀して，国王側の役人たちに追い払われ壊滅させられるまで，フランス南西部，ナバラ，アラゴンのユダヤ人社会に対する襲撃にそのエネルギーを注いだ」（Barber 1992:135-36).

＊16 アルビジョア派（フランス南部の町アルビのカタリ派）に対する十字軍は異端への最初の大規模な攻撃であり，そしてヨーロッパ人［の異端者］に対する初めての十字軍だった．ローマ教皇インノケンティウス3世は1209年以降，トゥールーズおよびモンペリエでこれを開始した．その後，異端への迫害は著しく強まった．1215年，第4回ラテラーノ公会議のときにインノケンティウス3世は，異端を追放し財産を没収する法令を公会議の法典のなかに盛り込み，市民生活から異端を排除した．その後1224年，皇帝フリードリヒ2世は異端を火刑による死の罰を下すべき大逆罪の犯罪だと定義する教会憲章「保存

な扱われ方をされることが多い——に集中した記述的分析に傾きがちになる.

＊9 J・Z・ティトーはイングランドの農奴について書いている.「なぜ農奴身分の人格的な側面が, 賦役労働という問題によって曇らされているのか理解するのは難しいことではない. (…) 不自由な身分から生じる無力感は時折生じるだけだ (…) だが, 賦役労働, とりわけ週賦役となるとそうはいかない. これは他の不定期の労働に加えて毎週, 一週間のうち数日間, 領主のために労働しなければならない義務である」(Titow 1969: 59).

＊10「アボッツラングレー［村］の最初のページを開いてみよう. 人びとは収穫しに来ないことや, 頭数をそろえなかったことで罰金を科せられていた. 人びとは遅くやって来た. そして来るときはその仕事ぶりは悪く, もしくは怠けたやり方であった. 一人だけでなく一集団丸ごと現れず, そのため領主の作物が貯蔵庫に入ることのないまま放っておかれることもあった. 来るとしても非常に不愉快そうな態度でいる者たちもいた」(Bennett 1967: 112).

＊11 「町 (town)」と「都市 (city)」の区別は常に明確であるわけではない. 本書では, city は勅許をもつ居住区であり司教の管区, そして市場である一方, town は定期的な市場をもつ (たいてい都市のそれよりも小規模な) 居住区として使用している.

＊12 次に示すのは13世紀のピカルディの統計的実情である——貧困者と物乞い 13 パーセント, 小さな土地を数区画所有するが経済的に不安定なため凶作のときは生活が危機にさらされる者 33 パーセント, より多く土地をもつが役畜をもたない農民 36 パーセント, 裕福な農業者 19 パーセント (Geremek 1994:57). 1280年のイングランドでは, 3 エーカー未満の土地——世帯を養うのには不十分である——をもつ農民は, 農民階級のうち 46 パーセントを占めた (*ibid.*).

＊13 絹糸紡績工の歌は, 街で生きる非熟練労働者の女性の貧困状態を生き生きと写しだす.

いつも絹糸を紡いでいるけど

＊5　ヨーロッパ農民の社会階層についての議論はHilton（1985: 116-17, 141-51）と，Titow（1969: 56-59）を見よ．なかでもとくに重要なのは〈人格的な〉自由と〈土地保有条件上の〉自由との区別である．前者は農民，すなわち彼女 / 彼が賦役労働にいまだ縛られているとはいえ，農奴ではないことを意味した．後者は，農民が奴隷の義務を「負わされていない」土地を保有することを意味した．実際には両者は一致する傾向があったが，金納化以降，自由農民が土地保有を拡大しようとして隷従的な負担をもつ土地を獲得しはじめてから，これは変化していった．したがって，農奴の土地を有する人格的に自由な身分の農民（liberi）と自由保有権をもつ土地を有する農奴がいたことが分かる．だが，どちらも起こることはめったになく，どちらも世間のひんしゅくを買っていた（Titow 1969: 56-57）．

＊6　15世紀のキブワース（イングランド）の遺書についてのバーバラ・ハナワルトの調査により，「男性が，成人した息子に譲る場合は遺言のなかで41パーセント，妻だけあるいは妻と息子に地所を残す場合が29パーセント」であることがわかる（Hanawalt 1986b: 155）．

＊7　ハナワルトは中世の農民の夫婦関係を「協力関係」とみなす．「荘園裁判所での土地取引には，責任と意思決定における強固な相互協力がうかがえる．自分たち自身もしくは自分たちの子どものために土地購入や賃貸を行うとき，夫も妻も登場する」（Hanawalt 1986b: 16）．農業労働と余剰生産物の管理に対する女性の貢献についてはShahar（1983 : 239-42）を，女性の世帯への法の枠を超えた貢献についてはHanawalt（1986b: 12）を見よ．イングランドでは「違法の落穂拾いは，女性が自分たちの家族に余分の穀物をもたらすためのもっとも一般的な方法だった」（*ibid.*）．

＊8　これが，新世代のフェミニスト研究者による近年なされた，中世の女性たちに関する他の点では優れた研究の限界である．当然のことだが，経験にもとづいた輪郭がいまだ再構築されつつある領域について総合的な視点をもつことは困難であるため，女性の社会生活についての主な分類――「母親」「労働者」「農村地域の女性」「都市の女性」といった，社会的・政治的変化および社会的闘争から抽出したかのよう

マ帝国の官僚を追い出し，土地所有者から没収し，奴隷所有者を奴隷身分に降ろし，司法制度と軍隊を組織して，自律した「国家」機構をつくりだし［ていたのだった］」(Dockes 1982: 87)．それらを鎮圧しようとする多くの試みにもかかわらず，バカウデは完全には敗北しなかった．ローマ皇帝は「野蛮な」部族の侵略者たちを征服せねばならず，コンスタンティヌス帝は西ゴート人をスペインから呼び寄せ，バカウデを制圧してくれることを期待して気前のよい贈り物としてガリアの土地を与えた．また，フン人も追跡のために雇われた（Randers-Pehrson 1983: 189）．だが，バカウデは西ゴート人とアラン人に味方してアッティラの進攻に対して戦っていた．

＊2　エルガストゥルムはローマ人の邸宅にある奴隷の住居であった．そこは奴隷たちが鎖につながれて眠る「地下の牢獄」であり，（当時の地主の表現によると）その窓は奴隷の手には届かないほど高いところに位置した（Dockes 1982: 69）．エルガストゥルムは「(…) ローマが征服した地域であればどこにでもあり，奴隷の人数は自由民をはるかに上回った」(*ibid.*, 208)．エルガストロという言葉はイタリアの刑事司法用語としていまだに使われており，その意味は「終身刑」である．

＊3　これは農奴制経済を奴隷制経済および資本主義経済と比較してマルクスが『資本論』第3巻のなかで書いていることである．「自給する農奴がどの程度まで必要不可欠な生活手段を越える超過分を確保することができるかは（…）すべての他の事情を不変と前提すれば，自分自身のために割く労働時間と封建領主のために割く強制された労働時間の割合にかかっている．（…）こうした事情のもとでは，いかなる経済的手段によっても（農奴から）剰余労働を盗むことはできないのであるが，いかなる手段であろうとも農奴自身が考えた他の手段によって生じるのである」(Marx 1909, Vol. Ⅲ : 917-18)．

＊4　イングランドにおける共有地《コモンズ》と入会権についての重要な議論は，Thirsk（1964）；Birrell（1987）；Neeson（1993）を見よ．環境運動とエコ・フェミニズム運動はコモンズに新たな政治的意義を与えた．女性の生活経済におけるコモンズの重要性についてのエコ・フェミニストの見解はヴァンダナ・シヴァ（Shiva1989）を見よ．

みずからの労働，他者との関係性，そしてみずからの労働の生産物から疎外されているため，まるで外部の力によるかのようにそれらに支配されているということを認識していたが，労働者のもつ工業力の発展が社会的個人としての労働者の力を低開発状態におしとどめるという代償を払ったものであることは理解しなかったのだ．

＊4 Braidotti（1991: 219）．身体についてのフェミニズム思想の議論については，Ariel Shalleh, *Eco Feminism as Politics*（1997）のとくに第3章，Rosi Braidotti, *Patterns of Dissonance*（1991）のとくに“Repossessing the Body: A Timely Project”（*ibid.*, 219-224）というタイトルの章を参照せよ．

＊5 ここで言及しているのは，「女性的エクリチュール」というプロジェクトである．これは，一九七〇年代フランスで，女性の身体と女性の主観性の特異性を表わす言葉を生みだそうとしたラカン派のフェミニストの学生たちの間で発展した文学理論であり運動であった（Braidotti, *op. cit* ）．

第1章

＊1 逃亡奴隷の共同体《マルーン・コミュニティ》についての最良の事例は西暦紀元300年頃にガリアを占領したバカウデ（Bacaude）である（Dockes 1982 : 87）．その物語は覚えておく価値がある．バカウデとは，ローマ皇帝の座をねらって繰り広げられた争いがもたらした苦境に業を煮やし，さまよい出て，放浪者の群れに入り，農具と盗んだ馬で武装した自由農民と奴隷であった（それゆえに，彼らの名は「戦士の群れ」であった）（Randers-Pehrson 1983: 26）．町の住民が仲間に入り自治による共同体を形成したが，そのなかでは「希望」と記された硬貨が鋳造され，リーダーが選ばれ，裁きが行われた．皇帝ディオクレティアヌスの同盟者マクシミリアンによって野外戦で敗れると，彼らは「ゲリラ」戦へと転じて5世紀に大挙して再び出現し，繰り返し軍事行動の標的となった．西暦紀元407年には，彼らは「凶暴な蜂起」の主人公であった．「コンスタンティヌス皇帝がアルモリカの戦いで彼らを打倒した」（ブルターニュ）（*ibid.*, 124）．ここで「奴隷と農民の反乱者は，ロー

種類のものであれ重要性のある発見を一度たりともしたことがありません．帝国を震撼させたこともなければ，軍隊を率い戦闘に赴いたこともありません．シェイクスピアの戯曲はみなさんが書いたものではありません（…）．どんな言いわけができるでしょうか？　結構でしょう，黒い肌と白い肌とコーヒー色の肌の夥しい人びとが住む，地球上のあちこちの街路と街区と森を指差して（…）私たちには両手いっぱいの他の仕事があったのですと，そうおっしゃるかもしれません．私たちがその務めを果たしていなかったら，海に船が行き交うこともなく，肥沃な大地も砂漠のままでしょう．統計によれば，現在存在している16億2300万の人びとを，産み，育て，身体を洗い，6歳か7歳くらいになるまでものを教えてきたのです．なかには手伝ってもらえる女性もいるにせよ，これには時間がかかります」（Woolf 1929:112）．

女性を自然，物質，肉体と結びつけることでつくられてきた女らしさの貶められたイメージを転覆させるこの能力こそ，男性によるわれわれ女性の身体的現実の支配が押し込めてきたものを掘り起こそうとする，フェミニストによる「身体についての言説」の力である．とはいえ，女性の解放を「身体への回帰」と考えることは幻想である．本書で論じるように，女性の身体が，国家と男性によって領有されてきた再生産活動の領域のシニフィアンであり，労働力の生産の道具に変えられてきたとすれば（これが，性的規範・性的規制や，美的規準，罰に関して引き起こされることを考えると），身体は，それを定義する労働規律を放棄することによってのみ克服されうる根源的な疎外の場所である．

このテーゼは男性にも同じくあてはまる．労働者はみずからの身体的機能においてのみくつろぐことができると描写するとき，マルクスはすでにこの事実を直感していたのだ．しかしながらマルクスは，資本主義の誕生によって男性の身体に加えられた攻撃の大きさについては伝えなかった．皮肉なことに，マルクスもまたミシェル・フーコーのように，労働者が従属させられる権力の生産性を強調したのである――マルクスにとってその生産性は，未来における労働者による社会の支配のための条件となる．マルクスは，資本主義社会の労働者は，

原　注

序　章

＊1　資本主義への移行についての研究は長い歴史をもつが，それが今世紀の主要な政治運動と同時に起きたのは偶然ではない．モーリス・ドッブ，ロドニー・ヒルトン，クリストファー・ヒルといったマルクス主義の歴史家たちが「移行」を再検討したのは一九四〇，一九五〇年代であり，ソヴィエト連邦の確立，ヨーロッパとアジアにおける新しい社会主義国家の誕生，そして当時差し迫った資本主義の危機とみえたものによって生じた議論を受けてのことであった．一九六〇年代に再び「移行」は再検討されたが，今度は，新植民地主義，「低開発」，そして「第一世界」と「第三世界」の間の「不等価交換」をめぐる当時の論争を背景に，第三世界論者（サミール・アミン，アンドレ・グンダー・フランク）によって担われた．

＊2　私の分析では，両者の本質は密接に関係している．資本主義においては，その不払いという状態ゆえに個人の奉仕や天然資源としてごまかされているものの，世代にもとづく労働者の再生産と日々の労働能力の再生はどちらも「女性の労働」になったからである．

＊3　身体の評価は，植民地化への反乱と奴隷化されたアフリカ人の子孫によって生み出された文学の特徴となり，また二〇世紀の「第二派」フェミニズムのほぼすべての文学のなかにも存在することは驚くべきことではない．ヴァージニア・ウルフの『自分ひとりの部屋』（1929）が，女性読者とその背後にある広大な女性の世界に対し，子ども以外の何ものかを生みだそうとしてこなかったと嘲るように叱責したとき，たくさんの地理的・文化的境界を超えて，エメ・セゼールの『帰郷ノート』（1939）を先取りしていたのである．
「若い女性のみなさん，（…）私の意見では，みなさんは（…）どんな

IX de Tierra

IX of Earth

IX de Terra

☿ ♄

歌』高島平吾訳，晶文社，1989）

Wright, Louis B. (1935). *Middle-Class Culture in Elizabethan England*. Ithaca (NY): Cornell University Press, 1965

Yates, Francis. (1964). *Giordano Bruno and the Hermetic Tradition*. Chicago: The University of Chicago Press.（『ジョルダーノ・ブルーノとヘルメス教の伝統』前野佳彦訳，工作舎，2010）

Zemon Davis, Natalie.(1968). “Poor Relief, Humanism and Heresy: The Case of Lyon.” *Studies in Medieval and Renaissance History*, vol.5, no. 27, 246-269.

Ziegler, Philip. (1969). *The Black Death*. New York: Harper and Row, Publishers.

Zilborg, Gregory. (1935). *The Medical Man and the Witch During the Renaissance*. Baltimore: Johns Hopkins Press.

Zolrak, Durkon. (1996). *The Tarot of the Orishas*. St.Paul (MN): Llewellyn Publications.

Westermarck, Edward. (1906–08).*The Origin and Development of Moral Ideas* Vol.1 London: Macmillan Company (1924).

Wiesner, Merry E. (1986). *Working Women in Renaissance Germany.* New Brunswick(NJ): Rutgers University Press.

——. (1993). *Women and Gender in Early Modern Europe*. Cambridge: Cambridge University Press.

Wightman, W.P.(1972). *Science in a Renaissance Society.* London: Hutchinson University Library.

Williams, Eric.(1944). *Capitalism and Slavery*. New York: Capricorn Books.（『資本主義と奴隷制：経済史から見た黒人奴隷制の発生と崩壊』山本伸訳，明石書店，2004）

Williams, Marty and Anne Echols. (2000). *Between Pit and Pedestal.Women in the Middle Ages*. Princeton: Marcus Wiener Publications.

Williams, Selma R. and Pamela Williams Adelman. (1992). *Riding the Nightmare: Women and Witchcraft from the Old World to Colonial Salem*. New York: Harper Collins.

Williams, Walter L. (1986). *The Spirit and the Flesh: Sexual Diversity in American Indian Culture*. Boston: Beacon Press.

Wilson, Charles. (1965a). *England's Apprenticeship, 1603–1763*. New York: St. Martin's Press.

——. (1965b). "Political Arithmetic and Social Change." In Charles Wilson,*op. cit.*,(1965a),226ff.

Wilson, Stephen. (2000). T*he Magical Universe: Everyday Ritual and Magic in Pre-Modern Europe*. London and New York: Hambledon.

Winstanley, Gerrard. (1649).The New Law of Righteousness. In Gerrard Winstanley, *op.cit.*,(1941)

——. *Works*. Ithaca: Cornell University Press,1941.

Woolf, Virginia.(1929).*A Room of One's Own*. New York: Harcourt Brace Jovanovich Publishers, 1989.（『自分ひとりの部屋』片山亜紀訳，平凡社，2015）

World Bank. (1989). *The World Bank annual report - 1989*. Washington, DC: World Bank

Wright, Lawrence. (1960). *Clean and Decent*. New York: Viking Press.（『風呂トイレ讃

ed., *op.cit.,* (1994).

Vaneigem, Raoul. (1998). *The Movement of the Free Spirit*. (Translated from the French). New York: Zone Books.

Van Ussel, Jos.(1971).*La repressione sessuale*. Storia e cause del condizionamento borghese.(Translated from the German). Milano: Bompiani.

Vauchez, André. (1990). *Ordini mendicanti e societa' italiana XIII–XV secolo*. Milano: Mondadori.

Vesalius,Andrea. (1543). De Humani Corporis Fabrica. Edited by O'Malley, *op. cit*. (『ファブリカ』島崎三郎訳，うぶすな書院，2007)

Vigil, Mariló. (1986). *La vida de la mujeres en los siglos XVI y XVII*. Madrid: Siglo veintiuno de España Editores.

Vives, Juan Luis. (1526). *De Subvention Pauperum sive De Humanis Necessitatibus*.Bruges.

Volpe, Gioacchino.(1922). *Movimenti Religiosi e Sette Radicali Nella Societá Medievale Italiana*. Secoli XI–XIV. Firenze: Sansoni, 1971.

——. (1926). *Il Medioevo*. Firenze: Sansoni, 1975.

Wakefield, Walter L. and Austin P. Evans. (1991). *Heresies of the High Middle Ages*. New York: Columbia University Press.

Wallach Scott, Joan. (1988). *Gender and the Politics of History*. New York: Columbia University Press.（『ジェンダーと歴史学』荻野美穂訳，平凡社，2004）

Wallerstein, Immanuel. (1974). *The Modern World System: Capitalist: Capitalist Agriculture and the Origin of the European World Economy in the Sixteenth Century*. New York: Academic Press.（『近代世界システム：農業資本主義と『ヨーロッパ世界経済』の成立』川北稔訳，岩波書店，2006）

Watson, R. (1966). *The Downfall of Cartesianism, 1673-1712*. The Hague: Martinus Nijhoff.

Weber, Max. (1920). *The Protestant Ethics and the Spirit of Capitalism*. (Translated from German). New York: Charles Scribners Sons (1958).（『プロテスタンティズムの倫理と資本主義の精神』中山元訳，日経 BP 社，日経 BP 出版センター（発売)，2010）

Werner, E. (1974). "Poverta' e ricchezza nella concezione degli eretici della chiesa orientale e occidentale dei secoli X–XII." In O. Capitani, ed., *op.cit.*,(1974).

Thompson, E. P. (1964). *The Making of the English Working Class*. New York: Pantheon. (『イングランド労働者階級の形成』市橋秀夫・芳賀健一訳，青弓社，2003

——. (1991).*Customs in Common. Studies in Traditional Popular Culture*. New York: The New Press.

——. (1991a). “Time, Work-Discipline and Industrial Capitalism.” In Thompson (1991), 352–403.

Thorndike, Lynn. (1958). *History of Magic and Experimental Science*. 8 vols. (1923–58). Vol.VIII. New York: Columbia University Press.

Tigar, Michael E., and Medeleine R. Levy. (1977). *Law and the Rise of Capitalism*. New York: Monthly Review Press.

Tillyard, E. M.W. (1961). *The Elizabethan World Picture*. New York: Vintage Books.（『エリザベス朝の世界像』磯田光一・玉泉八州男・清水徹郎訳，筑摩書房，1992）

Titow, J. Z. (1969). *English Rural Society. 1200–1350*. London: George Allen and Unwin Ltd.

Trachtenberg, Joshua. (1944). *The Devil and the Jews: The Medieval Conception of the Jew and its Relation to Modern Anti-Semitism*. New Haven: Yale University Press.

Trevor-Roper, Hugh R. (1956). *The European Witch-Craze of the Sixteenth and Seventeenth Centuries and Other Essays*. New York: Harper & Row, Publishers, 1967.

——, ed. (1968).*The Age of Expansion. Europe and the World: 1559-1660*. London: Thames and Hudson.

Trexler, Richard C.(1993). *The Women of Renaissance Florence. Power and Dependence in Renaissance Florence*. Vol. 2. Binghamton, NY: Medieval and Renaissance Texts and Studies.

Turner, Bryan S.(1992). *Regulating Bodies: Essays in Medical Sociology*. New York: Routledge.

Underdown, David E. (1985a). *Revel, Riot and Rebellion: Popular Politics and Culture in England, 1603–1660*. Oxford: Clarendon Press.

——. (1985b). “The Taming of the Scold: The Enforcement of Patriarchal Authority in Early Modern England,” In Fletcher & Stevenson, eds., *op.cit.*, (1985), 116-36.

Vallejo, Eduardo Aznar. (1994). “The Conquest of the Canary Islands.” In Schwartz,

Slavery." *Past and Present*.N.149, November, (3–28).

Taussig, Michael T. (1980). The Devil and Commodity Fetishism in South America. (Fourth edition). University of North Carolina Press.

——. (1987). *Shamanism, Colonialism, and the Wild Man: A Study in Terror and Healing*. Chicago: Chicago University Press.

Taylor, G. R. (1954). *Sex in History.* New York: The Vanguard Press.（『歴史におけるエロス』岸田秀訳，新書館，2008）

Taylor, William B.(1979). *Drinking, Homicide and Rebellion in Colonial Mexican Villages*. Stanford: Standford Univerity Press.

Tawney, R.H.(1967). *The Agrarian Problem in the Sixteenth Century.* New York:Harcourt Brace.

——. (1926). *Religion and the Rise of Capitalism*. New York: Harcourt Brace.（『キリスト教と資本主義の興隆：その史的研究』阿部行蔵訳，河出書房新社，1963）

Teall, J. L. (1962). "Witchcraft and Calvinism in Elizabethean England: Divine Power and Human Agency." *Journal of the History of Ideas*.n.23.

Terborg Penn, Rosalyn. (1995) "Through African Feminist Theoretical Lens: Viewing Caribbean Women' s History Cross-Culturally." In Shepherd, Verene, Bridget Brereton and Barbara Bailey, eds., *op.cit*.

Thea, Paolo. (1998). *Gli artisti e Gli' Spregevoli.'1525: la creazione artistica e la guerra dei contadini in Germania*. Milano:Mimesi.

Thevet, André. (1557). *Les Singularitez del la France antaretique, autrement nomme Amerique, et de plusieurs de terres et isles decouvertes de notre temps*. Paris.（「南極フランス異聞」山本顕一訳，『フランスとアメリカ大陸』岩波書店，1982）

Thirsk, J. (1964). "The Common Fields." *Past and Present,* no. 29,3–25.

Thomas, Edith.(1966). *The Women Incendiaries*.(Translated from the French).New York: George Braziller.

Thomas, Hugh. (1997). *The Slave Trade: The Story of the Atlantic Slave Trade, 1400-1870*. New York: Simon and Schuster.

Thomas, Keith. (1971). *Religion and the Decline of Magic*. New York: Charles Scribner's Sons.（『宗教と魔術の衰退』荒木正純訳，法政大学出版局，1993）

Spalding, Karen. (1984). *Hurochirí: An Andean Society Under Inca and Spanish Rule*. Stanford: Stanford University Press.

Spence, Louis. (1920). *The Encyclopedia of Occultism*. New York: Citadel Press.

Spencer, Colin. (1995a). *Homosexuality in History*. New York: Harcourt Brace.

——. (1995b).*The Heretics' Feast. A History of Vegetarianism*. Hanover and London: University Press of New England.

Spengler, Joseph J. (1995). *French Predecessors of Malthus: A Study in Eighteenth Century Wage and Population Theory*. New York: Octagon Books.

Spooner, F. C. (1970). "The European Economy, 1609–50." In Cooper ed., *op. cit.*, (1970).

Staden, Hans. (1557). *Warhaftige Historia*. Marburg,Germany.

——. *True History of His Captivity*.Translated and edited by Malcolm Letts. London: George Routledge and Sons, 1928.

Stangeland,C. E. (1904). *Pre-malthusian Doctrines of Population*. New York.

Stannard, David E.(1992). *American Holocaust: Columbus and the Conquest of the NewWorld*. New York: Oxford University Press.

Starhawk. (1982). *Dreaming the Dark: Magic Sex and Politics*. Boston: Beacon Press,1997.

Steifelmeier, Dora. (1977). "Sacro e Profano: Note Sulla Prostituzione Nella Germania Medievale." *Donna, Woman, Femme* n. 3.

Stern, Steven J. (1982). *Peru's Indian Peoples and the Challenge of Spanish Conquest: Huamanga to 1640*. Madison (Wisconsin): University of Wisconsin Press.

Stone, Lawrence.(1977). *The Family, Sex and Marriage in England,1500–1800*. New York: Harper and Row.（『家族・性・結婚の社会史：1500 年 -1800 年のイギリス』北本正章訳，勁草書房，1991）

Strauss, Gerald,ed.(1971). *Manifestations of Discontent on the Eve of the Reformation*. Bloomington: Indiana University Press.

——. (1975). "Success and Failure in the German Reformation." *Past and Present*, n. 67, May.

Stuart, Susan Mosher. (1995). "Ancillary Evidence For The Decline of Medieval

よるアンデス世界の統合と支配』染田秀藤訳，岩波書店，2001）

Sim, Alison. (1996). *The Tudor Housewife*. Montreal: McGill-Queen' s University Press.

Simmel, Georg. (1900). *The Philosophy of Money*. (Translated from the German). Boston: Routledge & Kegan Paul, 1978.（『貨幣の哲学』元浜清海・居安正・向井守訳，白水社，2004）

Skaria, Ajay. (1997). "Women, Witchcraft, and Gratuitous Violence in Colonial Western India." *Past and Present,* no. 155,May, 109–41.

Slater, Gilbert (1907). *The English Peasantry and the Enclosure of the Common Fields*. New York: Augustus M. Kelly, 1968.

Slicher Van Bath, B. H. (1963). *The Agrarian History of Western Europe, A.D.500-1850*. (Translated from the German). New York: St. Martin' s Press.（『西ヨーロッパ農業発達史』速水融訳，日本評論社，1969）

Smollett, Tobias George, [compiler]. (1766). *A compendium of authentic and entertaining voyages, digested in a chronological series. The whole exhibiting a clear view of the customs, manners, religion, government, commerce, and natural history of most nations in the known world....* 2nd edition. 7 vols., vol. 1, p.96.

Smout,T.C. (1972). *A History of the Scottish People, 1560–1830*. London: Fontana.（『スコットランド国民の歴史』木村正俊訳，原書房，2010）

Snitow, Ann, Christine Stansell, and Sharon Thompson,eds. (1983). P*owers of Desire: The Politics of Sexuality*. New York: Monthly Review Press.

Social England Illustrated: A Collection of XVIIth Century Tracts. (1903). Westminster: Archibald Constable and Co.

Soman, Alfred. (1977). "Les Procés de Sorcellèrie au Parlament du Paris, 1565–1640." Annales, no.32,July,790ff.

——. (1978). "The Parlement of Paris and the Great Witch-Trials,1565–1640." *Sixteenth Century Review*, 9, 30–44.

——. (1992). *Sorcellerie et justice criminelle:Le Parlement de Paris,16–18 siècles*. Brookfield/ Variorum.

Sommerville, Margaret R. (1995). *Sex and Subjection: Attitudes to Women in Early Modern Society*. London: Arnold.

To The Fertility Decline. London: Verso.

Seligman, Kurt. (1948). *Magic, Supernaturalism and Religion*. New York: Random House.

Sennett, Richard.(1994). *Flesh and Stone. The Body and the City in Western Civilization*. New York: W.W.Norton & Company.

Shahar, Shulamith. (1983). *The Fourth Estate: A History of Women in the Middle Ages*. London: Methuen.

Shakespeare, William. (1593–1594).*The Taming of the Shrew*. New York: Washington Square Press,1962.（『じゃじゃ馬馴らし』，大場建治訳，岩波書店，2008）

——. (1600–1601). Hamlet.New York: New American Library, 1963.（『ハムレット』大場建治訳，研究社，2010）

——. (1605). *King Lear*. New York: New Folger Library, 2000（『リア王』大場建治訳，研究社，2010）

——. (1612).*The Tempest*. New York: Bantam Books（『あらし』，大場建治訳，研究社，2010）

Sharpe, J.A.(1987). *Early Modern England: A Social History,1550–1760*. Bungay (Suffolk):Edward Arnold.

Shepherd, Verene A., ed. (1999). *Women in Caribbean History: The British-Colonised Territories*. Princeton (NJ): Markus Wiener Publishers.

Shepherd,Verene,Bridget Brereton and Barbara Bailey, eds.(1995).*Engendering History. Caribbean Women in Historical Perspective*. New York: St. Martin's Press.

Shiva, Vandana. (1989). *Staying Alive: Women, Ecology and Survival in India*. London: Zed Books.（『生きる歓び：イデオロギーとしての近代科学批判』熊崎実訳，築地書館，1994）

Siemon, Richard. (1993). “Landlord Not King: Agrarian Change and Interarticulation.” In Richard Burt and John Michael Archer, *op. cit.*, (1993).

Silverblatt, Irene.(1980). “ 'The Universe Has Turned Inside Out...There Is No Justice For Us Here': Andean Women Under Spanish Rule.” In Etienne and Leacock,eds.,*op.cit.*,149–85.

——. (1987). *Moon, Sun and Witches: Gender Ideologies and Class in Inca and Colonial Peru*. Princeton: Princeton University Press.（『月と太陽と魔女——ジェンダーに

New York: Twayne Publishers,

(1980). *A History of Witchcraft, Sorcerers, Heretics and Pagans*. London:Thames and Hudson Ltd.（『魔術の歴史』野村美紀子訳，筑摩書房，1987）

——. (1984). *Lucifer: The Devil in the Middle Ages*. Ithaca (NY): Cornell University Press.（『ルシファー：中世の悪魔』野村美紀子訳，教文館，1989）

Sale, Kirkpatrick. (1991). *The Conquest of Paradise: Christopher Columbus and the Columbian Legacy*. New York: Penguin Books. Sallmann, Jean-Michel.(1987). Le Streghe.Amanti di Satana.(Translated from the French).Paris: Electa/Gallimard.（『魔女狩り』富樫瓔子訳，創元社，1991）

Salleh, Ariel.(1997). *Ecofeminism as Politics: Nature, Marx and the Postmodern*. London: Zed Books.

Shepherd,Verene A., ed. (1999). *Women in Caribbean History*. Princeton (NJ): Markus Wiener Publishers.

Schochet, Gordon J.(1975). *Patriarchalism in Political Thought: The Authoritarian Family and Political Speculation and Attitudes Especially in Seventeenth-Century England*. New York: Basic Books.

Schwartz, Stuart B., ed. (1944). *Implicit Understandings. Observing, Reporting, and Reflecting on the Encounters Between Europeans and Other Peoples in the Early Modern Era*. Cambridge: Cambridge University Press.

Scot, Reginald. (1584). *The Discoverie of Witchcraft. Introduction by Rev.Montague Summers*. New York: Dover Publications,1972.

Scott, James C. (1985). *Weapons of the Weak. Everyday Forms of Peasant Resistance*. New Haven: Yale University Press.

——. (1989). "Everyday Forms of Resistance." In F.D.Colburn,ed., *op.cit.*, (1989).

Scott, Joan Wallach ed.(1996). *Feminism and History.* Oxford: Oxford University Press.

——. (1996a). "Gender: A Useful category of Historical Analysis." In Joan Wallach Scott, ed., *op.cit.*,(1996).

Seccombe, Wally.(1992). *A Millennium of Family Change: Feudalism to Capitalism in Northwestern Europe*. London: Verso.

——. (1993). *Weathering the Storm: Working-Class Families From the Industrial Revolution*

Pennsylvania Press.

Rosenfield, Leonora Cohen. (1968). *From Beast-Machine to Man-Machine. Animal Soul in French letters. From Descartes to La Mettrie*. New York: Octagon Books Inc.

Rossiaud, Jacques. (1988). *Medieval Prostitution*. (Translated from the Italian). Oxford: Basil Blackwell.（『中世娼婦の社会史』阿部謹也・土浪博訳，筑摩書房，1992）

Rostworowski, Maria. (2001). *La Mujer en El Peru Prehispanico*. Documento de Trabajo no.72. Lima: IEP (Instituto de Estudios Peruanos).

Rota, Ettore ed. (1950). *Questioni di Storia Medievale*. Secoli XI-XIV. Milano: Mazorati.

Rotberg, R.I. and Rabb,T. K., eds. (1971). *The Family in History: Interdisciplinary Essays*. New York: Harper and Row.

Rothschild, Joaned. (1983). *Machina Ex Dea. Feminist Perspective on Technology*. New York: Pergamon Press, 1987.（『女性 vs テクノロジー』綿貫礼子・加地永都子・山鹿順子・前原由美子・六碕乃里子訳，新評論，1989）

Rousseau, Jean Jacques. (1775). *Discourse on the Origin of Inequality*. Indianapolis: Hackett Publishing Company, 1992.（『人間不平等起源論』，中山元訳，光文社，2008）

Rowland, Alison. (2001). "Witchcraft and Old Women in Early Modern Germany." *Past and Present*, no.173, November.

Rowling,Nick.(1987). *Commodities: How the World Was Taken to Market*. London: Free Association Books.

Rowse, A.L.(1974). *Sex and Society in Shakespeare's Age. Simon Foreman the Astrologer.* New York: Charles Scribner's Sons.

Rublack, Ulinka. (1996). "Pregnancy, Childbirth and the Female Body in Early ModernGermany." *Past and Present*. no.150, February, 84-110.

Ruggiero, Guido. (1985). *The Boundaries of Eros: Sex, Crime and Sexuality in Renaissance Venice*. Oxford: Oxford University Press.

——. (1993). *Binding Passions. Tales of Magic, Marriage, and Power at the End of the Renaissance*. Oxford: Oxford University Press.

Russell, Jeffrey B. (1972a). *Witchcraft in the Middle Ages*. Ithaca: Cornell University Press.

——. (1972b). *Dissent and Order in the Middle Ages: The Search for Legitimate Authority*.

Ranum, Orest and Patricia Ranum, eds.,(1972). *Popular Attitudes toward Birth Control in Pre- Industrial France and England*. New York: Harper and Row.

Read, Donna et al. (1990). *The Burning Times*. (Video-recording). LosAngeles: Direct Cinema Ltd.

Remy, Nicolas. (1597). *Demonolatry*. Rev. Montague Summers, ed. New York: Barnes and Noble, 1970.

Retamar, Roberto Fernandez. (1989). *Caliban and Other Essays*. Minneapolis: University of Minnesota Press.

Riddle, John M.(1999). *Eve's Herbs: A History of Contraception and Abortion in the West*. Cambridge: Cambridge University Press.

Riquet, Michel.(1972). "Christian Population." In Orest and Patricia Ranum eds.,*op. cit*.,(1972), 37ff.

Robbins, Rossell Hope.(1959). *The Encyclopedia of Witchcraft and Demonology*. New York: Crown Publishers.（『悪魔学大全』松田和也訳，青土社，2009）

Roberts, Nickie. (1992). *Whores in History. Prostitution in Western Society*. New York: Harper Collins Publishers.

Robertson, George Croom. (1971). *Hobbes*. Edinburgh: AMS Press.

Rocke, Michael. (1997). *Forbidden Friendships*. Homosexuality and Male Culture in Renaissance Florence. Oxford: Oxford University Press.

Rodolico, Niccoló.(1971). *I Ciompi. Una Pagina di storia del proletariato operaio*. Firenze:Sansoni.

Rogers, James E.Thorold. (1894). *Six Centuries of Work and Wages: The History of English Labour*. London.

Guazzo, Fernando de. (1499). *The Celestina*. (Translated from the Spanish). Berkeley: University of California Press,1959.（『ラ・セレスティーナ』杉浦勉訳，国書刊行会，1996）

Roper, Lyndal. (2000). "'Evil Imaginings and Fantasies': Child-Witches and the End of the Witch Craze." In *Past and Present,* no. 167, May.

Rosen, Barbara, ed. (1969). *Witchcraft in England, 1558–1618*. Amherst: Univ. of Massachusetts Press,1991.

Rosenberg, Charles E.,ed.(1975). T*he Family in History*. Philadelphia:University of

の歴史：西ローマ帝国の解体から近代初頭まで』佐々木克巳訳，創文社，1991）

——. (1958). *A History of Europe*, Vol.1.Garden City (NY): Doubleday & Company Inc.

Po-Chia Hsia, R., ed. (1988). *The German People and the Reformation*. Ithaca (NY): Cornell University Press.

——. (1988a). "Munster and the Anabaptists." In Po-Chia Hsia ed.,*op. cit.*, (1988), 51-70.

Polanyi, Karl. (1944). *The Great Transformation*. New York:Rinehart & Company, Inc.（『［新訳］大転換：市場社会の形成と崩壊』野口建彦・栖原学訳，東洋経済新報社，2009）

Popkin, Richard H. (1966).*The Philosophy of the 16th and 17th Centuries*. New York: Columbia University.

Powell, Chilton Latham. (1917). *English Domestic Relations 1487–1653*. New York: Columbia University.

Preto, Paolo. (1988). *Epidemia, Paura e Politica Nell'Italia Moderna*. Roma-Bari: Laterza.

Prosperi, Adriano. (1989). "Inquisitori e Streghe nel Seicento Fiorentino." In Cardini, *op. cit.,* 1989.

Quetel, Claude. (1986). *History of Syphilis*. (Translated from the French). Baltimore: Johns Hopkins University Press,1990.（『梅毒の歴史』寺田光徳訳，藤原書店，1996）

Rabelais, François. (1552). *Gargantua and Pantagruel. Edited by Samuel Putnam*. New York: Viking Press, 1946.（『ガルガンチュアとパンタグリュエル』全五巻，宮下志朗訳，筑摩書房，2005）

Raftis, J.A. (1996). *Peasant Economic Development within the English Manorial System*. Montreal: McGill-Queen's University Press.

Ramazanoglu, Caroline.(1993). *Up Against Foucault. Exploration of Some Tensions Between Foucault and Feminism*. New York: Routledge.

Ramsey, Peter H. ed.(1971). *The Price Revolution in Sixteenth-Century England*. London: Methuen.

Randers-Pehrson, J. D. (1983). *Barbarians and Romans. The Birth of the Struggle of Europe.A.D. 400–700*. London: University of Oklahoma Press.

Pascal, Blaise. (1656). "Lettre escrite à un provincial," posthumously published as *Pensées de M. Pascal surla religion et surquelques autres subjets* (1670).（「プロヴァンシアル 1」,「プロヴァンシアル 2」,「プロヴァンシアル関係文書　恩寵文書」田辺保全訳,『パスカル著作集』III ～ V, 教文館, 1980.3-1984.9）

——. *Pensées and The Provincial Letters*. New York: Modern Library, 1941.

Pateman, Carol. (1988). *The Sexual Contract*. Stanford: Stanford University Press.

Pearson, Lu Emily. (1957). *Elizabethans at Home*. Stanford (CA): Stanford University

Perelman, Michael.(2000). *The Invention of Capitalism: Classical Political Economy and the Secret History of Primitive Accumulation*. Durham: Duke University Press.

Perlman, Fredy.(1985). *The Continuing Appeal of Nationalism*. Detroit: Black and Red.

Peters, Edward, ed. (1980). *Heresy and Authority in Medieval Europe*. Documents in Translation. Philadelphia: University of Pennsylvania Press.

Petty, Sir William.(1690). *Discourse on Political Arithmetick*. London.（『政治算術』大内兵衛訳, 第一出版, 1969）

Pezzuoli, Giovanna. (1978). *Prigioniera in Utopia. La Condizione Della Donna Nel Pensiero Degli Utopisti*. Milano: Edizioni Il Formichiere.

Phelps Brown, E. H. and Sheila Hopkins. (1971). "Seven Centuries of the Prices of Consumables, Compared with Builders' Wage-Rates." In Ramsey ed., *op. cit.*, (1971), 18- 41.

——. (1981). *A Perspective of Wages and Prices*. London.

Phillips, Seymour. (1994). "The Outer World of the European Middle Ages." In Stuart B. Schwartz, ed., *op.cit.*, (1994).

Picchio, Antonella.(1992). *Social reproduction: the political economy of the labour market*. Cambridge: Cambridge University Press.

Piers, Maria W. (1978). *Infanticide*. New York:W.W. Norton and Company

Pirenne,Henri.(1937). *Economic and Social History of Medieval Europe*. NewYork: HarcourtBrace Jovanovich, Publishers.

——. (1952). *Medieval Cities*. Princeton: Princeton University Press.（『西洋中世都市發達史：都市の起源と商業の復活』今来陸郎訳, 白揚社, 1943）

——. (1956). *Storia d'Europa dalle invasioni al XVI secolo*. Firenze: Sansoni.（『ヨーロッパ

O'Malley C. D., Poynter F. N. L., Russell K. F. (1961). William Harvey. *Lectures on the Whole of Anatomy*. Berkeley: University of California Press.

O'Malley,C.D.(1964). *Andreas Vesalius of Brussels.1514–1564*. Berkeley: University of California Press.（『ブリュッセルのアンドレアス・ヴェサリウス：1514-1564』坂井建雄訳，エルゼビア・サイエンスミクス，2001）

Omolade, Barbara (1983). "Heart of Darkness. In Ann Snitow, Christine Stansell, and Sharon Thompson, eds.,*op.cit.*, (1983).

Opitz, Claudia. (1996). "La vita quotidiana delle donne nel tardo Medioevo. (1200-1500)." In Klapitsch-Zuber ed., *op. cit.*, (1996).

Orioli, Raniero. (1984). *Fra Dolcino. Nascita, vita e morte di un'eresia medievale*. Novara: Europia. (1993).

Orlandi, Arianna.(1989). "I Viaggi di Gostanza." In Cardini ed., *op. cit.*, (1989).

Ortalli,Gherardo.(1981). "La famiglia tra la realtá dei gruppi inferiori e la mentalitá dei gruppi dominanti a Bologna nel XIII secolo." In Georges Duby and Jacques Le Goff eds., *op. cit.*, (1981),125–43.

Oten, Charlotte F.,ed.(1986). *A Lycanthropy Reader: Werewolves in Western Culture*. Syracuse,NY: Syracuse University Press.

Otis, Leah Lydia. (1985). *Prostitution in Medieval Society: The History of an Urban Institution in Languedoc*. Chicago: The University of Chicago Press.

Overbeek, J. (1964). *History of Population Theories*. Rotterdam: Rotterdam University Press.

Ozment, Steven.(1983).*When Father Ruled: Family Life in Reformation Europe*. Cambridge (MA): Harvard University Press.

Parinetto, Luciano. (1983). *Streghe e Politica. Dal Rinascimento Italiano a Montaigne*. Da Bodin a Naude.Milano: Istituto Propaganda Libraria.

——. (1996). "La Traversata delle streghe nei nomi e nei luoghi." In Bosco e Castelli, eds.,*op.cit.*, (1996).

——. (1998). *Streghe e Potere: Il Capitale e la Persecuzione dei Diversi*. Milano: Rusconi.

Partridge, Burgo.(1960). *A History of Orgies*. New York: Bonanza Books.（『乱交の文化史』山本規雄訳，作品社，2012）

Murstein, B. I. (1974). *Love, Sex, and Marriage Through the Ages*. New York: Springer Publishing Company.

Nash,June.(1978). "The Aztecs and the Ideology of Male Dominance." S*igns,Journal of Women in Culture and Society*. vol. 4, no. 21, 349–62.

——. (1980). "Aztec Women: The Transition from Status to Class in Empire and Colony." In Etienne and Leacock, eds.,*op.cit*.,(1980),134-48.

Neel,Carol.(1989). "The Origins of the Beguines." S*igns, Journal ofWomen in Culture and Society*. vol. 14, no. 2, Winter,321-41.

Neeson,J.M.(1993). *Commoners: common right, enclosure and social change in England, 1700-1820*. Cambridge: Cambridge University Press.

Newman, Francis X.,ed.(1986). *Social Unrest in the Late Middle Ages*. Binghamton (NY): Center for Medieval and Early Renaissance Texts and Studies.

Niccoli, Ottavia ed. (1998). *Rinascimento al femminile*. Bari: Laterza.

Nicholas, David. (1992). *Medieval Flanders*. London: Longman.

Nider Johannes. (1435-37). *Formicarius*.

Nietzsche, F. (1887). *The Birth of the Tragedy and The Genealogy of Morals*. New York: Doubleday (1965).（『悲劇の誕生』秋山英夫訳，岩波書店，2010）

Noonan, John T. (1965). *Contraception: A History of Its Treatment by the Catholic Theologians and Canonists*. Cambridge: Harvard University Press.

Norberg, Kathryn. (1993). "Prostitutes." In Davis and Farge eds., *op. cit*., (1993).

Normand, Lawrence and Gareth Roberts, eds.(2000). *Witchcraft in Early Modern Scotland: James VI's Demonology and the North Berwick Witches*. Exeter: University of Exeter Press.

North, Douglas C. and Robert Paul Thomas. (1943). *The Rise of the Western World: A New Economic History*. New York: Cambridge University Press.（『西欧世界の勃興：新しい経済史の試み』速水融・穐本洋哉訳，ミネルヴァ書房，2014）

Notestein, Wallace.(1911). *A History of Witchcraft in England from 1558 to 1718*. New York: Russell and Russell, 1965.

O'Brien, Mary. (1981). *The Politics of Reproduction*. Boston: Routledge & Kegan Paul.

O'Brien, Patrick and Roland Quinault, eds. (1993). *The Industrial Revolution and British Society*. Cambridge: Cambridge University Press.

Moore, Henry.(1659). *Of The Immortality of the Soul*. A.Jacob ed.,International Archives of the History of Ideas, no.122.

Moore, R.I. (1975). *The Birth of Popular Heresy*. New York: St. Martin’ s Press.

——. (1977). *The Origins of European Dissent*. New York: St. Martin's Press.

More,Thomas. (1518). *Utopia*. New York: W.W. Norton & Company, 1992. (『ユートピア』平井正穂訳，岩波書店，2011)

Morato, Turri. (1975). “Aborto di Stato.” In *Canti di Donne in Lotta*. Gruppo Musicale del Comitato per il Salario al Lavoro Domestico di Padova.

Morgan, Edmund. (1966). *The Puritan Family. Religion and Domestic Relations in Seventeenth Century England*. New York: Harper and Row.

Morgan, Robin ed. (1970). *Sisterhood is Powerful*. New York:Vintage.

Mornese, Corrado and Gustavo Buratti. (2000). *Fra Dolcino e gli Apostolici fra eresie, rivolte, e roghi. Centro Studi Dolciniani*. Novara: Derive/ Approdi.

Morrissey, Marietta. (1989).*Slave Women in the New World: Gender Stratification in the Caribbean*. Lawrence (Kansas): University Press of Kansas.

Morse Earle,Alice.(1993). *Home Life in Colonial Days*. Stockbridge (MA): Berkshire Publishers.

Mosher Stuard, Susan ed. (1987). *Women in Medieval History and Historiography*. Philadelphia: University of Pennsylvania Press.

Moulier Boutang,Yann.(1998). *De l'esclavage au salariat : économie historique du salariat bridé*. Paris: Presses Universitaires de France.

Mumford, Lewis.(1962). *Technics and Civilization*. New York: Harcourt Brace and World Inc. (『技術と文明』生田勉訳，美術出版社，1972)

Mun,Thomas.(1622). *England's Treasure by Forraigne Trade*. London. (『外国貿易によるイングランドの財宝』渡辺源次郎訳，東京大学出版会，1965)

Müntzer, Thomas.(1524). *Open Denial of the False Belief of the Godless World*. (「まやかしの信仰のあからさまな暴露」『宗教改革著作集 第７巻』教文館，1985)

Muraro, Luisa. (1976). *La Signora del Gioco: Episodi di caccia alle streghe*. Milano:Feltrinelli Editore, 1977.

Murray, Margaret. (1921). *The Witch-Cult in Western Europe*. Oxford: Oxford University Press, 1971.

(『国際分業と女性：進行する主婦化』奥田暁子訳，日本経済評論社，1997)

Milano, Attilio.(1963). *Storia degli Ebrei in Italia*. Torino: Einaudi.

Milton, John. (1667). "Paradise Lost." In S. Orgel and J. Goldberg, eds.,*John Milton*. Oxford: Oxford University Press, (1992). (『失楽園』平井正穂訳，岩波書店，1981)

Mingay, G. E. (1997). *Parliamentary Enclosures in England: An Introduction to Its Causes, Incidence and Impact,1750–1850*. London: Longman.

Moi, Toril, ed. (1987). *French Feminist Thought: A Reader.* Oxford: Basil Blackwell.

Molitor, Ulrich. (1489). *De Lamiis et Pythonicis Mulieribus*.

Moller, Herbert ed. (1964). *Population Movements in Modern European History*. New York:The Macmillan Company.

——. (1964a). "Population and Society During the Old Regime, c.1640-1770." In Moller ed., *op.cit.*,(1964),19-42.

Momsen, Janet H., ed. (1993). *Women and Change in the Caribbean: A Pan-Caribbean Perspective*. London: James Currey.

Montaigne, Michel Eyquem de. (1580).*The Essays*. London: Oxford University Press, 1942. (『モンテーニュ随想録』関根秀雄訳，国書刊行会，2014)

Montanari, Massimo. (1993). *La fame e L'abbondanza. Storia dell' alimentazione in Europa*. Roma-Bari: Laterza. (『ヨーロッパの食文化』山辺規子・城戸照子訳，平凡社，1999)

Monter, William E. Monter, E. W. (1969). *European Witchcraft*. New York: John Wiley and Sons.

——. (1969). "Law, Medicine and the Acceptance of Women." In Monter,ed., *op cit.*,(1969).

——. (1976). *Witchcraft in France and Switzerland: The Borderlands During the Reformation*. Ithaca: Cornell University Press.

——.(1977). "The Pedestal and the Stake: Courtly Love and Witchcraft." In Bridental and Koonz eds., *op. cit.*, (1977).

——. (1980). "Women in Calvinist Geneva." *Signs, Journal ofWomen in Culture and Society*,vol.6, no. 2,Winter,189-209.

Emphasis on the Belgian Scene. New Brunswick (NJ): Rutgers University Press.

McManners, J. (1981). *Death and the Enlightenment*. Oxford: Oxford University Press. (『死と啓蒙：十八世紀フランスにおける死生観の変遷』小西嘉幸・中原章雄・鈴木田研二 訳訳，平凡社，1989)

McNamara, Jo Ann and Suzanne Wemple.(1988). "The Power of Women Through the Family in Medieval Europe, 500–1100. In Erler and Kowaleski, eds., *op.cit.*, (1988).

Meillassoux, Claude. (1975). *Maidens, Meal and Money: Capitalism and the Domestic Community*. Cambridge: Cambridge University Press. (『家族制共同体の理論：経済人類学の課題』川田順造・原口武彦訳，筑摩書房，1977)

——. (1986). *The Anthropology of Slavery: The Womb of Iron and Gold*.(Translated from the French). Chicago: Chicago University Press,1991.

Melossi, Dario and Massimo Pavarini.(1981). *The Prison and the Factory: Origins of the Penitentiary System*.(Translated from the Italian).Totowa (NJ): Barnes and Noble. (『監獄と工場：刑務所制度の起源』竹谷俊一訳，彩流社，1990)

Mendelson, Sara and Patricia Crawford. (1998).*Women in Early Modern England, 1550–1720*. Oxford: Clarendon Press.

Merchant, Carolyn.(1980). *The Death of Nature: Women, Ecology and the Scientific Revolution*. New York: Harper and Row. (『自然の死：科学革命と女・エコロジー』団まりな・垂水雄二・樋口祐子訳，工作舎，1985)

——. (1987). "Mining the Earth's Womb." In Rothschild ed., *op. cit.*,(1987),99-117.

Mereu, Italo. (1979). *Storia dell'Intolleranza in Europa*. Milano: Mondadori.

Mergivern, James J. (1997). *The Death Penalty: An Historical and Theological Survey*. New York: Paulist Press.

Midelfort, Erik H.C.(1972). *Witch Hunting in Southwestern Germany, 1562–1684: The Social and Intellectual Foundations*. Stanford: Stanford University Press.

Midnight Notes Collective. (1990). "The New Enclosures," Midnight Notes no. 10, Fall.

——. (2001). *Auroras of the Zapatistas: Local and Global Struggles of the Fourth World War.* New York:Autonomedia.

Mies, Maria. (1986). *Patriarchy and Accumulation on a World Scale*. London: Zed Books.

Beacon Press.

Martin, Ruth.(1989). *Witchcraft and the Inquisition in Venice,1550–1650*. London:Basil Blackwell Inc.

Martinez, Bernardo Garcia *et al*. (1976). *Historia General De Mexico*, Tomo 1. Mexico D. F.: El Colegio de Mexico.

Marvell, Andrew.(1681). *Miscellaneous Poems*. Ed. by Mary Marvell. Scolar Press, 1969.

Marx, Karl.(1857–58).*Grundrisse*. (Translated from the German). London: Penguin, 1973.（「経済学批判要綱」横張誠・木前利秋・今村仁司訳『ルイ・ボナパルトのブリュメール一八日；経済学批判要綱：「序説」「資本制生産に先行する諸形態」；経済学批判：「序言」；資本論第一巻初版：「第一章」』筑摩書房 2005）

——. (1867). *Capital. A Critique of Political Economy*.Vol. I and Vol.III. Chicago: Charles H. Kerr & Company, 1909.（『資本論』中山元訳，日経 BP 社，日経 BP マーケティング（発売），2011）

——. (1932). *Economic and Philosophical Manuscripts of 1844*. Moscow: Foreign Languages Publishing House (1961).（「経済学・哲学草稿」中山元・三島憲一・徳永恂・村岡晋一訳，『デモクリトスの自然哲学とエピクロスの自然哲学の差異；ヘーゲル法哲学批判：序説；ユダヤ人問題によせて；経済学・哲学草稿』筑摩書房，2005）

Mather, Cotton. (1681–1708). *Diary of Cotton Mather*. 2 vols. Massachusetts Historical Society Collection, (1911–12). Quoted by Philip Greven in The Protestant Temperament.

Maxwell-Stuart,P.G.(2001). *Satan's Conspiracy: Magic and Witchcraft in Sixteenth-Century Scotland*. Edinburgh:Tuckwell Press.

Mayer, Enrique. (1982). *A Tribute to the Household Domestic Economy and the Encomienda in Colonial Peru. Austin* (Texas): Institute of Latin American Studies.

Mazzali, Tiziana.(1988). *Il Martirio delle streghe: Una drammatica testimonianza dell'Inquisizione laica del seicento*. Milano: Xenia. Mazzi, Maria Serena. (1991). Prostitute e Lenoni nella Firenze del Quattrocento. Milano: Il Saggiatore.

McDonnell, Ernest W.(1954). *The Beguines and Beghards in Medieval Culture, with Special*

Loescher Editore.

Luzzati, Michele. (1981). "Famiglie nobili e famiglie mercantili a Pisa e in Toscana nel basso medioevo." In Georges Duby and Jacques Le Goff eds., *op.cit.*,(1981), 185-206.

Macfarlane, Alan.(1970).*Witchcraft in Tudor and Stuart England: A Regional and Comparative Study*. New York: Harper & Row, Publishers.

——. (1978). *Origins of English Individualism: The Family, Property and Social Transition*. Oxford:Basil Blackwell.（『イギリス個人主義の起源：家族・財産・社会変化』酒田利夫訳，リブロポート，1990）

Macpherson,C.B. (1962).*The Political Theory of Possessive Individualism*. Hobbes to Locke. Oxford: Oxford University Press.（『所有的個人主義の政治理論』藤野渉・将積茂・瀬沼長一郎訳，合同出版，1980）

Malebranche, Nicholas. (1688). Entretiens sur la metaphysique et sur la religion. "Dialogues on Metaphysics and Religion." In Popkin, ed., *op. cit.*, (1966).（『形而上学と宗教についての対話』井上龍介訳，晃洋書房，2005）

Malos, Ellen ed. (1980). *The Politics of Housework*. New York: The New Clarion Press.

Manning, Roger B. (1988). *Village Revolts: Social Protest and Popular Disturbances in England, 1509–1640*. Oxford: Clarendon Press.

Mandrou, Robert. (1968). *Magistrates et Sorcieres en France au XVII Siècle*. Paris: Librairies Plon.

Manoukian Agopik ed. (1974). *Famiglia e Matrimonio nel Capitalismo Europeo*. Bologna: Il Mulino.

Marks, Elaine and Isabelle Courtivron eds. (1981). *New French Feminisms. An Anthology*. New York: Schocken Books.

Marlowe, Christopher. (1604). *Doctor Faustus*. London.（『マルタ島のユダヤ人：フォースタス博士』小田島雄志訳，白水社，1995）

Marshall, Dorothy. (1926). *The English Poor in the Eighteenth Century*. London: George Routledge & Sons.

Marshall, Rosalind. (1983). *Virgins and Viragos: A History of Women in Scotland, 1080–1980*. Chicago:Academy Chicago Ltd.

Martin, Emily.(1987). *The Woman in the Body. A Cultural Analysis of Reproduction*. Boston:

Lenoble, Robert. (1943). *Mersenne, ou, la Naissance du Mécanisme*. Paris: Vrin.

Lerner, Robert E.(1972). *The Heresy of the Free Spirit in the Later Middle Ages*. Berkeley: University of California Press.

Le Roy Ladurie, Emmanuel. (1966). *Les Paysans de Languedoc*. Paris,Gallimard.

——. (1974). *Peasants of Languedoc*. (Translated from the French). Carbondale (IL): University of Illinois Press.

——. (1979). *Il Carnevale di Romans*. (Translated from the French). Milano: Rizzoli, 1981.（『南仏ロマンの謝肉祭：叛乱の想像力』蔵持不三也訳，新評論，2002）

——. (1981). The Mind and Method of the Historian. Chicago: University of Chicago Press.

——, *et al*. (1987). *Jasmin's Witch*. New York: George Braziller.（『ジャスミンの魔女：南フランスの女性と呪術』杉山光信訳，新評論，1997）

Levack, Brian P.(1987).*The Witch-Hunt in Early Modern Europe*. London: Longmans.

——, ed. (1992). *Witchcraft, Magic and Demonology. In thirteen volumes*. New York: Garland Publishing.

Levine, David ed. (1984). P*roletarianization and Family History*. New York: Academic Press.

Linebaugh, Peter. (1975). "The Tyburn Riots Against the Surgeons." In Hay et al., *op.cit*.

—— .(1992). *The London Hanged*. Crime and Civil Society in the Eighteenth Century. Cambridge University Press.

Linebaugh, Peter. And Rediker, Marcus Buford. (2000). *The Many-Headed Hydra : Sailors, Slaves, Commoners, and the Hidden History of the Revolutionary Atlantic*. London: Verso.

Lis,C.and H.Soly.(1979). *Poverty and Capitalism in Pre-Industrial Europe*. Atlantic Highlands (NJ): Humanities Press.

——. (1984). "Policing the Early Modern Proletariat, 1450–1850." In Levine ed., *op. cit*., (1984),163-228.

Little, Lester K. (1978). *Religious Poverty and the Profit Economy in Medieval Europe*. Ithaca (NY): Cornell University Press.

Lombardini, Sandro.(1983). *Rivolte Contadine in Europa* (Secoli XVI–XVIII).Torino:

Larner, Christina.(1980). "Crimen Exceptum?The Crime of Witchcraft in Europe." In Gatrell, V.A.C. et al., eds., *op. cit.*, (1980).

——. (1981). *Enemies of God. The Witch-Hunt in Scotland*. Baltimore: The John Hopkins University Press.

——. (1984). *Witchcraft and Religion: The Politics of Popular Belief*. Oxford: Basil Blackwell.

La Rocca, Tommaso, ed. (1990). *Thomas Müntzer e la rivoluzione dell'uomo commune*. Torino: Claudiana.

Laslett, Peter. (1971). *The World We Have Lost*. New York:Scribner's.（『われら失いし世界：近代イギリス社会史』川北稔・指昭博・山本正訳，三嶺書房，1986）

Lavallee, Joseph.(1809). *Histoires des Inquisitions Religieuses d'Italie,d'Espagne et de Portugal*. Paris.

Lawson, George (Rev.). (1657). *Examination of Leviathan*.

Lea, Henry Charles.(1888). A History of the Inquisition of the Middle Ages.Vol.2. New York: Harper & Brothers.

——. (1922). *A History of the Inquisition of the Middle Ages*. London: MacMillan.

——. (1957). *Materials Towards a History of Witchcraft*. Edited.by Arthur C. Howland, with an Introduction by George Lincoln Burr, 3rd vol. New York: Thomas Yoseloff.

——. (1961). *The Inquisition of the Middle Ages*. New York: Macmillan Company.

Leacock, Eleanor. (1980). "Montagnais Women and the Jesuit Program For Colonization." In Etienne and Leacock, eds., *op.cit.*,(1980), 25–4.

Leacock, Eleanor Burke. (1981). *Myths of Male Dominance: Collected Articles on Women Cross- Culturally*. New York: Monthly Review Press.

Lecky, W. E.H. (1886). *History of the Rise of Influence of the Spirit of Rationalism in Europe*. New York: Appleton & Co.

Le Goff, Jacques. (1956). *Tempo della Chiesa e tempo del Mercante*. (Translated from the French).Torino: Einaudi,1977.

——, ed. (1980).La Nuova Storia. (Translated from the French). Milano: Mondadori.

——. (1988). *Medieval Civilization*. Oxford: Basil Blackwell.（『中世西欧文明』桐村泰次訳，論創社，2007）

Kingston, Jeremy. (1976). *Witches and Witchcraft. Garden City, NY: Doubleday.* (『魔女の恐怖』船戸英夫訳，学習研究社，1977)

Kittredge, G. L. (1929).*Witchcraft in Old and New England*. Cambridge.MA:Harvard University Press.

Klaits, Joseph. (1985). *Servants of Satan: The Age of the Witch-Hunts*. Bloomington (IN): Indiana University Press.

Klapisch-Zuber, Christiane ed. (1996). *Storia delle Donne in Occidente*. Il Medioevo. Bari:Laterza. (『女の歴史』杉村和子・志賀亮一監訳，藤原書店，1994)

Koch, Gottfried. (1983). "La Donna nel Catarismo e nel Valdismo Medievali." In Capitani ed., *op. cit.,* (1983).

Koning, Hans.(1991). *Columbus: His Enterprise: Exploding the Myth*. New York:Monthly Review Press.

——. (1993). *The Conquest of America: How the Indian Nations Lost Their Continent*. New York: Monthly Review Press.

Kors,Alan C.,and Edward Peters.(1972). *Witchcraft in Europe 1100–1700: A Documentary History*. Philadelphia:University of Pennsylvania Press.

Kowaleski, Maryanne and Judith M.Bennett.(1989). "Crafts, Guilds, and Women in the Middle Ages: Fifty Years After Marian K.Dale." *Signs: Journal of Women in Culture and Sociery*, vol.14, no2, Winter, 474-88.

Kramer, Heinrich, and James Sprenger. (1486). *Malleus Maleficarum*. (Translated from the German, with an Introduction by Rev. Montague Summers). New York: Dover Publications, Inc., 1971.

Kriedte, Peter.(1983). *Peasants, Landlords, and Merchant Capitalists. Europe and the World Economy, 1500–1800*. Cambridge: Cambridge University Press.

Kuen, Thomas.(1998). "Person and Gender in the Laws." In Judith C. Brown and Robert C. Davis, eds., *op.cit.*,(1998), 87–106.

Kurlansky, Mark. (2001).*The Basque History of the World*. London: Penguin.

Lambert, Malcolm. (1977). *Medieval Heresy*. Oxford: Basil Blackwell, 1992.

Langland, William. (1362-1370).*The Vision of William Concerning Piers the Plowman*. Clarendon: Oxford University Press, 1965. (『農夫ピアースの夢』柴田忠作訳註，東海大学出版会，1981)

James, Selma. (1975). " Sex, Race and Class." Bristol: Falling Wall Press.

Jonson, Ben. (1610). *The Alchemist*. Ed. By Gerald E. Bentley Wheeling (IL): Harlan Davidson Inc., 1947.（『錬金術師』大場建治訳，国書刊行会，1991）

Jordan, W. C. (1996). *The Great Famine. Northern Europe in the Early Fourteenth Century*. Princeton: Princeton University Press.

Joseph, Margaret Paul. (1992). *Caliban in Exile: The Outsider in Caribbean Fiction*. Westport (CT): Green wood.

Kaltner, Karl Hartwig. (1998). "Sulle Guerre contadine in Austria." (Translated from the German). In Thea (1998).

Kamen, Henry. (1972). *The Iron Century: Social Change in Europe, 1550-1660*. New York: Praeger Publishers.

Karras, Ruth Mazo. (1989). " The Regulations of Brothels in Later Medieval England." *Signs: Journal of Women in Culture and Sociery*, vol.14, no.21, Winter, 399-433.

——. (1996). *Common Women: Prostitution and Sexuality in Medieval England*. Oxford: Oxford University Press.

Kay, Marguerite. (1969). *Bruegel*. London: The Hamlyn Publishing Group.

Kaye, Harvey j. (1984). *The British Marxist Historians*. New York: St.Martin's Press, 1955.（『イギリスのマルクス主義歴史家たち：ドッブ，ヒルトン，ヒル，ホブズボーム，トムスン』桜井清監訳，白桃書房，1989）

Kaye, Joel. (1998). *Economy and Nature in the Fourteenth Century*. Cambridge: Cambridge University Press.

Kelly, Joan. (1977). "Did Women Have a Renaissance?" In Bridenthal and Koonz eds., *op.cit.*, (1977).

——. (1982). "Early Feminist Theory and the Querelle des Femmes, 1400-1789." *Signs: Journal of Women in Culture and Sociery*. 1982, vol.8, no.1, Autumn, 4-28.

——. (1984). *Women, History and Theory. The Essays of Joan Kelly*. Chicago: Chicago University Press.

Kieckhefer, Richard. (1976). *European Witch-trials: Their Foundations in Popular Culture, 1300-1500*. Berkeley: University of California Press.

King, Margaret L. (1991). *Women of the Renaissance*. (Translated from the Italian). Chicago: The University of Chicago Press.

Russell.

Hone, Nathaniel J. (1906). *The Manor and Manorial Records*. London: Methuen & Co.

Hoskins, W.G. (1976). *The Age of Plunder: The England of Henry VIII, 1500-1547*. London: Longman.

Howell, Martha. (1986). *Women, Production and Patriarchy in Late Medieval Cities*. Chicago: Chicago University Press.

Hsia, R. Po-Chia (1988a). "Munster and the Anabaptists." In R. P. Hsia ed., *op.cit.*, (1988b).

——, ed. (1988b). *The German People and the Reformation*. Ithaca (NY): Cornell University Press.

Hufton, Olwen. (1993). "Women, Work, and the Family." In Davis and Farge eds., *op. cit.*,(1993).

Hughes, Diane Owen. (1975). "Urban Growth and Family Structure in Medieval Genoa." ln. *Past and Present*, no.66, February,3-28.

Hughes, Williams. (1991). *Western Civilization, Vol.II. Early Modern Through the 20th Century*. Guilford (CT): The Duskin Publishing Group.

Hull, Gloria T., Patricia Bell-Scott, and Barbara Smith. (1982). *All the Women Are White, All the Blacks Are Men, But Some of Us Are Brave : Black Women's Studies*. New York: The Feminist Press.

Hulme, Peter. (1994). "Tales of Distinction: European Ethnography and the Caribbean." in. Schwartz, Stuart B., ed., *op. cit*,(1944),157-200.

Hunt, David. (1970). *Parents and Children in History: The Psychology of Family Life in Early Modern France*. New York: Basic Books.

Hutchinson, E. P. (1967). *The Population Debate*. New York: Houghton Mifflin.

Hybel, Nils. (1989). *Crisis or Change: The Concept of Crisis in the Light of Agrarian Structural Reorganization in Late Medieval England*. Aarhus: Aarhus University Press.

Innes, Brian. (1998). *The History of Torture. New York: St. Martin's Press*.（『世界拷問史』本園正興訳，青土社，1999）

James, Margaret. (1966). *Social Problems and Policy During the Puritan Revolution, 1640-1660*. New. York: Barnes & Noble.

——. (1985). *Class Conflict and the Crisis of Feudalism: Essays in Medieval Social History.* London: The Hambledon Press.

Hilton, Rodney, Maurice Dobb, Paul Sweezy, H.Takahashi and Christopher Hill (1976). *The Transition from Feudalism to Capitalism*. London: New Left Books.（『封建制から資本主義への移行』大阪経済法科大学経済研究所訳，柘植書房，1982）

Himes, Norman. (1963). *Medical History of Contraception*. New York: Gamut Press.（『避妊の歴史』現代性科学研究会訳，美学館，1981）

Himmelman. P. Kenneth. (l997). "The Medicinal Body: An Analysis of Medicinal Cannibalism in Europe, 1300—1700." *Dialectical Anthropology*,22 180-203.

Hobbes, Thomas. (1962). *Behemoth: The History of the Causes of the Civil Wars of England, and of the Counsels and Artifices by which they were Carried on from the Year 1640 to the Year 1660*. *English Works*. Vol.VI. Germany: Scientia Aalen.（『ビヒモス』山田園子訳，岩波書店，2014）

——. (1963). *Leviathan*. New York: World Publishing Company.（『リヴァイアサン』水田洋訳，岩波書店，1992）

——. (1966). *English Works*. Germany: Scientia Aalen

Hobsbawm, E.J. (1954). "General Crisis of the European Economy in the 17th Century." *Past and Present*, no. 5. (May 1954)

Hodges, Richard and Whitehouse, David. (1983). *Mohammed, Charlemagne and the Origins of Europe*. Ithaca: Cornell University Press.

Holbein, Hans the Younger. (1538). *The Dance of Death*. Published by Melchior and Gaspar Trechsel, Lyons, France.

Holmes, Clive. (1993). "Women, Witnesses and Witches." *Past and Present*. no .140 (1993) 45-78.

Holmes, Ronald. (1974). *Witchcraft In British History*. London: Frederick Muller Ltd.

——. (1975). *Europe: Hierarchy and Revolt. 1320-1450*. New York: Harper & Row.

Holt, Richard. (1987). "Whose Were the Profits of Corn Milling? An Aspect of the Changing. Relationship Between the Abbots of Glastonbury and Their Tenants. 1086-1350." *Past and Present*. no.116, (August 1987)3-23.

Homans. G. C. (1960). E*nglish Villagers of the Thirteenth Century.* New York: Russell and

Chicago(IL): University of Illinois Press.

Henriques, Fernando. (1966). *Storia General Della Prostituzione. Vol.2. Il Medioevo e l'eta' moderna*. (Translated from the English). Milano: Sugar Editore.

Herlihy, David.(1995).*Women, Family and Society in Medieval Europe: Historical Essays. 1978-91*. Providence (RI): Berghahn Books.

——. (1985). *Medieval Households*. Cambridge, Mass.: Harvard University Press.

——. (1977). *The Black Death and the Transformation of the West*. Cambridge (Mass.): Harvard University Press.

Herzog, Don.(1989).*Happy Slaves. A Critique of Consent Theory*. Chicago:University of Chicago.

Hill, Christopher. (1952). "Puritans and the Poor." *Past and Present* no. 2. (November).

——. (1958). *Puritanism and Revolution: The English Revolution of the 17th Century*. New York: Schocken Books. Hill, Christopher. (1958).

——. (1961). *The Century of Revolution, 1603-1714*. New York: WW.Norton & Company, 1980.

——. (1964). *Society and Puritanism in Pre-Revolutionary England*. New York: Schocken Books.

——. (1965). *Intellectual Origins of the English Revolution*. Oxford University Press. (『イギリス革命の思想的先駆者たち』福田良子訳，岩波書店，1972)

——. (1971). *Antichrist in Seventeenth Century England*. Oxford. University Press.

——. (1975). *Change and Continuity in 17th Century England*. Cambridge (MA): Harvard University Press.

——. (1975a). *The World Upside Down*. London: Penguin.

Hilton, Rodney. (1953). "The Transition from Feudalism to Capitalism." *Science and Society*, XVII, 4, Fall, 341-51.

——. (1966). A Medieval Society: T*he West Midlands at the End of the Thirteenth Century*. Cambridge: Cambridge University Press.

——. (1973). *Bond Men Made Free. Medieval Peasant Movements and the English Rising of 1381*. New York: Viking Press, Inc.

University Press.

Hanke, Lewis. (1959). Aristotle and the American Indians:A Study in Race Prejudice in the Modern World. Bloomington: Indiana University Press.1970.（『アリストテレスとアメリカ・インディアン』佐々木昭夫訳，岩波書店，1974）

Hardin, Garrett. (1968). "The Tragedy of the Commons." *Science* 162, 1243-48.

Harris, Marvin. (1974). *Cows, Pigs and Witches*. New York: Random House.（『文化の謎を解く：牛・豚・戦争・魔女』御堂岡潔訳，東京創元社，1988）

Hart, Roger. (1971). *Witchcraft*. New York:G. Putnam's Sons.

Harvey,P. D.A. (1973). "The English Inflation:1180–1220." *Past and Present*,no 61,November.

Harvey, William. (1961). *Lectures on the Whole of Anatomy*. Berkeley: University of California Press.

Hatcher, John. (1977). *Plague, Population and the English Economy, 1348-1530*. New York: Macmillan.

——. (1994). "England in the Aftermath of the Black Death." *Past and Present*. no.144,August, 3–36.

Hay, Douglas. (1975). "Property, Authority and the Criminal Law." In Hay et al., *op. cit.*, (1975),17–63.

——, *et al*. (1975). *Albion's Fatal Tree: Crime and Society in 18th Century England*. New York: Pantheon Books.

Heckscher,Eli J.(1965). *Mercantilism*,Vol.1 and 2.(Translated from the Swedish). London: George Allen & Unwin Ltd.

Helleiner, K.F. (1958). "New Light on the History of Urban Populations." *Journal of Economic History,* XVIII.

Heller, Henry.(1986). *The Conquest of Poverty: The Calvinist Revolt in Sixteenth Century France*. Leiden (Netherlands): E.J. Brill.

Hemming, John. (1970). *The Conquest of the Incas*. New York: Harcourt Brace and Company.

Henderson, Katherine Usher and McManus, Barbara F. (1985). *Half Humankind : Contexts and Texts of the Controversy about Women in England, 1540-1640*. Urbana and

——. (1992). *Civilizations of the West*. Vol.2. From 1660 to the Present. New York: HarperCollins.

Green, Monica. (1989). "Women's Medical Practice and Healthcare in Medieval Europe." *Signs: Journal of Women in Culture and Sociery*, vol. 14. no.2, Winter, 434-473.

Gregory, Annabel. (1991). "Witchcraft, Politics and 'Good Neighborhood' in Early Seventeenth-Century Rye." *Past and Present*. no .133, November, 31-66.

Greven, Philip. (1977). *The Protestant Temperament. Patterns of Child-Rearing, Religious Experience, and the Self in Early America*. New York: Alfred Knopf.

Griffin, Susan. (1978). *Women and Nature. The Roaring Inside Her*. San Francisco: Sierra Club.

Guillaumin. Colette. (1995). *Racism, Sexism, Power and Ideology*. NewYork: Routledge.

Guaman Porna de Ayala, Felipe. (1615). *Nueva Corónica y Buen Gobierno*. Paris: Institut d' Ethnologie, 1936.

Francesco-Maria. (1608). *Compendium Maleficarum*. Edited by Montague Summers. New York: Barnes and Nobles, 1970. (First edition 1929).

Gunder Frank, Andre (1978). *World Accumulation, 1492-1789*. New York: Monthly Review Press.

Hacker, Barton C. (1981). "Women and Military Institutions in Early Modern Europe: A Reconnaissance." *Signs: Journal of Women in Culture and Sociery*, vol,6, no.41, Summer, 643-71.

Hamilton, Earl J. (1965). *American Treasure and the Price Revolution in Spain 1501-l650*. New York: Monthly Review Press.

Hanawalt, Barbara A. (1986a). "Peasant Resistance to Royal and Seignorial Impositions." In F. Newman, ed., *op. cit.*, (1986), 23–49.

——. (1986b). *The Ties That Bound: Peasant Families in Medieval England*. Oxford: Oxford University Press.

——. (1986c). "Peasant Women's Contribution to the Home Economy in Late Medieval England." In Barbara Hanawalt (1986d).

——. (1986d). *Women and Work in Pre-industrial Europe*. Bloomington (Indiana): Indiana

Ginzburg, Carlo. (1966). *I Benandanti. Torino: Einaudi*.（『夜の合戦：16-17 世紀の魔術と農耕信仰』上村忠男訳，みすず書房，1992）

——. (1991). *Ecstasies. Deciphering the Witches' Sabbath*. (Translated from the Italian). New York: Pantheon.（『闇の歴史：サバトの解読』竹山博英訳，せりか書房，1992）

Glanvil, Joseph. (1661). *The Vanity of Dogmatizing : The Three "Versions"*. Introduction by Stephen Medcalf. Hove (Sussex): Harverster Press, 1970.

Glass, D.V and Everseley, D.E.C., eds. (1965). *Population in History*. Chicago: Chicago University Press.

Goetz, Hans-Werner. (1986). *Life in the Middle Ages*. London: University of Notre Dame Press.（『中世の日常生活』轡田収・川口洋・山口春樹・桑原ヒサ子訳，中央公論社，1989）

Goldberge, Jonathan. (1992). *Sodometries. Renaissance Texts, Modern Sexualities*. Stanford(CA): Stanford University Press.

Goodare, Julian, ed. (2002). *The Scottish Witch-hunt in Context*. Manchester: Manchester University Press.

Gordon-Grube, Karen. (1988). "Anthropophagy in Post-Renaissance Europe: The Tradition of Medical Cannibalism." *American Anthropologist Research Reports*. [90],405-08.

Gosse, Edmund. (1905). *Sir Thomas Browne*. London: The Macmillan Company.

Gottfried, Johann Ludwig. (1630). *Le Livre des Antipodes*. Paris: Maspero, 1981.

Gottliebe, Beatrice. (1993). *Family in the Western World: From the Black Death to the Industrial Age*. Oxford: Oxford University Press.

Goubert,jean. (1977). "L' Art de Guerir: medicine savante et medicine populaire dans la France de 1790." *Annales*, no.32, July-December.

Goubert, Pierre. (1986). *The French Peasantry in the Seventeenth Century*. (Translated from the French). London: Cambridge University Press.

Graus, Frantisek. (1967). "Social Utopia in the Middle Ages." *Past and Present*. no .38, December, 3-19.

Greaves, Richard L., *et al*. (1992). *Civilizations of the West*. Vol.I: From Antiquity to 1715. New York: HarperCollins.

Fraser, Antonia. (1984). *The Weaker Vessel*. New York: Alfred Knopf.

Fryde,E. D. (1996). *Peasants and Landlords in Later Medieval England*. NewYork: St. Martin's Press.

Furniss, Edgar. (1957). *The Position of the Laborer in a System of Nationalism*. New York: Kelly and Millan.

Galzigna, Mario. (1978). "La Fabbrica del Corpo." *Aut-Aut* (Milano), No,167-68, September-December, 153-74.

Garrett, Clarke. (1977). "Women and Witches: Patterns of Analysis." *Signs, journal of Women in Culture and Society*. (Winter),1977.

Gatrell, V.A.C. et al. eds. (1980). *Crime and the Law: The Social History of Crime in Western Europe Since 1500*. London: Europe Publications.

Geis, Gilbert and Ivan Bunn. (1997). *A Trial of Witches. A Seventeenth-century Witchcraft Prosecution*. New York: Routledge.

Gelis, Jacques (1977), "Sages femmes et accoucheurs, l'obstetrique populaire au. XVIIème et XVIIIème siècles." *Annales*, no.32, July-December.

Gerbi, Antonello. (1985). *Nature in the New World: From Christopher Columbus to Gonzalo Fernandez de Oviedo*. (Translated from the Italian). Pittsburgh : University of Pittsburgh Press.

Geremek, Bronislaw. (1985). *Mendicanti e Misrabili Ne'll Europa Moderna*. (1350-1600). Roma: Instituto dell' Enciclopedia Italiana Treccani.

——. (1987). *The Margins of Medieval Society*. Cambridge: Cambridge University Press.

——. (1988). *La Stirpe di Caino. L'immagine dei vagabondi e dei poveri nelle letterature europee dal XV al XVII secolo*. Milano: Il Saggiatore.

——. (1994). *Poverty. A History. Oxford: Basil Blackwell*. (Translated from the Polish). (『憐れみと縛り首：ヨーロッパ史のなかの貧民』早坂真理訳，平凡社，1993)

Gert, Bernard, ed. (1978). *Man and Citizen: Thomas Hobbes*. Gloucester, MA.

Geschiere, Peter and Francis Nyamnjoh. (1988). "Witchcraft as an Issue in the 'Politics of Belonging': Democratization and Urban Migrants' Involvement with the Home Village." *African Studies Review*, Vol.49, N.3, December 1998,69-91.

Gilboy. Elizabeth. (1934).*Wages in Eighteenth-Century England*. Cambridge (MA): Harvard. University Press.

Ford, John. (1633). “Tis a Pity She' s a Whore." in *Webster and Ford: Selerted Plays*. London: Everyman's Library.（「あわれ彼女は娼婦」小田島雄志訳，『あわれ彼女は娼婦；心破れて』白水社，1995）

Forman Crane, Elaine. (1990). "The Socioeconomics of a Female Majority in Eighteenth Century Bermuda." *Signs: Journal of Women in Culture and Sociery*, vol.15, no.2, Winter, 231-258.

Fortunati, Leopoldina. (1981). *L'arcano Della Riproduzione: Casalinghe, Prostitute, Operai e Capitale*. Venezia: Marsilio Editori.

——. (1995). *The Arcane of Reproduction: Housework, Prostitution, Labor and Capital*. Brooklyn: Autonomedia.

—— .(1984). “La ridefinizione della donna."1n Federici and Fortunati, *op. cit.*,(1984).

Fortunati, Leopoldina.and Federici, Silvia. (1984). *Il Grande Calibano. Storial del corpo social ribelle nella prima fase del capitale*. Milano: Franco Angeli.

Foucault, Michel. (1961). *Madness and Civilization. A History of Insanity in the Age of Reason*. (Translated from the French). New York: Routledge, 1972.（『狂気の歴史：古典主義時代における』田村俶訳，新潮社，1975）

——. (1966). *The Order of Things : An Archaeology of the Human Sciences*. (Translated from the French). New York: Vintage Books, 1970.（『言葉と物：人文科学の考古学』渡辺一民・佐々木明訳，新潮社，1974）

——. (1969). *The Archeology of Knowledge and The Discourse On Language*. (Translated from the French). New York: Routledge, 1972.（『知の考古学』慎改康之訳，河出書房新社，2012）

——. (1975). *Discipline and Punish: The Birth of the Prison*. (Translated from the French). New York: Vintage Books,1977.（『監獄の誕生：監視と処罰』田村俶訳，新潮社，1977）

——. (1976). *The History of Sexuality*. Vol.1: *An Introduction*. (Translated from the French). New York :Random House, 1978.（『性の歴史Ｉ　知への意志』渡辺守章訳，新潮社，1986）

——. (1997). *The Politics of Truth. Ed.by Sylvère Lotringer.* New York: Semiotext(e).

Fox, Sally. (1985). *Medieval W'omen: An Illuminated Book of Days*. NewYork: Little, Brown and Co.

Evans, Richard J. (1996). *Rituals of Retribution: Capital Punishment in Germany, 1600-1987*. Oxford: Oxford University Press.

Farge, Arlette. (1987). "Women's History: An Overview." In Toril Moi, ed., *op. cit.*, (1987),133-149.

Fauré, Christine. (1981). "Absent from History." (Translated from the French). *Signs: Journal of Women in Culture and Society,* vol.7, no.1, 71-80.

Federici, Silvia. (1975). "Wages Against Housework." In Malos ed., *op.cit.*, (1980), 187-194.

——. (1988). "The Great Witch-Hunt." In *Maine Scholar*, Vol.1, no.1, Atumn, 31-52.

——, ed. (1995). *Enduring Western Civilization. The Construction of the Concept of the West and its 'Others'*. Westport(CT): Praeger.

Ferrari, Giovanna. (1987). "Public Anatomy Lessons and the Carnival: The Anatomy Theatre of Bologna." *Past and Present*. no . 117, November, 50-106.

Firpo, Luigi, ed. (1972). *Medicina Medieval*. Torino: UTET.

Fischer, David Hackett. (1996). *The Great Wave: Price Revolutions and the Rhythm of History*. Oxford: Oxford University Press.

Fisher, F. J., ed. (1961). *Essays in the Economic and Social History of Tudor and Stuart England, in. Honor of R.H. Tawney.* Cambridge: Cambridge University Press.

Flandrin, Jean Louis. (1976). *Families in Former Times. Kinship, Household and Sexuality.* (Translated from the French). Cambridge: Cambridge University Press, 1979. (『フランスの家族：アンシャン・レジーム下の親族・家・性』森田伸子・小林亜子訳，勁草書房，1993)

Fletcher, Anthony (1973). *Tudor Rebellion:* (2nd edition). London: Longman.

Fletcher. Anthony & John Stevenson, eds. (1985). *Order and Disorder in Early Modern England.* Cambridge: Cambridge University Press.

Fletcher. Robert. (1896). "The Witches' Pharmakopeia." In *Bulletin of the johns Hopkins Hospital,* Baltimore, August 1896, Vol.VII, No.65, 147-56.

Foner. Philip S. (1947). *History of the labor Movement in the United States. Vol. 1. From Colonial Times to the Founding of the American Federation of Labor.* New York: International Publishers.

Fontaine, Nicholas.(1738). *Memoirer pour servir a l'histoire de Port-Royal.*

狩り対新哲学：自然と女性像の転換をめぐって』市場泰男訳，平凡社，1986）

Eisenstein, Zillah R. (1981). *The Radical Future of Liberal Feminism*. New York: Longman.

Ehrenreich, Barbara and Deirdre English. (1973). *Witches, Midwives and Nurses. A History of Women Healers*. Old Westbury, NY: The Feminist Press.（『魔女・産婆・看護婦：女性医療家の歴史』長瀬久子訳，法政大学出版局，2015）

Elias, Norbert.(1939). *The Civilizing Process. The History of Manners*. (Translated from the German). New York: Urizen Books, 1978.（『ヨーロッパ上流階層の風俗の変遷　文明化の過程・上』赤井慧爾・中村元保・吉田正勝訳，『社会の変遷 / 文明化の理論のための見取図　文明化の過程・下』波田節夫・溝辺敬一・羽田洋・藤平浩之訳，法政大学出版局，2010）

Elton, G.R. (1972). *Policy and Police*. Cambridge: Cambridge University Press.

Engels, Frederick. (1870). *The Peasant War in Germany*. Moscow: Progress Publishers, 1977.（「ドイツ農民戦争」山川均訳，『フランスの内乱；ドイツ農民戦争』新潮社，1956）

——. (1884). *The Origin of the Family, Private Property, and the State*. New York: International Publishers, 1942.（『家族・私有財産・国家の起源』土屋保男訳，新日本出版社，1999）

Ennen. Edith.(1986). *Le donne nel Medioevo*. (Translated from the German). Bari: Laterza.（『西洋中世の女たち』阿部謹也・泉眞樹子訳，人文書院，1992）

Erasmus, Desiderius. (1511). *The Praise of Folly*. (Translated from the Latin) New York: Modern Library, 1941.（『痴愚神礼讃：ラテン語原典訳』沓掛良彦訳，中央公論新社，2014）

Erbstosser, Martin. (1984). *Heretics in the Middle Ages* (Translated From the German). Edition Liepzig.

Erhard, Jean. (1963). *L'Idee de Nature en France dans la premiere moitiee de XVIII siecle*. Paris: Ecole. Pratique de Haute Etudes.

Erler, Mary and Maryanne Kowaleski, eds. (1988). *Women and Power in the Middles Ages*. Athens, Georgia: University of Georgia Press.

Etienne, Mona and Eleanor Leacock, eds. (1980). *Women and Colonization: Anthropological Perspective*. New York: Praeger.

Dobb, Maurice. (1947). *Studies in the Development of Capitalism*. New York: International Publishers,1963.（『資本主義發展の研究』京大近代史研究會譯，岩波書店，1954-55）

Dobson, R. B. (1983). *The Peasant Revolt of 1381*. London: Macmillan.

Dockes, Pierre. (1982). *Medieval Slavery and Liberation* (Translated from the French). London: Methuen.

Dodgshon, Robert A. (1998). *From Chiefs to Landlords: Social Economic Change in the Western Highlands and Islands, c. 1493-1820*. Edinburgh: Edinburgh University Press.

Douglas, C. North and Robert Paul Thomas. (1973). *The Rise of the Western World: A New Economic History*. Cambridge: Cambridge University Press.（『西欧世界の勃興：新しい経済史の試み』速水融・穐本洋哉訳，ミネルヴァ書房，2014）

Dudy, Georges and Jacques Le Goff. (1981). *Famiglia e parentela nell'Italia medieval*. Bologna: Il Mulino.

Duerr, Hans Peter. (1988). *Nudità e vergogna. Il Mito del Processo di Civilizzazione*. (Translated from the German). Venezia: Marsilio Editori, 1991.（『裸体とはじらいの文化史』藤代幸一・三谷尚子訳，法政大学出版局，2006）

Dunn, Richard S. (1970). *The Age of Religious Wars. 1559-1715*. New York: W.W.Norton & Company, Inc.

Dupaquier, Jacques. (1979). "Population." In Burke ed., *op.cit.*, (1979).

Duplessis, Robert S. (1997). *Transitions to capitalism in early modern Europe*. Camridge: Cambridge University Press.

Dyer, Chistopher. (1968). "A Redistribution of Income in XVth Century England." *Past and Present*, no.39, April, 11-33.

——. (1989).*Standards of Living in the Later Middle Ages: Social Change in England, 1200–1320*. Cambridge: Cambridge University Press

[The] Ecologist. (1993). *Whose Common Future? Reclaiming the Commons*. Philadelphia(PA): New Society Publishers in cooperation with Earth-scan Publications Ltd.

Easlea, Brian. (1980). *Witch Hunting, Magic and the New Philosophy. An Introduction to the Debates of the Scientific Revolution*. Brighton(Sussex): The Harvester Press.（『魔女

秀藤訳，岩波書店，2013）

De Leon, Antonio Garcia. (1985). *Resistencia y Utopia*. Vols.1 and 2. Mexico D.F.: Ediciones Era.

Demetz,Peter.(1997). *Prague in Black and Gold:Scenes from the Life of a European City.* New York: Hill and Wang.

Descartes, René. (1824-1826). *Oeuvres de Descartes*. Volume 7. Correspondence. Published by Victor Cousin. Paris: F.G.Levrault.

——. (1637). "Discourse on Method." In *Philosophical Works*,Vol. I.（「方法序説」三宅徳嘉・小池健男訳，『デカルト著作集　1』白水社，2007）

——. (1641). "Meditations." In *Philosophical Works*,Vol. I（「省察および反論と答弁」所雄章訳，『デカルト著作集　2』白水社，2007）

——. (1650). "Passions of the Soul." In *Philosophical Works*,Vol. I（「情念論」花田圭介訳，『デカルト著作集　2』白水社，2007）

——. (1664). "Le Monde"（「宇宙論」野沢協・中野重伸訳，『デカルト著作集　4』白水社，2007）

——. (1662). *Treatise of Man* (Translated from the French and commented by Thomas Steele Hall). Cambridge (Mass): Harvard University Press,1972（「人間論」伊東俊太郎，塩川徹也訳，『デカルト著作集　4』白水社，2007）

——. (1973). *Philosophical Works of Descartes*. Vol. I & II. (Translated from the French by E.S. Haldane and G.R.T.Ross). Cambridge: Cambridge University Press.

Descola,Philippe.(1994).*In the Society of Nature:A Native Ecology in Amazonia*. (Translated from the French). Cambridge: Cambridge University Press.

De Vries, Jean. (1976). *The economy of Europe in an age of crisis 1600-1750*. Cambridge: Cambridge University Press.

Dickson, David. (1979). "Science and Political Hegemony in the 17th Century." *Radical Science Journal*. No.8, 7-39.

Dingwall, E. G. (1931). *The Girdle of Chastity*. London: Routledge and Sons.

Di Nola, Alfonso. (1999). *Il Diavolo: La Forma, la storia, le vicende di Satana e la sua universal e malefica*… Roma: Newton and Compton Editore.

Di Stefano, Antonio. (1950). "Le Eresie Popolari nel Medioevo." In Ettore Rota ed., *op.cit.*, (1950).

Religion, War, Famine and Death in Reformation Europe. Cambridge: Cambridge University Press.

Curtis, Bruce.(2002). "Foucault on Governmentality and Population: The Impossible Discovery." *Canadian Journal of Sociology* 27, 4 (Fall), 505–533.

Dale, Marian K. (1933)."The London Silkwomen of the Fifteenth Century." *Signs, journal of Women in Culture and Society*, vol.14, no.21, Winter 1989, 489-501.

Dalla Costa, Giovanna Franca. (1978). *The Work of Love. Unpaid Housework, Poverty and Sexual Violence at the Dawn of the 21st Century*. (Translated from the Italian). New York: Autonomedia, 2004.（『愛の労働』伊田久美子訳，インパクト出版会，2005）

Dalla Costa, Mariarosa.(1971). *Potere Femminile e Sovversione Sociale*.Venezia: Marsilio Editori, 1972

——. (1995). "Capitalismo e Riproduzione." In *Capitalismo, Natura, Socialismo*, N.1,124-135.

——. (1998). "The Native in Us. The Earth We Belong To." *Common Sense*, 23,14-52.
Dalla Costa, M. and James, S. (1975). *The Power of Women and the Subversion of the Community*. Bristol: Falling Wall Press.（「女性のパワーと社会の変革」グループ7221 訳，『資本主義・家族・個人生活：現代女性解放論』亜紀書房，1980）

Daly, Mary. (1978). *Gyn/ Ecology:The MetaEthics of Radical Feminism*. Boston: Beacon.

Davis, Robert. (1998). "The Geography of Gender in the Renaissance." In Judith C. Brown & Robert C. Davis, eds., *op. cit.*, (1998).

De Angelis, Massimo. (2001). "Marx and Primitive Accumulation:The Continuous Character of Capital's Enclosures." In *The Commoner*. no.2, September, www.thecommoner.org.uk

De Givry,Grillot.(1971).*Witchcraft,Magic and Alchemy*. (Translated from the French). New York: Dover Publications, Inc.（『妖術師・秘術師・錬金術師の博物館』林瑞枝訳，法政大学出版局，2015）

De Gomara,Francisco Lopez.(1554).*Historia General de Las Indias*. Barcelona: Editorial Iberia（『拡がりゆく視圏』清水憲男訳，岩波書店，1995［抄訳］）

De Las Casas, Bartolome.(1552) *A Short Account of the Destruction of the Indies*. New York: Penguin Books, 1992.（『インディアスの破壊についての簡潔な報告』染田

[The] Commoner. A Web Journal For Other Values.www.commoner.org.uk

Condé, Maryse. (1992). *I, Tituba, Black Witch of Salem*. (Translated from the the French.) New York: Ballantine Books.（『わたしはティチューバ：セイラムの黒人魔女』風呂本惇子・西井のぶ子訳，新水社，1998）

Condren,Mary.(1989). *The Serpent and the Goddess: Women, Religion, and Power in Celtic Ireland*. San Francisco: Harper & Row Publishers.

Cook, Noble David. (1981). *Demographic Collapse. Indian Peru, 1520–1620*. Cambridge: Cambridge University Press.

Cooper, J. P., ed. (1970). *The New Cambridge Modern History.Vol. IV. The Decline of Spain and Thirty Years' War, 1609-1649*. Cambridge: Cambridge University Press.

Cornwall, Julian. (1977). *Revolt of the Peasantry, 1549*. London: Routledge & Kegan Paul

Cornej, Peter. (1993). *Les Fondements de l'Histoire Tcheque*. Prague: PBtisk.

Coudert, Allison P.(1989). "The Myth of the Improved Status of Protestant Women." In Brink et al. eds., *op. cit.*, (1989).

Couliano, Ioan P.(1987). *Eros and Magic in the Renaissance*. Chicago: University of Chicago Press.（『ルネサンスのエロスと魔術：想像界の光芒』桂芳樹訳，工作舎，1991）

Coulton, G. G. (1955). *Medieval Panorama: The English Scene from Conquest to Reformation*. New York: The Noonday Press.

Cousin, Victor. (1824-26). *Oeuvres de Descartes*. Paris: F. G. Levrault

Crane, Elain Forman. (1990) "The Socioeconomics of a Female Majority in Eighteenth Century Bermuda." *signs: Journal of woman in culture and society*, Vol.15, no.2, winner,231-58

Crosby, Alfred W., Jr. (1972). *The Columbian Exchange. Biological and Cultural Consequences of 1492*. Westport (CT): Greenwood Press. Inc.

Crown,William. (1983). *Changes in the Land. Indians, Colonists, and the Ecology of New England*. New York: Hill and Wang.（『変貌する大地：インディアンと植民者の環境史』佐野敏行・藤田真理子訳，勁草書房，1995）

Cullen, Michael J. (1975). *The Statistical Movement in Early Victorian Britain. The Foundations of Empirical Social Research*. New York: Barnes and Nobles.

Cunningham, Andrew and Ole Peter Grell. (2000). *The Four Horsemen of the Apocalypse*.

Christiansen, Rupert. (1994). *Paris Babylon:The Story of the Paris Commune*. New York: Viking.

Christie-Murray, David. (1976). *A History of Heresy.* Oxford: Oxford University Press.（『異端の歴史』野村美紀子訳，教文館，1997）

Ciekawy, Diane and Peter Geschiere. (1998). "ContainingWitchcraft: Conflicting Scenarios in Postcolonial Africa." In *African Studies Review.* vol. 41, Number 3, December, 1-14.

Cipolla, Carlo M. (1968). "The Economic Decline in Italy." In Brian and Pullan, eds., *op. cit.*, (1968).

——. (1994).*Before the Industrial Revolution: European Society and Economy 1000–1700*. (Third edition). New York: W.W. Norton.

Clark, Alice.(1919). *Working Life of Women in the Seventeenth Century.* London: Frank Cass and Co., 1968.

Clark, Stuart. (1980). "Inversion, Misrule and the Meaning of Witchcraft." *Past and Present*. no. 87, May,98-127.

Clendinnen, Inga. (1987). *Ambivalent Conquest: Maya and Spaniards in Yucatan, 1517–1570.* Cambridge: Cambridge University Press.

Cockcroft, James D. (1990). *Mexico: Class Formation, Capital Accumulation, and the State*. New York: Monthly Review Press.

Cohen,Esther.(1986). "Law,Folklore and Animal Lore." *Past and Present*. no.110,February,6-37.

Cohen,Mitchel. (1998). "Fredy Perlman: Out in Front of a Dozen Dead Oceans." (Unpublished Manuscript).

Cohn, Norman. (1970). *The Pursuit of the Millennium*. New York: Oxford University Press.（『千年王国の追求』江河徹訳，紀伊國屋書店，2008）

——. (1975). *Europe's Inner Demons*. New York: Basic Books.（『魔女狩りの社会史：ヨーロッパの内なる悪霊』山本通訳，岩波書店，1999）

Cohn,Samuel K.,Jr.(1981). "Donne in Piazza e donne in tribunal a Firenze nel Rinascimento." *Studi Storici*, July–September 1981, 3,Anno 22,515–33.

Colburn,Forrest D.,ed.(1989).*Everyday Forms of Peasant Resistance*. New York: M.E.Sharpe,Inc.

Routledge.（『ジェンダー・トラブル：フェミニズムとアイデンティティの攪乱』竹村和子訳，青土社，1999）

Byrne, Patrick. (1967). *Witchcraft in Ireland*. Cork:The Mercier Press.

Caffentzis, George. (1989). *Clipped Coins, Abused Words and Civil Government: John Locke's Philosophy of Money*. New York: Autonomedia.

——. (2001). "From Capitalist Crisis to Proletarian Slavery." In Midnight Notes, eds. (2001).

Camden, Carroll.(1952). *The Elizabethan Woman*. New York: Elsevier Press.

Campbell, Josie P. (1986). *Popular Culture in the Middle Ages*. Bowling Green (Ohio): Bowling Green University Popular Press.

Campbell,Mavis C.(1990). *The Maroons of Jamaica, 1655-1796*. Trenton (NJ): Africa World Press.

Capitani, Ovidio, ed. (197I).*L'eresia Medievale*. Bologna: Il Mulino.

——, ed. (1974). *La Concezione della povertá nel medioevo*. Bologna: Patron.

——, ed. (1983). *Medioevo Ereticale*. Bologna: Il Mulino.

Cardini, Franco, ed. (1989). *Gostanza, la strega di San Miniato*. Firenze: Laterza.

Carroll,William C.(1994). "The Nursery of Beggary:Enclosure; Vagrancy; and Sedition in the Tudor-Stuart Period." In Burt, Richard and John Michael Archer, eds., *op.cit.*, (1994).

Carus, Paul. (1990). *The History of the Devil and the Idea of Evil*. La Salle, Illinois: Open Court Publishing House.（『悪魔の歴史』船木裕訳，青土社，1994）

Casagrande, Carla ed. (1978). *Prediche alle donne del secolo XIII*. Milano: Bompiani.

Cavallo, S. and S. Cerutti. (1980). "Onore femminile e controllo sociale della riproduzione in Piemonte tra Sei e Settecento." In L. Accati ed., *op.cit.*, (1980), 346-83.

Cervantes, Fernando. (1994). *The Devil in the New World.The Impact of Diabolism in New Spain*. New Haven: Yale University Press.

Chaucer, Geoffrey. (1386-1387). *The Canterbury Tales*. London: Penguin 1977.（『カンタベリー物語』桝井迪夫訳，岩波書店，1995）

Chejne,Anwar G. (1983). *Islam and the West : the Moriscos*. Albany: State University Press.

Brundage, James. (1987). *Law, Sex and Christian Society in Medieval Europe*. Chicago: Chicago University Press.

Brunner, Otto. (1974). "Il Padre Signore." In Manoukian ed., *op. cit.*, (1974), 126–143.

Buenaventura-Posso, Elisa and Susan E. Brown (1980), "Forced Transition from Egalitarianism to Male Dominance: The Bari of Columbia." In Etienne and Leacock, eds. *op,cit.*, (1980).

Bullough, Vern L. (1976). *Sex, Society, and History*. New York: Science History Publications.

Bullough, Vern and Bonnie Bullough. (1993). *Crossdressing, Sex and Gender*. Philadelphia: University of Pennsylvania Press.

Burguière, André, et al. (1996). *A History of the Family. Volume Two. The Impact of Modernity*. Cambridge (Mass): Harvard University Press.

——, and François Lebrun. (1996). "Priests, Prince and Family." In Burguière, et al. *op. cit.*, (1996), 96-160.

Burke, Peter. (1978). *Popular Culture in Early Modern Europe*. New York: New York University Press. (『ヨーロッパの民衆文化』中村賢二郎・谷泰訳，人文書院，1988)

——, ed. (1979). *The New Cambridge Modern History Supplement*. Cambridge: Cambridge University Press.

Burkhardt, Jacob. (1927). *La Civiltá del Rinascimento in Italia,* Vol. 2. (Translated from the German). Firenze: Sansoni.『イタリア・ルネサンスの文化』新井靖一訳，筑摩書房，2007)

Burt, Richard and John Michael Archer, eds.(1994). *Enclosures Acts. Sexuality, Property, and Culture in Early Modern England*. Ithaca (NY): Cornell University Press.

Burton, Robert. (1621). *The Anatomy of Melancholy. What It Is, With All The Kinds, Causes, Symptomes, Prognostickes & Severall Cures Of It*. New York: Random House,1977. (「メランコリーの解剖」入子文子・永都山学・増田良平・宮崎吉平訳，『メランコリーの垂線：ホーソーンとメルヴィル』入子文子，関西大学出版部，2012)

Bush, Barbara.(1990).*Slave Women in Caribbean Society:1650–1838*. Bloomington (IN):Indiana University Press.

Butler, Judith. (1999). *Gender Trouble. Feminism and the Subversion of Identity*. New York:

New York: Harper and Row, 1973.（『物質文明・経済・資本主義　I-1　日常性の構造 1』村上光彦訳，みすず書房，1985）

——. (1979). *The Wheels of Commerce: Civilization and Capitalism, 15th—l8th Century*. Vol. 2. New York: Harper and Row, 1982.（『物質文明・経済・資本主義　II-2　交換のはたらき 2』山本淳一訳，みすず書房，1988）

Brauner, Sigrid.(1995). *Fearless Wives and Frightened Shrews: The Construction of the Witch in Early Modern Germany*. Edited with an Introduction by Robert H. Brown. Amherst: University of Massachusetts Press.

Brenner, Robert. (1982). "Agrarian Roots of European Capitalism." *Past and Present*. no.97, November, 16-113.

Brian and Pullan, eds. (1968). *Crisis and Change in the Venetian Economy in the Sixteenth and Seventeenth Century*. London: Methuen.

Bridenthal, Renate and Claudia Koonz eds. (1977). *Becoming Visible: Women in European History*. New York: Houghton Mifflin Co.

Briggs, K.M. (1962). *Pale Hecate's Team*. London: Routledge and Kegan Paul.

Briggs, Robin. (1998). Witches and Neighbours: The Social and Cultural Context of European Witchcraft. London: Penguin.

Brink, Jean R.,et al.,eds. (1989). *The Politics of Gender in Early Modern Europe. Vol.12 of Sixteengh Century Essays and Studies*. Edited by Charles G. Nauert, Jr. Kirksville (MO): Sixteenth Century Journal Publishers, Inc.

Britnell, R. H. (1993). *The commercialisation of English society, 1000-1500*. Cambridge: Cambridge University Press.

Brown, Judith and Robert C. Davis, eds. (1998). *Gender and Society in Renaissance Italy*. New York: Longman.

Brown, Paul. (1988). "'This Thing of Darkness I Acknowledge Mine': TheTempest and The Discourse of Colonialism." In Bloom, *op.cit*., (1998), 131-152.

Browne, Thomas Sir. (1643). *Religio Medici*. London: J. M. Dent & Sons, 1928.（『医師の信仰：壷葬論』生田省悟・宮本正秀訳，松柏社，1998）

Browning, Robert. (1975). *Byzantium and Bulgaria: A Comparative Study Across the Early Medieval Frontier*. Berkeley: University of California Press.（『ビザンツ帝国とブルガリア』金原保夫訳，東海大学出版会，1995）

Berkeley: University of California Press.

Bosco, Giovanna and Patrizia Castelli, eds. (1996). *Stregoneria e Streghe nell'Europa Moderna*. Convegno Internazionale di Studi, Pisa 24-26 Marzo 1994. Pisa: Biblioteca Universitari di Pisa.

Bostridge, Ian. (1997). *Witchcraft and Its Transformations, 1650–1750*. Oxford: Clarendon Press.（『イギリス魔法衰退史：一六五〇年～一七五〇年』木邨和彦訳，牧歌舎，星雲社（発売），2010）

Boswell, John. (1980). *Christian Tolerance and Homosexuality: Gay People in Western Europe from the Beginning of the Christian Era to the Fourteenth Century*. Chicago: Chicago University Press.（『キリスト教と同性愛：1～14 世紀西欧のゲイ・ピープル』大越愛子・下田立行訳，国文社，1990）

Botero, Giovanni. (1588). *Delle cause della grandezza delle cittá*. Roma.

Bottomore, Tom, ed. (1991). *A Dictionary of Marxist Thought*. Oxford: Basil Blackwell.

Bovenschen, Silvia. (1978). "The Contemporary Witch, the Historical Witch and the Witch Myth." *New German Critique*. no.15, Fall, 83ff.

Bowle, John. (1952). *Hobbes and His Critics: A Study in Seventeenth Century Constitutionalism*. London: Oxford University Press.

Boxer, C. R. (1962). *The Golden Age of Brazil: 1965–1750*. Berkeley: University of California Press.

Bradley, Harriett. (1918). *The Enclosures in England: An Economic Reconstruction*. New York: AMS Press, 1968.

Braidotti, Rosi. (1991). *Patterns of Dissonance. A Study of Women in Contemporary Philosophy*. New York: Routledge.

Brandon, William. (1986). *New Worlds For Old: Reports from the New World and their Effect on the Development of Social Thought in Europe, 1500-1800*. Athens: Ohio University Press.

Braudel, Fernand. (1949).*The Mediterranean and the Mediterranean World in the Age of Philip the II*. Volume I and II. (Translated from the French). New York: Harper and Row, 1966.（『地中海 I　環境の役割』『地中海 II　集団の運命と全体の動き』1・2，浜名優美訳，藤原書店，2004）

——. (1967). *Capitalism and Material Life, 1400–1800*. (Translated from the French).

University Press, 1990.

Birrell, Jean. (1987). "Common Rights in the Medieval Forest: Disputes and Conflicts in the Thirteenth Century." *Past and Present,* no. 117, November, 22-49.

Black, George F. (1938). *A Calendar of Cases of Witchcraft in Scotland, 1510-1727*. (1971 edition). New York: Arno Press Inc.

Blaut, J. M. (1992). 1492. *The Debate on Colonialism, Eurocentrism and History.* Trenton (NJ): Africa World Press.

——. (1992a). "1492." In Blaut (1992), pp. 1-63.

Blickle, Peter. (1981). *The Revolution of 1525.: The German Peasant War From a New Perspective*. (Translated from the German). Baltimore: John Hopkins University Press,1985.（『一五二五年の革命：ドイツ農民戦争の社会構造史的研究』刀水書房，前間良爾・田中真造訳，刀水書房，1988）

Block, Petrus Johannes. (1898). *History of the People of the Netherlands: Part 1. From the Earliest Times to the Beginning of the Fifteenth Century*. New York: G. P. Putnam's Sons.

Bloom, Harold, ed. (1988). *Wiliam Shakespeare. The Tempest*. New York: Chelsea House Publishers.

Boas, George. (1966). *The Happy Beast*. New York: Octagon Books.

Bodin, Jean. (1577). *La République*. Paris.

——. (1992). *The Six Books of a Commonwealth*. Cambridge: Cambridge University Press.

Boguet, Henry. (1603). *An Examen of Witches*. (Translated from the French). Edited by Rev. Montague Summers. New York: Barnes and Noble, 1971.

Boime, Albert. (1995). *Art and the French Commune: Imagining Paris After War and Revolution*. Princeton: Princeton University Press.（『アカデミーとフランス近代絵画』森雅彦・阿部成樹・荒木康子訳，三元社，2005）

Boissonnade, P. (1927). *Life and Work in Medieval Europe*. New York: Alfred A. Knopf.

Bolton, J. L. (1980). *The Medieval English Economy. 1150-1500*. London: J. M. Dent & Sons Ltd., 1987.

Bono, Salvatore. (1999). *Schiavi musulmani nell'Italia moderna : galeotti, vu' cumpra', domestici*. Napoli: Edizioni Scientifiche Italiane.

Bordo, Susan. (1993). *Unbearable Weight: Feminism, Western Culture and the Body.*

良生訳，新評論，2002）
Baumgartner, Frederic J. (1995). *France in the Sixteenth Century*. New York: St. Martin's Press.
Bayle, Pierre. (1697). *Dictionnaire Historique et Critique*. Rotterdam: R. Leers.（『歴史批評辞典』I・II・III，野沢協訳，法政大学出版局，1982—1987）
——. (1965). *Historical and Critical Dictionary: Selections*. Edited by Richard H. Popkin. Indianapolis: Bobbs-Merrill.
Beckles, Hilary McD. (1989). *Natural Rebels. A Social History of Enslaved Black Women in Barbados*. New Brunswick (NJ): Rutgers University Press.
Becker Cantarino, Barbara. (1994). "'Feminist Consciousness' and 'Wicked Witches': Recent Studies on Women in Early Modern Europe." *Signs: Journal of Women in Culture and Sociery,* 1994, vol. 20, no. 11.
Beer, Barrett L. (1982). *Rebellion and Riot: Popular Disorder in England During the Reign of Edward VI*. Kent (OH): The Kent State University Press.
Beier, A. L. (1974). "Vagrants and the Social Order in Elizabethan England." *Past and Present,* no. 64, August, 3-29.
——. (1986). *Masterless Men. The Vagrancy Problem in England, 1560-1640*. London: Methuen.（『浮浪者たちの世界：シェイクスピア時代の貧民問題』佐藤清隆訳，同文舘出版，1997）
Behar, Ruth. (1987). "Sex and Sin, Witchcraft and the Devil in Late-Colonial Mexico." *American Ethnologist*. Vol. 14, no. 1, February, 34-54.
Beloff, Max. (1962). *The Age of Absolutism: 1660-1815*. New York: Harper and Row.
Bennett, H. S. (1937). *Life on the English Manor. A Study of Peasant Conditions. 1150-1400*. Cambridge: Cambridge University Press, 1967.
Bennett, Judith M. (1988). "Public Power and Authority in the Medieval English Countryside." In Erler and Kowaleski, eds., *op. cit*., (1988).
——. *et al*., eds. (1989). *Sisters and Workers in the Middle Ages*. Chicago: The University of Chicago Press.
Benzoni, Girolamo. (1565). *La Historia del Mondo Nuovo*. (Venezia). Milano 1965.
Bercé, Yves-Marie. (1986). *History of Peasant Revolts: The Social Origins of Rebellion in Early Modern France*. (Translated from the French). Ithaca (NY): Cornell

テル社，1954）

Bakhtin, Mikhail. (1965). *Rabelais and His World*. (Translated from the Russian). Cambridge, MA: MIT Press.（「フランソワ・ラブレーの作品と中世・ルネサンスの民衆文化」杉里直人訳，『ミハイル・バフチン全著作　第 7 巻』水声社，2007）

Bales, Kevin. (1999). *Disposable People: New Slavery in the Global Economy*. Berkeley, University of California Press.（『グローバル経済と現代奴隷制：人身売買と債務で奴隷化される 2700 万人』大和田英子訳，凱風社，2014）

Barber, Malcolm. (1992). *The Two Cities: Medieval Europe 1050-1320*. New York: Routledge.

Barker, Anthony. (1978). *The African Link. British Attitudes to the Negro in the Era of the Atlantic Slave Trade. 1550-1807*. London: Frank Cass, Inc.

Barnes, Barry, and Steven Shapin, eds. (1979). *Natural Order: Historical Studies of Scientific Culture*. Thousand Oaks, CA: Sage.

Baroja, Julio Caro. (1961). *The World of the Witches*. Chicago: University of Chicago Press, 1973.

Barry, J.,M. Hester and G. Roberts, eds. (1996). *Witchcraft in Early Modern Europe: Studies in Culture and Belief*. Cambridge: Cambridge University Press.

Bartlett, Robert. (1993). *The Making of Europe: Conquest, Colonization and Cultural Change: 950-1350*. Princeton: Princeton University Press.（『ヨーロッパの形成：950 年―1350 年における征服，植民，文化変容』伊藤誓・磯山甚一訳，法政大学出版局，2003）

Bassermann, Lujo. (1967). *Il Mestiere Piú Antico*. (Translated from the German). Milano: Edizioni Mediterranee.

Barstow, Anne Llewellyn. (1994). *Witchcraze: A New History of the European Witch Hunts, Our Legacy of Violence Against Women*. New York: Pandra Harper Collins.（『魔女狩りという狂気』黒川正剛訳，創元社，2001）

Baudez, Claude and Sydney Picasso. (1987). *Lost Cities of the Mayas*. New York: Harry N. Abrams, Inc., Publishers, 1992.

Baumann, Reinhard. (1996). *I Lanzichenecchi. La loro storia e cultura dal tardo Medioevo alla Guerra dei trent'anni*. (Translated from the German). Torino: Einaudi.（『ドイツ傭兵《ランツクネヒト》の文化史：中世末期のサブカルチャー／非国家組織の生態誌』菊池

Anderson, Perry. (1974). *Passages From Antiquity to Feudalism*. London: Verso, 1978. (『古代から封建へ』青山吉信・尚樹啓太郎・高橋秀訳, 刀水書房, 1984)

Andreas, Carol. (1985). *When Women Rebel. The Rise of Popular Feminism in Peru*. Westport (CT): Lawrence Hill & Company. (『アンデスの女たち——フェミニズムに燃える アンデス山脈からフェミニズムが生まれた』サンディ・サカモト訳, BOC 出版部, 1995)

Ankarloo, Bengt and Gustav Henningsen, eds. (1993). *Early Modern European Witchcraft: Centers and Peripheries*. Oxford: Clarendon Press.

Anokesky, Stanislav. (1989). *Syphilis, Puritanism and the Witch-Hunt*. New York: St. Martin' s Press.

Appleby, Andrew B. (1978). *Famine in Tudor and Stuart England*. Stanford (CA): Stanford University Press.

Ariés, Philippe. (1972). "On the Origin of Contraception in France." In Orest and Patricia Ranum eds., *op. cit*. (1972), 11-20.

Ashforth, Adam. (1995). "Of secrecy and the Commonplace: Witchcraft and Power in Soweto." Unpublished Manuscript. [APABB@CUNYVM.CUNY.EDU].

——. (1998). "Reflections on Spiritual Insecurity in Soweto." *African Studies Review*. Vol. 41, No. 3, December.

Bacon, Francis. (1870). *The Works of Francis Bacon*. London: Longman.

——. (1870). *The Advancement of Leaning*. In Works, Vol. III. London: Longman. (『学問の進歩』服部英次郎・多田英次訳, 岩波書店, 1974)

——. (1974). *The Advancement of Leaning and New Atlantis*. Oxford: Clarendon Press.

Baden, John A. and Douglas S. Noonan. (1998). *Managing the Commons*. 2nd ed. Bloomington (IN): Indiana University Press.

Badinter, Elizabeth. (1980). *L' Amour en plus. Histoire de l'amour maternel. XVII-XX siecles*. Paris: Flammarion.

——. (1987). "Maternal Indifference." In Toril Moi, ed., *op. cit*. (1987), 150-178.

Baillet, Adrien. (1691). *La Vie de Monsieur Descartes*. Geneve: Slatkine Reprints, 1970. (『デカルト伝』井沢義雄・井上庄七訳, 講談社)

Bainton, Roland H. (1965). *Here I Stand: The Life of Martin Luther.* New York: Penguin Books. (『我ここに立つ：マルティン・ルターの生涯』青山一浪・岸千年訳, ルー

参考文献

Abbott, L.D. (1946). *Masterworks of Economics*. New York: Doubleday.

Accati, L. et al. (1980) *Parto e Maternità: momenti della biografia femminile*.*Quaderni Storici*, n.44,Ancona-Roma/Agosto, 346-383.

Acosta, Joseph EL P. (1590). *Historia Natural Y Moral de Las Indias*. Mexico: Fondo de Cultura Economica, 1962 (second revised edition).（『新大陸自然文化史 上・下』増田義郎訳，岩波書店，1966）

Alighieri, Dante. (13xx). *Divina Commedia*. Edited by Mario Craveri. Napoli: Il Girasole, 1990.（『神曲』原基晶訳，講談社，2014）

Allen, Sally G. and Johanna Hubbs. (1980). "Outrunning Atalanta: Feminine Destiny in Alchemical Transmutation." *Signs: Journal of Women in Culture and Society*, 1980, Winter, vol. 6, no. 2, 210-229.

Amariglio, Jack L. (1988). "The Body, Economic Discourse, and Power: An Economist's Introduction to Foucault." *History of Political Economy*, vol. 20, n. 4. Durham, NC: Duke University Press.

Amin, Samir.(1974). *Accumulation on a World Scale: A Critique of the Theory of Underdevelopment*. Vol.1. New York: Monthly Review Press.（『世界的規模における資本蓄積 1　世界資本蓄積論』野口祐他訳，拓殖書房，1979）

——. (1976). *Unequal Development. An Essay on the Formation of Peripheral Capitalism*. New York: Monthly Review Press.（『不均等発展：周辺資本主義の社会構成体に関する試論』西川潤訳，東洋経済新報社，1987）

Amman, Jost and Hans Sachs. (1568). *The Book of Trades*. New York: Dover, 1973.（『西洋職人づくし』小野忠重 解題，岩崎美術社，1970）

Anderson, A. and R. Gordon. (1978). "Witchcraft and the Status of Women: The Case of England," *British Journal of Sociology*. Vol. 29, n. 2, June 1987.

訳者紹介

小田原　琳（おだわら　りん）
1972年生まれ。東京外国語大学大学院地域文化研究科修了。学術博士。現在、東京外国語大学総合国際学研究院准教授。イタリア近現代史、ジェンダー・スタディーズ。『イタリア国民国家の形成』（共著、日本経済評論社、2010年）、「「平和の犯罪」としての戦時・植民地主義ジェンダー暴力」（『ジェンダー史学』第12号、2016年）など。

後藤　あゆみ（ごとう　あゆみ）
大阪府立大学大学院博士課程単位取得。翻訳に、マイク・デイヴィス「革命はこれからだ」「ゾンビ」（『現代思想』第45-1、2017年）など。

著者紹介

シルヴィア・フェデリーチ（Silvia Federici）

1942年イタリア生まれ。1967年よりアメリカに渡り、ニューヨークを拠点にフェミニストとして研究・活動を行う。フェミニズムや教育に関わる運動、死刑廃止運動、反核運動、グローバル・ジャスティス運動等にたずさわり、近年ではスピーチや講演活動を通じて、オキュパイ・ウォールストリート運動を支援。アメリカだけでなく、ヨーロッパ、アフリカ、ラテンアメリカなどの多くの地域を訪れ、知的交流を重ね、ナイジェリアのポートハーコート大学でも教鞭をとる。現在はニューヨークのホフストラ大学の国際関係学・政治哲学の名誉教授である。単著に *Revolution at Point Zero: Housework, Reproduction, and Feminist Struggle*, PM Press, 2012、共著にレオポルディーナ・フォルトゥナーティとの共著に *Il Grande Calibano. Storia del corpo sociale ribelle nella prima fase del capitale*, Franco Angeli, 1984がある。その他、編著として、*Enduring Western civilization : the construction of the concept of Western civilization and its "others,"* 1995や *A Thousand Flowers: Social Struggles Against Structural Adjustment in African Universities*, Africa World Press, 2000、*African visions: literary images, political change, and social struggle in contemporary Africa*, Greenwood Press, 2000など多数。

キャリバンと魔女——資本主義に抗する女性の身体

2017年1月30日　初版第1刷発行
2023年2月10日　初版第3刷発行

著　者　シルヴィア・フェデリーチ

訳　者　小田原琳・後藤あゆみ

発行者　前 瀬 宗 祐

発行所　以　文　社
〒101-0051 東京都千代田区神田神保町2-12
TEL 03-6272-6536　　FAX 03-6272-6538
印刷・製本：中央精版印刷

ISBN978-4-7531-0337-9

Printed in Japan